PARALLÈLE

ENTRE

LE MARQUIS DE POMBAL

ET

LE BARON HAUSSMANN

M. LE SÉNATEUR BARON HAUSSMANN

PRÉFET DE LA SEINE

PARALLÈLE

ENTRE

LE MARQUIS DE POMBAL

(1738-1777)

ET

LE BARON HAUSSMANN

(1853-1869)

PAR

M. JULES LAN, AVOCAT

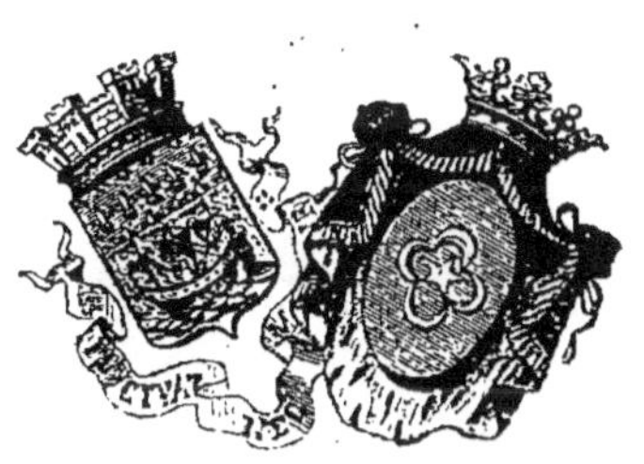

PARIS

CHEZ AMYOT, LIBRAIRE-ÉDITEUR

8, RUE DE LA PAIX, 8

—

1869

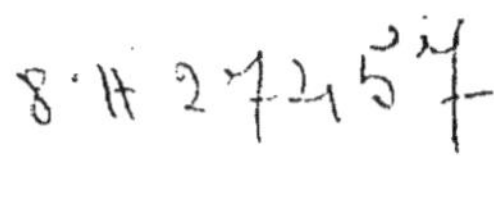

PARISIENNE

LE MARQUIS DE POMBAL

1699-1782

ET

LE BARON HAUSSMANN

1870

PARIS
LIBRAIRIE ...

INTRODUCTION

———

Le parallèle était déjà connu des anciens : César, Pompée,
Alexandre le Grand, Galilée, eurent leurs panégyristes tout
comme leurs détracteurs.

En 1668, Charles Perrault, de l'Académie, publia, à Paris,
« chez Jean-Baptiste Coignard, Imprimeur du Roy et de l'Académie françoise, rue Saint-Jacques, à la *Bible d'Or*, avec
privilége du Roy », un ouvrage, en quatre volumes in-12, qu'on
trouve à la Bibliothèque impériale (*z*, n° 327), et sous le titre :
PARALLÈLES DES ANCIENS ET DES MODERNES. Ces parallèles
regardent les arts, les sciences, l'éloquence, la poésie, l'astro-
nomie, la géographie, la navigation, la guerre, la philosophie,
la musique, la médecine, etc.

Ce livre curieux, dû à l'auteur des *Contes de ma mère l'Oie*,
n'est pas aussi naïf qu'on pourrait le croire.

Une grande philosophie, d'ingénieux aperçus y règnent. Sous la forme de dialogues entre un abbé et un chevalier, l'auteur compare le siècle de Louis le Grand aux temps passés, et démontre l'ingratitude des temps modernes pour leurs contemporains, qu'une superstition injuste et envieuse place toujours au-dessous des anciens.

Voici comment Charles Perrault, dans sa préface, justifie le parallèle des anciens et des modernes :

« Rien n'est plus naturel ny plus raisonnable que d'avoir beaucoup de vénération pour toutes les choses qui ayant un vray mérite en elles mesmes, y joignent encore celuy d'estre anciennes. C'est ce sentiment si juste et si universel qui redouble l'amour et le respect que nous avons pour nos ancestres, et c'est par là que les Lois et les Coustumes se rendent encore plus autentiques et plus inviolables. Mais comme çà toûjours esté le destin des meilleures choses de devenir mauvaises par leur excès, et de le devenir à proportion de leur excellence. Souvent cette vénération, si loüable dans ses commencemens, s'est changée dans la suite en une superstition criminelle, et a passé mesme quelque fois jusqu'à l'idolatrie. Des princes extraordinaires par leurs vertus firent le bonheur de leurs peuples et remplirent la terre du bruit de leurs grandes actions : ils furent benis pendant leur vie et leur mémoire fut reverée de la posterité ; mais dans la suite des temps on oublia qu'ils étoient hommes, et l'on leur offrit de l'encens et des sacrifices. La mesme chose est arrivée aux hommes qui ont excellé les premiers dans les arts et dans les sciences. L'honneur que leur siècle en recent et l'utilité qu'ils y apportèrent leur acquirent pendant leur vie beaucoup de gloire et de réputation, leurs ouvrages furent admirez de la posterité qui en fit ses plus chères délices, et qui les honnora de mille loüanges sans bornes et sans mesure. Le respect qu'on eut pour leur mémoire s'augmenta tellement, qu'on ne voulut plus rien voir en eux qui se ressentit de la faiblesse humaine, et l'on en consacra tout jusqu'à leurs deffauts. Ce fut assez qu'une chose eust été faite ou dite par ces grands hommes pour être incomparable, et c'est mesme encore aujourd'huy une espèce de religion parmy quelques sçavants de préférer la moindre production des anciens aux plus beaux ouvrages de tous les modernes.

« J'avoue que j'ay esté blessé d'une telle injustice, il m'a paru tant d'aveu-

« glement dans cette prévention, et tant d'ingratitude à ne pas vouloir ou-
« vrir les yeux sur la beauté de nostre siècle à qui le ciel a départi mille
« lumières qu'il a refusées à toute l'antiquité, que je n'ay pû m'empescher
« d'en estre émû d'une véritable indignation : çà esté cette indignation qui
« a produit le petit poëme du Siècle de Louis le Grand qui fut lû à l'Académie
« françoise le jour qu'elle s'assembla pour rendre grâces au ciel de la par-
« faite guérison de son auguste protecteur . . . . »

Le lecteur trouvera à la fin de ce volume, dans un appendice qui contient diverses pièces à l'appui de cet humble livre, un dialogue entre le chevalier et l'abbé, sur les beautés de Versailles nouvellement édifié. Charles Perrault démontre qu'au xviie siècle, comme au xixe, la routine faisait déjà la guerre au progrès.

Ceci me rappelle une anecdote de ma jeunesse : A mon premier voyage en Italie, tandis que mon guide, autrement dit *le cicerone*, me faisait gravir le Vésuve, à Résina, j'aperçus un homme qui se cachait, et cela pour enfouir sous la terre et la lave un fort joli poignard damasquiné, un vrai petit chef-d'œuvre de l'art moderne. Dès qu'il vit un témoin oculaire de son enfouissement, il exhuma l'arme et me l'offrit, en éclatant de rire, me disant : *Antico Signor volete comprar ?*

Mon *cicerone* le prit par le bras et le poussa loin de nous, puis il me dit avec l'accent napolitain le plus prononcé : « Voilà pourtant comment ces voleurs-là *font* les Anglais. Ce poignard qu'il vous aurait laissé pour six écus en vaudra trente dans un mois, quand il sera bien oxydé !

Quel enseignement pour les collectionneurs qui n'achètent que des antiquités, pour ne pas dire des anticailles !

Mais ce qui est vieux vaut toujours mieux que le neuf, c'est connu. Ainsi nos pères, avant la Révolution, n'auraient jamais endossé un habit neuf sans que le tailleur n'eût secoué la houppe sur le collet pour le blanchir à la poudre de riz. — Un manant seul se mariait dans un habit neuf !

Une objection me sera faite, sans doute :

Le parallèle ne s'établit ordinairement qu'entre les morts. Ainsi M. Thiers a pu comparer Napoléon Ier à tous les grands capitaines, mais l'Empereur était mort à Sainte-Hélène, au moment de cette comparaison.

Erreur : de nos jours, on a comparé à Molière les auteurs dramatiques qui approchaient ce grand homme ; ainsi, hier c'était Picard ou Scribe, aujourd'hui c'est M. Émile Augier...

Mais s'agirait-il d'une simple comparaison ? Le parallèle que j'entends décrire a pour but de démontrer l'ingratitude des contemporains pour toutes les illustrations ou les célébrités qui, à leurs yeux, n'ont qu'un défaut, celui de ne pas naître un siècle auparavant.

Hélas ! ainsi va le monde. Triste humanité, qui dénie les glorieuses découvertes de son temps et de son siècle, et ne s'enthousiasme que pour le temps passé !

Galilée va au cachot ; Salomon de Caus passe pour un fou ; Fulton est méconnu, et que d'autres victimes de cette superstition: « Rien n'est nouveau sous le soleil ! » Témoin Christophe Colomb ou Gutenberg.

Après tout, qu'attendre d'un monde qui met en croix le Christ rien que pour avoir enseigné la morale la plus sublime à ses contemporains ! Socrate avait bu la ciguë, et bientôt Jeanne d'Arc périra dans les flammes ! Voilà le jugement des contemporains !

Voilà la gratitude humaine! Qu'on s'étonne après cela qu'un

marquis de Pombal meure dans la misère et l'exil pour avoir réédifié la capitale d'un royaume engloutie sous un cataclysme!

Qu'on s'étonne qu'un administrateur habile, qui a fait de Paris la ville modèle, soit en proie aux attaques les plus vives, aux calomnies les plus ardentes.

Cette injustice criante a existé dans tous les siècles. Aristide ne dut son ostracisme qu'à l'ennui qu'on éprouvait de l'entendre appeler le Juste. Toutes fois qu'on entendra glorifier un homme d'avoir trop longtemps servi son pays, on demandera son exil, heureux si on ne le poursuit pas comme accusé de concussion.

Ainsi, ce malheureux marquis de Pombal s'était ruiné pour rebâtir Lisbonne engloutie; cela n'empêcha pas qu'un courtisan dit un jour au roi : — « Après le tremblement de terre, après l'incendie de notre plus grande ville, il ne manquait plus qu'un ministre qui s'entendît avec les maçons pour rançonner le Trésor.

— « Hélas! reprit le roi de Portugal, trouvez-moi un ministre qui ne vole pas, mais qui fasse tout ce que fait Pombal? »

Ce malheureux prince ne tarda pas à se repentir d'avoir destitué et exilé l'auteur de la seule et unique illustration de son règne.

Ces considérations ainsi posées, voici comment j'ai été amené à écrire ce livre impartial, qui est le cri de ma conscience, et pas autre chose.

En effet, si ma plume est peu habile, si mon style est peu coloré, jamais, du moins, n'ai-je été inspiré par la muse courtisanesque.

Le temps des poëtes à la suite n'existe plus. Aucun lien ne

m'attache à l'administration si vaste, si gigantesque de la ville de Paris.

Je ne suis pas un familier de l'hôtel de ville.

Je n'ai nullement l'honneur de connaître M. le baron Hauss-mann; je n'ai jamais vu sa figure, si ce n'est son portrait, et voici comment:

Il y a de cela quelque dix ans, je conduisis au bal de l'Opéra un étranger, curieux de voir ce tohu-bohu; un petit domino me poursuivit dans le foyer, s'obstinant à me dire, dans le langage du lieu: « Je te connais, tu es le baron Haussmann, préfet de la Seine. » (*Sic.*) — Cette parole, répétée chaque fois que la promenade du foyer me faisait croiser cette petite dame, devint le sujet de ce que ses bonnes camarades appellent galamment: « une scie! » Nous fûmes obligés, moi et mon compagnon de voyage dans cette odyssée carnavalesque, de sortir du foyer.

Mais on nous poursuivit jusque dans les escaliers de l'Opéra. La foule croissante, ignorant le sujet de ce tumulte, fut en proie à diverses conjectures; chacun me reconnaissait. Une femme, en débardeur, s'écria: « Parbleu! c'est Dantan jeune! » Et elle me supplia de lui promettre de sculpter sa charge. Une autre habituée du bal masqué fit à son tour:

— « Sont-ils bêtes de prendre ce monsieur pour un préfet ou un sculpteur! Ne voyez-vous pas que c'est Arnal, du Vaudeville? Il lui ressemble comme deux gouttes d'eau. »

Or, j'avais oublié, avec le temps qui s'écoule, cette anecdote, ridicule et fort insignifiante, lorsque, en 1863, je dinais chez un banquier égyptien, M. P..... Ma place, à la table, était à côté de madame la duchesse de Riario-Sforza, née Berryer.

Comme je lui parlais de son illustre frère, que j'avais connu avocat, elle me répondit : « N'êtes-vous pas le frère du baron Haussmann? Jamais ressemblance ne fut plus parfaite! »

Pour le coup, ceci m'intrigua fort. Il y avait, le soir, dans le salon, plusieurs dames qui vont habituellement aux bals de l'hôtel de ville : je leur demandai si cette ressemblance était vraie. Elles me répondirent, les unes affirmativement; les autres : oui, il y a quelque chose.....

Voyez, cependant, ce que c'est que l'imagination. Je me suis procuré, tout exprès, le portrait photographié de M. le sénateur, préfet de la Seine et je le déclare à la face du monde..., parisien : je ne lui ressemble pas plus sous le rapport physique que sous le rapport (hélas!) de sa haute capacité! Et ce n'est pas peu dire, je le confesse.

Quant au livre que je donne à juger au public, voilà ce qui me l'inspira :

En 1865, je reçus la mission de plusieurs banquiers de Paris d'aller à Lisbonne aider M. le comte d'Avila, gouverneur d'un crédit foncier portugais nouvellement établi, à organiser, installer et faire fonctionner cette institution privilégiée, vrai bienfait octroyé au Portugal par sa majesté don Luiz Ier, dans un décret de 1864.

Je devins, à cette occasion, l'ami du comte d'Avila, qui, à cette époque, cumulait l'emploi de gouverneur de la société du crédit foncier avec les fonctions de ministre des affaires étrangères et des finances.

A l'*Hôtel Central*, que j'habitais, se trouvait aussi le ministre de France, M. Bourrée (aujourd'hui notre ambassadeur à Constantinople).

C'est bien l'homme le plus aimable, le plus instruit, comme voyageur, et le plus modeste que j'aie jamais vu dans mes pérégrinations en pays étrangers, je le proclame.

Or, dans nos promenades, avec le comte d'Avila, à travers cette magnifique cité, appelée, en portugais, *Lisboa*, comme dans nos conversations, soit dans notre hôtel, soit dans le monde portugais, avec M. le ministre de France, j'admirai avec enthousiasme cette belle ville de Lisbonne, détruite de fond en comble par le tremblement de terre du 1er novembre 1755, et reconstruite si ingénieusement sur ses débris par l'illustre Carvalho, marquis de Pombal, premier ministre du roi de Portugal et des Algarves (Joseph Ier, successeur de Jean V).

A cette admiration partagée, du reste, par tous les étrangers qui parcourent cette capitale, le comte d'Avila opposait l'ingratitude des contemporains pour tout ce qu'un homme d'État fait de grand et de généreux.

« Ainsi, ajoutait M. le ministre de don Luiz Ier, cet homme, qui a laissé des traces ineffaçables de son passage au pouvoir, est mort dans l'exil, ruiné, honni, méprisé, calomnié de ses nombreux ennemis. Ce ne fut que longtemps après sa mort que le roi don Pedro V réhabilita sa mémoire, en ordonnant que ses cendres seraient ramenées de la terre de l'exil qui les recélait, à Lisbonne, témoin de sa grandeur méconnue.

— « *Sic transit gloria mundi !* me dit le comte. »

Oui, ce grand homme auquel on éleva des statues dans toutes les villes de Portugal et des Algarves ; qui est devenu une idole vénérée de tous les Portugais ; cet homme, par suite de la persécution des jésuites et de ses rivaux à la cour, alla aux gémonies terminer sa glorieuse carrière!!! Puis, enfin, justice lui fut rendue! Triste retour des choses d'ici-bas!

Est-ce bien là un encouragement à ce que l'homme, distingué entre mille (le *primus inter pares*), se dévoue, corps et âme, à son pays? Est-ce que l'espoir d'attacher son nom, d'une façon immémoriale, à de grandes et belles choses, est une consolation suffisante contre la sombre envie, l'ardente jalousie, la hideuse calomnie? — *Impavidum ferient ruinæ!*

Ah! vous qui ne faites qu'admirer les œuvres qui deviennent impérissables, pensez un moment à ceux qui les ont inventées et exécutées. Jugez, non pas seulement le créateur de ces chefs-d'œuvre de l'esprit humain, jugez plutôt notre triste humanité!

Napoléon Ier, ce Corse, qui avait ajouté quarante départements à la France, n'a eu qu'un coin de terre pour mourir, exilé, maudit par les trois quarts d'une population qui l'appelait : l'OGRE, le BUVEUR DE SANG! Il est mort, dans le rayonnement de sa gloire passée, sous un toit de chaume, l'abritant à peine des injures de la température africaine, et sous l'œil de la police tracassière et les insultes d'un Hudson-Lowe, opprobre de l'Angleterre (1)!

O honte! tels sont les jugements des contemporains. Il faut un siècle, un demi-siècle, pour le moins, avant que la justice ne soit rendue à la mémoire des morts!

Eh bien, me suis-je dit, il faut rendre aussi justice à l'époque actuelle : Elle n'attend pas, elle, qu'une haute intelligence,

---

(1) J'ignore encore pourquoi M. Thiers, dans son admirable *Histoire du Consulat et de l'Empire*, a cherché à réhabiliter ce monstre vulgaire.

qu'une célébrité soit éteinte; que des qualités éminentes soient descendues dans une tombe; que l'on compare ce qui est avec ce qui a été. — Non.

On a beaucoup accusé M. le baron Haussmann; bien des griefs ont été articulés contre son active et haute administration; bien des objurgations ont accueilli ses immenses travaux! La presse, les journaux, les brochures, la tribune législative ont retenti des accusations accumulées contre l'édilité parisienne et contre l'initiative éclairée de son chef distingué, M. le baron Haussmann.

Cependant, il faut en convenir, pour le respect dû à l'opinion publique et pour la justification de notre ère, plus civilisée que les ères précédentes, une réaction spontanée, vivace, consciencieuse, convaincue, s'est produite tout à coup : la défense est sortie du rang des agresseurs eux-mêmes. L'arme dirigée par une masse de combattants contre un seul homme s'abat quelquefois, quand elle ne se retourne pas contre une partie des assaillants : c'est comme on l'a vu dans la terrible insurrection du 10 août 1792, quand la populace envahit les Tuileries.

Cette scène terrible est racontée par M. Thiers dans son *Histoire de la révolution française* (tome III, chapitre Ier), comme un enseignement qui s'est souvent renouvelé sous sa plume d'historien et de philosophe.

Les sabres de ces hommes ivres de sang et de carnage se levaient déjà sur la tête des dames de la reine Marie-Antoinette, à genoux et implorant leurs assassins. « Grâce aux femmes, s'écrie l'un d'eux, ne déshonorons pas la nation ! » Et il sauve ainsi les dames d'honneur d'une mort ignominieuse.

Si, au milieu de l'effervescence populaire, la voix de l'humanité peut se faire entendre, la voix de la raison et le cri de la conscience retentissent aussi souvent dans les discussions les plus animées; et tel accusateur voyant s'égarer l'impartialité du jury, se fait l'avocat d'office de l'accusé.

En terminant ce prolégomène, j'ajoute que mon sentiment intime consiste dans l'admission des circonstances atténuantes pour tous les jugements que l'opinion est appelée à prononcer.

Si j'avais siégé parmi les juges qui condamnèrent une première fois M. Mirès au *maximum* d'une peine correctionnelle, j'eusse appliqué, moi, le *minimum*, rien qu'en songeant aux ports de Marseille (1).

Mais l'histoire impitoyable pour les morts doit aussi rendre justice aux vivants.

Ne médisons pas d'une ville, capitale du monde civilisé, qui, dans le cours d'un demi-siècle, a eu pour régénérateurs : Napoléon Ier, Louis-Philippe, Napoléon III.

Et au second plan : le baron Haussmann, MM. Pereire et *tutti quanti!*

J. L...

---

(1) M. Mirès fut acquitté, plus tard, devant la cour de Douai, l'arrêt de Paris ayant été cassé pour simple vice de forme. Encore, dans sa sphère, un de ces hommes qui fait revirer l'opinion publique ! *L'opinion est la reine du monde*, dit-on, c'est possible; mais cette reine-là a l'esprit assez changeant pour craindre d'être détrônée à son tour.

I

LISBONNE

Que la mer se mutine ou que la foudre gronde,
Que le ciel pleuve en feu sur ce globe écroulé,
Battu des ruines du monde,
Le juste aura péri, mais n'aura point tremblé.
LEFÈVRE.

La ville de Lisbonne, en portugais « *Lisboa* », anciennement
« *Olisoppo* », puis « *Felicitas Julia* », est une des plus belles
capitales qu'on voie en Europe.

Cette magnifique cité, qui ne renferme tout au plus que
300,000 habitants, située sur la rive droite du Tage, présente
au voyageur, surtout s'il arrive par mer, un aspect grandiose.

Laissons parler M. Germond de Lavigne, dans son « *Itinéraire descriptif, historique et artistique de l Espagne et
du Portugal* », le meilleur guide que l'on puisse emporter
pour visiter l'ancienne Lusitanie (1).

« Un merveilleux panorama se déroule devant les regards;
on admire cette rade qui a deux lieues de largeur en certains
endroits, cette multitude de vaisseaux portant pavillon de
toutes les nations, ces coteaux ravissants, au nombre de sept,
sur lesquels la ville entière se déploie avec la majesté d'une
reine !

______

(1) Un gros volume in-12, chez Hachette et Cie, à Paris.

« Si l'on a vu Gênes, Venise ou Naples, on peut comparer Lisbonne avec elles. Comme ces cités historiques, la capitale du Portugal domine la mer et offre aux regards surpris l'aspect d'une ville orientale. Le tableau a de la grandeur dans l'ensemble et de l'intérêt dans les détails.

« La ville de Lisbonne se divise en six dictricts : Alfama, Rocio, Alcantara, Bairro, Alto-Mouraria et Santa-Catharina ; ces six districts se subdivisent en quarante paroisses. Elle est gardée par de très-bons soldats, chargés de la police et faisant des rondes nocturnes qui se succèdent à intervalles très-rapprochés. Les gardes municipaux ont tous un sifflet dont ils se servent pour se prévenir mutuellement, en cas de besoin. Il y a, en outre, des *cabos* attachés aux différentes paroisses, portant des armes et un uniforme particulier. Toute cette garde est placée sous la direction du gouvernement civil. Dans l'intérieur des palais royaux, c'est une garde royale d'archers qui fait le service.

« Les plus belles rues de Lisbonne sont celles de do Ouro (de l'Or), da Prata (de l'Argent), et la rue Augusta. On y rencontre les magasins les mieux approvisionnés ; là, se fait le commerce intérieur de la ville. »

La praça do Commercio (la place du Commerce), dont la surface est de 112,000 mètres, est la plus remarquable parmi les nombreuses places de Lisbonne ; au sud, les eaux du Tage la baignent ; au milieu, s'élève la colossale statue équestre de José Ier, haute environ de six mètres. Elle est en bronze et valut à ses auteurs de nombreuses récompenses. Un goût sévère peut bien lui reprocher quelques défauts, mais elle n'en apparaît pas moins comme une œuvre éminente dont Lisbonne s'enorgueillit (1).

____

(1) Ce monument va trouver son pendant à l'extrémité de la rue Augusta, sur la place don Pedro IV, en recevant la colonne et la statue de ce prince, confiées

On visitera sur la place do Commercio la Bourse, élevée sur d'élégants portiques; la Douane, monument vaste et commode; les belles salles de l'hôtel des Indes; celle de l'intendance de la marine, qui étonne par sa magnificence et sa grandeur; tous les ministères; le bureau central du télégraphe électrique et l'hôtel de ville.

De la place do Commercio, trois rues tirées au cordeau conduisent à la place do Rocio (aujourd'hui Praça do Pedro IV), moins imposante que celle dont nous venons de parler, mais remarquable aussi par les monuments qui l'entourent. La place do Rocio renferme le théâtre de dona Maria II, construit, il y a peu d'années, sur l'emplacement de l'ancien hôtel de l'Inquisition, d'après les plans de M. Lodi, architecte italien. La façade de ce théâtre a un caractère assez monumental (1).

Eh bien, en voyant la place du Rocio, que je visitais en 1865, en compagnie du docteur Simas, le médecin du roi don Luiz Ier (lequel docteur a fait ses études à l'École de médecine de Paris, tandis que je faisais les miennes à la Faculté de droit, au Panthéon), je ne pus m'empêcher de m'écrier : « Quelle magnifique place; quel air de grandeur! — Ah! si vous aviez un préfet de la Seine; si vous pouviez être *haussmannisé* un mois seulement, quelle cité féerique on ferait de Lisbonne! »

Le docteur Simas, homme d'esprit et de talent, me montra tristement l'arc de triomphe de la rue Augusta, auquel on

---

au ciseau de M. Elias Robert, sculpteur français, après un concours entre environ cent artistes, où l'auteur du groupe qui surmonte le palais de l'Industrie, à Paris, a remporté le prix dû à son génie de la statuaire.

Cette récompense honora autant MM. les Portugais qu'elle glorifia l'artiste français, à cette époque de 1865, où je fis mon voyage en Portugal.   J. L.

(1) C'est sur cette place, comme l'indique la note précédente, que s'élèvera le monument colossal érigé à la mémoire de don Pedro IV, le père de dona Maria II, ce prince qui, venu à Paris en 1831, disait à Louis-Philippe, son hôte auguste : « Quelle nation! quel pays! quelle armée! »

travaille depuis trente ans! et me dit : « Vous vous rappelez, quand nous étions étudiants, les plaisanteries, les quolibets qu'on faisait sur l'unique ouvrier qui travaillait à l'arc de triomphe de l'Étoile.—Eh bien, nous sommes placés à la même enseigne, et retenez bien que l'échafaudage que vous voyez a été loué, depuis vingt-cinq ans, à une compagnie anglaise, et qu'avec le prix de cette location on eût achevé le monument en quelques années peut-être! —Si votre préfet était là! — » (*Historique.*)

A peine avions-nous fait quelques pas dans la rue de l'Arsenal que j'aperçus un monument en ruines : c'était la banque de Lisbonne, détruite par un incendie. — Depuis 1862, un terrain rempli de décombres et où poussent les herbes sauvages, entouré de planches sur les quatre façades, offre un aspect lugubre et navrant aux yeux de tous. — «Oui, m'ont dit tous les Portugais avancés, vous avez raison ; ce qui nous manque, c'est un baron Haussmann. Nous avons eu un marquis de Pombal pour construire, mais il nous faudrait un préfet comme le vôtre pour embellir et réédifier. » —(*Historique.*)

Mais, poursuivons la description de Lisbonne pour mieux démontrer au lecteur ce qu'elle devint, en 1755; ce que la refit ce marquis de Pombal, l'un de mes deux héros.

De la place do Rocio (ou don Pedro IV), on va vers la porte orientale de Lisbonne, et l'on rencontre la cathédrale qui a conservé, de ses premières constructions gothiques, la façade principale, les deux chapelles qui sont à l'entrée, le chœur et les chapelles de l'abside. Ce qui a été réédifié après le tremblement de terre de 1755 répond à l'architecture française du temps de Louis XV. Partout l'or y brille avec plus de profusion que de goût ; certaines parties de l'église sont revêtues de plaques de porcelaine, avec peintures religieuses. Le travail des grilles est d'un intérêt plus grand encore que celui qu'inspirent les riches ornements et les vases sacrés.

A peu de distance de la cathédrale se trouve l'église de

Saint-Antoine (Santo Antonio), dont l'architecture, à la fois sévère et gracieuse, captive un moment les regards. C'est sur cette place (Largo San Antonio da Sé) qu'on voit aujourd'hui une grande et belle maison, qui est le siége de l'administration centrale du crédit foncier portugais, grande institution due au roi don Luiz Ier (décret royal de 1864), établissement d'utilité publique, appelé, comme le nôtre, en France, à rendre d'immenses services au Portugal (1).

Une autre église, celle de San Roque, n'excite nullement la curiosité du voyageur, tant son extérieur est peu de chose ; mais on y trouve une foule de chapelles regorgeant de richesses. La merveille de l'endroit, dit M. Olivier Merson, dans son *Guide du voyageur à Lisbonne*, c'est la • chapelle royale de Saint-Jean-Baptiste. •

Le couvent et l'église des carmélites dite • église du Sacré-Cœur de Jésus, • sont regardés avec raison comme le monument le plus somptueux qui ait été bâti dans la Lisbonne moderne. Sa construction, commencée en 1779, a été achevée en l'espace de dix années, et l'on s'aperçoit bien que la basilique de Saint-Pierre de Rome a servi de modèle : mêmes dispositions générales, même ordre d'architecture, même sentiment, quant au style. L'extérieur, le dôme, les deux tours et la façade sont de marbre blanc ; à l'intérieur, on aperçoit des marbres blancs et de couleur, tous rares et précieux. On montre dans le chœur le tombeau de dona Maria Ire, fondatrice de l'église et du monastère ; dans la sacristie, est placé celui du confesseur de la reine. On estime à trente millions de francs la construction de la basilique du Sacré-Cœur de Jésus. Il n'existe plus que dix-neuf religieuses dans le couvent.

Dans le faubourg de Belem se trouve un magnifique couvent

---

(1) Voir ma brochure : « *Le Crédit foncier en Portugal, son origine, ses progrès, son avenir* (Paris, 1865. — Paul Dupont, imprimeur-éditeur).

sous l'invocation de Notre-Dame de Belem, couvent fondé par don Manuel, le roi fortuné, sous qui Vasco de Gama découvrit ou retrouva le chemin des Indes. Ce monument forme un assemblage singulier de styles incohérents : l'art gothique y lutte avec celui de la renaissance, et çà et là se retrouvent aussi des réminiscences mauresques (1).

Nous ne pouvons nous empêcher, puisque nous sommes au couvent de Notre-Dame de Belem, monument des plus remarquables à visiter, quand le voyageur s'avance à l'embouchure du fleuve dans l'Océan, de citer un passage de M. Henri de Pène, dans ses *Esquisses portugaises*, études d'un touriste pleines d'humour et empreintes de cet esprit observateur du charmant écrivain :

« Les détails, remarque M. Henri de Pène, en sont plus beaux que l'ensemble, auquel manquent l'unité et la pensée. Chaque pierre est une merveille adorable de grâce, de fini, de délicatesse, rehaussée encore par les tons dorés et harmonieux que le temps, dans ces climats bénis, ajoute à ce qu'il touche. »

Le portail latéral possède des beautés du premier ordre, principalement des statues, parmi lesquelles on remarque celle de l'infant navigateur, don Henrique, précurseur de Vasco de Gama. L'intérieur de l'église contient trois nefs aux piliers sculptés ; on y vient prier sur le tombeau de saint Sébastien, que longtemps les mystiques Portugais ne crurent pas mort. L'ancien couvent des hiéronymites de Belem est devenu, depuis l'année 1834, un asile pour les orphelins (2).

---

(1) Une église que les Français fréquentent les dimanches et fêtes, c'est Saint-Louis-de-France ; c'est dans ce temple que, pendant tout le mois de Marie, on allait entendre la belle voix du consul de France, M. Edmond Breuil, un dilettante di primo Cartello. C'est madame la marquise de Sèvre, épouse du premier secrétaire de la légation, qui faisait la quête pour les pauvres de la paroisse lisbonnienne.

(2) Ce qui me frappa le plus en visitant ce couvent, ce fut de voir, au-dessous des bas-reliefs sculptés dans toutes les salles, régner un fort câble enroulé ; mais mon compagnon de promenade, le lieutenant de vaisseau Francillon, m'en expliqua le motif, connu des marins depuis don Henrique.

Citons encore les couvents de Graça, des Loyos, des Paulistas, de San Bento, et enfin das Necessidades.

Ce dernier est devenu un château royal, sous le même nom. En 1599, à l'époque où le terrible fléau de la peste désolait Lisbonne, à un tel point qu'on voyait mourir journellement soixante-dix personnes et plus, ceux des habitants qui possédaient quelques ressources fuyaient dans l'intérieur des provinces, espérant y trouver un air plus salubre. Parmi ces individus, il y en eut deux, mari et femme, qui se réfugièrent à Ericeira ; ils y allèrent faire leurs dévotions dans un hermitage où l'on vénérait une belle image de la Vierge. Lorsque le fléau eut cessé de ravager la capitale, ils retournèrent dans leur ancienne demeure ; mais ils emportèrent avec eux secrètement l'image vénérée, et firent construire une petite église où ils la placèrent ; une association de marins se forma en l'honneur de la Vierge, invoquée sous le titre das Necessidades. Peu à peu le temple s'agrandit, et il fut définitivement achevé en 1659. A partir de cette époque, l'église devint l'objet d'une sollicitude extrême de la part des souverains portugais.

Isabelle de Savoie, lisons-nous dans *Le Portugal* de M. Ferdinand Denis (*Univers pittoresque*), y venait faire ses dévotions ; puis, à la suite d'une dangereuse maladie, Jean V fit construire non-seulement la riche église que l'on voit aujourd'hui, mais encore le palais qui lui est contigu et qui sert de résidence royale. Le palais « das Necessidades, » qui, de l'aveu des Portugais, est plutôt une riche maison de plaisance qu'un château royal, est remarquable surtout par l'agrément de ses jardins et par l'abondance de ses eaux. . . . . .

Les derniers rois qui l'ont habité ont beaucoup ajouté à ses embellissements : tels sont une fontaine et un grand obélisque monolithe.

Du palais, on jouit d'une vue admirable qui s'étend jusqu'à l'embouchure du Tage ; on aperçoit le palais d'Ajuda, situé au sommet d'un luxuriant amphithéâtre, et tout le mouvement maritime de la rade.

N'oublions pas d'indiquer le jardin botanique d'Ajuda, plus soigné aujourd'hui qu'il ne l'a été pendant longtemps, et pourvu de plantes rares.

On y conserve une pièce vraiment extraordinaire, un morceau de cuivre massif qui pèse 1,308 kilogrammes (1).

Lisbonne manquerait d'eau potable, peut-être, si elle n'avait le magnifique aqueduc « das agoas livres. » La prise d'eau se trouve près du village de « Caneças, » à 18,000 mètres environ de la ville. L'aqueduc perce les montagnes et aboutit à un immense réservoir, d'où l'eau s'échappe par des canaux ramifiés qui la conduisent dans les quartiers les plus retirés. L'ensemble du travail a été accompli en l'espace de vingt-neuf ans, de 1713 à 1732, par Manoel Maïa, d'après les ordres de don Juan V. On calcule qu'il a coûté 80 millions ; sa solidité est telle que, lors du tremblement de terre, une seule pierre tomba du cintre de l'arche principale. Une compagnie s'occupe, en ce moment, d'organiser la distribution des eaux dans la ville. — (GERMOND DE LAVIGNE, édition de 1865.)

Les principaux établissements d'enseignement et d'utilité publique à Lisbonne sont : l'académie des beaux-arts, le conservatoire royal de musique, l'école de chirurgie, l'école polytechnique, l'académie des sciences, la bibliothèque nationale (de 85,000 volumes), l'école d'architecture navale, la maison de détention (limoeira) et la prison du Castello.

Parmi les établissements de bienfaisance, il faut surtout visiter la Santa Casa di Mesiricordia pour les orphelins et les enfants trouvés, où l'on reçoit en moyenne deux mille cinq cents enfants

---

(1) Depuis la mort de dona Maria da Gloria, le roi don Fernando habita le palais das Necessidades. Son fils, S. M. don Luis Ier, habite le palais d'Ajuda, où se fent les réceptions royales, les baise-mains, etc.

par an. La Casa pia (hospice des orphelins établi dans le couvent de Belem) a mille enfants des deux sexes, et comprend aussi les institutions des sourds-muets et des aveugles. L'hôpital de San José est l'un des plus grandioses qui existent.

Parmi les théâtres, ceux de San Carlos (l'opéra italien) et de dona Maria II (la comédie portugaise) méritent une attention particulière (1).

Les combats de taureaux, fort goûtés par les Lisbonnais, diffèrent de ceux qui ont lieu en Espagne, parce qu'on n'y tue pas les animaux qui paraissent dans l'arène.

Les promenades publiques sont entretenues avec soin par la municipalité; on signale surtout le passeio publico, situé entre les deux principales collines de Lisbonne; le passeio San Pedro d'Alcantara, et enfin le passeio de Estrella, jardin magnifique où la flore portugaise produit les plantes les plus rares et les plus recherchées des Lisbonnaises.

Et, puisque nous sommes sur ce chapitre des dames de Lisbonne, fort gracieuses dans leur toilette, qu'elles ne font confectionner que par des modistes et couturières de Paris, établies à Lisbonne ou à Porto, je pense ne pas déplaire à mes aimables lectrices parisiennes en leur donnant un aperçu de la chose qui les intéressera le mieux dans un livre d'un

---

(1) Ce théâtre, plus ceux du Gymnase, des Variétés, etc., ne jouent que des traductions de nos pièces françaises : Scribe, Alexandre Dumas fils, Émile Augier, Octave Feuillet, Sardou, etc., défraient le répertoire de ces théâtres. Le théâtre de Dos Condes joue particulièrement des féeries ou des mélodrames, traduits de M. Adolphe d'Ennery, en langue portugaise. — J'ai remarqué au théâtre de dona Maria II une actrice et un jeune acteur d'un immense talent; ils jouaient une pièce intitulée : *La Vida d'un rapas pobre !* — C'était la traduction littérale de l'ouvrage de M. Octave Feuillet : *Le Roman d'un jeune homme pauvre.* — *Os Medicos* (*les Médecins*, de MM. Brisebarre et Nus) eurent beaucoup de succès au Gymnase. La pièce, mal traduite du reste, était réduite en trois actes; tandis qu'avec une farce de M. Eugène Grangé (des Variétés de Paris), intitulée : l'*Ut dièze*, on fit une pièce en deux actes, non plus sur Tamberlick, mais sur un chanteur italien, fort en renom à Lisbonne à cette époque, M. Mongini, le ténor en vogue, qu'on applaudit, depuis, à Paris.

genre peut-être un peu sévère pour elles : ce sera un moyen pour l'auteur d'obtenir, de leur part, quelque indulgence pour l'aridité du sujet que cet auteur traite ici.

Sous le rapport du costume, les Lisbonnaises ne diffèrent guère des habitants de Londres ou de Paris. Les gens du peuple, des deux sexes, portent presque toujours le manteau brun, comme cela se pratique aussi en Espagne. Les classes aisées suivent les modes françaises et s'habillent avec des étoffes anglaises. En outre de la cappa, ou manteau brun, il faut aussi citer le lenço, ou mouchoir de linon blanc, très-clair et très-gommé, avec lequel les Portugaises savent se faire une charmante coiffure.

— « Qu'on se représente, dit l'auteur des silhouettes portugaises, une abondante chevelure, le plus souvent d'un noir brillant comme une rivière de jais, quelquefois d'une nuance plus claire, mais toujours (excepté chez les plus misérables) soignée et ramenée artistement autour de la tête. Au-dessus de ces nombreuses tresses, un peigne avec un bord élevé comme un diadème, et sur cette espèce de couronne un mouchoir de claire mousseline, d'une blancheur éclatante, posé légèrement d'une façon tout aérienne, ne cachant pas aux regards une seule boucle de cheveux, et mettant cependant le front et les cheveux à l'abri du soleil, comme la passe d'un chapeau, mais infiniment plus léger, plus gracieux, plus coquet ; les deux bouts de ce mouchoir sont réunis sous le menton et attachés par une épingle en or. Avec cette coiffure, presque toutes les femmes semblent jolies (1). »

Les Lisbonnaises soignent leurs chaussures pour le moins

---

(1) L'auteur précité a-t-il assisté, comme moi, à des fêtes ou à des bals chez le marquis de Pénafiel, chez le marquis de Vianna, chez M. Casal-Ribeiro, au club, etc. ? Là, j'ai vu les lionnes de Lisbonne, notamment la duchesse de P....., Anglaise d'origine, d'une beauté et d'une distinction rares.

autant que leur coiffure. Il n'y a pas un cordonnier français qui, à Lisbonne, ne fasse une fortune rapide.

En général, on aime le *farniente* à Lisbonne. Les gros ouvrages, les commissions, sont faits par des Galiciens (Gallegos).

« Dès qu'un besoin appelle, dit M. Henri de Pène, un Gallego se présente pour le satisfaire..... Il est porte-faix; il est porteur d'eau; il est pompier aux jours d'incendie; il est commissionnaire et domestique. »

Ces montagnards forment une colonie espagnole au sein de la capitale du Portugal, cité où le peuple est plus enclin à regarder agir qu'à agir par lui-même. Toutefois, Lisbonne compte des fabriques assez nombreuses, malgré la décadence de son commerce. Les étoffes, les faïences, les poteries de toute sorte, les armes, les fruits enfin, s'exportent sur une grande échelle; et l'Angleterre envoie dans cette magnifique cité une foule d'articles dont les habitants font beaucoup de cas et qu'ils payent fort cher (1).

Telle est aujourd'hui cette capitale, l'une des principales villes de la péninsule ibérique.

M. Bouillet, dans son excellent *Dictionnaire universel d'histoire et de géographie*, en résume ainsi la description :

« Aspect pittoresque et imposant (elle est bâtie en amphithéâtre); la vieille ville est laide; la nouvelle, qui est plus considérable, offre des rues droites, larges et propres. Le port (qui n'est qu'une rade excellente) est le seul port militaire du royaume, le seul qui ait des chantiers (2).

---

(1) Si les Français exportent moins en Portugal, c'est par suite d'un vulgaire préjugé qui leur fait confondre l'Espagne commerçante avec le Portugal acheteur. La différence est énorme sous tous les points de vue.

(2) La vue du Tage est tellement splendide que, des croisées du grand Hôtel

« Les ouvrages de fortifications sont nombreux, mais médiocres ; la citadelle n'est point armée. Les palais royaux d'Ajuda, de Bemposta, de Necessidades, le théâtre de Saint-Charles, l'arsenal de terre, celui de mer, la fonderie des canons, sont magnifiques. »

Voilà la Lisbonne d'aujourd'hui.

Or, qu'était-elle autrefois? il y a un siècle passé.

Quel aspect présentait Lisbonne, il y a cent quatorze ans, après le terrible tremblement de terre qui jeta une si grande épouvante dans le monde entier (en 1755), et que Voltaire a raconté dans ses œuvres immortelles (1)?

Racontons brièvement l'origine de cette ville :

On prétend, en Portugal, qu'elle fut fondée par Ulysse, qui lui aurait donné son nom (Olisippo), mais ce nom est phénicien ; son origine est *Alis ubbo*, qui signifie baie délicieuse. Peu considérable du temps des Romains, elle prit un grand accroissement sous la domination des Arabes, qui en firent le chef-lieu d'un État particulier (de 716 à 1147).

Mais le roi Alphonse Ier la leur enleva et se plut à l'agrandir. En 1290, elle eut une célèbre Université que l'on transféra dans la ville de Coïmbre, en 1308.

Lisbonne s'élevait, peu à peu, au rang des grandes et somptueuses capitales ; elle faisait l'admiration des étrangers, autant par sa position hors ligne que par la beauté de ses monuments, lorsqu'une catastrophe épouvantable la ruina de fond en comble (2).

Central, quai de Sodré, l'œil découvre à peine la rive opposée. Là, le Tage a douze kilomètres de largeur ; il faut une heure, en bateau à vapeur, pour traverser ce beau fleuve.

(1) Tout le monde sait que c'est à propos d'une tragédie en vers : *Le tremblement de terre de Lisbonne*, que lui apporta un perruquier, que le malicieux Arouët lui cria : « Faites des perruques ! »

(2) Germond de Lavigne, *Itinéraire descriptif, historique et artistique du Portugal*.

Je n'ai pas la prétention de narrer, sous un aspect nouveau, cette lamentable partie de l'histoire de Lisbonne. J'en emprunte les tristes détails au récit qui m'a paru le plus court et le plus véridique.

Je ferai remarquer, avant ce récit navrant, que Voltaire, en écrivant son poëme sur le désastre de Lisbonne, disait dans sa préface :

« Si jamais la question du mal physique a mérité l'attention de tous les hommes, c'est dans ces événements funestes qui nous rappellent à la contemplation de notre faible nature , comme les pestes générales qui ont enlevé le quart des hommes dans le monde connu, le tremblement de terre qui engloutit quatre cent mille personnes à la Chine, en 1699, celui de Lima et de Callao, et, en dernier lieu, celui du Portugal et du royaume de Fez. L'axiome *tout est bien* paraît un peu étrange à ceux qui sont les témoins de ces désastres. Tout est arrangé, tout est ordonné, sans doute, par la providence , mais il n'est que trop sensible que tout depuis longtemps n'est pas arrangé pour notre bien-être présent... »

Puis, à l'appui de son système, Voltaire cite Pope, dans son *Essai sur l'homme*, notamment le chapitre *les Moralistes*, où le poëte anglais s'écrie : *Much is alleg'd in answer to show*, etc., système adopté par Leibnitz, les lords Shaftesbury et Bolingbroke et une foule de théologiens.

« Le 1er novembre 1755, à neuf heures du matin, on ressentit la première secousse d'un tremblement de terre. Des déchirements souterrains se firent entendre ; temples et maisons s'écroulèrent ; six secondes suffirent pour anéantir les monuments, et près de quarante mille individus ! »

La crainte et la consternation étaient si grandes, a dit un témoin oculaire, que les personnes les plus résolues n'osèrent rester un moment pour écarter quelques pierres de dessus l'individu qu'elles aimaient le plus, quoique plusieurs personnes eussent pu être sauvées par ce moyen; mais chacun ne pensait qu'à sa propre conservation, et la foule se précipitait éperdue à travers les rues et les places publiques.

Le nombre des personnes écrasées dans les maisons et dans les rues ne fut pas comparable à celui des gens ensevelis dans les églises.

Comme c'était un jour de grande fête et à l'heure de la messe, elles étaient toutes pleines!.....

Les clochers, qui étaient fort élevés, tombèrent presque tous avec les voûtes des églises, en sorte qu'il n'échappa que peu de monde.....

— « Dans la maison que j'habitais, dit le témoin précité, sur trente-huit personnes, il ne s'en sauva que quatre. »

Huit cents individus périrent dans la prison civile!.... Douze cents dans l'hôpital général.....

Dans un grand nombre de couvents, qui contenaient chacun quatre cents personne, il n'en échappa aucune. . . . .

L'ambassadeur d'Espagne périt avec trente-cinq domestiques.

Heureusement le roi et la famille royale étaient à Belem, à une lieue de Lisbonne.

Le palais du roi, dans la ville, s'écroula à la première secousse . . . . .

Mais comment concevoir un Dieu, la bonté même,
Qui prodigua ses biens à ses enfants qu'il aime,
Et qui versa sur eux les maux à pleines mains?
Quel œil peut pénétrer dans ses profonds desseins?
. . . .

Il le voudra, sans doute, et, tandis qu'on raisonne,
Des foudres souterrains engloutissent Lisbonne,
Et de trente cités dispersent les débris,
Des bords sanglants du Tage à la mer de Cadix...

C'est ainsi que Voltaire, le poëte contemporain de cet immense désastre, dépeint l'état de cette malheureuse ville (1).

Mais ce ne fut pas le seul malheur qu'elle essuya.

Environ deux heures après le choc, le feu se manifesta en trois endroits différents de la ville ; il était occasionné par les foyers des cuisines que le bouleversement avait rapprochés des matières combustibles de toute espèce (2).

Vers le même temps aussi, un vent très-fort succéda au calme, et activa tellement l'incendie, qu'au bout de trois jours la ville entière fut réduite en cendres ...

Tous les éléments parurent conjurés pour détruire les habitants. Aussitôt après le choc, qui fut à peu près au temps de la grande élévation des eaux, le flot monta de quarante pieds plus haut qu'on ne l'avait jamais observé, et se retira aussi subitement.

Cette masse d'eau entraîna dans l'abîme des milliers de malheureux qui s'étaient avancés sur les quais, en fuyant leurs maisons ébranlées.....

Telle fut l'horrible catastrophe qui anéantit la ville de Lisbonne, et qui va bientôt donner à un seul homme l'occasion d'illustrer son nom, en relevant la ville de ses décombres, en construisant une cité nouvelle, qui devait encore exciter l'admiration générale.

« Au reste, dit M. Germond de Lavigne, dans son *Itinéraire en Portugal*, Lisbonne a été dévastée, dans le cou-

---

(1) Coïncidence funeste avec l'accident du 8 mai 1842, sur le chemin de fer de Paris à Versailles, rive gauche, où périrent tant de victimes, entre autres l'illustre navigateur, Dumont-d'Urville !.......

Voir *les Chemins de fer français devant leurs juges naturels*, traité de la jurisprudence des chemins de fer mis à la portée des gens du monde et des dames, par Jules Lan, avocat, ex-secrétaire du comité de direction des chemins de fer de l'Est, etc. —(Paris, 1867.— Chez Lacroix-Verboeckoven et Cⁱᵉ).

(2) Œuvres complètes de Voltaire : *Poëme sur le désastre de Lisbonne, 1755.*

rant des siècles, par huit incendies et dix-huit tremblements de terre (1).

---

(1) Il faut convenir, ici, que l'habile auteur de l'*Itinéraire en Espagne et en Portugal*, en rappelant ces dix-huit tremblements de terre à Lisbonne, est peu encourageant pour le voyageur qui veut risquer une excursion dans cette capitale de l'Estramadure lusitanienne. Bien des gens y regarderaient à deux fois.

Quant à moi, je le déclare, pendant un séjour de six mois que je fis, en 1865, dans cette ville, sujette à tant de calamités passées : la peste, l'incendie, les tremblements de terre, j'ai éprouvé une émotion, que partagèrent tous les Français, logés avec moi au grand *Hôtel Central* du quai de Sodré, quartier de l'arsenal.

Dans une nuit du mois de mai, nous fûmes tous réveillés par une secousse qui dura plusieurs secondes. Les meubles de ma chambre à coucher craquèrent ; le lavabo de ma toilette dansa et fit un saut peu rassurant. Réveillé en sursaut, je me levai à la hâte ; au même moment, M. Dorient de Bellegarde, ancien receveur général, frappa à ma porte : — « Levez-vous vite, s'écria-t-il, et prenez ce que « vous avez de papiers précieux avec vous. Je vais vous attendre sur le quai. — Je descendis et trouvai là, réunis, tous les voyageurs effarés qui avaient fui de la maison, dans la crainte qu'elle ne s'écroulât. Le matin, à déjeuner, nous rîmes de cette fausse alerte et comme des Français que nous étions, nous bûmes du champagne pour rendre grâces à Dieu de nous avoir épargnés.....

Or, ceci n'est pas de la fantaisie : nous nous sommes tous retrouvés, sains et saufs, à Paris : entre autres, M. Elias Robert, artiste sculpteur et sa charmante femme ; M. Dorient de Bellegarde ; M. Belay, avocat ; M. Vasse, négociant ; M. le capitaine au long cours Francillon et M. le ministre de France, etc. Le lendemain de cette secousse tous les journaux de Lisbonne, de Porto et autres localités voisines en firent mention.

Il paraît que notre heure n'était pas encore arrivée : *gloria tibi, Domine!* chacun pria dans sa langue nationale et selon sa croyance.

LE MARQUIS DE POMBAL

LE MARQUIS DE POMBAL

> Le sage est toujours lui, en quelque circonstance qu'il
> se trouve ; modeste dans la prospérité, il ne se laisse point
> abattre par l'adversité, par l'injustice ou l'ingratitude des
> hommes ; les hommes et les choses peuvent changer, lui
> seul ne change jamais : *impavidum ferient ruinæ.*
>
> (Bonnin.)

La biographie de cet homme d'État est dans toutes les
bouches, en Portugal. On la trouve dans tous les livres,
dans toutes les bibliothèques du pays.

Mais cette biographie, écrite par un Français, M. le baron
Édouard de Septenville, a dû nécessairement me paraître la
plus sincère et la moins susceptible d'être soupçonnée d'esprit de parti ou d'orgueil national de la part de l'écrivain.

En effet, quel intérêt, moral ou matériel, peut entraîner une
suspicion quelconque contre cette étude historique sur un Portugais mort il y a près d'un siècle et demi, et dont la mémoire
avait depuis longtemps été réhabilitée dans son propre pays par
ceux-là mêmes qui l'avaient calomniée ou méconnue ?

Supposons un instant qu'un Anglais, voulant venger la mémoire de Napoléon Ier des « Lettres de Paul, » cette erreur
grossière d'un romancier célèbre qui a nom : Walter Scott,
voulant atténuer la honte léguée par le testament de l'illustre
martyr « au gouvernement anglais, » ce qui, sous la plume
de l'Empereur, ne voulait pas signifier la nation anglaise, trop
généreuse pour n'avoir pas désavoué les « Bathurst, les Cast-
lereagh » et l'infâme Hudson Lowe, trop civilisée pour n'avoir

pas compris que ses ministres avaient plutôt le droit de faire assassiner leur redoutable adversaire que de trahir les droits de la guerre et le droit des gens; supposons, dis-je, qu'un Anglais ait essayé d'écrire la vie de Napoléon Ier en faisant son apologie.

Pourrait-on supposer que l'auteur anglais serait mû par un autre sentiment que celui de la justice ?

Non, car la réponse est là toute prête :

— L'Angleterre a rendu à la France les cendres de Napoléon Ier.

Eh bien, je me demande quel est le mobile caché qui aurait pu déterminer un historien aussi distingué que M. le baron de Septenville, un savant, membre de la société des Antiquaires de France, de l'Académie royale d'archéologie et de géographie du prince Alfonse, de l'Académie des Quirites de Rome et de diverses autres sociétés académiques ou sociétés savantes de la France et de l'étranger, à exalter la mémoire du marquis de Pombal, si ce n'est l'amour de la vérité ?— *Vitam impendere vero.*

Aussi M. le baron de Septenville commence-t-il ainsi son introduction à cette étude historique :

« Il est un fait qu'on ne saurait méconnaître, c'est que l'histoire des rois ou des grands personnages ne peut être écrite sans passion que longtemps après que les événements au milieu desquels ils se sont agités appartiennent au passé, alors qu'il ne reste plus d'eux que le souvenir de leur gloire et les témoignages incontestables des monuments qu'ils ont laissés.

« Le contemporain d'un prince ou d'un ministre qui entreprend de retracer les moindres actions de celui dont il se fait l'historien peut être accusé de partialité, alors même que dans la sincérité de son âme il écrit dans le seul but de rendre hommage à la vérité.

« Qui assurera que son intérêt n'est pas en jeu ?

« S'il loue, on le soupçonnera de vouloir arriver à un but secret : c'est une faveur qu'il espère, un honneur qu'il recherche, une récompense qu'il désire.

« S'il blâme, c'est un parti qu'il sert, une rancune qu'il satisfait, un sentiment d'hostilité qu'il exhale.

« C'est une tâche ardue et difficile que celle d'écrire sans aucune autre préoccupation que celle de dire la vérité ; et parfois, même à son insu, l'historien suivant sa propre inspiration, cédant à l'impression qu'il reçoit, est inhabile à se défendre contre les tendances de sa nature.

« Combien est différente la mission de celui qui, jetant de longs regards vers le passé, envisage froidement les hommes et les choses, pèse la valeur des opinions émises par ses devanciers, scrute au fond les causes et les effets, s'entoure de tous les documents amoncelés par le temps, puise aux sources que nul n'a plus intérêt à céler, et finit enfin par reconstruire pièce à pièce la grande physionomie, objet de ses études, qu'il a dessein de représenter dans toute la plénitude de sa grandeur et de sa noblesse.

« Pombal, le Colbert du Portugal, est une de ces figures qui apparaissent çà et là dans l'histoire des peuples comme pour marquer les jalons de leur gloire, et son souvenir indissolublement lié à celui du grand monarque à l'ombre duquel il s'éleva, est un de ceux dont s'honore le Portugal. »

Nous avons extrait du livre de M. le baron de Septenville les passages les plus saillants et les plus propres à établir le parallèle que nous nous proposons ; donc, ce qu'on va lire est la plus pure vérité.

III

Si on trouve tout naturel, tout rationnel qu'un roi, fidèlement servi avec zèle par un ministre habile et dévoué à ses intérêts, ne fasse aucune difficulté de soutenir ses vues, d'appuyer ses actes et de prêter une oreille attentive à ses conseils, on ne tardera pas à reconnaître que cette ligne de conduite royale demandait, pour être suivie, un esprit supérieur, quand on se sera rendu compte de la situation dans laquelle se trouvait le Portugal au moment où le marquis de Pombal fut chargé de l'administration des affaires de son pays, et de l'influence énorme, absorbante, qu'exerçaient alors les jésuites, parvenus au faîte de la puissance et dont le principal mobile était de confisquer, peu à peu, le pouvoir à leur profit, en amoindrissant chaque jour l'autorité royale.

C'est pourquoi, avant de passer à l'histoire proprement dite du marquis de Pombal, nous allons esquisser à grands traits, non pas précisément celle du Portugal, mais les conditions d'être de la société portugaise sous le règne de Jean V, père et prédécesseur de Joseph Ier, roi de Portugal et d'Algarve.

Nous prendrons donc le Portugal au moment où la paix d'Utrecht fut signée, c'est-à-dire en 1713, alors que, par ce traité, le Portugal rentrait en possession de tout ce qu'il avait perdu par suite de son alliance conclue, dix ans auparavant, avec l'Angleterre, et dirigée contre la France, et que la France renonçait à toute prétention sur le Brésil. La paix d'Utrecht fut suivie de celle signée le 13 février 1715 entre le Portugal et l'Espagne, qui fut obligée de restituer à la couronne de Jean la colonie del Sacramento.

Tranquille avec le dehors, Jean V put alors donner un libre cours à ses idées gouvernementales, puisées dans un grand amour de ses sujets et dans le goût du faste et de la munificence qui lui était venu, dit-on, de l'exemple donné par le roi de France Louis XIV.

Certes, Jean V, qui fut un bon roi, commit de grandes fautes en dépensant avec une prodigalité ruineuse les trésors de l'État; toutefois, il nous semble que les historiens, qui se sont trouvés d'accord pour blâmer ses folles dépenses, n'ont pas réfléchi à l'enivrement qui s'était emparé de la cour de Portugal à la suite de la découverte des mines d'or du Brésil, et il est certain qu'il faut attribuer à cette facilité de puiser à même d'un trésor, qu'il était permis de croire, pour ainsi dire, inépuisable, l'abus que Jean fit des immenses richesses qu'il tirait de ses possessions d'outre-mer.

A peine les millions brésiliens étaient-ils dépensés, que de pesants galions en apportaient d'autres aux pieds du monarque ébloui, charmé par cette succession de pièces d'or toujours renaissante.

N'y avait-il pas dans ce seul fait l'explication toute naturelle de cette excessive prodigalité qui fut si amèrement reprochée au roi Jean après sa mort, et que nul ne songea à incriminer alors qu'il était sur le trône de Portugal.

On a calculé que de 1699 à 1756 il était sorti du Brésil 2 milliards 400 millions.

L'importance de cette somme vient à l'appui de notre dire; l'abondance du numéraire en amoindrit forcément la valeur.

Le faste dont aimait à s'entourer ce monarque eût d'ailleurs répandu le bien-être et l'aisance dans toutes les classes de la société en enrichissant l'industrie nationale, si le pays lui-même avait pu suffire aux besoins de ce luxe par la production ou la fabrication des objets qu'il nécessitait; malheureusement c'était de l'étranger, et particulièrement de l'Angleterre, que le Portugal tirait non-seulement les étoffes, les parures dont il avait besoin, mais encore la plupart des choses indispensables à la subsistance, en un mot, tout ce qu'il fallait aux Portugais pour s'habiller et se nourrir; ce qui eut pour résultat de convertir le pays en un marché anglais et de tarir les véritables sources de la prospérité d'une nation : l'agriculture, le commerce et la main-d'œuvre:

Aussi, lorsque Jean V mourut, après avoir largement fait oublier les excès de sa magnificence par les grandes fondations dont il dota le Portugal, telles que la fameuse académie portugaise et la magnifique bibliothèque dont il dota le couvent de Mafra, la nation pleura ce roi juste, bon, pieux, qui avait aimé sincèrement son peuple et qui n'avait jamais passé auprès d'une infortune sans tenter de la soulager.

Mais en même temps les Portugais, privés de ressources, appauvris, commencèrent à ressentir les fâcheux effets d'un manque de système gouvernemental, basé, non sur la possession passagère d'une fortune périssable, mais sur la production et l'échange, ces deux grandes artères de l'organisme social.

Ils avaient eu, d'ailleurs, de tristes années à traverser pendant ce règne à la fois pompeux et infécond : un fléau terrible était venu s'abattre sur le Portugal, après avoir ravagé l'Espagne. En 1720, la peste se déclara dans plusieurs villes du royaume, et pendant plusieurs années elle ne cessa, par des apparitions réitérées, de désoler le pays ; en 1723, elle enleva quarante mille personnes dans la seule ville de Lisbonne.

De tels fléaux suffisent pour ruiner une nation !

La cour de Rome, de son côté, n'avait pas peu contribué à vider les coffres de l'État : le roi Jean désira obtenir du pape l'établissement d'une église patriarcale à Lisbonne, c'est-à-dire une église romaine dans sa capitale, qui eût un chef et des membres sur le modèle de Saint-Pierre de Rome. Don Thomas d'Almeida fut le premier que l'on revêtit de cette dignité nouvelle, mais le trésor du Vatican seul sut au prix de quel énorme sacrifice en numéraire fut accordée cette concession par le Saint-Siége. Il en résulta en outre une augmentation de l'influence monacale, et l'inquisition tira profit de la soumission absolue du pieux roi aux désirs de l'Église en ordonnant des exécutions barbares.

En 1745, on vit encore un auto-da-fé s'élever au milieu de Lisbonne et un écrivain expier dans les flammes le tort d'avoir donné prise, par ses écrits dogmatiques, aux rigoureuses susceptibilités du tribunal du Saint-Office.

Tels furent les faits principaux du règne de Jean V.

Donc, lorsque le grand roi Joseph monta, par droit d'hérédité, sur le trône de ses pères, le Portugal était loin d'être dans un état prospère, et le pouvoir royal était tombé peu à peu aux mains d'un récollet, frère Gaspard de Incarnaçao, qui, en abusant de la faiblesse et de la dévotion du roi malade, agonisant, avait obtenu de Jean V la haute main sur les affaires de l'État, qu'il conduisait de la façon la plus déplorable.

Gaspard était tout-puissant à Lisbonne, et c'était lui qui, pendant les dernières années du règne de Jean, gouvernait le pays, donnant les premières charges de l'État à son gré, distribuant selon son bon plaisir les évêchés, les vice-royautés, les gouvernements et les ambassades à des gens qui n'avaient d'autre mérite que celui de savoir montrer les dehors d'une dévotion exagérée.

On sent combien le jeune roi, à qui échéait le pouvoir dans de telles conditions, dut se trouver embarrassé pour l'exercer,

tous les emplois étant aux mains, non de personnes pieuses et
éclairées, mais de faux dévots qui s'abritaient derrière le masque de la religion pour satisfaire leur ambition démesurée.

Cependant, comme la providence, qui veille sans cesse sur
le destin des rois, se plaît souvent à manifester son action par
des coups imprévus, elle fit d'un homme, jusqu'alors inconnu,
l'instrument de la rénovation du Portugal.

Ce fut la reine mère, Marie-Anne d'Autriche, veuve de Jean V,
qui, la première, devina la valeur future de Pombal. Cette princesse, douée d'un esprit pénétrant, d'un jugement sain et d'une
sûreté de vues particulière, aimait à s'entourer de personnes
distinguées et pensant sagement ; la conversation de Pombal,
ou plutôt de Joseph de Carvalho, dénotait un grand fonds d'idées
pratiques, un sens droit, une facile perception des choses. Ces
diverses qualités, si nécessaires chez un homme d'État, frappèrent Anne d'Autriche et l'engagèrent à confier au jeune homme
certaines missions qui ne tardèrent pas à augmenter la bonne
opinion que la reine mère s'était formée de ses aptitudes. Mais
avant d'aller plus loin, traçons d'abord en quelques pages le
portrait physique et moral de l'homme qui devait prendre une
si large part aux affaires du Portugal.

A ce propos, remarquons, comme un signe particulier de la
mauvaise foi insigne de certains pamphlétaires du temps, le
soin qu'ils ont pris de dénaturer à plaisir la vérité dans le seul
but d'essayer, — ne pouvant nier la valeur et le mérite excep-
tionnel de l'homme qu'ils poursuivirent de leur haine, — de le
déconsidérer, en lui donnant une origine obscure, quand il
suffit de jeter les yeux sur sa généalogie pour se convaincre
qu'il appartenait, sinon à l'une des grandes maisons du royaume,
du moins à une famille noble, dont les membres faisaient profession des armes, et dont les alliances attestaient la considération.

Bien que ce fait, d'ailleurs, ait peu d'importance à notre

époque, il en avait une beaucoup plus grande alors, et c'est pourquoi nous avons tenu à l'établir.

Don Sébastien-Joseph de Carvalho e Mello naquit à Lisbonne le 13 janvier 1699, dans le palais de la rue Formoza, qui appartenait à ses ancêtres ; il était fils de don Manuel de Carvalho de Ataïde, capitaine de cavalerie et gentilhomme de la chambre du roi, et de doña Teresa de Mendoza, d'une famille illustre du Portugal.

Fils d'un gentilhomme, le jeune Carvalho reçut une éducation digne de son nom et de son état, et, dès qu'il eut terminé ses études préparatoires, il suivit les cours de droit de la faculté de Coïmbre, où il ne tarda pas à se faire remarquer ; toutefois, la nature vive du jeune homme, le goût des armes qu'il tenait de son père, lui firent quitter le droit pour embrasser la carrière militaire, et ce fut, comme c'était l'usage dans la noblesse portugaise, en qualité de simple soldat qu'il servit son pays en entrant dans les gardes du palais.

C'était alors un des beaux hommes de son temps, disent les mémoires de l'époque ; doué de tous les avantages corporels, il était d'une taille excessivement élevée que faisaient valoir encore ses traits réguliers, son air noble et imposant et sa mine fière ; avec cela une bravoure à toute épreuve, une force peu commune : il n'en fallait pas davantage pour que le jeune Carvalho fut un des plus brillants soldats de sa compagnie.

Des succès de tous genres le firent remarquer, et nombre d'aventures de jeune homme lui furent attribuées ; mais il nous paraît inutile de nous appesantir sur des faits sans importance, et qui durent, naturellement, accidenter la vie d'un jeune garde, ami de la distraction et du plaisir ; mais ce qu'il est bon de faire ressortir, c'est que, contrairement à ce qu'on eût pu attendre d'un jeune homme qui semblait uniquement doué pour s'accommoder d'une existence facile, Carvalho avait d'autres idées.

Chez lui, les pensées folles, les étourderies de la jeunesse n'existaient qu'à la surface ; au fond, il nourrissait le grand désir d'arriver promptement et de parvenir aux premiers emplois militaires. Aussi, les nécessités du service ne furent-elles jamais sacrifiées par lui aux sollicitations du plaisir, bien qu'on ait voulu le représenter comme entièrement adonné à la pratique d'une vie de dissipation et de débauches. Et, ce qui prouve que le jeune Carvalho n'était pas homme à se plaire dans les amusements futiles et qu'il avait à cœur de se distinguer dans la carrière qu'il avait embrassée, c'est qu'à la suite d'une promotion d'officiers de laquelle il fut ou crut être injustement exclu, il donna sa démission.

Le Portugal y perdit peut-être une vaillante épée, mais il y gagna sûrement un homme d'État de premier ordre.

Ce fut peu de temps après avoir quitté le service, que Carvalho, ayant remarqué dans le monde les charmes d'une jeune dame, doña Teresa de Noronha d'Almeida, veuve d'Antoine de Mendoza, de l'ancienne maison de Cova, fit la demande de sa main et l'épousa le 18 janvier 1733.

Cette union était des plus sortables.

Doña Teresa était fille de don Bernard de Noronha, des comtes de Carvalhaes, et de l'unique héritière d'Almeida, provéditeurs de la maison des Indes.

Pendant quelque temps, Carvalho, tout entier à son bonheur domestique, vécut en gentilhomme provincial, loin de la cour et des affaires ; mais cette existence oisive, incomplète, ne pouvait convenir à Carvalho dont l'esprit prompt et la haute intelligence avaient besoin d'un aliment impossible à rencontrer dans les incidents insignifiants de la vie calme et tranquille d'un modeste gentilhomme.

Toutefois, il s'y fût tenu peut-être, si des événements imprévus n'étaient venus lui fournir l'occasion de se produire.

Déjà il avait donné à ses idées un cours utile, et des travaux littéraires, au nombre desquels il faut citer le mémoire concer-

nant la vie de Pedro Ier et de Fernando, l'avaient fait admettre
au sein de l'Académie d'histoire.

Ce fut alors que, revenu à Lisbonne, et grâce à des relations
qu'il s'était ménagées à la cour, Carvalho fut présenté à la
reine mère et parvint à faire partie du cercle d'hommes supérieurs que cette princesse, elle-même si remarquable par l'esprit
élevé qu'elle joignait à toutes les vertus de son sexe, aimait à
réunir autour d'elle, afin de les préparer à donner à l'État, si
besoin était, le concours de leurs lumières et de leurs talents.

Or, parmi toutes ces personnes, Carvalho n'avait pas tardé
à attirer l'attention de la reine, par la justesse de ses observations, la sagesse de ses appréciations et la finesse de ses
aperçus; sachant converser sur les affaires les plus délicates
du royaume, sans se laisser jamais aller à blâmer ouvertement
ce qui lui paraissait inhabile ou défectueux, mais ne louant
jamais non plus avec la bassesse de vues d'un courtisan, empressé de plaire quand même, il savait se faire entendre de
tous, et plus d'une fois la reine fut frappée de la force de certains arguments qu'il développait avec une netteté et une précision peu communes ; cette princesse ne tarda pas à
reconnaître qu'il y avait chez Carvalho l'étoffe d'un homme à
grandes idées, pratiques et fécondes, et, dès ce moment, elle
se promit de lui faciliter le chemin du pouvoir qui devait être
en même temps celui de la fortune et des honneurs.

Toutefois, le roi Jean V, tout entier à ses principes de gouvernement, à ses idées religieuses, dominé par des conseils
intéressés, et s'occupant plus de discussions théologiques que
d'affaires politiques, paraissait peu disposé à protéger Carvalho,
malgré la toute-puissante recommandation de la reine, à laquelle
se joignait celle du cardinal Mota, qui jouissait d'une grande
faveur auprès du roi.

Carvalho avait en outre un appui sur lequel il pouvait compter, c'était celui de son oncle Paul de Carvalho qui, après avoir

rempli avec éclat une des chaires de l'université de Coïmbre,
avait été pourvu d'un canonicat de la chapelle royale ; ce prélat,
homme d'une grande bonté et justement considéré à la cour,
avait chaleureusement recommandé son neveu au cardinal
Mota, de sorte que celui-ci, désireux d'être agréable à la reine
dont il avait mérité l'estime, et de servir le chanoine, mit tout
en œuvre pour décider le roi Jean à confier quelque mission
particulière à Carvalho, certain à l'avance que la protection
éclairée de la reine n'avait pu être accordée qu'à un homme
d'un mérite réel.

Ses efforts furent couronnés de succès ; en 1739, le roi Jean
choisit Carvalho pour en faire son envoyé extraordinaire à la
cour de Londres.

Une telle faveur, conquise d'emblée, surprit tout le monde,
et, à la cour, elle fit l'effet d'un coup de théâtre. Les courtisans refusaient d'y croire, et à peine la nouvelle en fut-elle
confirmée, qu'une nuée d'envieux et de détracteurs se levèrent
pour jeter les hauts cris et pour peindre le nouvel ambassadeur
sous les traits les plus défavorables. C'était à qui attribuerait
cette élévation subite aux plus misérables causes ; on voulait
absolument qu'elle cachât quelque mystérieuse et secrète raison,
les suppositions les plus invraisemblables s'échafaudaient.

Une seule était laissée de côté, parce qu'elle était la seule
raisonnable : c'était la vraie. Carvalho avait été choisi par le
roi pour remplir une mission de confiance parce qu'il fallait,
pour mener à bien cette mission, un homme probe, honnête,
intelligent, adroit, habile et fin politique, et que Carvalho était
précisément cet homme-là.

Il fallait, d'ailleurs, peu de temps au roi Jean pour juger les
hommes ; ce qu'on lui avait appris de Carvalho lui avait suffi
pour deviner, avec cette sûreté de coup d'œil que Dieu s'était
plu à lui donner, quel parti utile il pouvait tirer de cet homme,
nouveau sur le théâtre de la politique, mais rompu par la

méditation et l'étude à l'examen de toutes les grandes questions du ressort de la couronne.

Donc, en le choisissant, le roi Jean n'avait nullement cédé à l'un de ces caprices de souverain dont l'histoire offre quelques exemples, mais il avait une fois de plus montré, ce grand prince, le cas qu'il faisait des gens d'un mérite réel, et en ratifiant par son choix le jugement porté par la reine et par le cardinal sur Carvalho, il rendit un hommage public au discernement de cette princesse et au dévouement du cardinal à sa couronne, puisque celui-ci s'était empressé de seconder les vues de son auguste souveraine.

Quoi qu'il en soit, nous le répétons, la nomination de Carvalho au poste d'envoyé extraordinaire à la cour d'Angleterre fut un gros événement ; elle suscita à celui qui l'avait reçue nombre d'ennemis puissants, et, dès qu'il fut parti, ce fut à qui essayerait de le déconsidérer dans l'espoir de le faire rappeler.

Non-seulement on fouilla dans sa vie privée et dans sa vie passée, pour y découvrir matière à blâme, mais on incrimina sa conduite à Londres.

Les libelles commencèrent à pleuvoir sur sa tête, et quelques-uns le traitèrent de façon à montrer combien était grande la haine de ceux qui ne lui pardonnaient pas sa rapide fortune.

« Carvalho, réduit à Londres à l'inaction, dit l'un d'eux, consacrait à ses amusements le loisir que lui laissaient les affaires. L'augmentation de sa fortune et les prérogatives attachées à son état lui fournissaient, pour satisfaire ses passions ardentes, des moyens qu'il saisissait avec avidité. Il s'était fait, à Londres, des amis de son goût, avec lesquels il se livrait sans ménagement à ces plaisirs tumultueux, si chers à la bouillante jeunesse, surtout lorsqu'elle a pour se les procurer les ressources de l'or et du pouvoir. Il se trouva plus d'une fois engagé dans des intrigues amoureuses qui le rendirent souvent mécontent, etc., » et tout cela se débitait alors que Carvalho venait d'être cruellement frappé par la mort de sa femme doña Teresa, qu'il perdit peu de temps après son arrivée à Londres, c'est-à-dire le 21 mars 1739.

Quel terrible effet de la haine et de l'envie !

Mais quels hommes en place ont été à l'abri des insinuations malveillantes, des attaques grossières, des reproches de mauvaise foi ?

Carvalho se garda bien de donner prise contre lui, en répondant à ses détracteurs ; il les laissa entasser mensonges sur calomnies et se contenta de suivre, le mieux qu'il lui fut possible de le faire, les instructions qu'il avait reçues du roi son maître, sourd aux perfides insinuations qui lui arrivaient journellement.

Sa mission terminée au gré de ses désirs, Carvalho revint à Lisbonne, et son retour fut le signal d'une nouvelle levée de boucliers contre lui.

Cette fois, ce fut une véritable ligue qui se forma pour le renverser ; quelques personnes, jouissant à la cour d'un certain crédit, s'en servirent à l'effet de perdre Carvalho dans l'esprit du roi, et déjà elles se flattaient de voir leurs efforts couronnés de succès lorsqu'un événement imprévu vint tout à coup montrer que, loin d'avoir rien perdu de la faveur dont le monarque avait daigné lui donner des preuves, il allait, au contraire, recevoir une nouvelle marque de la confiance du souverain.

Ce fut à l'occasion d'un démêlé qui s'éleva entre la cour de Rome et la maison d'Autriche, au sujet de l'extinction du patriarcat d'Aquilée ; le Saint-Père avait soumis la solution de ce différend à l'arbitrage de la cour de Portugal.

La question était, sinon difficile à éclaircir, du moins délicate à juger : il s'agissait surtout de concilier certaines susceptibilités, et le roi Jean, qui avait reconnu des preuves de tact et d'une grande habileté diplomatique dans la manière dont Carvalho avait conduit son ambassade de Londres, songea à le charger du soin de cette affaire en l'envoyant à Vienne pour la traiter, de sorte qu'en l'espace de quelques années, Carvalho fut appelé aux deux ambassades les plus importantes.

La façon dont il s'acquitta de cette honorable tâche lui fit le plus grand honneur : ses manières séduisantes, son langage persuasif eurent un plein succès. Il fit plus que d'amener l'une des deux hautes parties intéressées à se soumettre aux prétentions de l'autre : il opéra une conciliation complète en les contentant toutes deux.

Les marques de sympathie les plus honorables lui furent données à cette occasion, et ce fut ce qui l'engagea à prolonger son séjour dans une ville où il n'avait qu'à se louer des personnes les plus recommandables et les plus haut placées.

Parmi celles-là, figurait en première ligne le maréchal comte de Daün, père d'une jeune personne d'une grande beauté qui ne tarda pas à produire une vive impression sur le cœur de Carvalho.

Dona Léonor Ernestine de Daün, fille de don Henrique Ricardo, comte de Daün, et de Joanna Violante de Baysberg, des comtes de Baysberg, séduite par les avantages personnels de Carvalho et par les dons de son esprit, ne tarda pas, de son côté, à éprouver une vive affection pour lui, et elle n'eût fait aucune difficulté pour lui accorder sa main, si sa famille, l'une des plus nobles de l'Autriche, n'avait protesté contre la pensée de cette alliance, en se retranchant derrière l'ancienneté et l'illustration de la maison de Daün.

Carvalho fut peiné de ce refus ; néanmoins il ne se tint pas pour battu, et, sûr de l'agrément de celle dont il voulait faire sa femme, il s'occupa de prouver à son tour que, non-seulement il appartenait à une famille dont la noblesse incontestable était de celles dont on peut justifier, mais il s'appuya surtout sur ce fait que déjà il avait contracté une alliance avec une des plus nobles familles du Portugal, puisque sa première femme appartenait à l'illustre maison d'Arcos.

Bien que ce précédent eût pu être pris en sérieuse considération, il aurait probablement été impuissant à le faire triompher des scrupules de la famille Daün, si Carvalho n'avait eu recours à la protection de la reine qui lui était toujours acquise. Cette princesse était Allemande ; en approuvant l'alliance projetée, elle faisait taire tous les honorables scrupules d'une famille poussant à ses dernières limites le respect des traditions nobiliaires ; l'assentiment de la sœur de l'empereur d'Autriche faisait disparaître toute trace d'inégalité de rang, en supposant qu'elle existât.

Bienveillante comme toujours, la reine écrivit en Autriche, en exprimant le désir que le mariage se fît. Immédiatement après, Carvalho épousa, le 18 décembre 1745, mademoiselle Josepha de Daün, fille du comte de Daün, et il revint à Lisbonne avec sa femme, ayant acquis pendant son séjour en Autriche la réputation d'un profond politique par la façon habile dont il avait su mener à bien la réconciliation de deux cours, et possesseur de grandes richesses que la belle alliance qu'il venait de contracter lui avait procurées.

Il se trouvait donc désormais placé dans les conditions les plus favorables pour rendre de véritables services à son pays ; son entente des affaires, les heureux résultats de ses deux négociations, la haute position de fortune qu'il avait conquise, tout semblait le désigner au roi Jean comme l'un des futurs et des plus fermes soutiens du trône.

Malheureusement, plus la fortune des hommes est rapide, plus les qualités supérieures qui les distinguent frappent les yeux, plus aussi ils excitent d'envie et soulèvent de défiance.

Le roi Jean était gravement malade, et le soin des affaires de l'État était tout entier aux mains du frère Gaspard de

Incarnaçao , et le récollet , aimant à s'entourer de gens à sa
dévotion, se fût bien gardé d'introduire dans le conseil un homme
dont les vues larges et les idées de réorganisation se trouvaient
complétement en désaccord avec les siennes.

Aussi, tant que dura la maladie du roi, Carvalho demeura-
t-il écarté des affaires , tandis que des gens, intéressés à soutenir la politique du frère Gaspard, semaient adroitement des
bruits qui ne tendaient à rien moins qu'à présenter Carvalho
comme un mécontent ambitieux , dont chaque parole était un
blâme contre les édits et les règlements publiés par le gouvernement.

L'ambition fut d'ailleurs le grand crime qu'on ne cessa de
reprocher à celui qui , par son mérite et ses travaux remarquables, sut s'élever aux premières charges de l'État, comme
si l'ambition n'était pas le sentiment le plus naturel de tout
homme qui sent en lui le désir de faire de grandes choses et
qui a conscience de sa valeur.

Un événement prévu vint bientôt changer cet état de choses
et donner à Carvalho le moyen de se produire dans la sphère
pour laquelle il semblait avoir été destiné.

Le roi Jean V mourut le 30 juillet 1750 ; selon les coutumes
du Portugal, le corps du roi défunt ne pouvait être livré à ceux
qui étaient chargés de ses obsèques que par un secrétaire
d'État ; or, un seul personnage était alors revêtu de ce titre,
c'était Pierre de Motta, les deux autres, Antoine d'Azevedo et
Antoine Guedes de Miranda, étant morts quelque temps auparavant.

Or, Pierre de Motta était accablé d'affaires par suite de cette
position de ministre unique ; de plus, sa santé était gravement
altérée. Il supplia donc le nouveau roi Joseph Ier de vouloir bien
le dispenser de la triste cérémonie à laquelle il se trouvait obligé.

C'était chose difficile, puisque, à son défaut, il n'y avait personne qui pût en être chargé.

Ce fut alors que la reine mère qui n'avait jamais cessé, comme on l'a vu, de protéger Carvalho, proposa à son royal fils un moyen qui conciliait tout: c'était de pourvoir au remplacement des deux secrétaires d'État qui n'étaient plus, et de charger l'un d'eux de la remise du corps du roi défunt.

En même temps elle proposa Carvalho et l'abbé Diego Mendoza.

Joseph Ier, confiant dans le choix de sa mère, n'hésita pas à suivre son conseil; Carvalho fut nommé ministre secrétaire des affaires étrangères, et Mendoza ministre secrétaire de la marine.

Le premier fut désigné pour présider aux obsèques du feu roi; c'est donc à partir de ce moment que date la vie publique de Carvalho, vie glorieusement remplie, puisque, pendant les vingt-sept ans que dura sa carrière ministérielle, il sut toujours servir les intérêts de son roi et ceux de son pays, en élevant le Portugal au plus haut point de prospérité qu'il eût jamais atteint.

Ce sont les actes de ces vingt-sept années que nous allons examiner.

Afin de se rendre bien compte des améliorations de toute
nature que Pombal apporta dans les diverses branches du gouvernement, il est nécessaire de bien préciser l'état de dépérissement dans lequel se trouvait le Portugal, au moment où
Joseph Ier monta sur le trône et chargea Carvalho du soin de
l'aider dans la lourde tâche qu'on appelle faire le bonheur de
son peuple.

Nous avons déjà esquissé à grands traits les fâcheux résultats produits, non par l'augmentation de la richesse publique
du royaume, mais par l'enrichissement accidentel du Portugal,
au moyen de l'or du Brésil. Ajoutons que lorsque Pombal
prit la direction des affaires, l'agriculture et l'industrie étaient
à peu près entièrement abandonnés; quant au commerce, il
était nul.

De plus, l'énormité et la mauvaise répartition des contributions publiques en rendaient le produit illusoire, et la perception
aussi difficile que vexatoire.

Donc, d'un côté un capital improductif.

De l'autre, des recettes aléatoires plus fictives que réelles,
et des dépenses complétement hors de proportion avec les
revenus et dont le chiffre, fabuleusement excessif, se soldait au
moyen de fonds venus du Brésil et dont la source pouvait s'é-

puiser par un excès de rendement, ou pouvait se tarir par suite d'un événement imprévu séparant le Brésil du Portugal, soit par la conquête, soit, comme cela devait arriver plus tard, par une déclaration d'indépendance.

La situation n'était pas brillante. Carvalho comprit que, pour la changer, il fallait frapper fort et vite ; ce n'était pas des palliatifs qui étaient devenus nécessaires, mais une rénovation complète, basée sur des idées toutes nouvelles.

Or, en pratique, c'était chose difficile à tenter, presque impossible à réaliser.

Tout autre que Pombal eût reculé devant l'énormité de la tâche.

Lui, au contraire, puisa dans la lourdeur du fardeau une force nouvelle, et il se promit de régénérer son pays quand même.

Pour cela, cependant, il comprit qu'il lui fallait autre chose que sa propre volonté ; celle du roi était indispensable, et cette volonté royale devait être fondée sur une entière confiance dans les projet du ministre. Carvalho ne se le dissimulait pas, pour parvenir à ses vues, pour faire triompher ses idées, il allait froisser bien des convictions, déchaîner bien des colères, amonceler bien des haines, se créer bien des ennemis.

Mais pour braver les reproches, endurer les attaques de la calomnie, résister à ses ennemis, il fallait qu'il pût compter, d'une façon absolue, sur la bienveillance de son roi et sur la coopération de ses collègues, sur leur obéissance même.

Car, il n'y avait pas à s'y tromper, c'était un pouvoir sans bornes que voulait Carvalho, c'était une dictature qu'il rêvait, non pour satisfaire ses intérêts ou ses passions, mais pour la faire servir aux véritables besoins de son pays.

Pombal trouva en Joseph Ier un soutien et un appui qui ne lui firent jamais défaut, et, l'on ne saurait trop le dire, la protection que ce roi ne cessa d'accorder à son ministre est à l'éternel honneur de Joseph ; l'histoire confond, dans une même admiration, et le ministre qui accomplit les plus grandes choses et le monarque qui les lui rendit possibles en le couvrant de sa faveur et de son approbation.

Quel magnifique règne fut celui-là !

Les commencements en furent pénibles.

Carvalho eut contre lui la noblesse, le clergé, puis le peuple ; il eut pour lui le roi, sa conscience et le désir de bien faire : il se crut assez fort pour engager la lutte, et l'avenir lui donna raison.

Le premier soin du nouveau ministre, en arrivant aux affaires, fut d'étudier les rapports du Portugal avec les divers États de l'Europe et les moyens les plus propres à en augmenter les richesses, la gloire et la sûreté. Ses ennemis le reconnurent eux-mêmes, et dans un libelle, publié contre son administration, on constate qu'il s'occupa de suite de renouveler les alliances contractées précédemment avec les autres puissances et surtout avec l'Espagne.

Une fois de sages dispositions prises à l'extérieur, Carvalho se hâta de songer à l'intérieur, car c'était là véritablement que le mal existait et qu'il était devenu nécessaire d'apporter un prompt remède.

Carvalho déploya une activité sans égale : nous n'en voulons pour preuve que les lignes suivantes empruntées aux *Mémoires de Sébastien-Joseph Carvalho,* un livre écrit par l'un des plus acharnés détracteurs de Pombal, dont chaque page contient une accusation ou un blâme, et qui, cependant, malgré le fiel qu'il distille avec complaisance, ne peut s'empêcher de confesser que les débuts de l'administration de celui qu'il se plaît à peindre sous les couleurs les plus noires furent des plus brillants.

« En effet, dit-il, plusieurs sages règlements, publiés presque à la fois, ne tardèrent pas à faire changer de face le royaume. Le

commerce refleurit ; on mit en mer une escadre considérable
qui éloigna les corsaires et protégea la navigation. Des flottes
nombreuses, sorties du port de Lisbonne ou qui y abordaient
de toute part, rouvrirent dans cette capitale les sources de
l'opulence. On ranima les manufactures en abolissant la
fameuse loi somptuaire publiée sous le règne précédent. On fit
partir pour l'Afrique quelques vaisseaux de guerre chargés de
soldats, d'ingénieurs et de matériaux pour élever des forts
dans l'île de Mozambique, la clef du commerce du Portugal
dans les Indes Orientales et, par cette raison, un de leurs plus
importants établissements. D'autres prirent la route du Brésil
avec plusieurs familles destinées à en augmenter la population.
Les places frontières furent fortifiées et les côtes garnies de
canons. Divers édits rendirent plus avantageuse la perception
des impôts, encouragèrent l'agriculture et donnèrent au Portugal
de nouvelles manufactures et de nouveaux arts. Les troupes
ne furent pas non plus négligées, et on les remit sur le pied
convenable à une grande-monarchie.

« Tels furent les commencements du gouvernement de
Joseph Ier, gouvernement qui lui attira l'admiration de ses
voisins, et qui, s'il eût continué avec la même sagesse, la même
vigilance, la même activité, aurait en peu d'années porté le
Portugal à un point de grandeur et de prospérité qui l'eût fait
aller de pair avec les premières puissances de l'Europe. »

Si l'ennemi le plus prévenu, le plus enclin à calomnier
Pombal, s'exprima de la sorte sur son compte, que purent dire
les sincères admirateurs de ce grand homme d'État !

C'est que, il faut bien en convenir, quel que soit l'aveugle-
ment dont soit frappé l'esprit de parti pris, quel que soit le
dessein qu'aient certains esprits chagrins et inquiets de déni-
grer quand même, il est de ces vérités qui, comme le soleil,
éblouissent par leur éclat. En vain l'envie jalouse veut les nier,

en vain la mauvaise foi cherche à les amoindrir, rien ne peut les empêcher de se montrer et de s'imposer quand même.

Les diverses réformes que nous venons d'indiquer n'étaient que le prélude de celles que méditait Carvalho. Il en était une surtout dont l'exécution devait lui faire le plus grand honneur, c'était la défense d'exporter de l'or brésilien ; pour y parvenir, il fallait employer un moyen violent, celui-là seul pouvait être efficace. Carvalho n'hésita pas ; il proposa au roi de rendre une ordonnance prohibant la sortie du numéraire, en vertu d'une ancienne loi tombée depuis longtemps en désuétude, mais qui n'en existait pas moins.

Le roi signa l'édit qui naturellement fit jeter les hauts cris aux mécontents, mais qui eut pour résultat immédiat de diminuer considérablement l'exportation de l'or et de le forcer à demeurer dans le pays.

Bien que les Portugais murmurassent contre cette prohibition, bon nombre d'entre eux cependant se rendirent compte de la justesse et de l'opportunité de la mesure; mais l'Angleterre, qui plus que toute autre nation profitait de l'or du Portugal, fut loin d'être de cet avis, et la cour de Londres envoya à Lisbonne un ambassadeur chargé de faire tous ses efforts pour décider Joseph à retirer l'ordonnance.

Lord Tirawley, qui avait été choisi pour cette mission, essaya de démontrer au roi que rien n'était plus propre à maintenir la bonne harmonie qui existait entre les deux États que de faire de l'un un acheteur et de l'autre un vendeur; mais ce raisonnement eut peu de succès. Alors, quand il vit qu'il ne gagnerait rien par la persuasion, il essaya de l'intimidation, et menaça le Portugal de la guerre pour le cas où, contre toute attente, il refuserait désormais de continuer à se laisser dépouiller au profit de l'Angleterre.

La menace n'eut pas plus d'effet que l'habileté de langage; le roi tint bon, mais lord Tirawley voyant qu'il ne pouvait arriver à son but par les remontrances appela l'intrigue à son aide, et, secondé par l'égoïsme de quelques mauvais citoyens, il s'efforça de paralyser les effets de l'excellente mesure prise par Pombal; néanmoins, si celui-ci n'eut pas la satisfaction de voir qu'il avait réussi à couper le mal dans sa racine, il eut celle de constater qu'il l'avait considérablement amoindri ; car, à partir de ce moment, l'exportation du numéraire diminua dans une proportion sensible.

C'était une plaie à demi cicatrisée ; mais combien d'autres étaient encore béantes !

L'une des affaires qui donna le plus de souci à Pombal, dès son entrée au ministère, fut celle des jésuites du Paraguay; mais avant d'entrer dans les détails que comporte le récit de cet important épisode du règne de Joseph Ier, nous devons, pour suivre l'ordre chronologique des faits, mentionner quelques autres traits saillants de l'administration de Pombal, qui montrent combien la sollicitude de ce ministre, qui n'avait alors que le titre de secrétaire d'État pour les affaires étrangères, s'étendait à toutes les branches du gouvernement, et combien devaient être multiples ses préoccupations, si l'on considère la diversité de leur nature.

Peu de temps après qu'il fut en place, il fut avisé qu'une coutume singulière s'était introduite à Lisbonne : des jeunes gens appartenant à de bonnes familles de la ville s'amusaient la nuit à courir les rues et à attacher des cornes aux portes des nouveaux mariés qu'ils voulaient ridiculiser, en faisant croire que leurs femmes avaient une conduite déréglée.

Pombal s'indigna des fâcheuses suites qu'avaient eues cette déplorable mode qui tendait à se généraliser, et il fit publier un édit rigide qui, en atteignant les principaux coupables, mit un terme à ce scandale.

Encore une fois, si nous rappelons ici ce détail administratif, c'est moins afin de louer le ministre d'un acte tout naturel, que pour donner une preuve de son infatigable ardeur à réprimer tout ce qui devait l'être et à réformer ce qui lui semblait abusif.

Ce qui montre que, en agissant de la sorte, Carvalho n'avait d'autre but que celui du bien général, c'est qu'il s'attaquait indistinctement aux puissants comme aux simples particuliers, aux nobles comme aux prêtres, et que ses principes lui faisaient une loi de suivre la ligne de conduite qu'il avait adoptée sans s'embarrasser de savoir s'il se heurtait à des traditions adoptées, s'il blessait certaines susceptibilités jalouses, et si, enfin, en soutenant quand même le parti de la raison et de la justice, il ne se créait pas de nouveaux ennemis.

Ce fut ainsi qu'il s'attaqua nettement à ce tribunal terrible de l'inquisition, dont le pouvoir redoutable fut si grand dans la péninsule.

Non-seulement il supprima les auto-da-fé, mais il parvint à faire ordonner qu'à l'avenir aucune exécution, émanant de jugements du tribunal de l'inquisition, n'aurait lieu sans le consentement du pouvoir royal, et ces jugements furent soumis à l'approbation du conseil d'État, qui eut le droit de les casser.

L'année suivante, il fit rendre un édit qui interdisait aux habitants du Brésil d'envoyer leurs filles dans les couvents du Portugal sans l'autorisation du roi, et aux supérieurs des couvents de les y recevoir.

Tous les historiens se sont accordés pour féliciter Carvalho de ces actes ; mais il en est un qui fut diversement apprécié : celui par lequel le roi réunit à la couronne plusieurs fiefs qui en avaient été détachés pour récompenser les services de certaines familles. Ce qui donna prise contre Carvalho, ce fut que, par la suite, il reçut de la libéralité du monarque quelques-uns de ces domaines ; toutefois, s'il eut le tort de les accepter, rien n'autorise à supposer qu'en conseillant au roi de les réunir à la couronne il avait la secrète espérance que plus tard il en profiterait.

Nous voici arrivés aux préliminaires de la grande lutte qui s'éleva entre le ministre de Joseph et les jésuites et qui se termina par la chute de la puissante compagnie, dont la conduite ambitieuse avait depuis longtemps donné lieu à des plaintes nombreuses et fondées (1).

C'étaient de rudes adversaires que les jésuites, et il fallait que Pombal se sentît bien soutenu par la protection du roi pour essayer de se mesurer contre eux, et qu'il eût à sa disposition toutes les forces nécessaires ; mais, d'ailleurs, les circonstances étaient assez favorables.

On sait qu'à la suite de l'assurance qu'avait donnée un certain Gomez Pereira au gouverneur de Rio-Janeiro, que dans les missions de Paraguay, gouvernées par les jésuites, il se trouvait une grande quantité de mines très-riches, et sur les instances de ce gouverneur lui-même, la cour de Lisbonne avait proposé à celle de Madrid de lui céder l'importante colonie du Sacramento contre les sept districts espagnols du Paraguay appelés missions de l'Uruguay.

Ce traité ayant été conclu, le roi de Portugal chargea de son exécution Freira d'Andrada, gouverneur de Rio-Janeiro, tandis que le roi d'Espagne désignait, de son côté, le marquis de Valdeliriós.

Il avait d'abord été convenu que les territoires changeraient de possesseurs et que leurs habitants passeraient tout simplement sous le sceptre de leur nouveau souverain ; mais, malheureusement, on ne s'en tint pas là et on imagina d'échanger seulement les territoires, mais non les habitants ; en d'autres termes, on voulut obliger les Indiens, établis dans l'Uruguay, à aller

---

(1) Ce n'est pas la première fois que cela arrive dans l'histoire des élèves d'Escobar et d'Ignace de Loyola.

s'installer dans la colonie du Sacramento, tandis que ceux peuplant le Sacramento iraient prendre leur place dans l'Uruguay.

Certes, ce fut une faute. Cependant, avant de reprocher au gouvernement de Joseph de l'avoir commise, on eût dû s'enquérir des raisons qui l'avaient fait faire : le Paraguay n'était pas habité par des particuliers vivant sous le sceptre d'un prince. Bien que soumis à l'Espagne de droit, de fait il était sous la tutelle et sous la domination immédiate des jésuites. Les missionnaires avaient pris sur la population un empire absolu, les Indiens ne connaissaient qu'eux, se considéraient comme chose leur appartenant en propre, et il était facile de prévoir que les gens de ce pays, exhortés par les jésuites, ne consentiraient jamais à être gouvernés par d'autres que par eux.

C'était, d'ailleurs, s'exposer à une lutte sans fin avec les pères de la mission, et, au xviiie siècle, on sait quelles étaient la puissance et la force de ce corps considérable qu'on appelait la société de Jésus.

Ce fut donc afin d'éviter ces embarras que le roi de Portugal, sur le conseil de ses ministres, avait résolu d'opérer une transmigration qui laissait chaque peuple gouverné par ses lois et selon ses coutumes, en réduisant la question à un simple changement de résidence.

Mais on ne brise pas facilement les liens qui unissent l'homme à sa terre natale; d'un côté comme de l'autre, on se trouva en face d'une vigoureuse résistance.

Dans la colonie du Sacramento, les habitants se révoltèrent, et pour mieux faire entendre qu'ils refusaient d'abandonner leur territoire à l'Espagne, ils mirent le feu aux poteaux où l'on avait attaché les armes espagnoles.

Dans l'Uruguay, il fallut en venir aux mains, et quatre mille hommes de troupes essayèrent vainement de réduire les Indiens.

Les jésuites s'étaient, sinon ostensiblement, du moins réel-

lement, mis à la tête du mouvement, et le gouverneur Gomez
Freire comprit que c'était contre eux que devait être dirigée
toute son action, sous peine d'échouer ou de vouer le pays à
une agitation continuelle.

Il écrivit à Carvalho pour lui faire part de l'opposition tenace
que faisaient les jésuites aux volontés du roi.

Carvalho était prêt à agir; il engagea le roi à nommer son
frère, don François-Xavier Mendoça, capitaine général gouverneur du Maranham et du Grand-Para, et à l'envoyer en cette
qualité dans l'Inde avec des forces assez considérables pour
comprimer la révolte et pour réduire les jésuites à l'obéissance.

Pour ne donner prise à aucune fâcheuse interprétation par
sa conduite, l'habile ministre eut soin de publier et de faire
répandre partout un *Précis exact de la conduite des jésuites
au Paraguay et de leurs intrigues à Lisbonne*.

Aussitôt arrivé au Paraguay, le frère de Carvalho s'occupa
moins de sévir contre les révoltés que d'étudier la véritable
cause de la désobéissance des indigènes, et il n'eut pas de peine
à reconnaître que c'était bien à l'instigation des missionnaires
qu'elle était due.

Ces pères, qui étaient allés dans l'Amérique pour convertir
les idolâtres à la foi catholique, semblaient s'être beaucoup
plus attachés à se former des sujets soumis et dévoués qu'à
faire des chrétiens libres sous le protectorat de l'Espagne.

Évangélistes devenus rois, ils avaient façonné le pays à leur
guise, établi des lois spéciales, érigé un système gouvernemental, mais surtout travaillé à asseoir leur autorité d'une façon
solide et tout à fait indépendante de celle du roi d'Espagne.

Le nouveau gouverneur de Maranham ne put conserver aucun
doute à cet égard; et il essaya vainement de faire entendre raison
aux jésuites, en leur démontrant que leur devoir était d'user de
l'influence qu'ils avaient sur les peuplades de ces contrées pour

les engager à obéir aux ordres du souverain ; il ne put rien obtenir, ainsi que le constate une lettre qu'il écrivait à son frère quelque temps après son arrivée :

« Je ne puis venir à bout de réprimer ces pères, disait-il ; leur politique fine et adroite l'emporte sur mes soins et la force de mes troupes. Ils ont donné aux sauvages des mœurs et des coutumes qui les attachent à eux inviolablement. Telle est la force des maximes qu'ils leur ont gravées dans le cœur, que ces peuples aimeraient mieux mourir que de changer de domination. »

Néanmoins, grâce aux mesures prises par Carvalho en Portugal contre les jésuites, ceux-ci perdirent peu à peu leur influence, et la fermeté de Xavier de Mendoça aidant, les troubles du Paraguay s'apaisèrent ; mais cet échange du Paraguay et de la colonie du Sacramento fut pour l'avenir un sujet de querelles continuelles entre l'Espagne et le Portugal. Il fallut toute l'habileté du ministre de Joseph pour que cette affaire n'entraînât pas le pays dans une guerre sans fin.

Mais les difficultés de tous genres n'effrayaient pas Carvalho. En vain le nombre de ses ennemis grossissait, en vain les jésuites accablés par lui luttaient en désespérés pour renverser son pouvoir, entraver ses projets, déranger ses vues : fort de l'appui de son souverain, Carvalho n'en cherchait pas d'autre. Il savait que Joseph voulait faire le bonheur de son peuple, et, glorieux de le seconder dans cette magnifique tâche, il marchait à ses côtés dans la voie qui mène droit à l'admiration de la postérité.

Travaillant sans relâche, occupé dès la pointe du jour, c'était à peine s'il prenait le temps de dîner à la hâte. Après son repas, il allait se promener une heure en voiture avec un moine, son parent, et c'était là son unique récréation ; il rentrait bientôt dans son cabinet et poussait le travail fort avant dans la nuit.

Ces détails peignent l'homme.

A tous les soucis que lui causaient les affaires extérieures et
le soin du royaume allaient bientôt s'ajouter de terribles préoccupations.

Le tremblement de terre de Lisbonne, ce fléau que nulle puissance humaine ne put prévoir ni conjurer, vint, par ses désas-
treux effets, ruiner tous les heureux résultats de la sage
administration de Pombal.

Il est inutile de faire ici le récit détaillé de cet effroyable
événement, rapporté plus haut.

Ce fut, comme on l'a vu, le 1er novembre 1755, qu'à neuf heures
vingt minutes du matin, on ressentit à Lisbonne une secousse
terrible qui renversa la plupart des églises et un nombre considérable de palais, d'édifices et de maisons particulières; un
bruit épouvantable, causé par la chute des bâtiments, se fit
entendre, et un moment après la ville entière était en flammes.

Ce fut alors un horrible spectacle : partout des mourants,
des cadavres, du sang et des larmes, des cris de douleur et
des imprécations, ce que l'incendie épargnait, les eaux débor-
dées du Tage l'entraînaient.

Quarante mille personnes succombèrent, et on évalua les
pertes en maisons, en meubles précieux et en numéraire, à
deux milliards deux cent quatre-vingt-quatre millions !

Il avait suffi de quelques instants pour changer une ville
opulente et superbe en un monceau de ruines et de décombres.

La conduite de Carvalho pendant cet immense désastre fut
admirable ; par un hasard providentiel, la maison qu'il occupait avait été épargnée, sa femme était encore couchée lorsqu'eut lieu la secousse. Soudain la muraille contre laquelle le
chevet de son lit était appuyé s'écroula : éperdue, Mme de Carvalho se leva et alla se placer sous le chambranle de la porte
de sa chambre. Tout tomba autour d'elle sans l'atteindre. Elle

courut à ses enfants : la partie de la maison qu'ils occupaient n'avait pas même été endommagée.

Quant à son mari, il avait déjà couru au secours des victimes.

Le premier soin du ministre fut d'ordonner qu'on donnât la sépulture aux morts et de soulager les besoins des vivants. Un nombre incalculable de personnes se trouvaient sans pain et sans abri ; mais en même temps qu'il fallait songer à elles, il était indispensable que chacun s'occupât d'abord d'éteindre le feu et d'arrêter l'inondation, ces deux terribles éléments destructeurs qui menaçaient de ne pas laisser pierre sur pierre.

Pombal veilla à tout, prévint tout, et pendant plusieurs jours il ne quitta son carrosse que pour mettre pied à terre au milieu des travailleurs, les exhortant par ses paroles et les encourageant par son exemple.

Il était à craindre que le grand nombre de cadavres qui se trouvaient amoncelés sous les décombres n'amenât la peste ; il la prévint en les faisant brûler dans la chaux vive.

On évalue à deux cents le nombre des ordonnances que Carvalho fit publier à l'occasion de la terrible catastrophe.

Ne fallait-il pas tout reconstituer ?

Par un bonheur providentiel, personne de la famille royale n'avait été blessé ; la cour se trouvait ce jour-là sur le chemin de Belem. Quant au palais, il fut totalement renversé.

Les membres de la famille royale restèrent donc, pendant huit jours, campés sous la tente, et la vertueuse reine, compagne du roi Joseph, rendait un peu de courage, par sa présence, à tous ces malheureux réduits à la plus extrême misère (1).

---

(1) Honneur et gloire à cette reine charitable ! Son nom a passé à la postérité comme passera celui de don Pedro V, un autre digne héritier des Bragance, qui, naguère, se dévoue à la population de Lisbonne, atteinte de la contagion, demeure seul au milieu de sa capitale devenue presque déserte, et meurt de cette terrible maladie.

On la voyait prendre sur le peu de nourriture qu'on lui procurait de quoi venir au secours des plus nécessiteux.

Au milieu de cette calamité générale, il fallait à Carvalho plus que du courage, plus que de la fermeté, il lui fallait un génie exceptionnel ; celui qu'il déploya lui mérite l'admiration de l'Europe.

Les lois ne pouvaient plus être appliquées, il n'y avait plus ni maîtres ni serviteurs, le désordre et le chaos régnaient partout. Les couvents de femmes effondrés envoyaient errer dans les rues des femmes à demi nues, tandis que des hommes à peine couverts, profitant du trouble et de la confusion générale, se livraient à tous les excès. Des scènes de débauche, que rien ne pouvait réprimer, avaient lieu sous les yeux de gens qui se trouvaient sans force pour les empêcher ; des misérables, avides de butin, se ruaient sur tous les objets précieux que les flammes avaient épargnés, et les ravages qu'ils commirent pendant les deux premiers jours furent considérables.

Carvalho ne balança pas à employer la plus extrême rigueur à leur égard ; il ordonna que quiconque serait pris volant serait pendu, et, en une seule journée, deux cents de ces bandits, qui exploitaient si odieusement les malheurs publics, payèrent de leur vie leurs lâches attentats.

On pendait tous ceux à qui l'on trouvait dans les poches de l'or qui conservait quelques traces du feu. Celui qui en ramassait ou qui en recevait était pendu dans l'espace d'un quart d'heure à sa fenêtre même ou à sa porte.

Cette mesure expéditive coûta sans doute la vie à bien des innocents, mais elle préserva du pillage ce qui restait de la ville.

Tous les habitants qui avaient pu fuir le danger étaient sortis de la ville et s'étaient réfugiés sur la montagne. Quand ils revinrent dans la ville et qu'ils ne trouvèrent, pour la plupart, plus trace de rien de ce qui leur avait appartenu, leur désespoir éclatait et tous se répandaient en inutiles regrets.

C'était contre ce découragement surtout que Carvalho agissait. Parcourant Lisbonne dans tous les sens, il allait porter à celui-ci des secours, à celui-là des consolations, calmant les craintes et suppliant chacun de travailler à réparer le désastre.

Il fit tant qu'il parvint par son calme et la promptitude des ordres qu'il donna, à faire disparaître, au plus vite, les traces de tout ce bouleversement.

Le roi, de son côté, faisait distribuer des vivres et des planches pour que les malheureux, dénués de tout, pussent se construire des baraques en attendant mieux. On avait conseillé au roi de se retirer à Oporto, mais c'était mal connaître le cœur de Joseph que de croire qu'il consentirait à abandonner son peuple dans cet état de désolation.

Sa présence fut un bien immense.

Bien que le tremblement de terre se fût fait sentir plus cruellement à Lisbonne que partout ailleurs, certaines provinces avaient été aussi victimes du fléau, mais un grand nombre avaient été épargnées. Carvalho donna ordre à celles-ci d'assister les autres ; il envoya des courriers dans toutes les cours de l'Europe, chargés d'exposer la triste situation dans laquelle se trouvait tout un peuple, et bientôt des secours en numéraire et en vivres arrivèrent de tous côtés.

On voit que le zèle et l'intelligence de Carvalho suppléaient à tout dans ces malheureuses circonstances ; il ne se contenta pas de pourvoir autant qu'il le put aux besoins matériels de la population, il sut ménager toutes les susceptibilités et condescendre aux vœux populaires, en autorisant une neuvaine au jésuite saint François de Borgia, patron des tremblements de terre, bien que ses idées particulières eussent un autre courant. Mais, on ne saurait trop le rappeler, Pombal fut avant

tout un diplomate, et jamais il n'hésita à sacrifier ses propres
pensées à celles qui lui paraissaient devoir être adoptées dans
l'intérêt de tous.

Nous n'écrivons pas ici l'apologie de Pombal, mais l'histoire
vraie de sa vie politique, et si nous nous laissons souvent
aller à l'admiration que nous commandent les actes qui mar-
quèrent sa carrière administrative, c'est que nous avouons que
peu d'hommes d'État ont plus fait pour la gloire de leur pays
que ne fit ce grand homme.

Tous les historiens sont d'accord pour louer sans réserve
la conduite admirable qu'il tint pendant les tristes événements
de ce tremblement de terre.

« Ce tremblement de terre est l'époque la plus brillante de
sa vie », a dit en parlant de l'illustre ministre le duc du Châtelet, et il a eu raison ; c'est une des pages les plus belles de
son histoire, et on aime à se rappeler tous les traits qu'elle
recèle.

Et cependant, le croirait-on ? ce fut précisément au moment
où Carvalho prodiguait sa santé, son temps, sa fortune, sa vie,
pour soulager ceux qui souffraient, alors que, ne connaissant
plus d'autre ambition que celle de venir au secours de ses semblables, ce fut à ce moment que les irréconciliables ennemis du
grand ministre songèrent à se liguer pour lui enlever l'estime
et l'affection de son roi !

Aveuglés par la haine, ils osèrent insinuer au roi que si le
ciel était courroucé contre le Portugal, si le plus épouvantable
des fléaux était venu renverser Lisbonne, c'était à cause de
Pombal ; Dieu n'avait voulu, dirent-ils, que faire éclater d'une
manière terrible l'aversion que lui causait l'ami des philosophes
et le persécuteur des jésuites et de la sainte inquisition, et c'é-
tait afin de punir l'audacieux coupable qu'il avait permis que
la terre s'ouvrit pour engloutir ce qui était dessus.

Le roi écouta patiemment cette perfide interprétation donnée aux événements, et il se contenta de faire remarquer à ceux qui parlaient de la sorte qu'il était alors difficile d'expliquer comment le ciel, ayant voulu punir Carvalho, non-seulement celui-ci n'avait pas même été blessé, mais encore que son hôtel était resté debout au milieu de toutes les maisons du quartier qu'il habitait.

— Oui, sire, répondit le comte d'Obidos, célèbre par son esprit et ses saillies, mais toutes les maisons de la rue Zuia ont eu le même privilége.

Or, la rue Zuia était l'une des plus mal habitées, c'était là que se trouvaient établis les lieux de prostitution.

Le parallèle était peu flatteur pour le ministre, mais le plaisir d'avoir émis un mot méchant fut la seule satisfaction des envieux de Carvalho. Le roi Joseph fut assez sage pour faire bonne justice de ces basses attaques, et afin de montrer le cas qu'il en faisait, il donna publiquement une preuve de ses sentiments de reconnaissance pour la belle conduite que son ministre avait montrée dans les pénibles moments qu'on venait de traverser en lui conférant le titre de premier ministre.

La grandeur de son courage, ses nombreux actes de dévouement et la sagesse des mesures prises par lui pour parer à toutes les nécessités, lui avaient notablement mérité ces marques de faveur, et tous les honnêtes gens s'applaudirent, en voyant Carvalho récompensé, de vivre sous un prince qui savait si bien encourager le mérite et la vertu.

Joseph, en montrant à tous combien était grande la confiance dont il honorait son ministre, affermit encore davantage l'autorité de celui-ci, qui fut revêtu en quelque sorte d'une puissance qui n'avait d'autre borne que la volonté du roi et dont il se servit absolument pour le bien de l'État.

La capitale du Portugal était pour ainsi dire détruite, il se donna la tâche de la relever de ses ruines, et ce fut véritablement une chose prodigieuse que de voir comment, presque dénué de ressources, avec une administration qu'il fallut recréer, des services et des rouages qu'il fallut entièrement rétablir, cet homme extraordinaire parvint, en peu de temps, à faire sortir du sol, non pas les édifices que le tremblement de terre y avait enfouis, mais d'àutres plus beaux, plus vastes, plus magnifiques, avec lesquels il improvisa un Lisbonne nouveau, une capitale devenue l'une des plus belles villes de l'Europe et dont la vue seule inspira à l'auteur du livre : *Au bord du Tage,* ces lignes pleines de charme et de poésie :

« Les constructions de Lisbonne ont une blancheur qui n'est altérée que bien rarement par la fumée. Ses palais aux murs éclatants reflètent comme d'ardents miroirs la splendeur de son beau ciel ; ses terrasses, ses belvédères semblent suspendus entre des touffes de laurier, de buis gigantesque, d'autres arbres à la vive verdure ; ses parcs sont embellis de pomars ; c'est un nom qu'on donne aux plantations d'orangers et de citronniers, arbres charmants qu'on dispose souvent en espalier. Quelques palais sont en partie revêtus à l'extérieur de terre cuite blanche et bleue. »

Mais n'anticipons pas sur les événements. Nous avons vu jusqu'alors Carvalho, de simple garde du palais, devenir le représentant diplomatique d'une grande nation, puis recevoir en mains le portefeuille de secrétaire d'État, et, dans les diverses phases de sa vie publique, donner les preuves d'un mérite exceptionnel et justifier pleinement la confiance du glorieux monarque dont il était le plus fidèle et le plus dévoué sujet.

Nous allons le voir maintenant parvenu au faîte des grandeurs, revêtu de la plus haute dignité, gouverner l'État, se faire l'émule des Richelieu et des Colbert, remplir le monde du bruit de son nom et montrer à l'Angleterre étonnée comment le Portugal entendait s'opposer à ce qu'elle continuât de s'enrichir à ses dépens.

V

L'Angleterre, nous l'avons dit, avait fini par se rendre maîtresse de tout le commerce du Portugal ; rien ne se faisait plus que par son canal, et elle avait pris un tel ascendant dans ce royaume, qu'elle avait fini, peu à peu, par s'y considérer comme chez elle.

Les Portugais étaient les simples témoins du commerce qui se faisait devant eux, mais ils n'y prenaient point part.

Les Anglais venaient jusque dans Lisbonne leur enlever le commerce du Brésil.

Depuis le jour où le Portugal, secouant le joug de l'Espagne, avait cru qu'il lui était indispensable d'avoir un allié puissant, dont les forces maritimes pussent venir à son aide en cas de besoin, il avait aliéné son indépendance et s'était jeté, tête baissée, dans les bras de l'Angleterre.

En un mot, depuis sa révolution, le Portugal était plus esclave de l'Angleterre qu'il ne l'avait été de l'Espagne. Carvalho s'était parfaitement rendu compte de cette situation anormale, et sa plus secrète pensée, son incessante préoccupation avait été d'affranchir son pays de ce servage moral. Malheureusement, vers la fin de 1754, l'État devait 50 millions à l'Angleterre, et il était difficile, vu le peu de ressources dont il disposait, qu'il pût se libérer.

Le tremblement de terre survenu en 1755, cette terrible catastrophe dont les effets semblaient devoir à jamais ruiner le Portugal, fut, pour l'habile ministre — et c'est là son plus beau titre à la reconnaissance de ses concitoyens — le moyen dont il se servit pour relever moralement l'industrie nationale. Ce fut dans l'excès même du malheur qui était venu fondre sur le pays, qu'il tira le remède héroïque qui devait le sauver.

Prétextant le besoin urgent de reconstruire Lisbonne, et alléguant l'impossibilité dans laquelle le gouvernement, dénué de fonds, se trouvait pour procéder à cette reconstruction, Pombal frappa d'un impôt de 4 1/2 p. 0/0 toutes les marchandises provenant de l'étranger.

Le coup fut hardi, et il atteignait directement l'Angleterre, froissée dans ses intérêts et dont il gênait considérablement les opérations commerciales. En effet, maître de tout le commerce, plus les négociants anglais faisaient d'affaires avec le Portugal, plus le préjudice devenait notable pour eux.

M. de Castres, l'envoyé de la cour de Londres, en apprenant l'existence de cette taxe, ne put dissimuler son mécontentement, et il essaya sur-le-champ de faire revenir le ministre sur sa détermination, en invoquant les traités existant et en représentant avec chaleur le préjudice qu'elle portait à ses compatriotes. Le ministre répondit que, dans les circonstances au milieu desquelles on se trouvait, l'intérêt des Portugais devait passer avant celui de tous.

Ce raisonnement sage et sensé n'était pas du goût de l'envoyé anglais, qui, ne pouvant rien obtenir en traitant la question au point de vue de l'importance des intérêts engagés et de leur mérite, essaya de se retrancher derrière les services rendus par l'Angleterre, services qui, selon lui, méritaient autre chose que l'oubli de la reconnaissance.

A l'appui de son dire, il rappela à Carvalho qu'il était entré ces jours mêmes dans le port de Lisbonne plusieurs vaisseaux chargés de vivres et de provisions de toute nature, sans compter une somme de 40,000 livres sterling, le tout envoyé par l'Angleterre et destiné à soulager les malheureux habitants de cette capitale, et que de plus, Sa Majesté Britannique venait de faire présent au roi Joseph d'une certaine quantité de vaisselle superbe, travaillée par les meilleurs ouvriers de Londres, et dont la valeur était considérable.

Carvalho, loin de nier les services rendus par l'Angleterre en général aux Portugais, et en particulier les témoignages de sympathie et d'amitié donnés à son souverain par le roi d'Angleterre, montra qu'il en appréciait tout le prix et que la nation toute entière avait su gré à la puissance amie de ce qu'elle avait été l'une des premières à la secourir dans le malheur ; mais comme, après tout, le Portugal ne pouvait continuer à vivre de secours, mais devait, au contraire, songer au plus vite à se créer des ressources, l'établissement d'un impôt sur les marchandises étrangères était l'une des mesures financières qui devaient être prises au plus vite, et qui seules pouvaient aider le Portugal à se relever de l'état déplorable où les derniers événements l'avaient plongé.

Non-seulement M. de Castres s'éleva contre la taxe, mais les divers représentants des autres puissances l'imitèrent, et ce fut à qui donnerait les meilleures raisons pour obtenir l'immunité ; mais à tous Carvalho répondit que le roi n'avait pas pris une résolution de cette importance sans l'avoir sérieusement pesée, et que sa décision était le fruit d'un examen attentif et approfondi de la situation, ce qui éloignait donc tout espoir de la voir modifiée.

Bien plus, Carvalho fit suivre l'ordonnance royale d'un fait qui montra jusqu'à l'évidence combien il avait à cœur de favoriser le débit des productions nationales et de l'affranchir du préjugé si nuisible qui faisait donner la préférence aux marchandises de provenance étrangère.

La plupart de celles qui se trouvaient chez les marchands au moment du tremblement de terre avaient été perdues, soit par le feu, soit par l'inondation ou par l'écroulement des magasins. Or, comme certaines provinces du Portugal fabriquaient une étoffe de laine grossière qui formait l'habillement des gens du peuple dans les campagnes, Pombal songea à faire venir tout ce qu'il put trouver de cette étoffe, et quelques jours plus tard le roi et les principaux personnages de la cour parurent en public vêtus d'habits de laine.

L'exemple trouva vite des imitateurs ; chacun s'habilla de la même façon, et il en résulta qu'en très-peu de temps les fabricants portugais gagnèrent un million de cruzades qui se répandirent dans le pays au lieu d'en sortir pour passer aux mains de l'étranger.

L'année suivante, le ministre imagina de créer une compagnie puissante pour l'exportation des vins, et les avantages que le Portugal devait retirer, dans l'avenir, de cette excellente institution, ont prouvé depuis longtemps combien Pombal avait eu raison de la fonder. Malheureusement, en cette circonstance comme en beaucoup d'autres, ses contemporains ne surent pas lui tenir compte de ce qu'il faisait pour son pays, et, n'envisageant les choses qu'au point de vue mesquin de l'intérêt du moment, ils ne purent apprécier la grandeur des vues du ministre qui, travaillant pour un peuple, non pour un homme, s'appliquait à semer pour l'avenir, sachant bien que plus d'une idée féconde ne peut être mise à exécution sans nuire à quelques-uns. Mais quand le bien-être général de tous doit en résulter, l'homme d'État digne de ce nom ne doit jamais hésiter, dût-il, comme cela arriva pour Pombal, voir ses courageux efforts, ses louables entreprises, critiqués, attaqués, méconnus, jusqu'au jour où une génération nouvelle, récoltant les bienfaits dus à son initiative, en venge sa mémoire en lui décernant une tardive approbation.

La formation de la Compagnie générale des vins du Haut-Douro, connus sous le nom de vins de Porto, fut un des actes importants du ministère de Pombal.

Quelques détails à ce sujet sont nécessaires.

Le district où l'on recueille ces vins est compris entre le Marào et le Tua, dans les provinces de Tra-os-Montes et de Beira, le long des bords escarpés du Douro, ayant la largeur moyenne d'une lieue portugaise sur une longueur de huit, ce qui donne une surface de huit lieues carrées.

« Ce petit espace, lit-on dans l'*Essai statistique* sur le royaume de Portugal, qui, avant l'institution de la Compagnie était presque désert et inculte, est devenu, depuis lors, un des cantons les plus peuplés du Portugal, dont la culture peut être comparée à tout ce que la France, l'Italie, l'Angleterre et l'Autriche offrent de mieux dans ce genre. Ce petit coin du royaume donne depuis plusieurs années à ses nombreux habitants un revenu annuel de 8 à 9 millions de cruzades, outre un million et demi que le gouvernement en perçoit pour les droits d'exportation, sans compter ce qu'il touche par l'impôt territorial. Tous les vignobles de ce district sont divisés en deux classes selon la qualité des vins qu'ils produisent... »

Carvalho ne se contenta pas de renvoyer les jésuites de la cour, il voulut que le public sût pourquoi, et en publiant le *Précis exact de la conduite des jésuites au Paraguay et de leurs intrigues à Lisbonne,* ainsi que nous l'avons dit, il avait eu pour objet de prévenir la colère de Rome, dont il était difficile de prévoir les effets, mais dont on ne pouvait s'empêcher de redouter l'explosion.

Un événement inattendu vint bientôt occuper de nouveau l'attention du ministre, quant à Rome : non-seulement, il n'eut pas besoin de se disculper, mais, de plus, il obtint du pape Benoît XIV un bref de visite et de réforme pour les jésuites du Portugal.

N'était-ce pas sanctionner la mesure de rigueur que le roi avait prise contre eux ?

Mais arrivons à l'événement dont nous avons à parler.

Il est de ceux qu'on ne retrace qu'à regret, et on a besoin de se dire que l'historien a pour mission de ne rien omettre dans la succession des faits qu'il raconte pour ne pas ensevelir dans le plus profond oubli le souvenir de cette exécrable action qu'on appelle un régicide !

Oui, il se trouva, hélas ! en Portugal, sur ce sol lusitanien fécondé par le sang loyal de tant de héros, un gentilhomme, appartenant à l'une des meilleures maisons de Portugal, un cadet de l'illustre maison de Mascarenhas, le duc d'Aveiro, enfin, qui ne craignit pas de se mettre à la tête d'une conjuration ayant pour objet le meurtre de Joseph Ier, coupable de garder auprès de lui un ministre fidèle observateur de son devoir. L'attentat eut lieu le 3 septembre 1758.

La providence qui veille sur les jours des rois ne permit pas que cet abominable projet réussît. Le duc d'Aveiro qui avait eu le triste honneur de tirer, le premier, un coup de carabine sur son roi, le manqua, et les autres conjurés n'arrivèrent qu'à le blesser, grâce au dévouement de Pedro Teixeira qui couvrit son maître de son corps, et le roi, échappé comme par miracle aux balles de ses lâches assassins, put charger Carvalho du soin de punir les coupables, sûr que pas un n'échapperait à sa vigilance.

Or, la persévérance, l'habileté, la fermeté que le ministre déploya dans l'accomplissement de cette tâche furent au-dessus de tout éloge et le placèrent encore plus haut dans l'estime de son roi.

Les conjurés étaient au nombre de cent cinquante. Le duc d'Aveiro, afin de cacher, ou tout au moins de dissimuler autant que possible l'horreur de son crime, avait eu le soin de masquer son entreprise d'un prétexte. La jeune marquise de Tavora

était alors la maîtresse du roi, ou du moins passait pour telle ;
le duc d'Aveiro exploita habilement l'irritation que les membres de la maison de Tavora ressentaient à ce sujet et la haine
qu'ils nourrissaient contre Joseph Ier, et ce fut, soit-disant, pour
venger l'offense faite à cette famille, que le mari de la marquise
et le duc se mirent en quête de complices destinés à les aider à
tirer vengeance de la tache imprimée au nom des Tavora.

Mais dès qu'on sut que le roi n'était que blessé, les conspira-
teurs changèrent de rôle, et ce fut à qui s'offrirait pour se mettre
à la recherche des coupables, que personne n'avait pu reconnaître ni désigner, et parmi les plus empressés à solliciter
l'honneur de courir sus aux assassins se distinguait le duc
d'Aveiro.

Pendant six mois durant, l'affaire en resta là, et les coupables,
qui jusqu'alors avaient pu éviter d'éveiller les soupçons de la
justice, purent croire qu'ils étaient hors de danger.

Ils se trompaient : Carvalho veillait.

Le ministre avait secrètement fait recueillir toutes les infor-
mations possibles, et bientôt il acquit la conviction que le duc
d'Aveiro et le marquis de Tavora avaient été les principaux
instigateurs et acteurs du complot ; mais il ne fit rien paraître
de cette découverte, qu'il dut, dit-on, à la révélation d'un
domestique que le hasard avait rendu témoin d'un entretien
entre les conjurés, et il voulut, au préalable, que tous ceux qui
avaient trempé dans cette horrible conspiration lui fussent connus. Grâce au plan d'inquisition secrète qu'il établit, à la politique fine et adroite dont il couvrit sa vigilance, il parvint, non
sans peine et sans effort, à envelopper comme dans les mailles
serrées d'un invisible réseau, les lâches acteurs du terrible
drame qui avait failli coûter la vie au grand roi dont le Portugal
vénère le souvenir.

Mais dès que Carvalho n'eut plus rien à apprendre, dès qu'il
eut acquis la certitude que ses actives recherches avaient été

couronnées d'un plein succès, il se hâta de frapper un grand coup, et, profitant du moment où des fêtes brillantes étaient données à Lisbonne à l'occasion du mariage de sa fille avec le fils du comte de Sampayo, il ordonna l'arrestation des coupables.

Le 4 janvier 1759 parut le décret qui instituait, sous le titre de *Inconfidencia*, un tribunal spécial composé de deux présidents honoraires, de deux secrétaires d'État, de deux membres simples et de sept juges appartenant aux divers tribunaux établis; le procureur de la couronne faisant office de fiscal complétait cette haute cour.

Le tribunal constitué, il s'agissait de savoir quel jugement pourrait être prononcé. Disons, à l'éternel honneur du peuple portugais, qu'un attentat contre la vie du roi semblait un crime tellement en dehors de toute prévision, que le code portugais ne renfermait aucune disposition à son égard ; on fut obligé d'invoquer une ancienne loi rendue à cette occasion par Philippe II, et qui, sans rien préciser, disait seulement que la peine à appliquer en une pareil circonstance devait être cruelle.

On a reproché à Carvalho d'avoir interprété le texte de cette loi trop à la lettre.

De pareils crimes appellent toute la sévérité de la justice, et de terribles châtiments doivent, en terrifiant les coupables, en prévenir à jamais le retour. Cela soit dit sans excuser des supplices que l'état de nos mœurs ne saurait admettre et repousse d'une façon abolue.

Le duc d'Aveiro eut les membres brisés sur la croix d'Aspa, ainsi que le vieux marquis de Tavora ; la femme de celui-ci, doña Éléonor de Tavora, eut la tête tranchée, ses fils et son gendre furent étranglés, puis assommés avec la massue de fer; un autre, Alvarez Ferreira, qui avait tiré, fut condamné au feu. Un bûcher fut allumé et les corps de tous les suppliciés y furent jetés, leurs cendres furent enfin ramassées et jetées à la mer par la main du bourreau.

Terminons au plus vite le récit de ces horribles faits.

Après l'exécution de ces grands criminels, le ministre redoubla de zèle pour atteindre tous ceux qui, sans avoir pris les armes, n'avaient pas moins coopéré à la perpétration du crime d'une façon quelconque, et, en première ligne, il fallait compter les jésuites. Le tribunal de l'*Inconfidencia* reconnut, par dix articles de son arrêt, la participation de plusieurs religieux de cet ordre au crime de trahison. On procéda contre ceux qui avaient été attachés à la maison du duc d'Aveiro et à celle du marquis de Tavora, plusieurs furent jetés en prison, et trois d'entre eux, les pères Jean-Alexandre, Jean de Matos et Gabriel Malagrida, furent livrés au tribunal du Saint-Office ; Malagrida fut mis à mort par sentence de l'Inquisition.

Certes, nous le reconnaissons, Carvalho déploya, pour la punition des coupables, une grande sévérité, et aucun de ceux qui furent convaincus d'avoir pris part à la conspiration ne trouva grâce devant son inexorable fermeté. Beaucoup de ces malheureux payèrent de leur vie cette criminelle tentative, et cela donna beau jeu aux ennemis du ministre ; mais, tout en plaignant ceux qui furent atteints par le glaive des lois, on ne peut nier que ce fut à partir de cette époque que la noblesse hautaine, qui jusqu'alors avait paru vouloir s'affranchir de toute soumission envers la couronne, modéra considérablement sa morgue et son arrogance, et qu'elle montra plus d'égard pour la volonté royale et plus de circonspection envers le ministre, qui tenait haut et ferme le timon des affaires. Sa conduite, pleine de dignité et de grandeur, augmenta encore la confiance et l'estime que le roi lui témoignait, et les gens qui l'accusaient tout bas d'avoir profité des événements pour satisfaire certaines inimitiés personnelles ne pouvaient s'empêcher de lui savoir gré d'avoir, par des exécutions rendues nécessaires, assuré désormais la tranquillité du pays mis en péril par les actes coupables de quelques ambitieux personnages. D'ailleurs si, ce qui ne fut jamais prouvé suffisamment, il avait été établi que Carvalho eût employé les formes judiciaires pour frapper plus sûrement quelques-uns de ses ennemis, ne serait-on pas autorisé à dire que les ennemis du ministre étaient les ennemis de Joseph Ier, et que quiconque cherchait à renverser la puissance d'un ministre, qui ne s'en servit jamais que pour assurer le bonheur de son pays, était aussi coupable que ceux qui osèrent se liguer pour attenter à la vie du souverain ?

Encore une fois, nous ne nous faisons pas l'apologiste des vertus de Pombal, mais nous soutenons hardiment que l'approbation du roi n'ayant fait défaut à aucun des actes qu'il fit en son nom, tous ceux qui étaient contre lui étaient par le fait contre l'autorité royale.

Ce qui prouve que l'approbation du roi ne manqua pas à Carvalho, c'est que, pour le récompenser du zèle intelligent qu'il avait apporté dans l'affaire de la conspiration, et de la façon habile dont il s'y était pris pour atteindre tous les coupables, Joseph Ier le créa comte d'Oeyras, nom d'un petit domaine que Carvalho possédait et qui fut, à cette occasion, érigé en comté, et lui donna en outre la terre de Pombal et une commanderie de 4,500 cruzades ; mais ces faveurs ne changèrent rien à la simplicité du ministre qui continua à vivre comme eût pu le faire le premier particulier, à l'exception de l'usage qu'il adopta, après l'exécution des assassins du roi, de ne paraître en public qu'escorté d'une troupe à cheval, destinée, non à lui former un appareil pompeux, mais à préserver sa personne de toute attaque ou au moins de toute offense.

La condamnation du jésuite Malagrida avait porté un coup funeste à l'ordre ; mais le comte d'Oeyras qui connaissait les immenses ressources dont les pères disposaient, dirigea tous ses efforts vers un seul but, celui de leur proscription non-seulement du Portugal, mais encore des autres cours catholiques.

Ce fut une véritable guerre qu'il eut à soutenir ; la cour de Rome n'avait pu voir sans déplaisir les pères éloignés de Lisbonne sur la demande de Carvalho, et elle se mit en devoir d'user de tous les moyens qui étaient en son pouvoir pour s'opposer au bannissement sollicité ; néanmoins, ses efforts furent superflus. Mais laissons pour un moment de côté cette question des jésuites qui se termina d'ailleurs à l'entière satisfaction de Carvalho, puisque, grâce à la persévérance qu'il mit à éclairer la cour de Rome sur la fâcheuse influence qu'ils exerçaient, et, grâce surtout au courant des idées philosophiques qui étaient alors dans toute leur florescence, le Saint-Père, rompant enfin les liens dont ils avaient chargé la papauté elle-même, les abolit, comme inutiles et comme funestes, le 21 juillet 1773.

Il est temps d'examiner les principaux actes de l'administration du sage ministre touchant d'autres points.

L'un de ceux qui lui fit le plus d'honneur fut la satisfaction donnée publiquement par la cour de Londres à celle de Lisbonne, en 1760, pour une insulte faite à son autorité l'année précédente. La flotte anglaise, commandée par l'amiral Boscawen, avait surpris et brûlé sur la côte de Lagos quelques vaisseaux français aux ordres de M. de la Clue ; le comte d'Oeyras s'était plaint hautement de cette violation du droit des gens, et, avec cette fermeté qui prend sa source dans le sentiment de la dignité du pays, le ministre avait mis en demeure le gouvernement anglais d'avoir à donner réparation au roi son maître.

Après quelques pourparlers, le cabinet anglais, frappé de l'attitude digne et fière de celui de Lisbonne, consentit à la réparation qui lui était demandée. Lord Kinoul, pair d'Écosse, envoyé par la Grande-Bretagne en qualité d'ambassadeur extraordinaire, vint demander au roi Joseph Ier une audience solennelle qui lui fut accordée, dans laquelle il excusa de son mieux l'action blâmable des Anglais.

Cet événement politique fit le plus grand honneur au comte, et ses ennemis les plus acharnés lui en surent gré.

On voit que Carvalho, chargé des intérêts moraux et matériels de l'État, savait faire respecter les uns ; quant aux autres, ils étaient en bonnes mains : car, si l'on veut savoir à quel résultat était arrivé l'administration du ministre au bout des cinq années qui s'étaient écoulées depuis la catastrophe du tremblement de terre, on n'a qu'à se reporter à l'extrait de cette lettre qui fut publiée, en 1761, à l'occasion de certaines attaques émanant de l'étranger :

« On débite, dans un certain pays, bien des faussetés contre notre gouvernement, mais dont on connaît les auteurs et les motifs. Quelques négociants jaloux de nos succès s'attachent à nous calomnier auprès des autres nations et à discréditer notre commerce. Depuis le tremblement de terre de 1755, on n'a cessé de répandre des bruits désavantageux à ce royaume. Tantôt on a dit que nous avions été engloutis par de nouvelles secousses, tantôt qu'une peste dévorante avait moissonné un tiers de nos concitoyens, et qu'aucun bâtiment ne pouvait sans danger s'approcher de nos ports ; tantôt enfin que la zizanie, les divisions les plus funestes régnaient entre tous les ordres de l'État et faisaient de chacune de nos villes un siége de discorde. On ne pouvait rien imaginer qui fût plus contraire à la vérité. Nous jouissons depuis deux ans d'une paix profonde, et tous nos troubles ont disparu avec les odieux complices de l'exécrable attentat de 1758. Une preuve sans réplique de l'esprit d'union et de concorde qui anime aujourd'hui la nation, c'est que les coffres du roi sont remplis et que Sa Majesté a pris des mesures sûres pour acquitter les dettes contractées sous le gouvernement précédent, en liquidant les billets d'État connus sous le nom de papiers des Almazems, billets qui se montent à des sommes immenses. »

Les coffres du roi sont remplis! que n'avait-il pas fallu de sage prévoyance, d'habile économie, de savantes combinaisons pour en arriver à ce prodigieux résultat!

Oui, on ne saurait trop le dire, et répéter avec Balbi, en parlant de Carvalho :

« Sans finances, sans crédit, sans commerce, sans industrie, sans armée de terre et de mer, sans considération chez l'étranger, luttant contre les éléments qui paralysaient les mesures les plus sagement combinées pour remonter la machine désorganisée de l'État, ce grand homme parvint à créer des finances, à redonner le crédit au gouvernement, à étendre considérablement le commerce et la navigation, à rendre florissantes les pêcheries de l'Algarve, à établir un grand nombre de fabriques et de manufactures, à encourager la littérature et les sciences par la restauration de l'université de Coïmbre et par la création de plusieurs établissements d'instruction publique, à réorganiser l'armée de terre, à construire de nouvelles forteresses, à restaurer les anciennes, à créer une flotte respectable, à redonner au Portugal la considération dont il avait joui autrefois chez l'étranger, et à faire renaître des ruines de Lisbonne une ville superbe, plus grande et plus peuplée que l'ancienne. »

Oui, c'est là ce que fit celui qui, nous l'avons dit, mérita le surnom de Colbert portugais ; ce sont ces différents bienfaits dont nous avons eu à tracer l'historique.

Mais, ce fut au moment qu'il s'occupait activement de cette réorganisation intérieure, objet de tous ses soins, peu de temps après que les jésuites, impliqués dans l'attentat contre le roi, avaient été expulsés du Portugal, que de nouvelles préoccupations politiques surgirent ; cette fois, il ne s'agissait plus de réprimer de criminelles tentatives, de débarrasser le pays d'ennemis déclarés, de faire face à toutes les éventualités administratives.

Un souci d'un autre ordre allait absorber l'attention de Pombal.

La peste avait visité le Portugal, un affreux tremblement de terre l'avait éprouvé : c'était maintenant la guerre qui était à ses portes (1).

---

(1) Je m'arrête un moment dans mon récit pour répondre à un reproche de la critique de mes lecteurs.

Tout ce qui vient d'être dit, tout ce qui va suivre encore sur cette grande figure du ministre portugais, pourra, aux yeux de mes contemporains, passer pour *une opinion outrée,* quand il s'agira de placer ce personnage historique dans la balance du parallèle avec le préfet actuel du département de la Seine.

Aux esprits prévenus d'avance contre de semblables comparaisons, je répondrai, avec beaucoup d'auteurs anciens ou modernes: « Il ne faut pas, en pareille matière, raisonner d'après les règles purement mathématiques; autrement je dirai : « Le Portugal, qui ne compte que trois millions six cent mille habitants, « peut-il comparer sa capitale et son ministre avec Paris et avec son préfet? « Dans un pays qui aura bientôt quarante millions de régnicoles, la proportion « résout le problème! » (Voir à l'Appendice d'autres parallèles bien plus forts.)

VI

Le 16 août 1761 fut, on le sait, signé à Paris un traité
célèbre intervenu entre le roi de France Louis XV, le roi d'Espagne Charles III, le roi des Deux-Siciles Ferdinand, et l'infant
duc de Parme. En vertu de ce traité, connu sous le nom de
pacte de famille, l'Espagne se déclarait l'alliée de la France,
et, joignant ses forces aux siennes, s'apprêtait à entrer en guerre
contre l'Angleterre. Au préalable, Charles III écrivit au roi de
Portugal qu'il ne prétendait pas faire valoir ses droits sur la
couronne de Portugal ni porter atteinte à la bonne intelligence
qui régnait entre les deux cours, mais que néanmoins, étant
obligé de prendre les armes contre l'Angleterre, il ne pouvait
se dispenser de demander à Joseph Ier qu'il n'ouvrît pas ses
ports aux Anglais, et que, s'il ne disposait pas de forces suffisantes pour en fermer l'entrée, il était tout prêt à lui en fournir.

En d'autres termes, c'était un traité d'alliance offensive que
l'Espagne offrait au Portugal, à la condition que ce serait cette
dernière puissance qui servirait de théâtre de la guerre, de telle
façon que, en cas de succès comme d'échec, c'était le Portugal
qui devait se trouver ruiné et anéanti.

Le premier mouvement du roi, mis de la sorte en demeure d'entrer dans une querelle à laquelle il devait rester étranger, fut de refuser une ligue qui ne lui apportait aucun avantage. Le comte d'Oeyras avait un moment hésité à se ranger de cet avis en songeant que pour repousser les armées de France et d'Espagne, le Portugal ne disposait que de quelques milliers d'hommes dont l'équipement et l'armement laissaient beaucoup à désirer.

Or, cet état de choses pouvait bien être de quelque considération dans l'esprit du ministre, mais Pombal n'était pas homme à rester longtemps irrésolu ; il répondit aux ambassadeurs des deux puissances alliées, M. O. Dunne qui représentait la France, et M. Torrero qui représentait l'Espagne, que le roi son maître vendrait, s'il le fallait, les tuiles de son palais plutôt que de subir des conditions aussi humiliantes que celles qu'on lui proposait.

Cette fière réponse, dictée à Pombal par un sentiment de haute dignité, fit l'admiration de ses concitoyens, mais elle plut médiocrement aux deux ambassadeurs qui s'en retournèrent fort peu satisfaits du résultat de leur négociation et ne comprenant guère que le Portugal, malheureusement placé dans une situation qui ne lui permettait pas de lutter contre deux puissances de premier ordre, osât se mettre si cavalièrement en hostilité avec elles.

Certes, le Portugal jouait gros jeu, mais les offres faites par les représentants de la France et de l'Espagne avaient été formulées sur un ton d'intimidation tel qu'elles ressemblaient plutôt à une injonction qu'à une proposition d'alliance et elles avaient profondément blessé la fibre nationale du ministre.

Sa réponse, c'était la guerre ; il fallait s'y préparer.

Réduit à ses propres forces, le Portugal ne pouvait espérer avoir l'avantage des armes. Malgré son peu de sympathie pour l'Angleterre, Pombal comprit que c'était à elle qu'incombait le devoir de le soutenir. L'ambassadeur anglais lord Tirawley lui avait promis un corps de troupes suffisant pour résister à l'agression des deux puissances alliées, et une escadre pour garder les côtes du Portugal s'il voulait engager le roi à refuser toutes les propositions qui pourraient lui être faites par elles.

Le comte, fort de cet appui, ne perdit pas de temps, et ce fut dans cette circonstance qu'il montra comment il savait faire face aux événements les plus imprévus : il improvisa une armée.

Depuis la paix d'Utrecht, tout ce qui avait rapport aux choses de l'armée avait été singulièrement laissé à l'abandon. L'esprit militaire était éteint ; il n'y avait plus de discipline parmi les soldats, et les officiers, sans éducation, se recrutaient dans les basses classes de la société, les nobles dédaignant de prendre du service.

On a fait un grand crime à Pombal de cet état de choses, et tout semble indiquer que s'il n'avait pas donné à cette branche de sa vaste administration le même soin qu'aux autres, c'est qu'il avait pensé, peut-être avec quelque raison, qu'il fallait d'abord, à la suite de la terrible catastrophe du tremblement de terre, réorganiser tout ce qui était nécessaire à la vie, au commerce, à l'industrie en assurant la production, en favorisant le travail, sauf à penser plus tard à l'armée. Car si, dans un pays riche, en pleine prospérité, pouvant en raison même de cette prospérité exciter l'envie des puissances voisines, une armée forte, aguerrie, bien disciplinée est indispensable, en est-il de même d'un territoire ruiné par une calamité soudaine, et à peine sauvé d'une destruction totale ?

Était-il permis de supposer qu'une puissance quelconque profiterait de son état d'impuissance forcée pour tomber à l'improviste sur le Portugal et le conquérir ?

Évidemment non, et on a vu que, selon toutes les lois sociales, les rois voisins s'étaient empressés de venir au secours du Portugal, afin de lui permettre de se reconstituer.

Et quand, six ans plus tard, l'Espagne et la France, pour-suivant un but secret, frappèrent aux portes du Portugal pour atteindre l'Angleterre, elles trouvèrent une résistance qu'elles étaient loin de soupçonner. En effet, dès que le comte d'Oeyras eût été averti que l'Espagne travaillait à des armements con-sidérables, quand il la vit lever une armée formidable, il ne balança pas à mettre le pays en état de défense, et, comprenant bien qu'il lui était mathématiquement impossible de trouver sur le sol lusitain les éléments suffisants, il s'adressa à son alliée l'Angleterre, et celle-ci lui envoya huit mille soldats et le comte de Schauenbourg-Lippe-Buckebourg pour prendre le commandement des forces réunies.

Le comte de Lippe, dont le souvenir est encore très-vivace en Portugal, était un homme de guerre d'une valeur éprouvée ; il avait commandé avec distinction pendant les campagnes du Hanovre l'artillerie de l'armée du prince Ferdinand de Brunswick.

Il avait appris la guerre à l'école de Frédéric II et dans les grandes luttes de l'Europe centrale.

C'était bien l'homme qu'il fallait dans les circonstances pré-sentes, et en le choisissant pour le mettre à la tête des troupes portugaises, Pombal avait donné une fois de plus la mesure de son intelligente habileté.

Nous avons dit que l'armée était loin d'offrir un chiffre d'hommes suffisant pour opposer une défense sérieuse aux forces combinées de l'Espagne et de la France.

Elle se composait de neuf à dix mille Portugais et de huit mille Anglais et Irlandais recrutés un peu partout par les soins de M. Pinto, chargé d'affaires du Portugal à Londres.

L'Espagne, elle, envoyait quarante mille hommes commandés par le marquis de Sarria et dont les chefs avaient, pour la plupart, fait la campagne d'Italie ; de plus, ils étaient soutenus par un corps auxiliaire de douze bataillons français à la tête desquels se trouvait placé le prince de Beauvau.

Qui n'eût prédit, à la vue d'une semblable disproportion, une fatale issue à la lutte acceptée par le Portugal ?

Il n'en fut rien.

Le comte de Lippe jugea d'un coup d'œil la situation et manœuvra en conséquence.

Une bataille en rase campagne, c'était la défaite sûre.

Il se garda bien de la chercher; il fit plus, il essaya de la rendre impossible, et y réussit en courant de suite à la défense des frontières menacées et en organisant une guerre de résistance. Pour cela il suivit un plan excellent qui consistait à harceler continuellement les Espagnols en s'armant contre eux de toutes les difficultés matérielles que lui offrait la disposition du territoire.

Naturellement les ennemis de Pombal ne manquèrent pas, dans cette occasion, de critiquer le système choisi par le comte de Lippe, et en le condamnant, d'en faire remonter l'instigation au ministre; mais celui-ci, confiant dans le calcul du comte de Lippe, se contentait de l'approuver et de le seconder de tout son pouvoir.

Aussi vit-on bientôt ce dernier, non-seulement contenir les Espagnols, mais les repousser, grâce à une campagne de marches et de positions que lui facilitaient le patriotisme des paysans et les profonds accidents de terrain qui hérissent tout le pays entre le Duero et le Tage.

Les Espagnols croyaient bien arriver jusqu'à Lisbonne, mais leur espoir fut déçu.

Leurs troupes entrées en Portugal du côté du nord-est par Terra de Campos mirent le siége devant Miranda, dont la défense menaçait d'être durable si un magasin à poudre étant venu à sauter n'avait renversé les fortifications : les Espagnols purent entrer dans la place. Bientôt Bragance, Outeiro, Chaves, Freixel tombèrent en leur pouvoir, ainsi qu'Almeïda, après toutefois une capitulation des plus honorables ; la province de

Tra-os-Montes allait être presque entièrement conquise, lorsque le comte de Lippe chargea le comte Hamilton d'enlever le camp du général espagnol Alvarès, et le succès de cette attaque, joint au manque de munitions qui commençait à se faire sentir dans l'armée espagnole, obligea le marquis de Sarria à se replier sur Alcantara, et bientôt il reprit le chemin de la Castille pour y passer l'hiver : peu de temps après, des préliminaires de paix mirent fin à cette guerre fâcheuse.

Le comte d'Oeyras, qui s'était laissé surprendre par les événements, ne voulut pas s'exposer dans l'avenir à se trouver de nouveau pris au dépourvu, et il confia au comte de Lippe le soin d'organiser l'état de défense du Portugal.

Ce fut alors que ce *grand comte*, comme on appelait le général dans le pays, forma vingt-quatre régiments d'infanterie, douze de cavalerie et quatre d'artillerie sur le pied des troupes prussiennes.

Pombal, il faut bien le reconnaître, avait la guerre en mince estime ; il la considérait comme une nécessité fâcheuse à laquelle il faut mettre fin aussitôt que le moment opportun est venu.

Homme à larges pensées, il avait d'autres idées touchant la grandeur et la prospérité d'un peuple, et, novateur hardi, il préparait silencieusement et avec une persévérance qui ne lui fit jamais défaut le Portugal de l'avenir.

L'un des premiers, il avait compris que le rôle de la puissance maritime d'autrefois était fini, que la nation chevaleresque des temps passés avait une place nouvelle à prendre en Europe, et tous ses efforts étaient combinés pour la pousser sans cesse dans cette voie féconde du progrès, par le commerce, l'industrie et le travail.

Aussi, la guerre avec l'Espagne terminée, il s'empressa de reprendre avec une activité dévorante la tâche ardue qu'il avait commencée et que cet événement était venu soudain interrompre.

Mais d'abord, secondant le comte de Lippe du mieux qu'il

put, il augmenta l'armée ainsi qu'on l'a vu, et la discipline, qui jusqu'alors avait été fort négligée, fut strictement imposée et observée.

Puis de l'armée de terre Pombal passa à celle de mer, et appelant en Portugal les meilleurs constructeurs de l'Europe, il leur donna des ordres pour qu'une flotte mit désormais le pays à l'abri de toute éventualité. Au moment où le ministre prit cette sage détermination, la marine royale composée, après la terrible bourrasque qui fit perdre cent quatre-vingts navires portugais, de cinq à six vaisseaux délabrés et de sept à huit frégates en fort mauvais état, en était réduite à laisser les corsaires de Tripoli et d'Alger enlever impunément des navires, et cet état de choses avait attiré de graves reproches au comte d'Oeyras, dont on ne cessait d'entraver l'action quand il avait le dessein de prendre des mesures utiles, mais qu'on rendait généralement responsable de tout ce qui était matière à critique ou à blâme.

Le comte n'avait pas été sans regretter plus d'une fois l'insuffisance ou plutôt le manque presque absolu de vaisseaux, mais comme il sentait bien que ce n'était pas avec quelques bâtiments qu'il parviendrait à rétablir une marine, il attendait qu'il fût en mesure de pouvoir la reconstituer complétement.

L'occasion venue, il ne la laissa pas échapper, et ce fut trente vaisseaux de ligne qu'il résolut de créer à l'effet de protéger le commerce en même temps que le pays. Trois cents Anglais travaillèrent à la construction de cette importante flotte, avec le concours d'autres ouvriers tirés de la Suède, de la Hollande, du Danemark et de la France.

En peu de temps, une marine se forma donc comme par enchantement, puisque, en 1766, elle se composait déjà de douze vaisseaux de ligne de 58 à 80 canons, de quatorze frégates de 24 à 48 canons et d'un nombre assez considérable de bâtiments légers. Malheureusement les événements politiques qui survinrent plus tard et amenèrent la retraite soudaine du ministre ne permirent pas l'achèvement du plan qu'il avait conçu. Mais n'anticipons pas sur ces événements fâcheux et achevons de retracer ceux qui signalèrent la période qui s'écoula entre l'année où fut signée la paix avec l'Espagne et celle de la mort de Joseph, période féconde en créations utiles et en améliorations de toute sorte qui furent introduites dans toutes les branches de l'administration publique.

Après la réorganisation militaire et maritime vint celle de la justice : les tribunaux étaient alors composés de juges fort accessibles à la corruption et dont la balance s'inclinait d'ordinaire, non du côté du droit et de l'innocence, mais vers celui de l'or ; la justice était non rendue mais vendue au plus offrant, et parmi les magistrats iniques il en était un dont les violences et les exactions n'avaient pas de bornes ; son nom était l'objet d'une réprobation générale.

Le comte d'Oeyras voulut, par un exemple éclatant, couper le mal dans sa racine : il fit ignominieusement destituer ce magistrat indigne en plein conseil, et dépouiller des marques de sa dignité. Plusieurs autres juges ayant été signalés et convaincus d'avoir également trafiqué de la justice furent punis de la même façon, à la grande satisfaction des honnêtes gens.

Quelques autres actes de sévérité répressive furent dirigés contre des gens coupables de malversation, de mauvaise gestion, de trahison, et jetèrent l'effroi parmi tous les fonctionnaires et les employés de l'État dont la conscience n'était pas à l'abri de tout reproche ; on eût dit que le ministre avait pris à tâche de ne laisser aucun méfait impuni. Certes, on peut lui reprocher d'avoir souvent usé, pour connaître la vérité, de moyens violents, et de s'être servi d'une police tracassière, ne mettant pas toujours dans l'accomplissement de ses mandats les formes désirables ; mais il ne faut pas l'oublier, la corruption s'étendait alors dans tous les rangs de la société ; la licence et le désordre étaient grands, et il fallait trancher dans le vif pour en arrêter les progrès incessants. Aussi tous les gens intéressés à ce qu'on ne fouillât pas dans la conduite des coupables jetaient-ils feu et flamme : les gazettes de l'Europe se faisaient les échos de leurs récriminations, habilement colportées et exploitées par les jésuites qui n'attendaient dans l'ombre que le moment de reparaître.

Les libelles pleuvaient ; on y lisait :

« Que le terrible tribunal de l'Inconfidence jetait tant d'effroi dans les esprits que personne n'osait plus ouvrir la bouche, ni presque se montrer.

« Les habitants de Lisbonne vivaient solitaires dans leurs maisons, livrés à des alarmes, à des soupçons continuels et craignant d'avoir entre eux la moindre communication, en sorte que cette ville infortunée paraissait bien moins être la capitale d'un grand empire qu'une retraite de sauvages épouvantés, sans cesse renfermés dans leurs cabanes. L'humanité, la bienveillance, toutes les affections sociales étaient presque éteintes dans tous les cœurs. »

Ce sombre tableau eût suffi pour donner une bien triste idée du gouvernement du Portugal si, de tous côtés, les preuves du contraire n'étaient apparues pour montrer l'absurdité de ces calomnies invraisemblables.

Au reste, celui contre qui elles étaient spécialement dirigées, laissait dire, sans nullement s'en préoccuper, toutes les sottises qu'on débitait à l'étranger contre son ministère, et ne s'appliquait qu'à suivre tranquillement son chemin, laissant aux résultats obtenus le soin d'expliquer ses actes.

Ce fut ainsi qu'il sévit contre le comte d'Ega, vice-roi des Indes, accusé d'avoir malversé dans son gouvernement. A peine le vaisseau qui le ramenait fut-il entré dans le port de Lisbonne, qu'un détachement de soldats montant à bord s'empara de sa personne et le conduisit dans une prison d'État, après qu'il eut rendu à un officier son épée et son bâton de commandement.

Cette mesure de rigueur, prise contre un personnage de ce rang, montre une fois de plus que, fidèle à ses principes, il ne s'inquiétait en aucune façon de la qualité des coupables quand il jugeait à propos de punir.

Les mémoires du temps prétendent que le comte d'Ega était innocent du crime qu'on lui imputait et qu'il se justifia plus tard. Cela est fort possible, et, bien que Pombal ne fût pas homme à ordonner légèrement l'arrestation et l'incarcération d'un vice-roi, il est possible qu'il ait été trompé lui-même par de faux rapports ou des témoignages suspects ; mais, dans tous les pays du monde et chez les nations les plus éclairées, il arrive tous les jours que la justice s'empare d'un homme présumé coupable, quitte à le renvoyer des fins de la poursuite lorsqu'elle reconnait qu'il est innocent.

Mais, encore une fois, l'innocence du comte ne fut proclamée qu'après la mort du roi et la chute de Pombal : on ne peut donc véritablement savoir si ce prince ou son ministre n'avait pas eu à se plaindre de l'administration du vice-roi.

En 1764, le comte d'Oeyras fut frappé d'une attaque d'apoplexie, et l'on craignit que la mort ne vînt le surprendre au moment où il avait encore tant à faire pour le bien de son pays ; ce ne fut heureusement qu'une crainte passagère. Il recouvra promptement la santé et se remit à l'œuvre avec l'énergie qui lui était particulière.

Cette année 1764 fut une mauvaise année : au mois de novembre de la précédente, la famille royale avait failli périr sur le Tage dans une traversée qu'elle faisait de Belem à Villa-Viciosa.

Des inondations terribles avaient eu lieu peu de temps après le rétablissement du ministre ; une nouvelle secousse de tremblement de terre avait été si violente qu'on crut à une nouvelle série des désastres de 1755 ; et enfin, le 27 décembre, le feu avait pris à la douane et détruit pour environ cinq millions de cruzades de marchandises.

Une grande misère succéda à ces événements, et le nombre des voleurs s'accrut de telle sorte qu'ils devinrent un véritable fléau ; ce fut pour remédier aux attaques qu'ils commettaient chaque jour que le comte d'Oeyras institua une garde civique. Chaque boutiquier et chaque propriétaire d'une maison devait passer une nuit chaque mois, en compagnie de ses collègues, à faire des rondes dans la ville, à l'effet d'arrêter les voleurs. On était libre de se refuser à faire ce service, à la condition, soit de fournir un homme, soit de payer une somme déterminée pour l'entretien de ce guet qui rendit des services réels, mais qui, cependant, fut inhabile à intimider les mauvais sujets dont la ville était infestée, puisqu'il devint nécessaire de rendre l'édit du 24 octobre 1764 qui déclarait « criminel de lèse-majesté au second chef quiconque résisterait avec armes aux officiers de justice, même quand il n'y aurait eu aucun coup donné. »

Cette loi, à l'exécution de laquelle veilla le comte d'Oeyras, eut un excellent résultat ; nombre de larrons furent capturés, et peu à peu la sécurité publique reparut.

Après avoir sévi contre les voleurs de Lisbonne, le ministre jugea à propos de sévir contre les autres voleurs, non de grands chemins, mais de grande mer, qui pullulaient sur les côtes portugaises ; depuis longtemps les États d'Alger étaient devenus le repaire de pirates audacieux qui ravageaient tout le pays maritime, enlevant les habitants qu'ils conduisaient en esclavage.

L'Algarve surtout était particulièrement désolée par ces audacieux corsaires dont les pirateries s'augmentaient par l'impunité.

Le comte d'Oeyras parvint à mettre le Portugal à l'abri de leurs insultes ; des vaisseaux portugais armés en course éloignèrent bientôt les corsaires, et les bâtiments purent désormais naviguer librement, sans crainte d'être capturés.

On sait avec quelle rapidité avait eu lieu la formation des régiments créés en toute hâte afin de pouvoir opposer à l'Espagne une force raisonnable ; naturellement on avait été obligé de prendre tous les hommes de bonne volonté qu'on avait rencontrés, et, dans le nombre, il s'en était trouvé qui eussent été mieux placés dans des bandes de brigands que dans les rangs d'une armée civilisée.

C'étaient des gens de sac et de corde qui, bannis de leur nation, n'avaient qu'un désir, celui de faire fortune à la solde d'une autre, en commettant tous les excès que peut, jusqu'à un certain point, autoriser la guerre.

Des officiers même, recrutés on ne sait où, n'avaient pas craint, dans le régiment royal étranger, de se livrer aux faits de rapine les plus scandaleux en s'appropriant les sommes destinées à la solde de leurs troupes qu'ils licenciaient de leur autorité privée pour n'avoir pas à les payer.

Le comte d'Oeyras, instruit de ces faits regrettables, voulut donner un exemple salutaire à ceux qui seraient tentés de les imiter : il fit assembler ce régiment en ordre de bataille sur une des places de Lisbonne, et, après l'avoir fait environner par plusieurs bataillons de nationaux, on en désarma tous les officiers et soldats.

Une instruction fut suivie contre eux à l'issue de laquelle les officiers furent dégradés et les soldats cassés et bannis du Portugal sous peine de mort. Le colonel fut seul pendu, le lieutenant-colonel fut reconnu non coupable.

Chaque jour semblait amener quelque nouvelle réforme à accomplir, quelque abus à réprimer, et le ministre, parant à toutes les éventualités, répondant à tous les besoins du peuple, prévoyant les moindres désirs du roi avec lequel il ne cessait d'être en parfait accord, trouvait encore le temps de méditer le plan de certaines grandes entreprises et de doter son pays de fondations aussi utiles que remarquables.

Ce fut ainsi qu'en 1766 on le vit inaugurer en grande pompe l'ouverture du collége royal des nobles, dont il s'occupait avec ardeur depuis l'expulsion des jésuites, jusqu'alors chargés de l'éducation des enfants nobles ; le programme de l'éducation qu'il se proposa d'y faire faire était des plus complets : il embrassait les lettres, les sciences et les beaux-arts. Des professeurs émérites, choisis avec discernement parmi ceux dont la réputation était solidement établie à l'étranger, furent chargés d'y enseigner tout ce qu'il était nécessaire qu'un gentilhomme sût pour tenir dignement dans le monde la place que lui assignait sa naissance et sa fortune.

Tout le monde applaudit à la fondation de cette institution dont chacun appréciait l'importance et le mérite, elle fut bientôt suivie d'une autre qui forme un des plus beaux titres de gloire du comte d'Oeyras, ce fut celle d'écoles pour les enfants pauvres.

C'était une pensée digne d'un grand cœur, et le roi Joseph, dont l'âme généreuse compatissait à toutes les infortunes, approuva sans réserve l'établissement d'écoles publiques où, pendant huit années, les enfants des artisans et des pauvres gens recevaient les bienfaits de l'instruction et apprenaient un métier qui les mettait en état de gagner leur vie.

Le digne ministre, en créant des écoles élémentaires et professionnelles au profit des enfants du peuple, n'avait qu'un désir, celui que pas une ville, pas un village, ne manquât de professeurs pour instruire la jeunesse ; il pensa, un des premiers, que l'ignorance est la honte d'une nation, et l'on peut dire à sa louange que, s'il ne réussit pas à la vaincre, il lutta constamment contre elle.

Que de choses accomplies par le génie de cet homme !

A cette réforme de l'éducation nationale, a dit un écrivain distingué, se rattachaient un grand nombre de mesures secondaires, telles que des encouragements donnés à l'imprimerie, la traduction des meilleurs livres français pour que l'esprit nou-

veau pénétrât avec eux dans le pays, l'institution d'un subside
annuel en faveur des lettres et, surtout, la suppression de beaucoup de couvents inutiles dont il transféra le revenu, soit à des
établissements de bienfaisance, soit au beau monastère de la
Mafra, dans l'espérance d'y fonder une congrégation capable
de rivaliser avec celle des Bénédictins de Saint-Maur. »

Oui, le ministre infatigable fit toutes ces choses et bien
d'autres encore; l'une de celles qui eut le rare privilége d'être
approuvée par tous les Portugais, sans exception, fut la liberté
qu'il donna aux vaisseaux du Portugal de naviguer seuls,
séparés des flottes. Avant l'administration du comte d'Oeyras,
tout le commerce de la navigation se faisait par convois, et il
était absolument défendu à un navire quel qu'il fût de se séparer
des autres, de manière qu'il fallait attendre parfois que quatre-
vingts ou cent vaisseaux fussent rassemblés dans le port pour
mettre à la voile, ce qui faisait qu'il se passait souvent un ou
deux ans avant que la flotte partît. Le commerce à l'extérieur
était complétement impossible dans ces conditions, et il était
rare que les marchandises qu'on avait dessein d'envoyer en
Amérique n'arrivassent trop tard ; chacun se plaignait de cet
état de choses, mais il ne dépendait de personne de pouvoir s'y
soustraire avant que la volonté royale n'y eût remédié.

Il appartenait au comte d'Oeyras, qui avait déjà tant fait en
faveur du commerce, de détruire cette barrière opposée à la
liberté du négoce, frappé des nombreux inconvénients qu'elle
occasionnait sans les compenser par aucun avantage réel. Il
rendit donc une ordonnance aux termes de laquelle chacun
avait la permission d'envoyer en tous temps ses vaisseaux et
ses marchandises, soit dans les ports du nouveau monde, soit
dans tous ceux de la domination portugaise en Europe.

Il est vraiment extraordinaire que de pareilles mesures, de
semblables actes qui portent tous l'empreinte de la justice, de

la droiture, de l'équité et de la raison, n'aient pas suffi pour rallier tous les esprits à celui qui en prit l'initiative.

/Une haine sourde, vivace, que rien ne justifiait, mais que, conséquemment, rien non plus ne pouvait éteindre, continuait à envelopper le ministre. Les jésuites, ces ennemis acharnés du comte, ne lui pardonnaient pas d'avoir été l'instigateur de leur renvoi du Portugal et de leur expulsion d'une partie de l'Europe, et tous leurs efforts tendaient à se faire réintégrer dans les États dont ils avaient été bannis. Grâce à une persévérance de tous les instants, ils étaient arrivés à obtenir du pape Clément XIII une bulle confirmative de leur institut, dont ils eurent soin de faire pénétrer de nombreux exemplaires en Portugal.

Cette manœuvre devait susciter de nouveaux embarras au ministre, car elle ne se bornait pas à reconnaître l'existence de l'ordre, elle confirmait en même temps les bulles et brefs précédents rendus dans le même sens.

Le comte d'Oeyras donna immédiatement l'ordre au procureur général de la couronne de réclamer publiquement la nullité de ce rescrit pontifical, et le roi, éclairé par le sage mémoire de ce magistrat, rendit le 28 août 1767 un édit, aux termes duquel il défendait l'introduction et l'usage dans toute l'étendue des États de Sa Majesté Très-Fidèle des patentes d'agrégation aux confréries des jésuites, ainsi que toutes professions et associations avec ces religieux; il proscrivit en même temps la bulle *animarum saluti*, la déclara obreptice, subreptice et nulle, et enjoignit à ceux des membres de la compagnie de Jésus qui so trouvaient encore dans le royaume et qui y étaient tolérés en vertu de l'édit du 3 septembre précédent et des ordonnances postérieures d'en sortir sans délai.

Le comte d'Oeyras avait beau faire, il s'était attaqué à forte partie, et tandis qu'il veillait soigneusement d'un côté, sa vigilance se trouvait trompée de l'autre. Ce fut ainsi qu'au moment même qu'il faisait tous ses efforts pour mettre le pays en garde contre les menées des jésuites, ceux-ci fomentaient des troubles ; un soulèvement eut lieu dans l'île de Terceire, et ce fut un jésuite échappé des prisons de Lisbonne qui se mit à la tête du mouvement séditieux.

Le roi fut obligé d'user de la force armée pour réprimer ces désordres et de prendre des mesures de rigueur contre ceux qui furent convaincus de n'être pas étrangers à ce coup de main.

Vaincus sur le terrain de la violence, les jésuites prirent une autre voie, et cessant de lutter ouvertement, ils eurent recours à un moyen qu'ils savaient bien être toujours le plus sûr ; ils s'adressèrent à Marie-Thérèse de Hongrie et la supplièrent de demander au roi Joseph la liberté de ceux de leurs frères qui étaient détenus dans les prisons de Lisbonne.

Le comte d'Oeyras, implacable envers ceux qui ne craignaient pas de résister à l'autorité royale et à la sienne propre, qui représentait celle du roi, se laissait facilement ébranler par des marques de soumission, de repentir ou par des prières, et lorsque la reine de Hongrie eut intercédé en faveur des jésuites qu'elle représenta sous les couleurs les plus favorables, le ministre lui répondit que le roi, saisissant avec empressement l'occasion de lui donner une preuve non équivoque du désir sincère qu'il avait de la contenter, briserait les fers des jésuites, quoique leurs crimes les rendissent indignes de cette faveur.

Soixante-douze de ces religieux furent donc mis en liberté à la suite de cette royale intervention, et il ne resta en prison que ceux qui avaient pris une part trop active dans les derniers événements ou qu'il eût été dangereux de rendre libres, en raison de l'attitude hostile qu'ils manifestaient.

On crut un moment que la clémence royale obligerait enfin la généralité des jésuites à se soumettre à l'observation des lois et des édits, mais il fallut renoncer à cet espoir, et malgré le désir qu'avait le roi de rétablir les bons rapports qui avaient jadis existé entre sa cour et celle de Rome, il ne put y parvenir, en raison de l'obstination et de l'audace avec laquelle les jésuites continuaient ouvertement à lui faire la guerre, et le comte d'Oeyras dut de nouveau publier deux édits qui supprimaient la fameuse bulle *in cœnâ Domini* et un bref reconnu contraire aux prérogatives de la royauté.

Bientôt, fatigué de cette guerre sourde et incessante, il prit le parti de créer un tribunal suprême, sous le nom de Conseil royal et de la Censure; il avait mission d'examiner les écrits qui paraissaient et d'empêcher le débit de tous ceux qui, émanant des jésuites, contenaient des maximes dangereuses ou des conseils pernicieux.

Peu de temps après, le comte ayant retrouvé un peu de tranquillité d'esprit, reprit un projet qu'il méditait depuis longtemps : celui de peupler certaines contrées du nouveau monde, conquises par le Portugal et dont la population avait peu à peu singulièrement décru, à ce point que la colonie de Matto-Grosso était presque déserte, après avoir été très-suffisamment peuplée.

Ce fut alors qu'il imagina, pour arriver au résultat qu'il désirait, d'envoyer dans cette partie de l'Amérique des condamnés libérés et des filles adonnées à la prostitution.

Bien que ces accouplements forcés eussent donné lieu à des récriminations, de la part des gens qui, de parti pris, blâmaient tous les actes émanant du ministère, il n'en faut pas moins reconnaître qu'ils eurent les effets que le comte en attendait, forçats et filles perdues s'unirent, et, soustraits à l'influence pernicieuse qu'offre aux criminels le séjour des grandes villes, obligés de travailler pour vivre, ils devinrent sinon d'honnêtes gens dans l'acception réelle du mot, mais des gens utiles, producteurs en même temps que consommateurs, et ils créèrent une génération qui devait plus tard faire profiter la mère patrie du fruit de son labeur.

Le comte d'Oeyras offre ceci de particulier que, pendant tout le temps qu'il demeura aux affaires, jamais on ne le vit obligé de revenir sur une détermination prise et se tromper sur la portée de ses actes, jamais d'ailleurs il ne procéda avec légèreté et par caprice ; chaque édit avant d'être publié, était l'objet d'une étude particulière et d'un examen attentif, et, autre fait non moins digne de remarque, c'est l'unité des vues qui présida sans cesse à l'ensemble des lois rendues.

On put critiquer chacune d'elles, mais on ne trouva jamais de contradiction entre celles de la veille et celles du lendemain, quelles que fussent les circonstances qui rendirent leur promulgation nécessaire.

Évidemment c'est que toutes formaient les parties détachées d'un vaste plan de réorganisation sociale, et lorsque, longtemps après la mort du ministre, on étudia son œuvre, on put se convaincre de cette vérité ; elle explique d'ailleurs la force du sentiment national qui, de nos jours encore, est si favorable à la mémoire de Pombal.

En continuant le récit chronologique des nombreux actes administratifs qui signalèrent la période de 1762 à 1772, on se trouve en face du règlement sur le commerce qui fut établi en 1768 et dont l'*administration du marquis de Pombal* donne la relation exacte :

« Depuis longtemps, dit l'auteur de ce livre, il s'était établi à Lisbonne un monopole sur le commerce des grains ; cette denrée, la plus nécessaire à la vie des citoyens et dont par conséquent la vente doit être exempte de toute sorte de gêne, était restreinte et limitée dans les magasins où ceux qui en faisaient le débit le vendaient ce qu'ils voulaient. Le comte d'Oeyras fit publier un édit qui obligeait indistinctement tous les marchands en grains à vendre publiquement sur la place ce qu'ils avaient dans leurs magasins. Cette ordonnance excita des clameurs. L'amour du gain est avide ; il ne peut souffrir les règlements, surtout ceux qui contribuent à diminuer ses profits. Les Anglais qui avaient coutume d'en faire des amas considérables furent ceux qui crièrent le plus fort. Ils virent avec chagrin que l'arrêt les condamnait à vider leurs magasins de grains pour en remplir les marchés. L'ambassadeur d'Angleterre sollicita vivement la cassation de l'ordonnance, mais le comte d'Oeyras, bien loin de céder à ses remontrances, en fit publier une seconde qui donnait plus de force à la première.

Ce ministre, pour se prêter aux vues de la factorerie de Lisbonne, fit valoir auprès de la cour les obligations que la couronne de Portugal avait à celle de l'Angleterre pour une armée de terre et une flotte qui avaient consolidé le trône, qui, sans cet appui, eut été renversé.

Le comte d'Oeyras répondit simplement à ce ministre que les affaires de la politique n'avaient rien de commun avec celles de l'économie ; que, d'ailleurs, les Bretons qui fournissaient des grains aux Portugais n'en débiteraient pas moins en les portant au marché qu'en les vendant dans leurs maisons ; que c'était une denrée de première nécessité dont on ne pouvait se passer ; qu'on s'en pourvoierait partout où elle serait ; que, d'ailleurs, l'arrêt n'avait d'autre objet que celui de mettre de l'ordre dans la vente.

Ces raisons étaient si plausibles qu'il était impossible de ne pas s'y prêter. Aussi l'arrêt fut-il exécuté en son entier pendant le temps que dura son administration.

On sait que le comte d'Oeyras poursuivit sans cesse l'idée patriotique de soustraire le Portugal à l'influence dominatrice de l'Angleterre. L'édit sur les grains secondait parfaitement ce dessein ; il était, d'ailleurs, la corrélation de celui rendu précédemment pour encourager l'importation des blés français en Portugal au moment où M. de Choiseul fit rendre une ordonnance pour favoriser leur exportation.

Pour affaiblir le crédit des Anglais sur les blés, le comte

d'Oeyras avait ordonné d'arracher une partie considérable de vignes et d'y semer du grain, ce qui, par contre-coup, diminuait l'immense profit que l'Angleterre faisait sur le commerce des vins du Portugal.

A cette époque, le pays était tout en vignes, à l'exception de quelques petits cantons dans l'Entre-Minho-y-Douro et le Tra-los-Montes. Les Anglais avaient acheté tous les bons terrains situés autour d'Oporto, de Lisbonne, de Sétuval et de Faro, et leur production leur donnait de gros bénéfices.

Le projet de métamorphoser nombre de vignes en champs de blé excita de nombreuses plaintes et des murmures; comme toujours, on ne songeait qu'à la situation du moment sans se préoccuper du résultat pour l'avenir; on alla jusqu'à accuser le comte d'Oeyras de malversation, on prétendit qu'il avait fait arracher les vignes à seule fin de pouvoir vendre plus cher le vin qu'il récoltait dans les siennes, bref il n'y eut pas de basses et honteuses suppositions qu'on ne fit à ce propos.

Le comte laissa dire et tint bon.

On commença à obéir.

Quelques-uns des terrains où la vigne avait été proscrite furent semés de blés, mais il fallut, pour cela, sévir contre les récalcitrants et menacer de la prison les propriétaires qui ne s'exécutaient pas; quelques-uns furent provisoirement appréhendés au corps.

Enfin, lorsqu'on vit que l'administration était décidée à employer, au besoin, la force pour arriver à son but, toutes les campagnes de Santarem furent ensemencées sur une étendue d'environ trente à quarante kilomètres.

L'agriculture fut, d'ailleurs, l'objet des constantes préoccupations du comte d'Oeyras; il la regardait avec raison comme la base de tout gouvernement; c'est à lui que les Portugais durent la grande impulsion donnée à la culture du mûrier qui eût pu affranchir le pays du tribut qu'il payait aux étrangers pour la soie qu'ils lui fournissaient, si le système mis en vigueur par le ministre eût été suivi.

Il avait résolu, pour développer complétement l'agriculture, de faire dresser un cadastre général afin de connaître la valeur des terres et de pouvoir combiner avec certitude les travaux à exécuter; mais ce cadastre se fit mal et lentement : ce fut une opération difficile, et il était à craindre qu'il ne fût pas exact. Néanmoins il donna des indications utiles, et, ce qui est certain, c'est que, vers la fin du ministère de Pombal, les productions du sol portugais commencèrent à abonder dans les marchés.

« Pendant que j'étais en Portugal (1777), dit le duc du Châtelet dans son *Voyage en Portugal*, les habitants calculaient déjà qu'ils avaient gagné par l'encouragement qu'on avait donné à l'agriculture de quoi suffire à plus de la moitié de leur subsistance, situation dans laquelle ils ne s'étaient pas trouvés depuis le siècle dernier. »

Cette situation donnait un démenti flagrant au dire des Anglais, qui prétendaient que le Portugal, naturellement stérile, ne pouvait fournir à la subsistance de ses habitants, que l'agriculture y devenait inutile parce que les autres États de l'Europe étaient obligés de lui fournir le nécessaire.

Non-seulement ces allégations absurdes étaient répandues à plaisir par les Anglais, mais elles persistèrent longtemps après que les faits furent venus, par leur évidence, en démontrer la fausseté, puisque dans l'ouvrage anglais de James Murphy, publié à la fin du xviiiᵉ siècle, l'auteur s'évertue à prouver :

« Que les deux tiers du Portugal étaient encore incultes et que la portion cultivée en vignes, olives, blés, légumes, bois, ne l'était pas au degré de perfection où elle était vers la fin du xiiiᵉ siècle.

« Que les plants d'oliviers étaient en général mal soignés, que les vignobles occupaient beaucoup de terrains sur lesquels on eût mieux fait de semer du grain ou du maïs, qu'on ne renouvelait pas assez souvent les plantations de bois et que les anciennes forêts n'étaient pas administrées avec soin.

« Le lin, dit-il, n'est pas cultivé en quantité suffisante pour la consommation intérieure, et la culture du chanvre est presque entièrement négligée.

« Celle des pommes de terre est très-peu connue; on s'occupe, au contraire, en beaucoup d'endroits, de celle des topinambours, qui sont moins farineux et moins nourrissants.

« Les fermiers sont encore imbus de l'ancien préjugé que toute espèce de sol est également propre à toutes les productions.

« Les prairies sont presque entièrement inconnues dans le royaume, quoiqu'on y trouve de belles vallées qui seraient très-propres à ce genre de culture.

« Quant à la manière de préparer le terrain, elle est on ne peut plus imparfaite. La charrue ne fait qu'égratigner la terre. On connaît à peine l'usage de la herse ainsi que celui de sarcler les champs. On sème aussitôt après avoir labouré, sans laisser à la terre le temps de s'imprégner des particules fécondantes de l'atmosphère.

« On n'entend rien non plus aux engrais, car on n'en a d'autres que la bruyère qu'on laisse pourrir le long des grandes routes et dont les pluies entraînent les particules salines et huileuses, si favorables à la végétation.

« Enfin, comme la plus grande partie du pays est montagneuse, il arrive souvent que, faute de soins, les récoltes sont détruites et entraînées par les torrents. »

On voit que le tableau tracé par la main anglaise n'est pas flatté; il montre jusqu'à quel point l'Angleterre était profondément mécontente de ne pouvoir à son gré continuer à traiter le Portugal en tributaire.

Cette maxime que ce royaume, naturellement stérile, ne pouvait suffire à la subsistance de ses habitants, avait d'ailleurs été mise en circulation dès avant le tremblement de terre, car un écrivain de cette époque s'indignait avec juste raison de cette calomnie.

« Si ce que les partisans du système de l'Angleterre débitent sur la stérilité de ce royaume pouvait avoir quelque fondement, j'avoue que ce serait un des phénomènes les plus extraordinaires de la nature, un cas nouveau depuis la création du monde, c'est-à-dire que la nature, après avoir produit deux millions d'habitants dans un continent, se refusât à leur fournir leur première subsistance.

« Si une mauvaise influence se répandit en Portugal, ce fut directement après le traité de Cromwell; avant cette époque ce royaume se suffisait à lui-même. Ainsi on peut dire que le mauvais air qui l'a rendu stérile est venu d'Angleterre. Je sais que le continent du Portugal est moins abondant en certaines denrées que quelques autres de l'Europe, mais je sais aussi que sa prétendue stérilité prend sa source dans le système d'agriculture de l'Angleterre (1). »

La logique et le bon sens avaient beau s'élever contre l'opinion intéressée des Anglais, les ennemis du ministre s'en faisaient une arme pour critiquer toutes les mesures qu'il croyait devoir prendre en faveur de l'agriculture, et ce ne fut que lorsque la mort eut enlevé Pombal à la reconnaissance de ses

---

(1) Lorsque j'arrivai pour la première fois en Portugal, j'étais, comme tout Français, imbu de ce préjugé que Lisbonne serait devenue, depuis l'Empire français, une véritable *colonie anglaise!*...

Rien de plus inexact : le commerce, lorsqu'il n'est pas dans les mains des Portugais, appartient à l'immigration française : une élégante Lisbonnienne ne se fait habiller que chez une modiste ou une couturière arrivant de Paris ; un dandy portugais ne porte d'habits que ceux dont son tailleur lui montre le modèle dans le journal des modes venant de Paris. Il n'y a que des coiffeurs français. Tout se fait et se vend à *l'instar de Paris!*... Les Anglais s'en vengent en enlevant, chaque année, pour 25 millions de Porto et de Madère, qu'ils expédient aux docks de Londres.

concitoyens, qu'on put apprécier son œuvre ; ce fut alors, comme l'a justement fait remarquer un écrivain de talent, que le Portugal recueillit les fruits des travaux de ce grand homme, fruits augmentés par la création de quelques nouvelles manufactures, par les tentatives faites pour accroître sa population, étendre l'agriculture et l'exploitation de ses mines.

« Excepté les règnes illustres d'Emmanuel le Fortuné et de Jean III, l'histoire portugaise ne présente à aucune époque le commerce aussi brillant que pendant cette période. »

VII

Il faut reconnaître que la conduite des affaires religieuses tint une large part dans l'administration de Pombal ; il eut sans cesse à s'occuper de questions se rattachant, soit aux jésuites contre lesquels il lutta pendant toute la durée de son ministère, soit aux communautés religieuses dont les membres, augmen-tant sans cesse en nombre, formaient une partie considérable de la population et menaçaient d'absorber, sans profit pour l'État, les forces les plus actives de la nation.

Ce fut pour remédier à ce fâcheux état de choses, et afin d'em-pêcher que les célibataires, séduits par le calme de la vie reli-gieuse, ne s'engageassent trop facilement dans les ordres monastiques, que le ministre avait suggéré au roi Joseph la pensée de réglementer les prises d'habit, et le roi avait rendu en 1764 un arrêt par lequel nul Portugais ne pouvait s'engager dans les ordres sacrés, ni être admis à la vie religieuse sans son consentement.

Malheureusement, parmi le grand nombre d'individus qui frappaient à la porte du cloître, la plupart, appartenant à des familles honorables mais pauvres, étaient peu propres à se procurer des moyens d'existence par le travail et l'industrie et se trouvaient, de cette façon, dans la triste condition de végéter misérablement à l'aide de secours qu'ils imploraient de côté et d'autre, et finalement l'arrêt, en détournant du cloître ceux que la vocation ou tout au moins le désir de vivre sans souci et et sans bruit y conduisait, avait augmenté dans une proportion notable et répandu dans toute l'étendue du royaume une quantité d'hommes inutiles qui, vivant dans l'oisiveté et la paresse, étaient à charge aux habitants au lieu de trouver leur subsistance dans les monastères richement dotés par la piété des fidèles ; ce fut en considération de ce fait que le comte d'Oeyras, sans revenir sur l'arrêt précédemment rendu, se départit de la grande sévérité qu'il mettait à le faire observer.

Mais, informé que certains religieux ne se consacraient pas entièrement aux choses du ciel, et qu'à l'ombre des murailles de leurs couvents, ils s'occupaient encore des affaires publiques, le ministre fit faire une enquête qui constata qu'il s'était formé une secte de *béats*, composée de réguliers pleins d'une apparente dévotion, mais qui traitaient certaines questions théologiques d'une façon compromettante pour le principe de l'autorité gouvernementale. Tolérer un semblable abus eût été le sanctionner : le comte ne balança pas ; il sollicita du roi une lettre au vice-recteur de l'université de Coïmbre qui, dévoilant toutes les menées des religieux Augustins connus sous le nom de *béats*, de jacobites et de réformés, ordonnait « que tous et chacun de ces religieux fussent à jamais exclus de cette université ; que leurs noms soient incessamment effacés de ses registres et qu'ils soient déclarés incapables d'y remplir à l'avenir aucun emploi et même d'assister à ses assemblées, attendu qu'on doit désormais et de toute manière les réputer morts, comme s'ils n'avaient jamais existé. »

Cette sage et sévère mesure eut l'effet désiré ; quelques-uns des religieux tentèrent bien de s'opposer aux ordres du roi, mais, appréhendés au corps, ils furent conduits dans les prisons du Saint-Office, où ils demeurèrent jusqu'à ce qu'ils eussent fait leur soumission.

Il faut croire que les tendances fâcheuses que le comte d'Oeyras réprimait si promptement chez les *béats,* avaient des ramifications au dehors, ou que des symptômes alarmants avaient été constatés dans l'esprit des masses, car on vit soudain le ministre libéral, le profond politique, l'ennemi de tout pouvoir essayant de se manifester à côté du seul qu'il servit, celui du roi, donner au tribunal de l'inquisition une suprême consécration de son droit et de sa puissance.

On le vit, lui qui, devançant les idées philosophiques que la fin du siècle devait faire éclore, n'avait jamais hésité à prendre la défense du peuple contre les priviléges des grands et du clergé, quand ils lui paraissaient attentatoires à la liberté publique ou de conscience, on le vit, disons-nous, protéger ouvertement ce tribunal redoutable, augmenter son autorité, et lui donner enfin, par une ordonnance spéciale, le titre de Majesté, qui dut être désormais employé. Dans toutes les lettres, requêtes, mémoires et autres écrits, adressés au Saint-Office, il fut ordonné que ce tribunal jouirait de tous les honneurs et priviléges accordés au Conseil de conscience, à celui de la bulle de la croisade et aux autres tribunaux souverains du royaume.

Cette faveur singulière accordée à l'inquisition a toujours paru inexplicable et, de nos jours encore, on cherche vainement la raison qui a pu pousser Pombal à agir de la sorte. Sans doute quelque secrète pensée l'a guidé dans cette circonstance, le caractère sérieux et profondément réfléchi de ce grand homme ne peut laisser supposer qu'il a cédé à un caprice passager ou qu'il s'est laissé aller à une faiblesse d'esprit que démentent tous ses actes.

L'histoire de tous les hommes politiques est fertile en événements dont on a peine à comprendre le sens, dont il est

impossible de deviner la véritable signification ; mais il faut
bien admettre que, comme ceux qui paraissent tout naturels,
ils ont eu leur raison d'être, et, dans cette occurrence, le plus
sage est de mentionner le fait, tout en renonçant à en pénétrer
la cause secrète.

D'ailleurs, lorsqu'on se reporte à l'édit en question, on n'y
voit rien de surprenant, et il serait fort possible que, après
avoir été l'objet de tous les commentaires, il pût être considéré comme un simple acte politique à l'adresse de la cour
de Rome.

Voici, d'ailleurs, les termes de ce fameux édit :

« Nous le Roi, à tous ceux qui le présent édit verront,
salut ! sur ce qui Nous a été représenté que, malgré l'usage
établi de tout temps, et constamment observé dans ce royaume,
de donner le titre de *Majesté* à tous les tribunaux qui composent notre cour comme dépositaires de notre autorité, et
représentant dans tous les cas, de la manière la plus efficace,
notre royale personne, au nom de laquelle ils expédient les
causes et les affaires de leurs départements respectifs ; cependant, par abus extraordinaire, on ne donne au tribunal général
du Saint-Office, un de ceux qui, par leur établissement et
leurs fonctions, tiennent de plus près à notre personne royale,
d'autre titre que celui qu'on donne à son président, à l'exemple
de ce qui se pratique à l'égard de l'hôtel de ville de Lisbonne,
sans considérer que les députés qui composent ce tribunal
sont tous membres de notre conseil, exerçant dans ledit tribunal général notre royale juridiction, non-seulement en ce
qui concerne les affaires criminelles et la recherche des délits
qui intéressent la religion, mais encore pour l'expédition des
causes civiles des privilégiés qui y ont leur *committimus* ;
instruit, d'ailleurs, que cet abus a été un des moyens dont
les soi-disant jésuites ont voulu se servir dans leurs intrigues, pour réprimer l'autorité dudit tribunal du Saint-Office,

Nous voulons et ordonnons, pour faire cesser ce désordre, que dorénavant dans tous les discours, lettres et requêtes adressés audit tribunal général, on lui donne le titre de *Majesté* ainsi qu'il s'est toujours pratiqué et se pratique encore à l'égard du Tribunal de conscience et de celui de la Bulle de la croisade, dans l'exercice et la réunion de leur double juridiction. Voulons pareillement que ledit tribunal général laisse sans réponse toute lettre ou requête où on ne lui donnerait pas le susdit titre de *Majesté* vu qu'il doit savoir que, semblable aux deux tribunaux ci-dessus nommés, et à tous les autres de notre cour, c'est en notre nom qu'il juge les affaires dépendantes de la juridiction temporelle dont nous lui avons confié l'exercice. En conséquence, Nous ordonnons, etc. »

Il n'y a donc là, strictement, qu'une mesure réglementaire ne créant pas un privilége spécial en faveur du tribunal du Saint-Office, mais le plaçant sur la même ligne que les autres tribunaux du royaume.

Il serait puéril d'insister davantage sur cette affaire qui fit grand bruit en son temps, bien qu'elle méritât plutôt de passer inaperçue.

Inutile d'ajouter que les jésuites s'en firent une arme, sans remarquer combien ils se montraient inconséquents de reprocher au comte d'Oeyras un acte dont ils eussent dû, les premiers, se montrer satisfaits, puisqu'il était tout en l'honneur de la religion.

Au moment où le ministre réglait ces diverses questions religieuses, il fut informé qu'un régiment de volontaires royaux avait donné des marques d'insubordination ; son premier soin fut de chercher à ramener ces troupes à l'obéissance, en leur envoyant un colonel chargé de faire rentrer chacun dans le devoir ; malheureusement cet officier fut impuissant à remédier au désordre survenu, et une centaine d'hommes, persévérant dans leur coupable rébellion, désertèrent.

C'était un exemple déplorable, le comte d'Oeyras jugea avec raison qu'il fallait le réprimer sévèrement ; le régiment fut appelé à Lisbonne ; aussitôt arrivé à cette destination, les hommes qui le composaient furent assemblés sur la place de Belem et là, publiquement, soldats et officiers furent cassés, le régiment déclaré supprimé et les hommes furent incorporés dans d'autres corps.

Depuis les événements malheureux de 1755, bon nombre des biens fonds qui avaient autrefois fait partie du domaine de la couronne en avaient peu à peu été détachés en faveur de particuliers qui se les étaient appropriés sans qu'on sût en vertu de quel titre.

Ce fut afin de remettre un peu d'ordre et surtout de clarté dans les droits prétendus de ces détenteurs bénévoles, que le comte d'Oeyras établit, au commencement de l'année 1769, un tribunal chargé de rechercher et d'examiner avec soin les titres des soi-disant propriétaires de ces biens, et de statuer à l'égard de ceux qui se trouveraient dans l'impossibilité de justifier de leur droit de possession. Afin de donner toute garantie à cette commission, composée d'hommes intègres et honorables, il en confia la présidence à l'archevêque d'Angora dont il connaissait l'esprit de droiture et d'équité.

Mais, comme il était facile de le prévoir, une pareille mesure devait exciter de nombreux mécontentements, et tous ceux qui s'étaient rendus acquéreurs par le seul fait de la prise de possession ne manquèrent pas de crier à la tyrannie.

Le ministre laissa dire, et, poursuivant la revendication des droits royaux, le tribunal établi par ses soins adjugea au fisc des biens considérables détenus à tort et qui, revendus à des particuliers, produisirent à l'État une somme assez considérable.

Le comte ne négligeait, d'ailleurs, aucun moyen de grossir le trésor public, et ce fut grâce à tout ce qu'il fit pour augmenter la richesse du pays que peu à peu l'énorme déficit créé par le terrible tremblement de terre et ses suites put être, sinon comblé, du moins considérablement réduit.

Ce fut encore dans ce but que l'on vit le ministre changer le mode d'administration des biens du chapitre de la patriarcale dont les revenus étaient d'une grande importance par suite des libéralités excessives de Jean V ; jusqu'alors, le corps particulier d'ecclésiastiques qui la composaient jouissait de biens dont personne ne connaissait, à vrai dire, ni l'étendue, ni les bornes : c'était un abus que ne pouvait tolérer un ministre, ami de l'ordre et de la clarté dans les finances. Le comte d'Oeyras réunit les revenus de cette église à ceux de l'administration, sans en rien retrancher, mais de façon à pouvoir se rendre compte du montant de sa fortune. Cette sage détermination avait été prise par le ministre, à la suite d'un violent incendie qui avait consumé les magnifiques bâtiments de cette riche église.

Le trésor et les archives ayant pu être sauvés des flammes, on fut surpris de la quantité d'objets précieux qu'elle renfermait : une seule pièce, représentant un superbe soleil enrichi de pierres précieuses, fut évaluée 500,000 cruzades.

Jusqu'alors on a vu le grand ministre de Joseph créer des ressources au Portugal, réprimer nombre d'abus, établir de sages règlements et faire face, en un mot, grâce à une présence d'esprit qui ne lui fit jamais défaut, aux événements quels qu'ils soient et parer à toutes les éventualités ; mais ce n'était pas assez.

Un bon roi et un bon ministre peuvent beaucoup pour la prospérité d'un pays, et il leur est souvent possible d'assurer le bonheur du peuple pendant tout le temps qu'ils ont en mains le pouvoir et la puissance.

Mais qu'est le présent dans la vie d'un peuple !

C'est l'avenir surtout qu'il faut prévoir et assurer dans la limite du possible.

Or, si c'est par de grandes libéralités, par de nobles encouragements, par la pratique de toutes les vertus royales qu'un souverain parvient à conquérir l'amour de ses sujets et à les rendre heureux, c'est par de bonnes et sages lois qu'il peut prétendre à mériter, dans l'histoire, une place parmi les glorieux monarques dont le nom est vénéré.

Au dix-huitième siècle, les lois portugaises, tant civiles que criminelles, formaient encore un ensemble confus de coutumes antiques et d'édits tombés en désuétude dont l'explication, l'application et l'exécution étaient également difficiles.

Ces lois portaient encore, pour la plupart, l'empreinte des siècles d'ignorance où elles avaient été rédigées, aussi donnaient-elles continuellement lieu à des interprétations abusives ou erronées.

Les juges s'inspiraient bien plus de leur sentiment particulier pour rendre la justice que des prescriptions de la loi, et il en résultait cet inconvénient que le sort des affaires soumises à leur examen dépendait de la façon dont les tribunaux avaient coutume de les traiter au lieu d'avoir à se prononcer uniquement sur la question de savoir s'il y avait lieu d'appliquer ou non telle ou telle solution.

En maintes circonstances, le comte d'Oeyras avait reconnu la fâcheuse absence d'une législation régulière, sans pouvoir y remédier, mais la rédaction d'un code unique ne s'improvise pas et il attendait que des temps propices lui permissent d'édifier ce monument législatif dont la nécessité devenait chaque jour plus pressante ; lorsqu'une paix bienfaisante eut succédé à la guerre allumée par le pacte de famille, après que les affaires des jésuites furent terminées, le ministre crut pouvoir profiter d'un moment de calme en travaillant à un ensemble de lois qu'il méditait, et plusieurs furent élaborées avec succès ; mais ce calme fut bientôt troublé par des événements qui réclamèrent tous les soins du ministre.

Ce fut d'abord une lutte qui éclata entre les Portugais établis en Afrique et les Maures qui, fondant à l'improviste sur la garnison de Mazagran, assiégèrent cette place avec un nombre de soldats qui semblait devoir rendre impossible toute espèce de défense ; mais le gouverneur était un officier de mérite, secondé par une troupe peu importante mais intrépide, il parvint à tenir les assiégeants en échec pendant deux mois, au bout desquels, ne recevant aucun secours de Lisbonne, il prit une détermination héroïque : il demanda quatre jours pour capituler et pendant ce temps il fit miner les fortifications, et charger jusqu'à la gueule les canons de la place, puis, après avoir fait transporter avec un soin infini à bord des vaisseaux portugais tout ce qu'il y avait de précieux dans la ville, il fit embarquer les soldats et ne prit la mer, le dernier, qu'après avoir tout disposé pour que des mèches allumées communiquant aux pièces chargées et aux mines fissent tout sauter quelques heures après le départ, ce qui eut lieu au moment où, comme il l'avait prévu, les Maures, qui s'étaient aperçus des préparatifs d'embarquement, s'approchèrent de la ville pour y entrer. La plupart furent engloutis sous les décombres.

Quant aux Portugais, ils arrivèrent sans encombre à Lisbonne, où les félicitations du roi et de son ministre les récompensèrent de leur conduite ; mais l'empereur du Maroc, profondément irrité de ce résultat, publia un manifeste dans lequel il accusait les Portugais d'avoir violé les lois de la guerre, et un plénipotentiaire fut envoyé par lui à Lisbonne dans le but de demander et au besoin d'exiger un désaveu du ministre et une réparation.

Le comte d'Oeyras se montra dans cette circonstance plein de dignité : non-seulement il ne désavoua pas la conduite de l'officier, mais il la loua hautement et fit comprendre à l'ambassadeur que le gouverneur, en agissant comme il l'avait fait, s'était conduit comme un vaillant capitaine et ne méritait que des éloges.

Le ministre fut si éloquent, il peignit si bien dans un manifeste qu'il rédigea à son tour, en réponse à celui de l'empereur du Maroc, le devoir d'un officier chargé de défendre quand même une place confiée à sa valeur, que l'empereur cessa de se plaindre et qu'au contraire, plein d'admiration pour la nation portugaise qui produisait de tels hommes, il finit par conclure une trève générale avec le Portugal, à la grande satisfaction des négociants portugais qui virent dans ce rapprochement des deux cours le gage d'une prospérité nouvelle et qui témoignèrent vivement au ministre de leurs sentiments de reconnaissance pour la fermeté et l'énergie qu'il avait déployées dans toute cette affaire et auxquelles ils étaient redevables de la trève conclue.

Ce fut à peu près dans le même temps que le comte d'Oeyras conçut ou plutôt mit à exécution l'heureuse pensée qu'il avait eue de fonder à Lisbonne l'imprimerie royale.

Le palais seigneurial de don Fernando Soares de Noronha fut le lieu destiné à cet établissement qui, dès les premiers jours de mai 1769, commença à remplir régulièrement ses fonctions sous la direction de Miguel Manescal da Costa; bientôt, une fonderie, qui jusqu'alors avait été à la charge du conseil de commerce, fut annexée à l'imprimerie, ainsi qu'une école de gravure et une fabrique de cartes à jouer.

Désireux de donner à cette nouvelle et utile fondation une impulsion sérieuse, le comte eut soin d'attirer par l'élévation des salaires tous les ouvriers intelligents qu'on put découvrir, et pour montrer combien il avait à cœur de voir prospérer ce bel établissement, il s'en déclara le protecteur, protection dont il prit à tâche de signaler chaque jour l'existence en prodiguant à l'imprimerie et aux imprimeurs des avantages de toute nature.

Si donc l'imprimerie portugaise, qui lutte victorieusement aujourd'hui avec celles de toutes les autres puissances, est parvenue à un si haut degré de perfection, ce fut grâce aux encouragements des deux hommes qu'on trouve sans cesse occupés de la grandeur et de la gloire de leur pays, le roi Joseph et son ministre Carvalho d'Oeyras.

Mais l'événement qui contribua le plus à ramener tous les esprits jusqu'alors hostiles au ministre fut le rapprochement qui s'opéra entre le Saint-Siége et la cour de Portugal, et dont tout l'honneur revint au comte.

Le sacré-collége avait écrit au roi très-fidèle pour lui notifier la mort du pape Clément XIII, survenue le 2 février 1769. Ce fut le comte d'Oeyras qui fut chargé d'y répondre, et il le fit dans des termes si conciliants, si pleins de convenance et de courtoisie qu'on ne douta pas que cette réponse ne fût appréciée comme elle méritait de l'être par le sacré-collége ; ce fut ce qui eut lieu, et l'exaltation du pape Clément XIV fut suivie de l'accord également désiré par les deux nations et de la nomination d'un nonce apostolique ; peu de jours après sa prise solennelle de possession, le souverain pontife nomma cardinal le propre frère du ministre, Paul de Carvalho, inquisiteur général du royaume.

Or, tandis que le nouveau nonce se préparait à se rendre à son poste à Lisbonne, le comte d'Oeyras fut accablé par deux coups qui le frappèrent violemment à deux mois de distance : il eut la douleur de perdre ses deux frères, Xavier-François de Mendoza, ministre de la marine, et Paul de Carvalho le cardinal. Le peuple portugais prit part au chagrin que le ministre ressentit de ces deux pertes imprévues et presque simultanées, et de nombreux témoignages de sympathie lui furent donnés à cette occasion.

Mais un nouveau sujet de préoccupation était venu s'ajouter aux tristes pensées d'Oeyras.

Un forcené, qui prétendait avoir à se plaindre de n'avoir pas été remboursé de la perte d'un mulet mort au service du roi, prit prétexte de ce motif pour oser attenter à la vie de Joseph Ier, en essayant à deux reprises de lui asséner des coups de bâton sur la tête.

La Providence ne permit pas que ce misérable accomplît son forfait, grâce à la présence d'esprit du roi ainsi qu'au dévouement d'un gentilhomme de la chambre, le comte de Prado, aidé d'un garde du corps nommé Barthelemi Bertholdo Picadero; l'assassin fut arrêté et jeté en prison, mais le comte d'Oeyras avait un autre soin à remplir, celui de savoir si cette agression était l'œuvre isolée d'un fou ou le résultat d'une conspiration; on sait avec quelle persévérante sollicitude il s'était adonné à la recherche des auteurs de la première tentative de meurtre sur la personne royale, tentative qui avait affligé l'Europe, et comment il était parvenu à se saisir des coupables.

Mais cette fois, heureusement, les annales du Portugal n'eurent pas à enregistrer une nouvelle trame criminelle, il fut surabondamment prouvé que le misérable assassin n'avait aucun complice, et que son infâme action était le résultat d'une pensée éclose dans le cerveau d'un malheureux insensé; aussi l'on se contenta de le laisser dans une prison, afin qu'il ne pût nuire à personne, seul châtiment que l'on puisse infliger à un insensé.

Cet événement donna au nouveau souverain pontife l'occasion d'écrire à Sa Majesté Très-Fidèle un bref de félicitation pour avoir échappé au danger qu'avait couru sa personne royale, et tout fit espérer qu'une réconciliation sincère allait enfin combler l'espoir de tous ceux qui avaient vu avec peine les deux cours briser les liens qui les avaient si longtemps unies.

Le comte d'Oeyras se montra dans cette circonstance si véritablement gentilhomme, si empressé de seconder les vues du roi, qu'il parvint à forcer l'admiration de tous; bien qu'il

n'eût pas eu personnellement à se louer de Rome, il voulut que le nonce du Saint-Père fût reçu, non-seulement avec les honneurs dus à son rang et à sa personne, mais encore que son entrée en Portugal fût celle d'un triomphateur.

Dans toutes les villes où il passa, ce ne fut que fêtes et démonstrations publiques de joie.

Enfin, il arriva à Lisbonne, le 28 juin 1770, et cette journée fut marquée par la magnificence de la réception faite au représentant de Sa Sainteté.

Le ministre romain fit le trajet des bords du Tage à Lisbonne, dans la propre chaloupe du roi montée par 70 matelots en habits de fête ; arrivé au port, il y trouva quatre carrosses, au nombre desquels était celui du roi, et ce fut au milieu des acclamations de la multitude, qu'il fut conduit à l'hôtel qu'on lui avait destiné.

Néanmoins, et dans le but très-louable d'empêcher qu'à l'avenir de fausses interprétations de certains actes de l'autorité royale ou papale pussent se produire et élever quelque nouvelle contestation, le comte d'Oeyras établit un tribunal exclusivement chargé de faire respecter le droit de la couronne et celui de la papauté en statuant sur toutes les questions litigieuses qui pourraient naître au sujet de certaines attributions qui n'étaient pas assez régulièrement définies, et d'examiner et approuver les actes de la nonciature.

En conséquence, le roi défendit sous les peines les plus sévères de faire aucun usage de brefs, dépêches et autres papiers relatifs à la nonciature, sans qu'ils eussent au préalable été approuvés par le tribunal, qui prit le titre de tribunal de la nonciature.

Le Pape, en apprenant cette nouvelle fondation judiciaire, manifesta quelque surprise et fit même quelque difficulté avant de reconnaître cette juridiction dont il n'approuvait pas complétement le but ; néanmoins, lorsque le comte d'Oeyras lui eut fait savoir que l'intention absolue du roi était d'assurer par le moyen de ce tribunal une entente sérieuse et durable avec Rome, le souverain pontife se montra satisfait et son premier soin fut de publier une bulle pour l'ouverture d'un jubilé universel.

Le rétablissement définitif de rapports amicaux entre les deux cours fut excessivement agréable au roi. Si le Pape avait été peiné de voir s'élever un désaccord entre lui et Sa Majesté Très-Fidèle, celle-ci n'avait pas été moins affectée de voir que, grâce aux intrigues de toute sorte des jésuites, les bonnes relations qui avaient toujours existé entre le Portugal et le Saint-Siége se trouvaient rompues.

Le comte d'Oeyras connaissait bien cette disposition d'esprit du souverain, et il fit tous ses efforts, après avoir obtenu le renvoi des jésuites, pour éclairer le Saint-Père sur les véritables sentiments de son gouvernement qui n'avait jamais cessé d'être animé des meilleures intentions.

Ce fut donc grâce à son zèle infatigable, à sa profonde habileté diplomatique, et surtout à son ardent désir d'être agréable au roi, que le comte termina si heureusement, à la satisfaction générale, l'affaire de Rome.

C'était une de celles qui l'avaient le plus préoccupé: il se trouva amplement dédommagé de ses peines par la satisfaction du devoir accompli, mais le roi Joseph Ier, dont la reconnaissance égalait la bonté, ne laissa jamais ceux qui le servirent sans récompense, et dès que son ministre eut mené à bonne fin la tâche délicate qui lui incombait, il voulut lui donner une nouvelle preuve de sa bienveillance et de son affection, et il lui remit entre les mains une patente honorable en date du 17 septembre 1770, qui le créait marquis de Pombal, lui et ses descendants légitimes et naturels en ligne directe et primogéniturale, avec tous les honneurs, droits, priviléges et immunités attachés au titre de marquis. Quant à celui de comte d'Oeyras, il fut transféré à l'aîné de ses fils, tandis que le second fut fait comte de Redinha (1).

Le nom de Pombal, sous lequel nous allons désormais désigner ce grand ministre, devint fameux par l'illustration que lui donna cet homme extraordinaire, qui ne se montra pas moins supérieur dans l'adversité qu'il ne s'était montré grand et magnifique au point culminant de sa prospérité.

Ce point culminant, nous y sommes arrivés ; la nouvelle dignité dont le premier ministre de Joseph fut revêtu le plaçait au rang des plus nobles du royaume, sa fortune dignement et noblement acquise lui assurait une existence fastueuse que ses goûts simples ne recherchaient pas. Conseiller d'un roi dont il possédait la précieuse amitié, entouré d'une famille qui l'aimait et le vénérait, tout semblait réuni pour lui donner un bonheur durable, si ce bien suprême était possible ici-bas. Son seul mérite lui avait acquis la faveur, le pouvoir et la fortune ; l'intrigue devait, aussitôt après la mort de son roi, le précipiter du faîte des grandeurs au banc des accusés, jusqu'à ce que la prospérité vengeresse fût venue donner un éclatant démenti aux accusations perfides portées contre lui et rendre à sa mémoire le glorieux honneur qui lui est dû.

Mais, chose singulière, et qui démontre une fois de plus l'instabilité et la fragilité des choses humaines, de l'aveu même des ennemis de Pombal, les six années qui s'écoulèrent depuis son élévation à la dignité de marquis jusqu'à la mort de Joseph furent les plus glorieuses.

Les *Mémoires* cités plusieurs fois, et qui ne sont qu'un long acte d'accusation dressé contre lui, laissent échapper ce cri de

---

(1) Pour ne pas interrompre notre récit historique, nous renvoyons à la fin du dernier chapitre sur Pombal nos réflexions sur ces nouvelles lettres patentes du roi Joseph, qui élevaient cet illustre serviteur au titre de marquis, en étendant à ses enfants les faveurs du maître. Corneille fait dire à un de ses héros :

« Je t'ai comblé de biens, je veux t'en accabler ! »

la conscience, si ce mot peut être employé à propos d'un livre, tissu d'allégations mensongères et de calomnies amoncelées systématiquement, qui n'a d'autre excuse que d'avoir été écrit au moment même de la chute de Pombal, alors que chacun s'évertuait à fouiller et à scruter les actes du ministre tombé, pour les travestir et les présenter sous les couleurs les plus sombres, sans s'inquiéter autrement de la vérité ni même du simple bon sens.

Donc ces fameux *Mémoires* disent ceci :

« Il semble qu'en changeant de titre il (Carvalho) ait en même temps changé de caractère, qu'il ait enfin senti que la conduite injuste et violente qu'il avait tenue jusqu'alors était moins propre à lui attirer l'admiration de la postérité qu'à vouer son nom à une éternelle exécration et que la seule route ouverte à un ministre pour parvenir à l'immortalité était de travailler par des lois sages et bienfaisantes au bonheur des peuples confiés à ses soins. Divers règlements, qui signalèrent cette dernière partie de sa vie publique, sont une preuve incontestable de cette heureuse révolution dans ses idées et dans ses sentiments. Le législateur semble n'y avoir eu en vue que le bien de l'humanité et les intérêts de la nation. »

Cet aveu est précieux, il importe maintenant de montrer comment Pombal mérita cet hommage rendu quand même à son génie et de tracer rapidement le récit des événements fâcheux qui s'accomplirent pendant la dizaine d'années que nous avons encore à parcourir.

VIII

Ce fut encore par des questions religieuses que le marquis de Pombal commença l'année 1771. Nous l'avons dit à plusieurs reprises, Pombal était considérablement en avance sur les idées de son siècle, et, bien que profondément religieux, il déplorait les abus qui, trop souvent, se commettent sous le voile de la religion, et regrettait de ne pouvoir exercer parfois une autorité salutaire sur des actes qui par la nature même de leur essence échappaient à son pouvoir.

Chaque fois que l'occasion se présentait, le ministre ne manquait jamais, soit dans les entretiens qu'il avait avec le roi, soit dans les conversations particulières, de s'élever avec force contre le nombre toujours croissant des moines, et il cherchait continuellement le moyen de réduire cette armée de consommateurs improductifs, dont la subsistance incombait toujours à la nation.

Or, ces moyens n'étaient pas nombreux, ils se bornaient à empêcher que les Portugais n'entrassent au cloître sans y être autorisés, et à restreindre ces autorisations en exigeant des formalités nécessaires à leur obtention. Mais il était bien difficile, pour ne pas dire impossible, de les refuser sans toucher au principe de la liberté individuelle, et Pombal comprenait bien le peu de valeur des objections qu'on pouvait élever contre la volonté de quiconque désirait se faire moine.

Donc, après avoir obtenu de Joseph, en 1764, un arrêt par lequel nul ne pouvait faire profession religieuse sans le consentement du roi, et s'être trouvé dans la nécessité ou d'accorder ce consentement à tous ceux qui le sollicitaient ou de laisser la loi tomber en désuétude, il préféra s'arrêter à cette dernière résolution, quitte à la faire revivre quand il le jugerait convenable, mais il prit une mesure beaucoup plus sage. Convaincu de l'inutilité de tous les efforts qu'il pourrait tenter pour diminuer le nombre des moines, il eut le bon esprit de songer à les utiliser en les poussant dans la voie de l'étude et de la science.

Plein d'admiration pour les magnifiques travaux des moines bénédictins de l'abbaye de Saint-Maur, le ministre se demanda s'il ne serait pas possible d'avoir en Portugal une abbaye du même genre.

Ce fut afin de s'éclairer sur le degré d'éducation et de savoir des supérieurs des maisons religieuses, sur l'état des lettres dans ces maisons, qu'il se fit rendre un compte très-exact de la situation intérieure de tous les établissements religieux.

Le clergé séculier n'avait pas, à quelques exceptions près, l'influence et la considération dont jouissaient les moines dans les familles. Ceux-ci admis, reçus, recherchés partout, aussi bien chez les gens du peuple que dans les classes élevées de la société, se montraient plus tolérants, mais ils donnaient en même temps le triste spectacle d'une ignorance complète.

Le ministre en acquit la certitude lorsqu'il voulut mettre son projet à exécution; en examinant de près la conduite des moines, il fut surpris de voir le peu de temps qu'ils donnaient à l'étude, et il publia un édit qui réglait la méthode de les instruire, édit qui fut enregistré à la secrétairerie d'État et au conseil du roi.

Mais c'était toucher une corde sensible. Les religieux que cette réforme, émanant du premier ministre du royaume, troublait singulièrement, s'écrièrent à l'unisson qu'ils n'étaient justiciables que de leurs supérieurs, en tout ce qui concernait le spirituel, et que, conséquemment, le ministre outrepassant son droit n'avait aucune qualité pour se mêler de leur règle et de leur constitution.

Pombal avait tenu tête à de plus forts orages que celui-là ; il laissa dire les moines qui tempêtèrent tout à leur aise, mais qui durent se conformer à ses prescriptions. Ceux qui refusèrent de se soumettre virent leur maison se fermer. Ce fut ainsi que neuf couvents de chanoines réguliers de Saint-Augustin furent supprimés par bref du pape, les revenus de ces monastères furent transférés au monastère de Mafra, qui eut pour destination spéciale de servir de maison d'étude aux chanoines de Saint-Augustin.

Ce fut dorénavant le roi qui nomma le prieur et les assistants de ce couvent ; quant aux enfants de Saint-François qui s'y trouvaient établis, le ministre leur laissa le choix d'entrer chez les chanoines réguliers de Saint-Augustin, ou de se retirer dans d'autres maisons de leur ordre.

Après quelques criailleries sans conséquence, tout s'apaisa, et les choses marchèrent au gré de Pombal ; mais, s'il avait bien l'autorité nécessaire pour faire adopter une mesure quelconque, et même la faire suivre exactement, il ne pouvait rien contre le mauvais vouloir des moines ou leur peu d'intelligence.

Il avait le vif désir de former une congrégation d'hommes instruits, dont les utiles travaux servissent au développement des lettres et des sciences ; mais il ne put qu'assembler des moines sans valeur qui ne firent rien pour seconder les vues du ministre.

Toutefois, si les résultats obtenus furent presque nuls,

cela ne saurait en aucune façon diminuer le mérite de l'intention de Pombal qui, sincèrement religieux, voulait qu'on s'attachât plutôt à l'observation des saints commandements du catholicisme qu'à des pratiques extérieures d'une dévotion mal entendue, que la tradition perpétue sans motif plausible et que le vulgaire accomplit par pure habitude (1).

Ce fut pour essayer de détruire cet état de choses, que Pombal s'attaqua ouvertement à la coutume singulière qui faisait que, chaque soir, les habitants des divers quartiers de la ville répétaient en chœur les litanies de l'Église ; il fit comprendre que les prières récitées de la sorte à haute voix, sans motif, et dans le simple but de se conformer à un usage, étaient plutôt propres à troubler la tranquillité publique et le bon ordre, qu'à être agréables à Dieu, et la coutume cessa.

Ce premier point obtenu, il s'occupa des confréries ; ces associations religieuses pullulaient en Portugal et particulièrement à Lisbonne, et elles n'avaient guère d'autre objet que celui de faire perdre un temps précieux en réunions et en processions qui, se renouvelant sans cesse, enlevaient au commerce et à l'industrie des heures dont nul n'eût songé à regretter l'emploi si elles avaient été sérieusement consacrées à la religion, et non à de simples et vaines pratiques.

Un édit du mois d'avril 1771, rendu sur la proposition de l'habile ministre, vint mettre un terme à cet abus ; toutes les confréries furent supprimées, à l'exception de celles du Saint-

---

(1) Tout en rendant justice aux progrès sensibles que le Portugal doit à la civilisation du siècle, et dus, surtout, au contact continuel avec l'Angleterre et la France, qui lui ont apporté bien des améliorations dans ses mœurs espagnoles, comment s'expliquer l'usage barbare, qui existe encore, le jour de la Fête-Dieu, d'un cortége burlesque, précédant le dais royal et le Saint-Sacrement, et dans lequel cortége figurent d'ignobles mannequins, représentant saint Georges, son écuyer et son page ? N'est-ce pas mêler l'idolâtrie aux pratiques de la religion ?

Sacrement, de Notre-Dame du Mont-Carmel et de la Miséricorde, qui rendaient de véritables services à la religion, et les revenus des associations supprimées servirent à secourir de pauvres familles ; il était difficile de trouver un meilleur emploi de fonds provenant d'établissements religieux, ce qui n'empêcha pas les partisans des confréries de jeter feu et flamme.

Pombal laissa dire, et comme il savait par expérience que les demi-mesures soulèvent autant de récriminations que les mesures radicales, il alla plus loin : après avoir réglementé les couvents d'hommes et les confréries, il s'attaqua résolûment aux couvents de filles.

Ce fut un *tolle* général ; il n'y avait pas d'expressions assez fortes pour qualifier cet homme, sans foi et sans respect pour la religion, qui osait porter une main sacrilége sur les institutions monacales.

Fort de sa conscience, et sachant qu'en agissant selon les vues du roi et les siennes propres il ne faisait, au contraire, que ramener dans la voie sage et honnête des institutions déviées du principe même de leur fondation, le digne ministre supprima les couvents de filles dans lesquels la licence et les abus de tous genres s'étaient introduits, et, ramenant à un chiffre raisonnable le nombre de ces maisons, il en réunit jusqu'à trois en une seule, sans amener aucune espèce d'entrave à la liberté que chaque fille avait d'embrasser la vie religieuse.

Enfin, pour compléter le plan de réorganisation religieuse qu'il avait conçu, il s'attacha à faire disparaître les inégalités qui existaient entre les droits et priviléges dont jouissaient les catholiques de race qu'on désignait sous le nom d'anciens chrétiens, et ceux qui, sous le nom de nouveaux chrétiens, expiaient par des vexations continuelles et le mépris public le tort d'être issus de parents protestants ou israélites, et de ne pouvoir, pour cette raison, être pourvus d'emplois publics ou contracter d'honorables alliances.

Ces malheureux nouveaux chrétiens étaient sans cesse sous le coup d'accusations directes ou détournées qui avaient pour résultat de les plonger dans les cachots de l'inquisition.

Pombal, qui souffrait cruellement de tout ce qui était abus et injustice, rendit un édit très-sévère à ce sujet et défendit expressément qu'aucune ligne de démarcation ne vînt, à l'avenir, séparer les nouveaux des anciens chrétiens, en abolissant de la façon la plus formelle cette désignation fâcheuse. Ce fut encore en obéissant au même esprit de justice et d'équité qu'il ordonna la suppression de la liste d'infamie sur laquelle se trouvait porté le nom de quiconque avait eu le malheur d'avoir dans sa famille un condamné par le Saint-Office.

Enfin, portant son investigation partout où il y avait quelque préjugé à déraciner, quelque abus de pouvoir à réprimer, il ordonna qu'à l'avenir l'autorité ecclésiastique apportât plus de soin et d'importance à la célébration des mariages qui jusqu'alors pouvaient se faire avec le seul consentement des parties contractantes, sans qu'il fût besoin de celui du père et de la mère.

On comprend combien cette facilité donnée aux jeunes gens de s'enchaîner étourdiment dans des liens indissolubles était contraire à la conservation des biens et de l'honneur des familles.

Il appartenait à Pombal de faire cesser un état de choses aussi fâcheux ; il eut pour lui, dans cette circonstance, l'estime et l'approbation de tous.

Un fait digne de remarque, c'est l'activité prodigieuse du marquis de Pombal. A peine sa pensée était-elle dégagée d'une préoccupation quelconque qu'elle se reportait immédiatement sur un autre objet.

Religion, industrie, guerre, finances, administration intérieure et extérieure, tout était examiné, réglementé, étudié par lui, et l'on peut dire que chaque rouage du gouvernement passait à l'investigation de son esprit scrutateur.

Sa grande préoccupation pendant tout le temps qu'il demeura au pouvoir fut de rendre les Portugais producteurs, et de détruire en eux la tendance qu'ils avaient d'acheter à l'étranger ce qu'avec un peu de travail ils pouvaient trouver dans leur pays. C'était particulièrement l'industrie des tissus de laine et de draperie qu'il voulait encourager. Une concurrence redoutable faite par les manufactures anglaises à celles du pays ruinait les fabricants.

Il fallait porter un coup décisif en empêchant l'entrée des marchandises étrangères sur le territoire. Pombal n'hésita pas; il rendit un édit dans ce sens, et pour mieux en assurer l'exécution, il fit saisir, non-seulement dans les magasins, mais même sur les personnes qui en étaient revêtues, les étoffes prohibées et qui, postérieurement à la publication de l'édit, étaient entrées en fraude.

Cet acte de vigueur, diversement jugé par les contemporains de Pombal, eut pour résultat immédiat de donner une rapide impulsion à l'industrie manufacturière qui prit bientôt des proportions jusqu'alors inconnues.

Grâce à toutes ces excellentes réformes, à cette initiative qu'on ne saurait trop louer, le pays vit bientôt se cicatriser et se fermer les plaies terribles qu'avait amenées le fatal tremblement de terre de 1755. Moins de vingt années avaient suffi pour tout changer et tout transformer ! Ce fut alors que le prévoyant ministre, après avoir assuré la prospérité du pays, songea à ses besoins intellectuels et put travailler au développement des lettres et des arts, en commençant par réformer l'université de Coïmbre, qui, après avoir brillé d'un vif éclat, était tombée dans un déplorable état de décadence.

Il forma un conseil d'ecclésiastiques instruits, et, ayant sollicité du roi le pouvoir qui lui fut immédiatement donné d'agir

selon sa propre inspiration, il partit pour Coïmbre avec ses
conseillers et changea de fond en comble la base de l'enseignement en le réglementant. Descendant jusqu'aux moindres
détails des travaux universitaires, il se rendit compte de l'insuffisance des professeurs et de l'ignorance de bon nombre d'entre
eux et en nomma près de huit cents qu'il choisit parmi les
hommes les plus recommandables du royaume. Puis il enjoignit
aux étudiants d'assister régulièrement aux leçons, et institua
des examens pour le doctorat; en un mot, il renouvela le système
des études et donna aux écoles publiques toutes les garanties
de savoir et de bonne organisation désirables.

La réforme de l'université de Coïmbre et l'établissement des
écoles publiques dans tout le royaume, la construction du
fameux canal d'Oeyras qui eut lieu à peu près dans le même
temps et quelques autres édits importants, au nombre desquels
il faut citer la magnifique loi destinée à faire rentrer aux mains
de leurs légitimes possesseurs les biens qui leur avaient été
enlevés par la fraude ou l'injustice, le règlement relatif à la
contrainte par corps qui se trouva abolie à l'égard des débiteurs réputés insolvables, tous ces beaux et bons actes de
l'administration de Pombal furent autant de faits méritoires
dont l'histoire impartiale doit tenir le plus grand compte en
faveur d'un homme dont le dévouement et les vertus civiques
furent si mal récompensés, quand le bon et noble roi Joseph
ne fut plus là pour les apprécier et les défendre.

Mais avant d'en arriver à ce triste épisode de la fin de la
carrière de Pombal, notons encore quelques faits importants
qui témoignent des hautes capacités de ce ministre, qui ne
demeura étranger à aucune espèce de sollicitude.

C'est à lui qu'on doit l'édit qui ordonna que nul ne pourrait
tester en faveur des établissements de piété ou de charité que
pour le tiers de ses biens, de façon à ce que, par suite d'une

libéralité mal entendue, une famille ne pût être exposée à la ruine.

Certaines réformes dans l'administration de la justice furent d'ailleurs édictées par lui. Ce fut ainsi qu'en Amérique et dans les possessions de la côte d'Afrique, Pombal supprima des tribunaux dispendieux et les remplaça par d'autres coûtant beaucoup moins cher à l'État.

Les colonies furent aussi l'objet de ses soins ; depuis de longues années celles de l'Orient languissaient, Pombal leur rendit une partie de leur activité par la suppression de tous les règlements qui avaient eu leur raison d'être à l'époque des premières tentatives de colonisation, mais dont l'expérience n'avait pas tardé à révéler l'inutilité ou les inconvénients.

Quant à celles du Brésil, il leur fit prendre un grand développement par la culture des plantes tropicales qu'il favorisa ; disons à ce propos que la liberté de la vente du tabac fut octroyée au peuple portugais sous le ministère de Pombal.

Le commerce fut d'ailleurs constamment encouragé par Pombal, qui cherchait sans cesse les meilleurs moyens de l'accroître et de le rendre chaque jour plus florissant. Ce fut dans ce but qu'il établit une chambre du commerce et qu'il fit plusieurs règlements spéciaux qui tous portent la marque d'un esprit pratique et éminemment supérieur. L'une des excellentes mesures qu'il prit fut celle qui amena la conclusion d'une paix féconde avec le Maroc, ce qui ouvrit un débouché considérable au commerce portugais qui commençait à prendre aussi de nouvelles proportions en Amérique, lorsque survinrent malheureusement des troubles fâcheux entre les sujets portugais et espagnols qui habitaient le Paraguay. En vain l'Angleterre et la France s'interposèrent comme médiatrices, il fut impossible d'arriver à une réconciliation, et la guerre éclata. Pombal ne perdit pas son temps en négociations inutiles ; il disposa tout pour soutenir la lutte en complétant les régiments, armant des vaisseaux, faisant réparer des fortifications sur les frontières espagnoles pour le cas où la guerre s'étendrait en Europe, mais il n'en fut rien : elle se localisa dans les possessions américaines et s'éteignit peu à peu.

Vers la même époque, Pombal mit à exécution un projet qu'il nourrissait depuis longtemps, celui d'ériger une magnifique statue en bronze au roi Joseph, son bienfaiteur et son maître, qui n'avait jamais cessé de lui donner les marques d'une amitié sincère et d'une confiance sans borne.

Un artiste de grand mérite, Joaquim Machado, fit un modèle en cire qui obtint l'assentiment royal ; le plus difficile était de le couler en bronze. Un lieutenant-colonel, ayant la direction de l'arsenal, en fut chargé et il réussit complétement ; la statue fut fondue d'un seul jet malgré ses proportions colossales.

Le travail de la ciselure n'exigea pas moins de six mois d'un labeur assidu et quatre-vingt-trois artistes furent employés à cette opération qui fut terminée le 13 mai 1775.

Le roi avait voulu que le médaillon de son ministre fût placé, à côté de ses armes, sur le piédestal, juste récompense du dévouement dont Pombal lui avait donné tant de preuves.

L'inauguration de ce monument fut une véritable fête publique ; il y eut pendant trois jours des réjouissances, des feux d'artifice, des divertissements de toute nature auxquels prit part tout un peuple qui, en faisant éclater les transports de son amour pour le roi, confondait dans son enthousiasme l'admiration qu'il portait à Pombal, en attendant que, quelques années plus tard, il applaudit à l'enlèvement qui fut ordonné du médaillon que le gouvernement d'alors trouva indigne de figurer au pied de la statue royale.

Mais la faveur populaire est d'humeur changeante ! Un misérable n'était-il pas venu à Lisbonne quelques jours avant l'inauguration de la statue, dans l'exécrable dessein d'attenter aux jours du ministre, en pratiquant une mine dans le fond de son carrosse !

Il faut reconnaître, à l'honneur du peuple portugais, que cet assassin était Génois; son projet fut découvert, et cet homme fut arrêté et mis à mort.

Sur ces entrefaites, l'horizon s'assombrit de nouveau avec l'Espagne, et le cabinet de Madrid fit partir une flotte nombreuse pour l'Amérique; puis, alors même que des nouvelles fâcheuses pour les armes portugaises dans ces contrées parvenaient à Lisbonne, la santé du roi Joseph donnait les plus vives inquiétudes : une attaque d'apoplexie, en lui ôtant l'usage de la parole, le mit dans la nécessité de déclarer la reine régente du royaume.

A partir de ce moment, le pouvoir de Pombal s'échappa de ses mains et l'heure de sa disgrâce avait sonné.

Quand le roi rendit le dernier soupir, le 23 février 1775, c'en était fait de la puissance du ministre, qui, après avoir touché au point culminant de la faveur et de la puissance, allait être calomnié, accusé, condamné, banni, en attendant que la postérité se chargeât de venger sa mémoire, en lui rendant pleine et entière justice.

Avant d'interroger les événements qui suivirent la mort du roi et d'examiner si Pombal ne se montra pas encore plus véritablement grand dans son exil qu'il le fut jamais pendant qu'il tenait le timon des affaires, il convient de jeter un coup d'œil sur l'ensemble de son œuvre et de le juger avec l'impartialité que le temps apporte dans les jugements des hommes.

Dès le début de son administration, il prohiba l'exportation du numéraire, il diminua le pouvoir de l'inquisition et réunit à la couronne nombre de domaines qui en avaient été indûment séparés. Il organisa l'armée, peupla les colonies, forma la compagnie des Indes et, non sans difficultés, parvint à assurer l'exécution du traité du Paraguay.

Ce fut alors qu'arriva le tremblement de terre de 1755. Quel courage, quelle activité, quelle énergie il déploya pendant cette désastreuse époque ! Que ne fit-il pas pour adoucir les malheurs publics !

A partir de ce moment sa puissance s'accrut, et à quoi l'employa-t-il ? à combattre non-seulement la noblesse, mais encore le peuple abusé qui s'était soulevé contre le monopole commercial du gouvernement, à lutter avec conviction et énergie contre les empiétements des jésuites, à découvrir et à punir ceux qui osèrent conspirer contre la vie du roi.

Il put, à la suite de ces événements et grâce à une indomptable persévérance, obtenir l'abolition complète de l'ordre des jésuites qui avaient continué leurs sourdes menées en Portugal ; il mit le pays à même de soutenir la guerre avec l'Espagne, il favorisa l'agriculture, améliora l'enseignement, donna au commerce tout le développement qu'il pouvait recevoir.

N'étaient-ce pas les titres les plus beaux à la reconnaissance publique ?

Certes, ils eussent dû suffire pour que Pombal continuât à jouir après la mort du roi de la confiance qu'il avait su mériter pendant le règne de Joseph, mais ce ne fut pas la reine qui l'en jugea indigne. Pombal, dans le cours de son long ministère, avait froissé bien des amours-propres, démasqué bien des rancunes, qui ne demandaient que la venue d'un moment favorable pour éclater. La mort du roi, protecteur constant de Pombal, ne pouvait fournir une occasion meilleure aux ennemis de l'honnête ministre pour tenter de le précipiter du haut de ce pouvoir dont l'éclat offusquait leurs yeux.

Ils ne furent que trop habiles à mettre à profit l'événement malheureux qui privait le Portugal de son roi bien-aimé.

Tandis que le peuple pleurait la perte du souverain qui, avec l'aide de Pombal, était parvenu à ressusciter pour ainsi dire le pays mortellement atteint par le fléau du tremblement de terre de 1755, les grands, jaloux, s'assemblaient pour conspirer dans l'ombre la perte de celui qui, secondant les vues de son roi, avait employé toutes les forces vives de son corps et de son âme à faire le bien, et qui n'avait jamais cessé de se montrer plein de patriotisme et de véritable zèle.

Mais laissons la parole aux faits qui se produisirent, et, après avoir considéré Pombal placé au faîte de la fortune et des honneurs, voyons-le disgracié et déchu du rang important qu'il occupait.

Certains hommes grandissent encore dans l'adversité : Pombal fut un de ceux là.

IX

Pombal ne s'illusionna pas après la mort du roi ; il comprit qu'il allait être sacrifié, et son premier soin fut d'offrir sa démission, ne voulant pas être un obstacle aux projets du gouvernement nouveau.

La reine Marie fut profondément touchée de cette marque de désintéressement, et nul doute que si elle n'eût écouté que sa propre inspiration, elle eût conservé auprès d'elle le ministre dont elle appréciait le mérite et les lumières ; mais la politique de ses conseillers eut le dessus, et la démission de Pombal fut acceptée. Toutefois cette retraite fut, en quelque sorte, un nouvel honneur pour lui. La reine douairière avait demandé à sa fille si elle se proposait de le conserver dans le ministère.

— Il faut bien le renvoyer, répondit la reine, puisque tout le monde le juge nécessaire.

Et satisfaction fut donnée à « tout le monde », mais la reine conserva à Pombal ses appointements de secrétaire d'État, et lui fit don de la commanderie de Saint-Jacques de Lamozho, de l'ordre du Christ, avec tous les revenus qui y étaient attachés ; le comte d'Oeyras, son fils, continua d'être président du conseil, et Pombal choisit lui-même le lieu de sa retraite ; il se retira dans sa terre de Pombal située à vingt-huit lieues de Lisbonne.

Il était alors âgé de 77 ans, mais il avait conservé à cet âge toute la vigueur et la santé de l'âge viril.

Dans un voyage que fit le duc du Châtelet à cette époque en Portugal, il eut le désir de visiter le marquis de Pombal dans sa retraite, et voici quelques passages empruntés à la relation qu'il fit de cette visite :

« M. de Pombal a apporté avec lui beaucoup de livres, il lit ou se fait lire continuellement ; ces livres sont tous français, il parle notre langue aussi facilement que nous-mêmes, il possède également bien l'allemand, l'anglais et l'italien. Il ne prononçait qu'avec attendrissement le nom de *son respectable maître.* « *Il m'honorait,* dit-il, *de sa confiance. Perdre son roi et son ami ! c'est une épreuve trop forte pour que je puisse y résister ; aussi, le soleil a-t-il perdu pour moi l'éclat de ses rayons ; non, rien ne peut me dédommager de la perte que j'ai faite.* » Et quelques larmes s'échappaient de ses yeux. Vainement je cherchai à détourner la conversation sur un autre objet ; il m'y ramenait sans cesse. « *Du moins je serai heureux ici,* poursuivit-il ; *vous voyez cette chaumière ? elle n'est pas à moi ; je la loue. Cet homme qu'on accuse de n'avoir songé qu'à lui ne s'est même pas bâti un réduit dans sa terre.* » Puis me montrant un grand bâtiment neuf : *C'est un magasin appartenant à la ville. Je l'ai fait construire pour y renfermer les grains dont il est rempli. Enfin, ainsi que Sully, je vivrai plus heureux dans ma retraite qu'au milieu des grands de la cour. On m'a permis d'apporter mes livres, il me reste peu de choses à désirer...* En sortant de chez le marquis, je trouvai à sa porte plus de deux cents personnes à qui on distribuait du pain et de la soupe. C'est ainsi qu'il s'est encore fait un grand nombre de partisans qui l'exaltent même dans sa disgrâce, et il m'a paru qu'il était chéri de tous les habitants du lieu. Enfin, après une promenade de deux heures, je retournai chez M. de Pombal que je trouvai au milieu de ses livres.

« Nous reprîmes la conversation. Il me demanda si j'avais vu la cérémonie du couronnement de la reine ; je devinai où il voulait en venir, je lui répondis que oui, et qu'elle m'avait paru s'être faite avec beaucoup de pompe et de majesté. Il voulut savoir si j'avais fait attention à toutes les peines inutiles que, dans cette occasion, ses ennemis s'étaient données pour le perdre ; il me demanda même quelques détails sur la manière dont le peuple s'était comporté. Je lui dis ce que j'en savais, et j'ajoutai que cette circonstance était un triomphe de plus pour lui, puisqu'elle prouvait l'impuissance de ses ennemis autant que leur animosité. Sur quoi il me dit avec une extrême vivacité qui lui sied fort bien : « on avance un paradoxe en se rendant l'interprète du peuple ; on lui fait dire qu'il me déteste, cela est impossible ; mes actions, ma conduite, tout m'assure du contraire. Le peuple portugais ne me peut haïr, et vous allez en sentir la raison. — Qu'est-ce que le Portugal aujourd'hui ? Ne l'ai-je pas mis dans le cas de n'avoir plus besoin de ses voisins ? N'ai-je pas établi partout les arts, les métiers, les maîtrises ? N'ai-je pas, en outre, fait rebâtir le tiers de la ville de Lisbonne ? N'ai-je pas établi de l'activité, répandu de l'aisance parmi les artisans ?... Non, avec tous les droits que je pense avoir à la reconnaissance de ce peuple, je le crois trop juste pour m'avoir voulu déchirer, et il ne l'a pas fait . . . .

. . . . »

Il disait vrai le duc du Châtelet ; l'ex-ministre était aimé non-seulement des habitants de Pombal, mais il avait laissé à Lisbonne des affections sincères et désintéressées.

Toutefois, le calme qu'il avait trouvé dans sa retraite ne devait pas durer.

Ce qui lui fut le plus sensible dans sa disgrâce fut de voir emprisonner ses meilleurs amis et remplacer tous ceux qu'il avait pourvus d'emplois en raison de leurs capacités et de leur dévouement; au contraire, tous les gens qui s'étaient ostensiblement déclarés sans cesse contre sa politique furent placés et comblés d'honneurs et de faveurs.

Une douleur plus grande lui était réservée.

Le roi Joseph avait voulu que le médaillon de Pombal figurât sur le piédestal de sa statue, les nouveaux favoris du pouvoir demandèrent avec instance qu'on enlevât ce médaillon dont la vue les offusquait; on eût dit qu'ils eussent voulu pouvoir effacer jusqu'au souvenir du nom de Pombal. Ils ne songeaient pas que le nom, biffé partout, se fût retrouvé sans cesse accolé aux grands actes et aux grands faits qui avaient illustré le glorieux règne de Joseph.

Quoi qu'il en fût, la reine dut donner satisfaction à ce qu'on s'était attaché à lui représenter comme le vœu de la majorité de la nation. Toutefois, cette auguste princesse ordonna, contrairement à ce que les ennemis de Pombal eussent désiré, que l'enlèvement de ce médaillon s'effectuerait la nuit, et qu'on y substituerait sans bruit les armes de Lisbonne.

Enhardis par ce succès, ceux-ci firent plus; ils ne se contentèrent pas de ces marques publiques de défaveur prodiguées à Pombal, ils songèrent à le perdre complétement et ne reculèrent pas devant la pensée d'un procès à lui intenter en abus d'autorité, mais pour cela il fallait que des griefs fussent articulés; il ne manqua pas de gens prêts à en produire.

La reine Marie, dont le caractère était plein de justice et d'équité, voyait avec peine la marche que suivait l'opinion publique; mais elle était animée du désir de donner une grande liberté à son peuple, et dans le louable dessein de laisser la lumière se faire au milieu du chaos de récriminations qu'on formulait sans cesse contre Pombal, elle donna à tous ses sujets la permission d'articuler par écrit les faits qu'ils pouvaient avoir à reprocher à Pombal, et à celui-ci le droit de les réfuter.

Malheureusement, comme cela était facile à prévoir, la passion dirigea les attaques : un mémoire publié en faveur d'une personne qui avait été exilée par ordre du ministre, Galbardo de Mendanha, contint des attaques tellement offensantes pour Pombal, que celui-ci crut devoir répondre par la publication d'un autre mémoire dont il eut le tort de confier la rédaction à un avocat trop zélé. Celui-ci, à l'exemple de son confrère, l'avocat de Galbardo Mendanha, se servit d'expressions blessantes, critiqua vivement les actes des nouveaux ministres, et fit tant que la reine, mécontente de la publication de ces deux mémoires diffamatoires, les supprima et ordonna qu'ils seraient brûlés, d'après l'avis du conseil, qui condamna à la prison les deux avocats signataires.

Toute cette affaire tourna contre Pombal. Il fut décidé qu'on lui ferait subir un interrogatoire juridique pour éclaircir certains faits qu'il avait avancés dans son ouvrage.

Ce fut le commencement des persécutions dirigées contre lui par ses ennemis ; cet interrogatoire, qui se fit dans les derniers jours du mois de septembre, dura jusqu'au milieu de novembre, et pendant tout ce temps le marquis de Pombal dut, comme un criminel d'État, répondre à toutes les questions qui lui furent adressées touchant les divers actes de son ministère. Chacun d'eux fut incriminé, et des explications minutieuses lui étaient demandées sur les faits les plus insignifiants. On sentait que les gens intéressés à perdre Pombal ne sachant exactement sur quel point pouvait se baser une accusation, et bien décidés cependant à la formuler, faisaient tous leurs efforts pour rencontrer un coupable quand même.

Cependant, au mois de février suivant, les juges commis à ce fameux interrogatoire furent rappelés, et nulle décision n'intervint, mais alors les ennemis du ministre disgracié s'y prirent d'une autre façon.

On remit sur le tapis le procès du duc d'Aveiro, et la reine.

obsédée par d'incessantes sollicitations, signa, le 15 octobre
1780, un édit de révision de ce procès, déclarant qu'il serait
examiné par des juges choisis dans les premiers tribunaux du
royaume.

Le moment était trop favorable pour que les jésuites n'en
profitassent pas. La révision du procès d'Aveiro admise, ils en
conclurent qu'il leur serait facile d'obtenir qu'on revisât aussi
les causes qui avaient, disaient-ils, servi de prétexte à leur exil;
et en conséquence ils s'adressèrent au roi don Pedro pour
obtenir de son auguste compagne qu'ils fussent jugés. Le prince
remit à la reine un mémoire que dressa le P. Oliveira, qui
contenait treize articles, et concluait en suppliant Sa Majesté de
faire interroger le marquis de Pombal.

Toutes ces protestations qui s'élevaient contre les actes émanant de l'ex-ministre laissaient clairement deviner qu'elles abou-
tiraient au but que poursuivaient ceux qui ne se contentaient
pas de voir Pombal disgracié et qui espéraient bien le voir
accusé du crime d'avoir trahi son roi et son pays.

On a peine à le comprendre, cette espérance se réalisa le
3 avril 1781. Les juges nommés pour reviser le procès d'Aveiro
innocentèrent tous ceux qui avaient été condamnés, et aussitôt
il fut question de juger à son tour « l'injuste et barbare oppres-
seur de tant d'infortunés. »

Un procès, intenté dans de semblables conditions, était jugé
à l'avance; tous les juges furent d'avis que Pombal était « criminel et digne d'un châtiment exemplaire. »

Devant une semblable déclaration, et quel que fût le sentiment
particulier de la reine à cet égard, elle dut s'incliner devant la
justice. Seulement, usant de la prérogative royale, elle refusa
de prononcer contre Pombal aucune peine afflictive, et se borna
à lui enjoindre de se tenir éloigné de la cour, au moins à la
distance de vingt lieues.

En agissant de la sorte, la reine ne fit que montrer son respect pour les lois, et l'on doit louer cette princesse d'avoir, tout en subissant la pression qu'exerçaient sur sa volonté les ennemis de Pombal, soustrait le noble vieillard à la condamnation qu'ils espéraient, et qui eût été une tache ineffaçable pour la mémoire de ceux qui l'eussent prononcée.

Néanmoins, cet exil contre la dureté duquel le marquis ne se révolta point, habitué qu'il était à se conformer aux lois et à obéir aux ordres de son roi, cet exil le frappa cruellement ; Pombal avait alors 82 ans, et après avoir servi son pays avec zèle et fidélité pendant vingt-cinq années, comme premier ministre, il avait quelque droit d'espérer une autre récompense. Toutefois il accepta cette douloureuse épreuve avec résignation, et dix mois plus tard, le 5 mai 1782, il s'endormit dans la paix éternelle, sans avoir fait entendre une parole amère contre ceux qui, en l'éloignant de la Cour, avaient semblé redouter qu'il ne mît à découvert leur incapacité et leur ineptie.

Pombal, en paix avec sa conscience, affronta la mort comme il avait affronté la colère de ses ennemis, avec une tranquillité philosophique qu'il puisait dans la certitude d'avoir fait son devoir, et d'avoir vécu en honnête homme. Frappé par un arrêt injuste, il ne récrimina pas ; il se disait qu'il n'était pas coupable et cela lui suffisait ; d'ailleurs, le peuple portugais savait bien qu'il n'avait commis d'autre crime que celui de le défendre et de le protéger, et dans le lieu même où il fut exilé, quand on le voyait calme et simple, on ne le désignait que sous le nom du *grand marquis*, et ce nom de Grand, que lui conserva la postérité, fut la plus éclatante révision que subit, à son tour, le procès de Pombal devant l'opinion publique.

Pombal mort, les haines aveugles qui l'avaient poursuivi sans trève ne s'éteignirent pas : on le persécuta jusque dans le tombeau ; et, dans la crainte que sa gloire ne lui survécût, on alla jusqu'à proscrire une épitaphe qui devait être placée sur sa tombe, comme si le nom du grand marquis de Pombal n'en

disait pas plus que l'inscription latine qu'on lui avait consacrée,
et dont voici la traduction :

> Après avoir rebâti Lisbonne,
> Ranimé le commerce,
> Créé les manufactures,
> Fait refleurir les lettres,
> Affermi l'empire des lois,
> Mis un frein au vice,
> Récompensé la vertu,
> Démasqué l'hypocrisie,
> Réprimé le fanatisme,
> Rétabli l'ordre dans les finances,
> Fait respecter l'autorité souveraine;
> Comblé de gloire,
> Couvert de lauriers,
> Opprimé par la calomnie,
> Loué par les nations étrangères,
> Diffamé par la sienne,
> Égal à Richelieu par la hauteur de ses desseins,
> Semblable à Sully dans sa vie et sa destinée,
> Grand dans la prospérité,
> Sublime dans la disgrâce,
> Laissant une ample matière
> Aux éloges et à l'étonnement des siècles futurs,
> Comme philosophe, comme héros, comme chrétien,
> Il est passé à l'éternité,
> La 83e année de sa vie,
> Et la 27e de son ministère,
> Le 5 de mai 1782 :
> Que la terre lui soit légère !

La vérité ne pouvait manquer de se faire jour.

Pombal mort, on commença à examiner ses actes avec plus
d'impartialité, et quelques esprits honnêtes exprimèrent hautement ce que bon nombre de gens pensaient tout bas, à savoir
que Pombal avait été la victime de la haine implacable que lui

avaient portée les jésuites, et tous ceux dont il avait empêché les mauvais desseins, ou dont il avait excité l'envie et la basse jalousie.

Bientôt l'opinion publique fit justice des prétendus griefs que les successeurs de Pombal avaient intentés contre son administration, et le premier acte qui commença la réhabilitation de la mémoire du ministre émana du trône : la reine Marie voulut que son fils, le comte d'Oeyras, portât le titre de marquis de Pombal et fût en possession des commanderies et des revenus dont jouissait son père. Elle voulut que le nom de Pombal fût et restât honoré comme il devait l'être.

Cette justice rendue au ministre intègre devait être suivie, cinquante années plus tard, d'un grand acte de réparation : un décret royal du 10 octobre 1833 ordonna que le médaillon qui avait décoré le piédestal de la statue équestre de Joseph Ier y serait solennellement replacé.

Mais il y avait un dernier devoir qui restait à remplir ; les cendres du grand marquis reposaient dans la petite chapelle de la terre de Pombal : sur l'initiative du roi, don Pedro V, il fut décidé que ces cendres seraient ramenées à Lisbonne.

En 1856, le marquis de Pombal actuel transporta de la ville de Pombal à Lisbonne les restes mortels de son bisaïeul le grand marquis. On lui fit dans la ville de Pombal des obsèques solennelles, et l'on prononça son oraison funèbre en présence de l'évêque de Coïmbre, comte d'Arganil, aujourd'hui patriarche de Lisbonne, des autorités, de personnages de distinction de tout le district, et d'une grande commission représentant l'université de Coïmbre, avec son recteur en tête, et plusieurs professeurs au nom de chaque faculté. Le lendemain, le cortége quitta Pombal pour Lisbonne, accompagné tout le long de la route par toutes les autorités des districts par où il passait. En entrant à Leiria, à Alcobaça et à Caldas da Rainha, on fit à la mémoire du ministre du roi D. Joseph l'ovation la plus grande et la plus spontanée, car il n'y avait là rien d'officiel. Toute la population, clergé, noblesse, peuple, se porta à l'entrée de ces villes à la rencontre du cortége avec des corps de musique, ce qui rendait ainsi l'acte encore plus solennel. Le marquis de Pombal, accompagné de son beau-frère D. Antoine-Manuel de Vilhena, de la maison des comtes d'Alpédrinha, et du représentant de la maison de Redinha, alla en personne à Pombal pour assister à toutes ces cérémonies. Le 16 juin 1856, le cortége arriva aux portes de Lisbonne, où l'attendaient un grand nombre de personnes dans le couvent des religieuses d'Arroios où l'on déposa, pendant la nuit, les restes mortels. Le 17, vers le soir, le cortége repartit, accompagné de la famille de Pombal, d'une grande partie de la Cour, du ministère, des autorités et de la chambre municipale de Lisbonne. Le marquis actuel remit, par courtoisie, les clefs du cercueil au président de ladite chambre, qui lui avait demandé de se joindre à lui pour aller à l'église de Santo-Antonio da Sé, à l'effet d'assister à l'office divin, en souvenir de tout ce que la ville de Lisbonne devait à la mémoire du grand marquis. On monta dans les voitures de la maison royale, accompagné de toutes les troupes qui se trouvaient à Lisbonne, ayant à leur tête le maréchal d'armée, duc de Saldanha, petit-fils de Pombal (1). Devant cette fameuse église de Santo-Antonio se trouvait, attendant le cortége, le vertueux roi de Portugal, D. Pedro V. Le roi assista à l'office, que la chambre avait ordonné, et de là on alla de la même manière à la chapelle das Mercés où se trouve l'antique tombeau de la famille Pombal. Là, le président de la chambre municipale de Lisbonne remit au marquis de Pombal

____

(1) C'est cet illustre guerrier, l'une des gloires contemporaines du Portugal, qui, après avoir été ambassadeur à Londres et à Rome, représente aujourd'hui Sa Majesté Très-Fidèle auprès de l'Empereur des Français, comme successeur du comte d'Avila.

la clef du cercueil, et il fut célébré un solennel service funèbre commémoratif, auquel assistèrent le cardinal patriarche, divers évêques qui se trouvaient à Lisbonne, le ministère, une partie de la Cour, les divers tribunaux, les autorités de Lisbonne, sans oublier un grand nombre de membres des deux chambres du Parlement, et une partie du Corps diplomatique.

Le lendemain, le marquis actuel de Pombal alla au palais baiser la main de Sa Majesté Très-Fidèle, pour la remercier de l'honneur qu'elle avait fait à la mémoire du premier marquis de Pombal, en honorant de sa présence le service célébré à Santo-Antonio da Sé. Ce fut alors que le roi daigna lui adresser les paroles suivantes : « *Le marquis a fait son devoir en transportant les restes de son aïeul, et moi j'ai fait le mien en allant à Santo-Antonio da Sé à l'occasion de leur arrivée, car on ne peut pas en douter, le premier marquis de Pombal fut un des hommes qui ont rendu au pays les services les plus éclatants.* »

Ces mémorables paroles honorent le souverain qui les prononça, et ce fut la plus belle réhabilitation qui pût être faite à Pombal.

Néanmoins, il reste encore quelque chose à faire, et il serait à désirer que le grand roi, le sage monarque qui règne aujourd'hui sur le Portugal, et dont chaque acte gouvernemental a pour objet la grandeur du pays, permît qu'un monument, ou tout au moins une statue de Pombal, décorât l'une des places publiques de Lisbonne.

La France a un Panthéon pour ses grands hommes. Il appartient au roi qui a déjà acquitté une dette de reconnaissance nationale, en plaçant sous son auguste protectorat la souscription publique, qui a été ouverte dans tout le royaume, pour élever un monument à l'illustre poëte Luiz de Camoëns, il appartient, disons-nous, au glorieux souverain qui a déjà tant fait pour rendre au Portugal sa splendeur première et le rang qu'il doit occuper parmi les nations européennes, de témoigner publiquement, par l'érection d'un monument quelconque élevé à l'honneur de Pombal, de l'estime qu'il ne peut manquer d'avoir pour la mémoire de celui qui fut le conseiller et l'ami du roi Joseph Ier, son digne aïeul.

Tel est le portrait historique que retrace du marquis de Pombal M. le baron Édouard de Septenville, et, comme il faut « rendre à César ce qui lui appartient », je rends justice à l'écrivain biographe; c'est à lui, surtout, que je dois, sans trop de recherches dans les bibliothèques, d'avoir pu bien connaître, enfin, et d'avoir fait connaître, dans tous ses détails, l'un de ces hommes inconnus longtemps des nations étrangères, et qui, pourtant, peuvent servir d'exemple, dans les temps les plus reculés, d'une noble émulation. Le marquis de Pombal était mû par un sentiment qu'on peut appeler *une idée fixe* : Embellir par des monuments impérissables la capitale de son pays, et par là servir d'exemple aux autres villes du royaume, n'est-ce pas bien mériter de la patrie? Coïmbre et autres cités du Portugal, en imitant ce mouvement, devaient bientôt faire ce que Lyon et Marseille firent, dès que la transformation de Paris s'est accomplie sous l'administration du baron Haussmann.

Ces détails, on le sait déjà, furent pris aux meilleures sources.

Voici comment s'exprime l'auteur de l'*Etude historique sur le marquis de Pombal*, quand il entreprend cette tâche, ardue pour la plume d'un écrivain étranger :

Nous considérons comme un devoir impérieux, avant d'entrer en matière, l'obligation de témoigner ici nos vifs remercîments aux Portugais qui nous ont aidé de leur précieux concours, en nous envoyant des notes et des indications que nous ne pouvions nous procurer en France.

Nous devons dire que nous avons trouvé le plus grand empressement à nous être utile chez les personnes qui, par leur haute position ou la nature de leurs fonctions, pouvaient nous fournir les moyens de nous entourer de documents précis.

Au nombre de celles-là, nous placerons en première ligne S. Exc. M. le comte d'Avila, le protecteur des lettres en Portugal, M. le marquis de Souza-Holstein, dont le savoir égale la courtoisie, M. Joaquim Pedro de Souza, un savant modeste, et quelques autres dont nous garderons le meilleur souvenir, et nous adressons à tous l'expression de notre gratitude.

Qu'il me soit permis, à mon tour, d'adresser mes sincères remercîments, non-seulement à l'auteur auquel j'ai fait de si larges emprunts, mais à ceux auxquels il fut obligé lui-même d'emprunter.

Dans le nombre de ces prêteurs, aussi riches que désintéressés, je retrouve, avec plaisir, Son Exc. M. le comte d'Avila, si justement appelé le protecteur des lettres en Portugal, que je m'honore de compter parmi mes amis, et dont j'ai eu l'avantage d'être le collaborateur dans cette vaste organisation d'un Crédit foncier en Portugal, institution jusqu'alors inconnue dans ce beau pays, et qui est appelée à de hautes destinées économiques, sociales et financières, sous l'impulsion d'un gouverneur aussi distingué comme organisateur que comme administrateur suprême (1).

L'étude historique de M. le baron de Septenville sur le marquis de Pombal se termine par une généalogie de sa maison.

Je ne puis suivre, dans cette voie, mon savant devancier, pour deux motifs :

Le premier, c'est que cela n'ajouterait rien à ce que je veux

---

(1) En écrivant l'histoire du Crédit foncier portugais, en 1865, je n'ai pas besoin de dire que je fus aidé, pour certains détails, par son illustre gouverneur, et qu'encore aujourd'hui nous correspondons ensemble pour le développement de l'institution.

prouver dans ce parallèle entre deux hauts fonctionnaires, qui offrent tant de points de ressemblance, bien que chacun d'eux fasse suivant son siècle, à sa manière, et selon les nécessités de la politique et des mœurs publiques de son époque.

Le deuxième motif, c'est qu'en France, pays démocratique, cette généalogie importe peu à mes lecteurs.

A Dieu ne plaise, toutefois, que j'entende blâmer ce qu'un souverain accorde à un sujet, sorti d'une classe obscure, comme récompense de grandes actions !

Je m'incline respectueusement devant le beau nom de duc de Montmorency, non pas parce que son titulaire est de la plus ancienne noblesse de France, mais parce que ce nom a été ajouté à celui du fondateur de cette noble famille « Bouchard » qui, dès l'an 955, sait, par ses exploits chevaleresques, gagner, au service de la France, le titre de premier baron de France, à côté de celui de premier baron chrétien.

Napoléon Ier n'a-t-il pas fait la chose la plus logique du monde en conservant l'antique noblesse de France, et en créant cette noblesse de l'Empire, le prix du sang versé sur les champs de bataille.

A tout prendre, quelle différence établir entre un Montmorency, descendant de Bouchard, et l'héritier d'un des maréchaux de l'Empire? noblesse d'épée, qui est la plus belle à mes yeux.

Cependant, j'admets que les services civils méritent la faveur des souverains.

De telles récompenses honorent, à la fois, celui qui les dispense comme celui qui les reçoit.

Un poëte français, M. Bayard, auteur dramatique, neveu et collaborateur d'Eugène Scribe, faisait dire à un personnage d'une de ses comédies, à Casimir, l'ex-roi de Pologne, retiré à Saint-Germain-en-Laye, après son abdication (1667):

Heureux le roi qui donne la grandeur
Au vrai mérite, au courage, à l'honneur;
Au cœur de ses sujets, il fait chérir sa gloire.
Quand le temps aura fui,
Quand jugera l'histoire,
Les choix qu'il a su faire, escortant sa mémoire,
Iront plaider pour lui.

Simple bourgeois, humble jurisconsulte, j'applaudis quand l'Empereur donne à un serviteur du pays un titre qui doit rappeler de glorieux services rendus à la France, parce que j'aime mon pays avant celui qui le sert si bien.

DEUXIÈME PARTIE.

———

I

PARIS

Quien non a vista Sevilla,
Non a vista marivilla !
(Poésie andalouse.)

Nous possédons dans Paris de quoi acheter des royaumes, nous voyons tous les jours ce qui manque à notre ville, et nous nous contentons de murmurer. On peut, en moins de dix ans, faire de Paris la merveille du monde ! . . Il est temps que ceux qui sont à la tête de la plus opulente capitale de l'Europe la rendent la plus commode et la plus magnifique. — Fasse le ciel qu'il se trouve quelque homme assez zélé pour embrasser de tels projets, d'une âme assez ferme pour les suivre, d'un esprit assez élevé pour les rédiger, et qu'il soit assez accrédité pour les faire réussir !

VOLTAIRE (1749).

———

Que mes lecteurs se rassurent, je ne veux donner ici qu'un Paris à vol d'oiseau !

Trop d'écrivains de mérite ont déjà retracé l'histoire de la vieille Lutèce. . . . . .

Je ne voudrais pas faire mentir le mot d'Horace : *Bis repetita placent*, ou celui-ci : *Hæc decies repetita placebit;* ce que, pour vous, Mesdames les lectrices, on a traduit :

Dix fois reprise cette pièce plaira.

Notre poëte par excellence, Boileau, reproduisant l'*Art poétique* d'Horace, a dit aussi :

> Voulez-vous sur la scène étaler des ouvrages
> Où tout Paris en foule apporte ses suffrages,
> Et qui, toujours plus beaux, plus ils sont regardés,
> Soient au bout de vingt ans encor redemandés.

Non, sans doute, on ne peut exiger de ma faible plume une notice historique qu'on peut trouver, d'ailleurs, dans le *Dictionnaire universel d'histoire et de géographie* de feu Bouillet, ouvrage qui se trouve dans les plus modestes bibliothèques, non des savants, mais des gens du monde ; au besoin, je renvoie à cet auteur, au mot Paris. — C'est le cas de dire : Qu'on se le lise ! . . . .

Je chercherai donc à économiser, pour les limites que m'impose cet écrit, un luxe de citations qui deviendrait inutile, et, tranchons le mot, peut-être fastidieux ! . . . .

Mais, au point de vue physique et monumental, je ne puis, pour mieux faire ressortir la grande physionomie de M. le baron Haussmann, que citer Dulaure, l'auteur d'une *Histoire civile, physique et morale de Paris*, ouvrage aimé, qui peint bien ce qu'était Paris au premier quart du dix-neuvième siècle, et tout ce que nos édiles ont fait de l'antique Lutèce, depuis son origine jusqu'à l'époque où un roi bâtisseur entreprend, sous le préfectorat de M. de Rambuteau, de continuer l'œuvre de Napoléon Ier.

C'est ainsi qu'on peut chercher à rattacher la chaîne des temps ; il était donné à l'Empereur Napoléon III, se rappelant que souveraineté oblige, de reprendre l'œuvre grandiose du chef de sa dynastie, délaissée un moment sous la Restauration, ranimée après la révolution de 1830 (1).

---

(1) Je supplie mes lecteurs de ne voir dans cette manière de juger les embellissements de Paris aucun esprit de parti ; je respecte toutes les opinions poli-

Ceci posé, voyez quelle ressemblance entre mes deux héros du Parallèle : Pombal et Haussmann !

Ce qu'on reproche le plus à la nation portugaise, surtout en parcourant les rues de Lisbonne, c'est un coupable abandon des constructions nouvelles, dès qu'elles sont commencées, comme l'arc de triomphe de la rue Auguste, par exemple ; tandis que Pombal relève, avec une baguette de fée, la ville engloutie dans un affreux cataclysme, sous ses propres décombres encore fumantes.

La fable grecque d'Amphion, bâtissant la ville de Thèbes avec la lyre d'Apollon, n'est qu'une ingénieuse allégorie des poëtes mythologiques :

Sous le règne d'Amphion et de son frère Zéthus, les arts fleurirent à Thèbes ; aux doux accents de la lyre d'or les pierres, sensibles à cette harmonie sacrée, accouraient d'elles-mêmes, et se plaçaient les unes sur les autres (1) !

L'histoire explique cette fable en nous apprenant qu'Amphion le premier entoura de murs la ville de Thèbes. Ce qui prouve que le culte des anciens pour leurs architectes remontait aux temps les plus reculés ; nous sommes loin de ces siècles passés !

Ainsi, un roi de Portugal a le bonheur de trouver un ministre qui, vainqueur de l'inertie et de l'indifférence d'une nation, refait avec une rapidité prodigieuse, digne d'une volonté ferme, ce que tant de siècles avaient élevé, ce que quelques minutes d'un tremblement de terre avaient suffi pour détruire, usant, dit le poëte :

> Du droit qu'un esprit ferme et vaste en ses desseins
> A sur l'esprit grossier des vulgaires humains.

L'interruption d'un travail commencé est pire encore que

---

tiques, comme toutes les croyances religieuses ; mais mon enfance a été affligée de voir l'horrible carapace de la fontaine de l'éléphant, à la Bastille, et l'échafaudage de l'arc de l'Étoile.

(1) M. P. Larousse, *Flore latine des dames et des gens du monde.*

de ne rien entreprendre : *Pendent opera interrupta* (les travaux commencés s'arrêtent), c'est par ce vers que Virgile (*Énéide*, livre IV, v. 88) nous peint la stagnation qui a succédé dans Carthage naissante à la première activité des Tyriens, depuis que Didon, tout entière à sa passion pour Énée, ne songe plus à ses devoirs de reine.

« Les grands édifices comme les grandes montagnes sont l'ouvrage des siècles. Souvent l'art se transforme, qu'ils pendent encore . . . . ; ils se continuent paisiblement selon l'art transformé. » (Victor Hugo, *Notre-Dame de Paris*.)

« Dans l'absence d'une foi religieuse, nous ne vivons pas, nous nous arrêtons : au lieu de s'achever, les grands travaux si bien commencés par nos pères restent interrompus. » (Gatien-Arnoult, *Doctrine philosophique*) (1).

L'Empereur Napoléon III, jaloux de faire revivre la gloire de sa famille, a eu le même bonheur que le roi Joseph Ier ; il trouve, dans le baron Haussmann, un autre marquis de Pombal, pour léguer leurs deux noms à l'histoire du pays. Oui, un jour viendra où les arrière-neveux du préfet de la Seine pourront ajouter au modeste blason de leur ancêtre (les armes de la ville de Paris) cette devise si souvent invoquée :

Labor improbus omnia vincit (un travail opiniâtre vient à bout de tout). Virgile, *Géorgiques*, liv. Ier.

Bientôt le fer retentit sur l'enclume, la lime aiguisa les dents de la scie mordante ; pour fendre le bois, les premiers hommes ne se servaient que de coins. Vinrent ensuite tous les arts ; un travail opiniâtre triompha de toutes les difficultés, et la nécessité enfanta l'industrie (2).

Voyons donc ce qu'était Paris avant le règne de Napoléon III ; ce qu'il est aujourd'hui, en 1869 ; ce qu'il promet de devenir pour les siècles futurs ! . . . .

---

(1) M. P. Larousse, *Flore latine des dames et des gens du monde.*
(2) M. P. Larousse. V. *suprà.*

Quels que soient l'esprit dénigrant et l'opposition systématique du peuple français, grâce à Dieu ! nos ministres et nos préfets, méconnus, ne vont plus mourir dans l'exil et la misère ; de nos jours un Marius n'irait plus sur les ruines de Carthage, pleurer la ville splendide, témoin de son bannissement !

Toutefois la disgrâce, n'est-ce pas l'ostracisme ?

L'histoire moderne a déjà enregistré les grandes et belles choses dues, par la ville-modèle, à un esprit vaste et initiateur. La postérité jugera ces travaux.

L'histoire posthume dira l'injustice des sombres détracteurs, le courage de ceux qui ont défendu le génie.

Dans ce dualisme, si j'ai pris parti pour un homme injustement attaqué, ce n'est pas parce que j'aimais cet homme plus qu'un autre de mes concitoyens, c'est parce que j'aime mon pays avant tout, et que, né à Paris, dans le commencement du siècle, j'ai vu grandir avec joie ma ville natale, et que je me reporte avec orgueil à ce qu'elle sera après ma mort.

C'est, au moins, la seule consolation de mon obscurité, que je partage avec tant d'autres Parisiens ! Notez, Mesdames, que je ne parle pas des Parisiennes.

La monographie de Paris, d'après Dulaure (1), compte, de son origine au règne de Napoléon III, dix-neuf grandes périodes :

I. — Origine de la nation parisienne.

II. — Paris sous la domination romaine.

III. — Paris sous la première race des rois de France.

IV. — Paris sous la seconde race.

V. — Paris depuis Hugues-Capet jusqu'à Philippe-Auguste.

VI. — Paris depuis le règne de Louis VII jusqu'à celui de Louis IX.

VII. — Paris depuis Louis VIII jusqu'à Philippe IV, dit le Bel.

VIII. — Paris depuis le règne de Philippe III jusqu'à celui de Charles V.

IX. — Paris depuis le règne du roi Jean jusqu'à celui de François Ier.

(1) *Histoire physique, civile et morale de Paris, depuis les premiers temps historiques*, par Dulaure, annotée et continuée jusqu'à nos jours par C. Leynadier, 1856.

X. — Paris depuis le règne de Louis XII jusqu'au gouvernement de la Ligue.

XI. — Paris depuis l'origine de la Ligue jusqu'au règne de Louis XIII.

XII. — Paris sous Louis XIII.

XIII. — Paris sous Louis XIV.

XIV. — Paris sous Louis XV.

XV. — Paris sous Louis XVI.

XVI. — Paris sous la Convention.

XVII. — Paris sous le Directoire et le Consulat.

XVIII. — Paris sous Napoléon Bonaparte.

XIX. — Paris sous la Restauration.

Ces diverses périodes, qui embrassent mille neuf cent vingt-trois ans, sont augmentées, par l'historien continuateur, de trois autres périodes :

XX. — Paris sous Louis-Philippe Ier.

XXI. — Paris sous la seconde République.

XXII. — Paris sous Napoléon III (1).

C'est dans ce long parcours historique que nous assistons, de siècle en siècle, d'époque en époque, à toutes les transformations de cette immense capitale, l'objet de la curiosité humaine dans le monde entier.

Beaucoup d'écrivains, les Italiens entre autres, prenant pour point de mire une de leurs plus belles cités, disent :

— Voir Naples et mourir !

Combien d'individus ont répété, en gémissant :

— Mourir sans voir Paris !

Nous n'entreprendrons point la description archéologique des monuments anciens ou modernes qui font de Paris la véritable ville éternelle.

C'est au point de vue de l'édilité qu'il faut d'abord jeter un

____

(1) Ces vingt-deux époques du tableau de Paris se subdivisent à l'infini, et il ne faut pas s'étonner de ce qu'il a fallu huit gros volumes grand in-8° pour écrire cette longue histoire de la grande cité.

regard rétrospectif sur les siècles écoulés avant la transformation due à M. le baron Haussmann et ses prédécesseurs.
Le préfet de la Seine n'a pas seulement inventé, il a surtout
perfectionné !

Je cite, à ce propos, une autorité littéraire :

« S'il est dans l'histoire de Paris un curieux spectacle, c'est
celui des péripéties de son administration municipale, qui a
joué le rôle le plus important dans les accroissements suc-
cessifs de cette capitale du monde civilisé ; aussi nous ne saurions mieux clore la continuation de celle-ci que par l'intéressant
tableau historique des phases et des progrès de cette administration depuis les temps les plus reculés jusqu'à nos jours (1). »

La vie municipale a presque toujours précédé la vie politique, elle a été une extension de la famille, une sorte de patrie
de la nature et du lieu ; et l'un des premiers besoins des hommes
réunis en société a été de participer à une administration qui
exerce une influence directe sur leur situation et sur le bien de
leurs familles. Les villes de la Grèce se gouvernaient elles-
mêmes, et, selon le mot de Démosthènes, étaient leurs propres
législateurs. Dès l'origine de sa fondation, Rome introduisit
ce système ; elle maintint chez les peuples qu'elle adjoignit
successivement à son empire cette forme d'administration qui
lui donnait un moyen simple, facile, d'exercer son autorité, de
n'avoir affaire qu'aux hommes les plus influents, les plus riches
des cités. . . .

A l'exception d'un petit nombre, les villes des Gaules conquises par les Romains étaient connues sous le nom de préfec-
tures et gouvernées par un préfet. . . . Plus tard, on leur
adjoignit une magistrature protectrice, sous le nom de défenseurs de la cité. Ces défenseurs, pris parmi les citoyens les

---

(1) Camille Leynadier. *Tableau historique de l'administration de la ville
de Paris depuis la domination romaine jusqu'en 1853*, par continuation de
l'ouvrage de Dulaure précité.

plus distingués, étaient nommés par le peuple ; leur administration durait cinq ans ; on ne pouvait refuser cette charge. . .
Ils avaient auprès d'eux des curions qui représentaient la municipalité (1).

Donc, à cette époque, le système électif était inventé.

Ces magistrats étaient plutôt des participants aux charges que des participants aux droits ; les mots *munera capientes* ou *muneris participantes*, d'où est venu le mot *municipium*, désignèrent ces édiles.

A côté du gouvernement municipal ainsi constitué, était l'autorité émanée directement du trône, qui avait une action soit supérieure, soit au moins parallèle à l'intervention de la communauté. . . . .

En 665, Ercembald ayant pris le titre de comte de Paris, souvent confondu avec celui de préfet, les scabins, dont se forma le nom d'échevins, succédèrent aux défenseurs.

En 1032, Eudes, dernier comte de Paris, étant mort sans enfants, cette charge et celle de vicomte qui, pendant quelque temps, lui avait succédé, furent réunies l'une et l'autre à la couronne. Le magistrat qui fut pourvu par le roi pour rendre la justice et maintenir l'ordre prit le titre de prévôt de Paris (*quasi a rege præpositus*), et réunit tous les droits et prérogatives des vicomtes. Un syndic ou juré des marchandises, nommé par les communautés, et qui représentait les intérêts des industriels, prit, peu de temps après, le titre de prévôt des marchands. Jusqu'au treizième siècle, ces deux autorités se soutinrent parallèlement. . . . . (2).

Cette forme administrative se maintint jusque sous Philippe-Auguste. . . . .

Avec l'action municipale se développa aussi la justice admi-

(1) Camille Leynadier. V. *suprà*.
(2) Suite de l'*Histoire de Paris*, de Dulaure, par Camille Leynadier.

nistrative et urbaine. Mais, sous la minorité de saint Louis, les besoins de l'État ayant forcé les conseils du roi à recourir à toutes sortes de moyens pour faire face aux dépenses publiques, la prévôté de Paris fut comprise dans les fermes du roi et adjugée au plus offrant (1).

Cet état de choses dura jusqu'au jour où le roi appela à la prévôté de Paris Étienne Boileau ; on peut bien, sans rien exagérer, appeler ce magistrat le premier préfet de la ville de Paris (2).

Ce fut le temps le plus brillant de la municipalité parisienne ; toute une population d'états, de costumes et de mœurs différents, reconnaissait les règlements de l'hôtel de ville et la hiérarchie des quarteniers, dizeniers, cinquanteniers, composant avec les échevins, les conseils et le prévôt des marchands, l'autorité municipale, autorité élective qui, par les grandes agglomérations de corps et de métiers, sortes de petites républiques fédératives, ayant leurs chefs, leurs statuts, pouvait mettre sur pied, dans ce qu'on appelait la montre (revue), 20,000 cavaliers et 8,000 archers armés.

Il fallait un palais à cette autorité importante. En 1359, Étienne Marcel, le plus illustre et le plus calomnié des prévôts des marchands de Paris, fit l'acquisition d'une maison sur la place sablonneuse de la Grève et fonda l'hôtel de ville actuel (3).

Le résultat pour Paris de l'avénement de Marcel fut que,

----

(1) Camille Leynadier. V. *suprà*.

(2) Boyleau (Étienne), prévôt de Paris sous Louis XI, né à Angers, mort vers 1269. On lui doit l'établissement de la police de Paris. Il modéra et fixa les impôts qui, sous les prévôts-fermiers, se levaient arbitrairement sur le commerce et les marchandises ; rangea les artisans et les commerçants en différents corps et communautés sous le titre de confréries ; leur donna des statuts et des règlements, connus sous le nom de *Livre des métiers* (imprimé pour la première fois par Depping, 1 vol. in-4°, Paris). Sa statue est une de celles qui décorent la façade de l'hôtel de ville. — *Dictionnaire* de Bouillet.

(3) Camille Leynadier. — Ainsi, à cinq cents ans de distance, un prévôt des marchands a le même sort qu'un préfet de la Seine : *Nihil sub sole novi.*

pendant sa prévôté, l'autorité de l'hôtel de ville, qui n'avait été jusque-là que municipale, devint politique, et n'a jamais cessé de l'être.

En 1365, à la suite d'une épouvantable réaction (nous apprend le savant continuateur de Dulaure), la ville perdit toutes ses libertés municipales. . . . Le roi prit en main la prévôté des marchands, l'échevinage, le greffe, toute la juridiction, les rentes et les deniers communs de l'hôtel de ville. Il abolit aussi toutes les maîtrises et les communautés de métiers. Il abolit de même les dizeniers, cinquanteniers et quarteniers, enfin tous les ordres que des siècles avaient créés, et que d'autres avaient confirmés.

Peu d'années suffirent pour faire sentir au gouvernement l'insuffisance de la nouvelle administration de la ville de Paris. Les revenus de la ville, au lieu d'être employés en travaux utiles, étaient livrés au pillage des nobles exacteurs qui s'en étaient emparés et qui s'en servaient pour alimenter leur luxe et leurs débauches. Les portes, les ponts, les fontaines, les égouts, les fossés, où l'on resta vingt ans sans faire de réparations, étaient dans un état de dépérissement total. Charles VI sentit alors que la rapacité des courtisans est un mauvais système d'administration, et, après vingt-neuf ans de suppression, il rétablit, en 1411, le parloir aux bourgeois et rendit à la ville sa juridiction, la propriété de son domaine, ses revenus communs et tous ses priviléges (1).

Enfin, en février 1415, l'ancien droit de la ville put être rédigé par une ordonnance générale.

Ce travail composa la nouvelle loi municipale de Paris. Tous les deux ans avait lieu l'élection du prévôt des marchands, qui pouvait être réélu jusqu'à quatre fois, c'est-à-dire pour huit ans. Tous les ans, les deux plus anciens échevins

---

(1) Camille Leynadier. Suite à l'*Histoire* de Dulaure.

sortaient d'emploi et étaient remplacés par deux nouveaux.

Cette organisation, à part quelques altérations et quelques secousses passablement brutales du temps de la Ligue, se maintint jusque sous la Fronde, qui fut, dès le début, l'apogée de l'influence de l'hôtel de ville.

Sous le gouvernement absolu de Louis XIV ce simulacre d'administration, loin de se développer, se ralentit encore, et l'élection libre et populaire des officiers municipaux fut remplacée par la vénalité de leurs charges et l'influence de la faveur royale. Les échevins recevaient non-seulement des présents consistant en robes, bougies, sucreries, médailles, mais encore des traitements, et ce mépris pour le droit municipal, ce trafic honteux des charges municipales, non-seulement à Paris, mais encore dans les autres villes, substitués à une autorité paternelle et tutélaire, furent peut-être une des causes de la chute de l'ancien gouvernement (1).

On prétend que Louis XIV ne pardonna jamais au corps municipal de Paris le rôle généreux qu'il avait joué pendant les troubles de la Fronde, et qu'il réserva toutes ses faveurs pour Versailles.

Je ne combats pas cette opinion, mais enfin c'est ce roi qui fit bâtir Versailles ; et, à mes yeux, cela efface bien des choses (2).

Voici quelle était, en 1783, avant l'ouverture du drame révolutionnaire, l'organisation administrative de Paris.

---

(1) Camille Leynadier. Continuation de l'*Histoire de Paris*, de Dulaure.

(2) Dans une brochure que je fis en 1864 : *Voyage de la Bourse au Palais de Justice (Notice historique sur le tribunal de commerce de Paris)*, j'ai écrit, en parlant de Louis XI : — J'ai toujours éprouvé une horreur invincible pour la mémoire de Louis XI. Mais peut-on se défendre, en lisant l'histoire de France, d'un sentiment de reconnaissance envers l'inventeur de la poste aux lettres et l'ennemi si constant de la féodalité ? — C'est ce même roi, farouche et bigot, qui, voulant, disait-il, favoriser les bourgeois et les marchands, fit venir des imprimeurs de Mayence et établit, en 1470, des manufactures de soie et d'étoffes d'or et d'argent. (*Mémoires de Commines et histoire de Louis XI*, de Duclos.)

L'administration municipale était partagée entre le parlement,
le bureau des finances, la chambre des bâtiments, le lieutenant général de police ou le Châtelet, le prévôt des marchands et les échevins ou le bureau de la ville.

Cette organisation, vicieuse par le défaut d'unité et le conflit
des attributions, était le résultat des lois rendues à divers
temps. A une époque normale elle aurait pu suffire. A une
époque comme celle qui se présenta en 1789, lors de la convocation des états généraux, elle devint insuffisante (1).

Ici commença, pour le pouvoir municipal de Paris, une
série de grands événements qui allaient en constituer le principe sur les bases encore aujourd'hui existantes.

L'ordonnance du 28 août 1788 ayant convoqué les états
généraux, sous la forme de ceux de 1614, l'organisation municipale de Paris, telle que nous venons de la détailler, fut
impuissante pour appeler les habitants à se réunir et à se
concerter. Grâce aux mesures prises par le ministre Necker,
quatre cents électeurs se rassemblèrent à l'hôtel de ville, et les
premiers articles qu'ils rédigèrent portèrent la renonciation à
tous les priviléges de noblesse, de droits féodaux, accordés
aux autorités municipales de Paris, et le vœu de voir créer
une municipalité élective, se renouvelant tous les trois ans,
pour gérer les revenus communaux et veiller aux améliorations
de la ville (2).

Or, dès qu'avec les premiers événements graves de la
révolution, le pouvoir eut en quelque sorte disparu, cette
salle se trouva le centre où se rassemblèrent les électeurs,
pour suppléer à l'absence de toutes les autorités. Le prévôt

---

(1) Dulaure et Camille Leynadier. V. *suprà*.

(2) On voit que la municipalité de Paris, en abdiquant ces marques de distinction nobiliaire, devança le beau mouvement de tous les députés à l'Assemblée
constituante, dans la fameuse séance du 4 août 1789. M. Thiers, *Histoire de
la Révolution française*.

des marchands, les échevins, se réunirent à eux, et, le 14 juillet, avant et après la prise de la Bastille, cette assemblée, qui n'avait qu'un mandat de hasard et de circonstance, forma une municipalité réelle, un point général de ralliement, une sorte de gouvernement de l'opinion, vers lequel se portèrent toutes les vues et les espérances (1).

Un décret de l'Assemblée constituante, du 14 décembre 1789, abolit toutes les municipalités du royaume et les recomposa sur une base nouvelle. Pour éviter les inconvénients de la centralisation des intendances, on tomba dans un excès contraire. On plaça l'exécution dans les corps délibérants et on laissa l'interprétation des lois à chaque localité.

Cette mesure fut désastreuse pour Paris. Les soixante districts, qui formaient autant d'annexes de l'autorité municipale centrale, se constituèrent en permanence et formèrent autant de centres d'autorités, sortes de petites républiques fédératives. Chaque district eut un conseil dont il nomma le président et le vice-président.

De cette multitude d'administrations particulières résulta un grand désordre, et, de toutes parts, se manifesta le vœu de voir créer une municipalité définitive à Paris. L'assemblée des représentants de la commune confia ce soin à l'autorité de vingt-quatre membres qui y procédèrent immédiatement (2).

La municipalité définitive de Paris ne fut établie que de 1790 à 1791. Elle se composait : 1° de la Commune (cette terrible Commune qui voulut non-seulement, plus tard, gouverner Paris, mais la France tout entière en république) ; 2° le département de Paris ; tout cela réunissait 48 officiers dont 16 administrateurs, 32 conseillers, 96 notables, le procureur de la Commune et deux substituts ; puis le directoire du département,

---

(1) C. Leynadier, d'après Dulaure.
(2) Camille Leynadier, appendice à Dulaure.

composé de un président, un procureur syndic, un substitut et 64 administrateurs.

Les 48 officiers municipaux avec les 96 notables composaient le conseil général de la Commune (1).

Tous étaient présidés par un maire de Paris. Les opérations confiées à l'administration de la Commune étaient les biens nationaux, les contributions, la comptabilité, le bureau militaire, les travaux publics, les dépêches, la police, la justice, l'envoi des lois, les hôpitaux, la mendicité, le séquestre des biens des émigrés, la vérification de la comptabilité municipale.

Le 3 mai 1790, la municipalité provisoire établie à l'hôtel de ville ou dans les sections, sous le nom de district, fut supprimée et remplacée, le 9 octobre suivant, par la municipalité définitive. Les soixante administrateurs cessèrent leurs fonctions ; les représentants de la Commune donnèrent leur démission et formèrent le conseil général.

Par la loi du 4 frimaire an ii, on adjoignit au corps municipal trois agents nationaux, nommés par le Comité de salut public et de sûreté générale. Ils remplacèrent les procureurs syndics de la commune. Ils furent spécialement chargés de requérir et de poursuivre l'exécution des lois révolutionnaires, et de dénoncer les infractions commises par les fonctionnaires publics. Ils correspondaient avec les deux Comités. Par la loi du 27 thermidor an ii, ils eurent la surveillance sur les autorités constituées.

En l'an iii, un décret du 22 prairial créa les commissions nationales, au nombre de huit, pour administrer la commune de Paris.

Ces commissions, remplaçant la municipalité, furent nommées par le Directoire exécutif. Ces commissions diverses,

---

(1) On voit que le nombre de nos municipaux est bien moindre de nos jours, quel que soit l'agrandissement de Paris avec ses annexes.

créées, comme on le voit, après la suppression du régime administratif municipal, exercèrent jusqu'à l'époque de la réorganisation de la municipalité, en l'an iv.

Le 14 fructidor an ii (12 août 1794), on avait nommé deux commissaires, placés sous la surveillance du département de Paris. Ces commissaires étaient nommés par le Directoire exécutif, sur la présentation des comités de salut public, de sûreté générale et de liquidation.

C'est par une loi du 12 pluviôse an iv (1er février 1796) que furent créées les douze municipalités de Paris, qui n'ont plus cessé de fonctionner depuis ce temps, se trouvant confondues aujourd'hui dans les vingt arrondissements de Paris.

Cependant, il y eut une interruption momentanée dans cette nouvelle institution.

Le 16 vendémiaire an viii (8 octobre 1799), par décision du ministre de la police générale, les douze municipalités de Paris furent supprimées et remplacées momentanément par les commissaires du gouvernement envoyés près d'elles.

Ce mode d'administration cessa avec le Directoire, qui fut supprimé par la loi du 19 brumaire an viii (9 novembre 1799).

Sous le gouvernement du Consulat, on voit se réorganiser l'administration de la commune de Paris sur de nouvelles bases, lesquelles sont encore celles du système municipal actuel, il faut le constater.

Cette réorganisation, due au génie administratif du premier consul, qui préludait ainsi au travail du futur législateur et aux immenses victoires du grand capitaine, se composait ainsi :

1° Un préfet de la Seine, seul chargé de l'administration ;

2° Un conseil de préfecture, composé de cinq membres ;

3° Un conseil général du département, composé de vingt-quatre membres ;

4° Un préfet de police pour l'arrondissement communal de Paris ;

(Ces quatre autorités étaient nommées par le consul.)

5° Une administration des hospices civils et des secours publics, composée de quatorze membres, et nommée par le préfet de la Seine ;

6° Une régie de l'octroi municipal et de bienfaisance de la commune, nommée aussi par le préfet de la Seine et composée de cinq membres ;

7° Un bureau central nommé par le consul, et composé comme sous le régime directorial ;

8° Douze municipalités, composées chacune d'un maire et de deux adjoints nommés par le consul.

Sous le gouvernement impérial, l'administration municipale de Paris resta ce qu'elle avait été sous le régime consulaire. Seulement, le préfet de la Seine, avec les mêmes attributions que sous ce régime, fut, en outre, chargé du recouvrement des droits de grande voirie, créés par décret impérial. La régie des octrois fut aussi administrée par le préfet de la Seine, sous l'autorité du ministre des finances et sous la surveillance du directeur général de l'administration des droits réunis, ayant le département des octrois. En outre, l'exercice de la perception des droits de pesage, à Paris, en régie jusqu'en 1808, fut, en 1809, administré par les préfets de la Seine et de police.

Les maires et les adjoints des douze municipalités furent choisis par l'Empereur parmi les six cents citoyens les plus imposés du département, domiciliés à Paris.

Après la révolution de juillet 1830, le gouvernement parut disposé à apporter quelques notables changements à l'administration municipale de Paris. Une loi fut présentée en 1833.

A l'exception du principe d'élection que le nouveau projet de loi introduisit pour la nomination des membres du conseil, rien ne fut changé à l'ordre de choses ancien ; et ce fut autour de ce principe d'élection, soit pour les membres du conseil, soit pour les officiers municipaux, principe contesté, concédé, retiré, qu'a roulé, à peu de chose près, toute la différence des lois nouvelles avec les anciennes. Aucun élément nouveau n'avait été, sous ce règne, introduit dans les organisations diverses de l'administration municipale de Paris depuis 1830 ; on les retrouvait, en effet, tous dans les diverses constitutions communales de Paris, de 1789 à 1804 (1).

Cette organisation subit quelques changements importants depuis l'avénement de Napoléon III au trône impérial.

Aujourd'hui le conseil municipal de Paris et le conseil général du département de la Seine ne sont plus recrutés dans un système d'élection. Ces fonctions administratives, devenues d'une haute importance par le développement de notre grande cité, sont confiées par un décret de l'Empereur à deux commissions de quatre-vingts membres, dont soixante pour Paris, et vingt pour les arrondissements de Sceaux et de Saint-Denis. La commission municipale et le conseil départemental, qui fait fonction de conseil général, sont placés sous la présidence et la direction du préfet de la Seine.

Les maires et adjoints des vingt arrondissements de Paris, formant un ensemble de soixante officiers municipaux, complètent le corps municipal de la ville de Paris.

Telle est la composition actuelle de ce qu'on appelle l'édilité parisienne, en y joignant le préfet de police, le conseil de salubrité publique, etc., etc.

C'est en 1852, après ce qu'on est convenu, en politique, d'appeler le coup d'État, que commença pour Paris une ère nouvelle. Le neveu de Napoléon Ier accepta un immense héritage : le premier préfet de la Seine, choisi par le président de la République, fut M. Berger, maire du deuxième arrondissement de Paris, mort sénateur.

____

(1) V. Dulaure et C. Leynadier, précités. — En 1848, après la révolution de février, on tenta de remplacer le préfet de la Seine par un maire de Paris. Cette rénovation ne dura qu'un temps très-limité.

C'est alors qu'apparaît cette grande physionomie que j'ose mettre en parallèle avec le marquis de Pombal, sous le rapport, bien entendu, de la persévérance, d'un esprit vaste et d'un stoïcisme remarquable, à l'endroit des luttes, des oppositions systématiques et même de l'ingratitude de ses contemporains; rien n'y manque.

Dans un temps éloigné, sans nul doute, on lui élèvera aussi une statue, ne fût-ce que sur cet immense boulevard qui porte son nom, au milieu d'une partie des gigantesques travaux qu'admireront nos neveux, sans passion comme sans esprit de parti. Quant à moi, ma seule ambition consiste à avoir apporté ma pierre au monument qui lui est destiné.

Paris appartient à la France entière. C'est
le centre de la puissance publique, le séjour du
Souverain, le siège de tous les grands corps de l'État
et de presque toutes les institutions nationales. Tout y
aboutit : grandes routes, chemins de fer, télégraphes.
Tout en part : lois, décrets, décisions, ordres, agents ;
les énergiques moyens de centralisation organisés
à Paris, de siècle en siècle, par les divers gouvernements,
en ont fait l'âme de l'Empire.

G. E. Haussmann

Conseil Municipal de Paris
(Séance du 28 novembre 1864.)

LE BARON HAUSSMANN

Justum ac tenacem propositi virum. . . .
(L'homme juste et ferme en son dessein.)

Et si la nature fragile
Était à ses derniers moments,
Nous la verrions d'un air tranquille
S'écrouler dans ses fondements.

(J.-B. ROUSSEAU.)

Le savant historien de Paris, M. Dulaure, en parlant d'Étienne Marcel, prévôt des marchands, en 1359, dit que ce fut le plus illustre et le plus calomnié des prévôts des marchands de Paris ; la chose que lui pardonnèrent le moins les critiques de son époque, ce fut d'avoir fait édifier, sur la place de Grève, qui n'était alors qu'un terrain sablonneux, cet admirable édifice, connu sous le nom d'hôtel de ville (1).

Ce serait une curieuse recherche, en effet, que celle de découvrir ce que l'esprit d'opposition, au quatorzième siècle, accu-

---

(1) Marcel (Étienne), prévôt des marchands de Paris, se signala par son audace pendant la captivité du roi Jean ; souleva le peuple contre l'autorité du dauphin (depuis Charles V), et contre la noblesse; porta le trouble dans les états généraux convoqués en 1356, en engageant les députés du tiers à refuser les subsides et à réclamer, au contraire, des formes exagérées, etc. . . . Il fut assassiné, en 1358, au moment où il allait ouvrir les portes de la ville de Paris à Charles-le-Mauvais, roi de Navarre.

mula de reproches, d'objurgations, de mensonges contre un homme qui racheta des fautes, et même un crime politique (la mort de Robert de Clermont, maréchal de Normandie, et de Jean de Conflans, maréchal de Champagne), par un vaste esprit d'initiative, des connaissances en administration rares pour le siècle, et qui laissa, par un des plus beaux monuments de Paris, un souvenir ineffaçable de son édilité (1).

Il était donné au préfet de la Seine qui, depuis seize ans, consacre sa vie à faire de Paris une ville incomparable dans l'univers, d'être également calomnié et attaqué.

« Calomniez, dit un personnage de comédie, dans une pièce de Beaumarchais, calomniez, il en reste toujours quelque chose. » De cette triste vérité, il ne restera pas que l'immortelle musique de Rossini, hélas !

Ces reproches incessants, ces attaques continuelles, injustes, souvent même absurdes, retentissent jusqu'en haut lieu.

Heureusement qu'ils n'ont pu ébranler la ferme volonté d'un souverain, dont la première pensée, en saisissant le pouvoir, a été l'achèvement du Louvre !

Cependant, quelles que soient les criailleries de nos modernes économistes, sur une dépense de deux cents millions, qui devait, suivant eux, ruiner nos finances, j'ai entendu les ennemis les plus acharnés de la dynastie napoléonienne dire : L'empereur Napoléon III a achevé le Louvre, ce qu'aucun de ses devanciers n'a osé faire !

Que diraient aujourd'hui ces partisans d'un système déchu, en parlant de tout ce qu'a fait l'Empereur, depuis qu'il s'est

---

(1) L'impartialité d'un auteur, même d'un simple biographe, doit lui faire rendre justice à qui de droit ; n'oublions pas que c'est sous le règne de Louis-Philippe Iᵉʳ, et sous l'administration de M. le comte de Rambuteau, préfet de la Seine, que l'hôtel de ville reçut des agrandissements et des embellissements continués par M. le baron Haussmann.

attaché M. le baron Haussmann, pour continuer son œuvre grandiose ?

Écoutons un moment ce que disait le préfet de la Seine, au Sénat, dans une séance du 6 juin 1861, il y a déjà huit ans, à propos d'une simple pétition sur une question de pure forme administrative, mais qui souleva une ardente polémique :

La transformation de Paris, qui sera l'une des gloires du règne de l'Empereur, est particulièrement désagréable à tous les partis, par ce motif, sans doute, et pour beaucoup d'autres encore, qui varient suivant les points de vue de chacun, mais qui les dispose tous à entraver, par tous les moyens, une administration municipale jugée trop docile aux aspirations et aux directions d'une auguste et féconde influence.

Chose étrange ! s'il est une œuvre devant laquelle toutes les passions politiques devraient faire silence, vers laquelle une pensée patriotique devrait diriger tous les bons vouloirs, c'est assurément cette entreprise immense qui doit faire de Paris une capitale digne de la France, j'ai presque dit du monde civilisé.

En effet, Messieurs, cette ville aimée des lettres, des sciences et des arts, qui sait en concilier le culte avec les instincts industriels et commerciaux de notre époque, ce centre politique auquel l'Empereur a rendu son prestige et sa prépondérance, n'est-ce pas, en toute vérité, la Rome des temps modernes ? Le tribut d'admiration et d'hommages que, de tous les points du globe, l'étranger vient lui payer, avec un empressement qui s'accroît tous les jours, sous l'empire d'une attraction de plus en plus irrésistible, n'est-ce pas le signe de la conquête du monde, par une force plus puissante et plus durable que celle des armées : par l'influence pacifique des idées, des mœurs, des sentiments de notre pays ?

Ah ! si nos descendants, qui béniront l'Empereur d'avoir conçu et réalisé cette grande pensée, songent jamais aux obstacles qu'avait à vaincre l'administration municipale chargée des détails de l'exécution, ils supposeront certainement que ses efforts ont été accueillis partout avec une égale faveur, aidés par une jurisprudence bienveillante, encouragés par les conseils et par l'approbation d'une presse comprenant l'impossibilité de traverser, toujours heureusement, un dédale de difficultés, et plus désireuse d'excuser, de couvrir les erreurs, les fautes mêmes, que de s'en prévaloir, et de s'en faire des armes d'hostilité (1) ; enfin, vus avec sympathie et reconnaissance par

______

(1) Cependant il faut rendre justice à la presse parisienne, quand elle cède au sentiment public ; à propos du débat parlementaire sur le traité passé entre la

toutes les classes de la société, même par celle que ses habitudes d'aisance rendent la plus impatiente de toute gêne et de tout dérangement !

Vous savez, Messieurs, ce qu'il en est au juste et je désire, pour l'honneur de notre siècle, que nos neveux n'approfondissent pas trop leurs recherches curieuses à cet égard.

Hé bien ! je l'avoue maintenant au lecteur en toute sincérité, ces nobles paroles si bien pensées, si bien exprimées me frappèrent l'esprit à tel point, que je conserverai avec soin le numéro du *Moniteur universel* du 7 août 1861 qui, en rapportant textuellement le discours prononcé au Sénat par M. le baron Haussmann, l'un de ses membres, fut à mes yeux, nullement prévenus pour ou contre cet illustre administrateur, comme une sorte de prophétie : il me sembla que je serais, un jour, appelé à défendre ses actes.

Ma plume timide et hésitante osa à peine, en 1864, quand elle écrivit l'*Histoire de la Juridiction consulaire* à Paris, depuis sa fondation, en 1563, sous ce simple titre : *Voyage de la Bourse au Palais de justice* (ou notice historique sur la translation du Tribunal de commerce), consacrer quelques lignes à ce magnifique édifice, à ce palais grandiose et artistique à la fois, où s'exerce aujourd'hui la justice consulaire, et qui fait l'admiration des justiciables qui fréquentent le Tribunal de commerce ou des étrangers qui le visitent (1), comme monument d'architecture et comme ornementation des salles d'audience, dans un style riche et sévère, comme il convenait à la destination de cet édifice, qui loge aussi le Conseil des prud'hommes.

---

ville de Paris et le Crédit foncier, laissant de côté la question financière , fort controversée, les journaux rendirent, la plupart, hommage au génie créateur du préfet de la Seine et aux grandes et belles choses qu'il a accomplies. (Voir à l'Appendice.)

(1) C'est si beau ! la salle des assemblées de créanciers est si richement ornée, s'écriait Timothée Trimm, le chroniqueur du *Petit Journal*, que cela donnerait envie de faire faillite ! ! ! Voilà l'esprit du siècle; n'en demandez pas davantage ! Nos descendants le jugeront.

Voilà comment je m'exprimais au sujet de ce nouveau bienfait, que le commerce de Paris doit à M. le baron Haussmann.

Il est de ces simples événements, dans l'histoire de l'édilité d'une ville, qui ne frappent les yeux que longtemps après qu'ils se sont accomplis.

Pour beaucoup de nos contemporains, la translation du Tribunal de commerce de la Seine, d'un lieu dans un autre, n'aura aucune portée.

Les uns, je parle des plus vulgaires indifférents, et malheureusement c'est le plus grand nombre, n'y verront que ce qui, dans leur langage peu élevé, s'appelle *un déménagement !*

Les autres, au point de vue de l'art, parleront de l'édifice, et critiqueront ou loueront, avec une divergence d'opinions qui n'a rien à faire ici, les proportions *grandioses ou mesquines* d'une œuvre architecturale, ou les disparates qu'elle peut offrir avec les constructions *gothiques* du moyen âge, qui l'entourent et l'avoisinent.

De bons bourgeois qui aiment leurs aises avant tout, et cela se conçoit, vont se plaindre d'un dérangement à leurs habitudes.

Hé quoi ! s'écrieront-ils, lorsque depuis quarante ans la Ville de Paris avait reconnu la nécessité de loger la justice consulaire dans le palais de la Bourse, ainsi que cela se pratique, par imitation sans doute, dans toutes les grandes cités de l'Europe, on forcera les négociants si nombreux dans le centre de Paris à passer les ponts pour arriver à la seule juridiction dont relèvent les *cinquante mille* patentables du département de la Seine !

Exemple : un négociant reçoit une assignation à comparaître à *un jour* d'intervalle, par devant ses juges naturels du tribunal consulaire de la Seine, *séant à Paris*, et au lieu de se transporter, comme ci-devant, place de la Bourse, point central, il va être obligé de faire *un ou deux kilomètres* pour se rendre à *la Cité, dans l'ancien Paris.*

Mais, dira-t-on, il n'est pas forcé d'y aller lui-même. Il peut se faire représenter par un mandataire spécial, ou prendre *un agréé* pour le défendre.

L'objection à cette objection est facile à prévoir ; le citadin répliquera : les agréés obligés *de passer,* pour ainsi dire, *leur vie au tribunal,* car c'est la seule juridiction où on ne peut se faire suppléer, seront bien forcés de changer également de domicile, et de choisir le *quartier latin* pour y transférer leurs Études et leurs habitations.

Voilà un bourgeois de Paris bien dérouté, convenons-en... Quelques esprits chagrins vont jusqu'à dire : quel est le négociant riche et considéré qui voudra désormais accepter des notables électeurs le mandat (pourtant noble, distingué, pur et désintéressé) de juger les différends qui s'élèvent entre commerçants ? — Permis (disent les malins critiques) à *la fortune aveugle de donner congé à Thémis, dans le temple de Plutus,* mais elle ne peut obliger un habitant de la Chaussée-d'Antin, dont l'économie a été une des premières vertus, d'avoir un équipage pour traverser tout Paris, en se rendant à des fonctions *gratuites.* Il y a bien, répondrait-on, les fiacres ou *les omnibus ;* mais la dignité du magistrat consulaire n'est pas moins respectable que celle du magistrat civil, et il ne doit pas s'exposer à s'asseoir *pour six sous,* à côté de l'homme qu'il va juger un instant après...

Tout cela est vrai, et sous cette forme *plaisante* se cachent de *grands inconvénients ;* j'en conviens tout d'abord.

Cependant, ce n'est point à des *puérilités* semblables qu'il faut s'attacher, quand on examine les motifs sérieux qui ont pu déterminer M. le préfet de la Seine et les membres du conseil municipal à opérer une telle révolution dans les mœurs, les habitudes, les *us et coutumes* d'une partie essentielle de la population parisienne.

Lorsque le palais de la Bourse fut construit par l'architecte *Labarre*, sur les plans de *Brongniart*, décédé en 1813, il n'était destiné qu'à la *cote* et aux *transferts* des valeurs publiques, par la Compagnie des agents de change, et aux opérations de commerce et de courtage, par l'intermédiaire des courtiers de marchandises.

Ce n'est que beaucoup plus tard, que, sur la demande des négociants eux-mêmes, on résolut de transférer du cloître Saint-Merry, dans la nouvelle Bourse, le tribunal de commerce. L'édifice en construction s'élevait si lentement, qu'il avait inspiré ce couplet à notre poëte national :

> Mais, triste effet du typhus,
> Au lieu d'église, on élève
> Le temple du dieu Plutus,
> Qui sera beau *s'il s'achève* (1).

C'est qu'en effet le vieil hôtel précité du président Baillet, transformé en salles d'audience, n'offrait plus les commodités exigées pour le service d'une juridiction qui s'étendait chaque jour davantage par l'agrandissement de la masse de ses justiciables et le développement du commerce et de l'industrie.

On inscrivit alors en belles lettres d'or, sur le frontispice du monument neuf : BOURSE ET TRIBUNAL DE COMMERCE. Mais, il faut le dire, les aménagements du premier étage ne répondaient pas à la grandeur du vaisseau du rez-de-chaussée, réservé à l'enceinte de la Bourse. Tout y est étroit et étriqué. La distribution en est tellement mauvaise et gênante, qu'il a fallu, il y a quelques années, *déloger la chambre du commerce*, qui était cependant là bien à sa place; et encore ce changement

______

(1) Béranger, nov. 1816.

n'a-t-il pu suffire aux besoins toujours croissants du tribunal?

C'est notamment à l'époque où M. le préfet de la Seine établit un droit d'entrée à la Bourse, que les étroites localités réservées au *tribunal annexé* se firent sentir de manière à appeler l'attention de l'administration de la Ville de Paris sur cette anomalie.

Il avait fallu créer alors *deux escaliers dérobés ;* consacrer deux *noirs corridors* à l'entrée d'un prétoire qui doit inspirer le respect, et conserver le sentiment de sa haute dignité, encore plus que les autres juridictions, puisque sa clientèle est la plus nombreuse, étant prise dans toutes les classes de la société. C'est surtout au tribunal de commerce que le pauvre coudoie le riche ; et le plus petit négociant qui réclame le montant d'une minime facture, ou un délai *de vingt-cinq jours* pour payer un billet, est *écouté* avec autant d'intérêt et d'impartialité que l'opulent financier, défendant sa fortune contre la convoitise ou la mauvaise foi de ses débiteurs.

Donc, on gémissait de voir que le simple siége d'un juge de paix, dans un des vingt arrondissements de Paris, offrît *plus de majesté* que la juridiction consulaire au plaideur qui ne pouvait même plus franchir les degrés du palais de la Bourse, à moins de payer *vingt sous*, et de laisser sa canne ou son parapluie au vestiaire (autre impôt que n'a pu abolir même le conseil municipal, car les abus chez nous sont plus forts que la loi).

A ces difficultés s'en joignait une autre très-sensible : pourquoi l'institution récemment restaurée et inaugurée *des conseils de prud'hommes* était-elle séparée du tribunal dont elle ressortit? Est-ce que les tribunaux de première instance n'ont pas toujours et partout siégé à côté des cours d'appel dont ils relèvent?

Il a été sérieusement question d'installer, dans les nouveaux bâtiments consacrés au Tribunal de commerce et au conseil des prud'hommes, les diverses chambres syndicales des entrepreneurs, carriers, peintres en bâtiment, imprimeurs, marchands de bois, tapissiers, etc., etc., etc. Mais la réunion de ces syndicats qui rendent de si grands services à la juridiction dont ils sont les *experts* ou les *arbitres-rapporteurs* naturels, et souvent même les *conciliateurs* préalables, aurait manqué, dit-on, de s'effectuer par une simple question de *loyers*, débattue avec l'administration municipale. Cela me paraît fâcheux ; c'était une idée heureuse que de concentrer dans un même édifice tout ce qui touche au contentieux de l'industrie et du commerce à Paris : il y a loin de ces corporations, entourant le tribunal de commerce, aux *maîtrises et jurandes* dominant les juges-consuls du moyen âge.

Disons-le donc : ce qui avait amené jadis la translation du tribunal du cloître Saint-Merry au palais de la Bourse a dû motiver celle de cette juridiction dans un local plus convenable (1).

Au risque d'être accusé de plagiat, l'auteur de ce livre n'hésite pas, quand il cherche à reproduire les traits du reconstructeur de Lisbonne, à emprunter à un biographe français (le savant baron de Septenville) des détails tellement vrais, saisissants, pittoresques et instructifs à la fois, qu'il ne craindra pas d'être démenti par aucun critique portugais.

L'écueil, quand il s'agit d'encadrer la figure de son second protagoniste, était bien plus difficile à franchir.

On a tant écrit de choses déjà sur le baron Haussmann !

---

(1) Les inconvénients n'étaient pas seulement locaux dans le vieux quartier de Paris, livré au commerce exclusif de la droguerie. Il m'en souvient encore, dans mon enfance, n'ayant jamais aperçu d'agréé au court mantel (comme un abbé), j'avais pourtant vu un jour un avocat en robe traverser les halles, pour aller du palais au cloître Saint-Merry. Le malheureux fut accablé des brocards et des huées de ces dames du marché des Innocents ! Grâce à l'intervention d'un inspecteur, il échappa à une pluie de plantes légumières, dont sa robe et sa toque étaient sérieusement menacées.

Le fait est historique, demandez plutôt aux anciens du barreau, dont M. Berryer était l'illustre doyen.

Mais, du moment qu'il ne s'agit que d'établir un parallèle, de tels emprunts sont permis.

Or, comme on dit vulgairement qu'on n'emprunte qu'aux riches, j'ai lu et relu tous les biographes qui ont ouvert la lice.

Hommage à M. Eugène de Mirecourt, à M. Vapereau, aux auteurs du *Panthéon des illustrations françaises au dix-neuvième siècle* (1).

C'est dans la lecture de leurs esquisses que j'ai puisé les renseignements propres à faire ressortir un portrait ressemblant à celui que j'ai déjà retracé du ministre portugais Pombal.

Dans tous les cas, le travail de mes habiles devanciers ne va pas au delà de 1866 : j'ai encore à faire ressortir deux grandes phases de la vie administrative du préfet de la Seine (1867-1868), qui ont déjà donné et promettent encore de grandes choses.

L'année 1869 marche aussi pendant que j'écris ces lignes, et je suis obligé d'en dire plusieurs mots, et pour cause : le commencement de cette année 1869 doit marquer dans l'histoire de l'édilité parisienne.

J'arrive donc à mon second pendentif (terme d'architecture).

Haussmann (George-Eugène, baron), Préfet de la Seine, Sénateur, est né à Paris, le 27 mars 1809.

Il est issu d'une très-ancienne famille, originaire de Saxe, fixée en Alsace il y a plus de trois siècles.

Son grand-père, qui habitait Versailles depuis plusieurs années, lors de la révolution de 1789, fut nommé député de Seine-et-Oise, d'abord à l'Assemblée législative, puis à la Convention nationale. Il remplit plusieurs missions aux armées et

---

(1) Voir, au surplus, la notice biographique sur M. le baron Haussmann, dans l'ouvrage intitulé : *Le Sénat et l'Empire français, documents historiques sur ses membres,* pour mieux apprécier cette haute individualité.

occupa, sous le Directoire et sous l'Empire, un poste élevé dans l'administration de la guerre.

Son père, né à Versailles en 1787, était Commissaire des guerres avant 1815; officier en demi-solde sous la Restauration, il a signé, comme co-propriétaire et rédacteur du *Temps*, la protestation du 26 juillet 1830. Après la Révolution, dont cette protestation est le premier acte, il est rentré dans le service de l'intendance, et a publié de nombreuses études d'histoire et d'administration militaires.

George-Eugène Haussmann, quand il eut achevé ses études, fait son droit, passé son examen de docteur et appris le détail des affaires chez un notaire, débuta dans l'administration, au mois de mai 1831, comme secrétaire général de la préfecture de la Vienne.

Il fut ensuite chargé successivement des sous-préfectures d'Yssingeaux (Haute-Loire), de Nérac (Lot-et-Garonne), de Saint-Girons (Ariége) et de Blaye (Gironde).

Nommé chevalier de la Légion d'honneur dès le mois de juillet 1837, pour le développement remarquable donné à l'organisation scolaire de l'arrondissement de Nérac, il devint officier de l'Ordre en 1846. Ce grade était alors, comme aujourd'hui, bien rarement conféré à un simple sous-préfet.

Après la révolution de 1848, qui passa pour ainsi dire inaperçue à Bordeaux, grâce à la résistance énergique opposée par sa population aux commissaires du Gouvernement provisoire, M. Haussmann fit partie de la Commission administrative organisée pour remplacer le Conseil de préfecture, qui dirigea de fait l'administration du département jusqu'à la nomination d'un préfet. Il est à peine nécessaire d'ajouter qu'il exerçait une influence prépondérante dans le sein de cette Commission.

En janvier 1849, il fut nommé préfet du Var. Ce département était du très-petit nombre de ceux dont la majorité n'avait pas voté pour l'élu du 10 décembre. Il fallait y contenir énergiquement les passions révolutionnaires, que surexcitait le voisinage de l'Italie agitée par la guerre du Piémont contre l'Autriche, et surtout par la révolution romaine. M. Haussmann sut justifier la confiance que le Prince Président de la République lui avait témoignée en le plaçant dans ce poste difficile.

En mai 1850, il passa à la préfecture de l'Yonne, où le Président de la République eut encore occasion de remarquer ses services, l'Yonne étant un des départements qui aient pris part au mouvement des idées napoléoniennes.

Le 22 novembre 1851, M. Haussmann devint préfet de la Gironde. Les événements du mois de décembre étaient dès lors prévus par le chef du Gouvernement, qui plaçait d'avance dans les plus grands postes les auxiliaires dont il estimait le plus le dévouement et la capacité: Bordeaux, contenu par une main ferme et connue, ne fut, en effet, troublé qu'un instant dans les jours qui suivirent le coup d'État.

On sait que c'est à Bordeaux, avec plus d'éclat que partout ailleurs, que, dans le grand voyage fait en 1852, la pensée du Président décennal se révéla; le discours où il y parla des actes du prochain Empire est resté célèbre.

« L'Empire c'est la paix ! » disait-il. La France accepta avec joie les vastes perspectives d'une ère de travail où elle allait se reposer des orages de la liberté.

Parmi les œuvres qui devaient signaler l'activité du Gouvernement impérial, la plus importante, sans doute, c'était la transformation de Paris. On ne pouvait, en effet, dominer les esprits qu'en occupant les yeux et les bras, et il y avait d'urgents travaux à entreprendre soit pour briser le réseau des vieilles voies où les insurrections se retranchaient, soit pour élever la première ville du monde moderne aux splendeurs que la civilisation du siècle avait préparées pour une telle capitale, et qu'il était du droit de la France d'attendre d'un Gouvernement soutenu par la popularité.

L'Empereur choisit, en 1853, le préfet de la Gironde pour être son lieutenant dans l'exécution de cette œuvre longue et difficile.

Le 24 juin 1853, lui arriva la dépêche télégraphique qui lui annonçait sa nomination à la préfecture de la Seine. Il répondit :

« J'ai lieu de craindre que mon expérience de l'administration départementale ne soit de peu de valeur dans le poste excep-tionnel auquel je suis appelé. Mais j'appartiens sans réserve à l'Empereur, et, si périlleuse que je juge pour moi la situation nouvelle que Sa Majesté m'assigne, je l'occuperai, puisque telle est sa volonté, et j'y apporterai l'entier dévouement dont j'ai déjà donné plus d'une preuve. »

C'est avec une modestie plus fière que le préfet de la Seine parlera (6 juin 1864) lorsqu'il aura fait ses preuves et renouvelé la face de la capitale de la France avec bien plus d'ampleur qu'au siècle dernier, l'un de ses prédécesseurs à Bordeaux, l'intendant de Tourny, n'avait tenté de le faire pour la capitale de la Guyenne.

« La situation que j'étais appelé à occuper dans la capitale, dira-t-il au Sénat, ne ressemblait en rien à celle qu'avait prise à Bordeaux M. de Tourny. Je n'avais personnellement rien à projeter ici : tout était déjà conçu dans une pensée auguste ; le programme de mon administration était tracé et encore aujourd'hui je l'exécute pas à pas. Je n'ai donc rien à faire avec l'avenir : de toute façon mon nom doit périr avec moi. Dans sa justice, la postérité glorifiera l'Empereur de cette transformation de Paris dont j'ai déjà indiqué la portée politique et dont tout le monde entrevoit les résultats matériels ; mais, dès le début, il était facile de prévoir qu'une telle œuvre ne pouvait être poursuivie sans lasser promptement une popula-tion aussi mobile qu'impressionnable ; que des intérêts de toute sorte surgiraient à l'encontre ; que les hostilités politiques

s'efforceraient d'en tirer parti, et que plus l'instrument d'exécution se montrerait sûr, plus on s'attacherait à le briser dans
la main qui le dirigerait. D'ailleurs j'avais déjà assez éprouvé
les hommes pour compter d'avance sur leurs injustices. »

Mais voyons quelle a été l'œuvre entreprise et exécutée. Voltaire écrivait en 1749 :

« Nous possédons dans Paris de quoi acheter des royaumes;
nous voyons tous les jours ce qui manque à notre ville, et nous
nous contentons de murmurer. On peut, en moins de dix ans,
faire de Paris la merveille du monde. Une pareille entreprise
ferait la gloire de la nation, un honneur immortel au corps de
ville, encouragerait tous les arts, attirerait les étrangers des
bouts de l'Europe, enrichirait l'État, bien loin de l'appauvrir. Il
est temps que ceux qui sont à la tête de la plus opulente capitale
de l'Europe la rendent la plus commode et la plus magnifique.
Fasse le ciel qu'il se trouve quelque homme assez zélé pour
embrasser de tels projets, d'une âme assez ferme pour les
suivre, d'un esprit assez élevé pour les rédiger, et qu'il soit
assez accrédité pour les faire réussir! »

Cet éloge prophétique semble fait pour servir de devise à un
récit enthousiaste de tout ce qui a été entrepris et exécuté dans
Paris depuis quinze ans. Nous ne croyons pas que, dans un
recueil comme celui-ci, il y ait autre chose à faire pour en
esquisser l'histoire que de demander aux pièces officielles elles-
mêmes les éléments de cette esquisse. Le préfet de la Seine va
donc lui-même nous mettre sous les yeux le tableau raccourci
de ses actes et de ses pensées.

Et d'abord, à quel point de vue veut-il qu'on se place pour le
juger comme il désire l'être? Ce n'est pas en le considérant
comme le maire d'une cité, mais comme le préfet d'un département, comme un homme d'État initié aux conceptions intimes
de la politique du gouvernement, et Paris ne doit être considéré
que comme la capitale d'un Empire éclos en un moment de

l'histoire où les aspirations de la civilisation matérielle devaient être satisfaites avant tout.

« Si Paris est une grande ville, centre d'activité commerciale et industrielle, de productions spéciales, de consommations prodigieuses, d'échanges incessants ; c'est surtout la capitale d'un grand empire, le séjour d'un glorieux souverain, le siége de tous les corps par lesquels s'exerce la puissance publique de la France, le foyer universel des lettres, des sciences et des arts. Cette cité ne saurait donc avoir une administration purement municipale. L'État intervient et doit intervenir plus ou moins directement dans toutes ses affaires, car il concourt à sa splendeur, soit par les palais et les monuments qu'il y élève, les fondations et les musées qu'il y entretient, soit par une participation permanente aux dépenses de certains services, tels que la garde de Paris, la police locale, l'entretien du pavé, soit enfin par des subventions applicables aux entreprises d'édilité qui dépasseraient les forces contributives de la population. C'est un préfet de l'Empereur qui occupe l'Hôtel de ville et qui y remplit les fonctions administratives qu'exerce partout ailleurs le maire ; c'est l'Empereur qui nomme le conseil municipal, institution élective dans les autres cités de l'Empire. »

Voilà le principe posé un jour ; il sera développé un autre jour, pour que l'idée directrice de tant d'entreprises ne soit inconnue à personne.

« Est-ce bien, à proprement parler, une commune que cette immense capitale ? Quel lien municipal réunit les deux millions d'habitants qui s'y pressent ? Peut-on observer entre eux des affinités d'origine ? Non. La plupart appartiennent à d'autres départements ; beaucoup à des pays étrangers, où ils ont conservé leur parenté, leurs plus chers intérêts et souvent la meilleure part de leur fortune. Paris est pour eux un grand marché de consommation, un immense chantier de travail, une arène

d'ambitions ou seulement un rendez-vous de plaisirs ; ce n'est
pas leur pays. Des jeunes gens, accourus de tous les points du
monde, y viennent suivre des classes, des écoles préparatoires,
des cours de Facultés ou étudier une profession dans les bureaux
de la finance, dans les magasins du commerce, dans les ateliers
de l'industrie ; mais, c'est pour le plus grand nombre un lieu
de passage : leur famille, leur maison paternelle, leur commune
sont ailleurs. Des ouvriers, par centaines de mille, affluent à
Paris pour chercher des salaires élevés et amasser un pécule
qui leur permette de se retirer ensuite chez eux. Parmi ceux
qui restent, s'il en est beaucoup qui arrivent par le travail,
l'ordre et l'économie, à se faire une situation honorable dans la
ville ; si plusieurs même s'élèvent jusqu'aux premiers rangs de
l'industrie et s'ouvrent l'accès de toutes les positions, comme
le prouveraient au besoin les listes anciennes et la liste nouvelle
du conseil municipal ; d'autres, en trop grand nombre, ballottés
incessamment d'ateliers en ateliers, de garnis en garnis, ayant
pour tous foyers les lieux publics, pour toute parenté le bureau
de bienfaisance auquel ils s'adressent dans le malheur, sont
de véritables nomades au sein de la société parisienne, absolument dépourvus du sentiment municipal, et ne retrouvent au
fond de leur cœur le sentiment de la patrie que dépouillé de ce
qui le précise, le guide et l'épure chez les populations séden-
taires. Je ne parle pas du grand nombre de fonctionnaires
arrivés par avancement au centre de l'administration publique,
ni des hommes d'intelligence que leur talent, leur génie ou
leurs illusions amènent dans l'immense ville, pour y conquérir
la renommée ou la fortune, mais qui ont leur point de départ et
le but de leur vie en province. Ceux-là sont, pour la cité parisienne, quand elle peut les retenir, de précieuses acquisitions.
Mais je ne saurais oublier cette masse, toujours renouvelée,
de personnes déclassées, de gens à bout de ressources, d'inventeurs de combinaisons plus ou moins chimériques ou déga-

gées de scrupules, que poussent vers ce grand centre de population le besoin de l'oubli, un espoir vague de succès et de
médiocres desseins. Voilà malheureusement quelques-unes des
variétés de la population étrangère à Paris, qu'y versent chaque
jour les têtes béantes des chemins de fer, dont les cent bras
attractifs s'étendent et se ramifient sur toutes les parties de
la France.

« Au milieu de cet océan, aux flots toujours agités et renouvelés, il y a une minorité considérable sans doute, des Parisiens véritables, qui formeraient, si l'on pouvait les discerner
et les saisir, l'élément constitutif d'une commune ; mais, isolés
les uns des autres, changeant avec une extrême facilité de
logement et de quartier, ayant leur famille dispersée sur tous
les points de Paris, ils ne s'attachent guère à la mairie d'un
arrondissement déterminé, au clocher d'une paroisse particulière. Quel moyen auraient-ils, d'ailleurs, de se reconnaître et
de s'entendre sur les vrais intérêts communaux ?

« Et alors même que les Parisiens proprement dits seraient,
par quelque privilége renouvelé des temps du moyen âge, mis
en mesure de se retrouver dans la ville, de se grouper pour
choisir des mandataires chargés de leurs intérêts communaux,
sauraient-ils toujours se tenir en dehors du vaste courant qui
entraîne fatalement ici le suffrage universel vers le côté politique
des questions ?

« Non, certes ; par la composition de sa population, Paris ne
peut être considéré comme une commune. C'est tout autre
chose : c'est une capitale. »

De telles opinions ne peuvent évidemment satisfaire tous les
esprits. Aussi n'est-ce pas sans éprouver quelque résistance,
que le préfet de la Seine a pu marcher ; mais cette résistance
n'a jamais été assez forte pour arrêter sa marche ; et il a dit

souvent lui-même combien peu il tenait compte des obstacles (1).

Un moment, lorsque le difficile de la tâche fut abattu, nous le voyons se féliciter de ce que l'opinion semble lui être moins contraire. C'est en 1862. S'adressant aux membres du conseil municipal, il leur dit : « Lorsque nous entreprenions, il y a quatre ans à peine, un ensemble d'opérations combiné de manière à réaliser la partie la plus urgente, mais une partie seulement de la transformation du plan de Paris, arrêtée dans les plus hautes régions du pouvoir, on trouvait cette résolution insensée ; et voilà que ce qu'on jugeait excessif alors ne suffit déjà plus. Ceux mêmes qui se montraient, dès l'origine, le moins disposés à comprendre et à seconder nos travaux, qui nous accusaient de ne point compter avec le temps, avec les résistances, avec les préjugés, semblent aujourd'hui prêts à nous reprocher la lenteur, l'indécision, la timidité. Quand on est l'instrument d'exécution, l'organe

---

(1) Nous croyons que, pour l'intérêt même de cette notice, il faut dire que les œuvres de la préfecture de la Seine n'ont pas été jugées avec une égale indulgence par ceux qui les ont vues surgir. Sans parler des critiques nées au jour le jour, le tableau de ces vastes entreprises et du système financier qui les soutient a été fait plusieurs fois de manière à montrer les ombres à côté des traits de lumière. Au Corps législatif, des discours fort habiles ont prouvé qu'il n'y a pas d'enthousiasme qui n'appelle la contradiction.

Des économistes, des écrivains compétents, ont parlé comme ces orateurs : ainsi M. Léon Say et M. Paul Boiteau, dont les écrits sur les finances de la ville de Paris n'ont pas été sans produire de l'effet. Mais pas un des adversaires politiques ou scientifiques de la transformation de Paris n'a refusé de reconnaître les qualités éminentes de l'homme qui l'a exécutée; et l'un d'eux même fait cet aveu qui n'est pas de nature à déplaire à ceux qu'il combat : « L'injustice me pèse. Je me hâte donc de dire, et je l'ai déjà dit, que la hardiesse de tant de mesures conçues, décrétées, exécutées ensemble, ne manque pas d'une vraie grandeur, et que, parmi le pêle-mêle de ces improvisations (je parle ici des grandes voies utiles, des jardins, des égouts, des dérivations d'eaux), il est des traits qui sont faits pour durer plus longtemps que nos satires et pour porter en effet à la postérité le souvenir de ceux dont ils sentent la main; mais qu'à leur tour ils ne se plaignent pas d'un temps qui a été pour eux si plein de facilité et de clémence. Ils auront fait leur gloire à bon marché, puisque aucune résistance réelle n'a entravé le jeu de leurs volontés ni même de leurs caprices. »

militant, le ressort décisif d'améliorations méconnues, que les faits, triomphant de toutes les préventions, viennent enfin justifier, il faut une certaine force d'âme pour ne pas se laisser aller à la séduction du succès, et pour prendre le rôle de modérateur juste au moment où le courant de l'opinion s'en éloigne. »

Mais ne nous éloignons pas trop de l'ordre des temps. Le gros de l'œuvre ne pouvait être attaqué avec les ressources ordinaires de la Ville de Paris, car nous allons voir tout à l'heure quelles sommes il y avait à réunir et à mouvoir. L'établissement de la Caisse des travaux de Paris a mis à la disposition du préfet les moyens dont il avait besoin. Le texte même des décrets qui l'ont instituée en explique le mécanisme. C'est l'une des créations qui marquent dans la carrière administrative de M. Haussmann.

Ce sont les décrets du 14 novembre 1858 et du 27 décembre suivant qui ont fondé la caisse, dans ces termes : « Il est institué, sous la garantie de la Ville de Paris et sous l'autorité du préfet de la Seine, une caisse spéciale qui sera chargée du service de trésorerie des grands travaux publics de la ville, et qui prendra le titre de Caisse des travaux de Paris.

« Cette caisse sera chargée d'acquitter : 1° toutes les indemnités foncières ou locatives réglées, soit à l'amiable, soit judiciairement, par suite d'expropriations, d'évictions ou de dommages résultant de l'exécution des grands travaux qui sont ou seront entrepris par la Ville, en vertu de décrets de l'Empereur ou d'autorisations ministérielles compétentes; 2° les frais dûment taxés et les dépenses de toute nature régulièrement liquidées se rapportant aux mêmes travaux. Toutefois aucun payement ne pourra avoir lieu qu'en vertu d'un arrêté rendu par le préfet de la Seine en la forme administrative ordinaire. Tout mandat devra, d'ailleurs, être appuyé des autres pièces justificatives que les règlements sur la comptabilité communale peuvent exiger. Ces pièces seront préalablement soumises aux mêmes vérifications et visas que celles qui accompagnent les mandats délivrés directement sur la caisse municipale.

« Le préfet de la Seine fera verser dans la caisse de service : 1° le produit de la vente des matériaux provenant des immeubles expropriés ; 2° le prix des portions d'immeubles restant disponibles et cédés par la Ville ; les produits divers se rattachant aux opérations pour lesquelles ladite caisse est établie.

« La caisse de service ouvrira un compte spécial pour chaque entreprise, et les sommes qu'elle aura reçues ou payées seront inscrites au débit ou au crédit de l'affaire qu'elles concerneront.

« Tous les trois mois, et plus souvent s'il y a lieu, un état de situation de ces divers comptes sera remis au préfet de la Seine qui ordonnancera au profit de ladite caisse, sur les crédits qui lui sont ouverts à cet effet par le conseil municipal, soit dans le budget de la Ville, soit par des délibérations spéciales dûment approuvées, telles sommes qu'il appartiendra à valoir sur le solde final de telle ou telle entreprise.

« Après l'achèvement complet de tout grand travail, un décompte général en sera dressé, et, après vérification, réglé par le préfet de la Seine. Le mandat pour solde, qui sera délivré à la caisse de service sur la caisse municipale, devra être accompagné de l'arrêté de règlement du préfet.

« La Caisse des travaux de Paris aura la faculté d'émettre des valeurs de crédit pour faire face aux besoins du service de trésorerie dont elle est chargée, mais seulement dans la limite qui sera fixée, pour chaque émission, par une délibération du conseil municipal, approuvée par décret. »

La loi du 11 juin 1859 a ajouté à ces dispositions celle-ci qui les domine : « Chaque année un article de la loi de finances fixera le montant des bons que la Caisse des travaux publics de la Ville de Paris pourra mettre en circulation. »

L'acte le plus considérable de la transformation de Paris, c'est son agrandissement. « Ce moment est solennel pour la Ville de Paris et marquera dans son histoire. Elle s'agrandit et se transforme ; elle change de limites, d'aspect, d'organisation intérieure ; elle devient comme une cité nouvelle, sans secousse, sans difficulté apparente, et presque sans étonner les témoins de cette prodigieuse métamorphose. Cependant la grandeur d'un tel événement se manifeste par le seul exposé des comptes résumant les dernières années de l'ancienne ville et du budget de la ville naissante. Le contraste des recettes et des dépenses passées et futures, la proportion inusitée des évaluations, l'incertitude même des appréciations de l'avenir, tout fait mesurer par des chiffres l'immensité de l'entreprise. Elle s'achèvera, non sans efforts et sans dévouement de la part de ceux qui sont chargés de la mener à fin, mais avec calme, sûrement, heureusement, comme toutes les œuvres de ce règne. » Ainsi parlait le préfet de la Seine en annonçant l'événement prochain. Il ajoutait : « Il ne s'agit à aucun degré de satisfaire des intérêts privés. Il n'est même pas question de faire prévaloir l'intérêt de la Ville de Paris sur celui de moindres communes qui sont nées autour d'elle ; c'est le contraire qui est le vrai, et la prospérité financière de la Ville s'est plutôt amoindrie, dans une certaine mesure, pour l'amélioration de ses nouveaux faubourgs, qu'augmentée par l'extension du cercle de ses perceptions diverses. L'intérêt le plus général et le plus élevé, celui de la sécurité publique, du bon ordre de la capitale de la France, de l'unité, de la force, de l'efficacité de son administration, est seul en jeu. Cependant, malgré ce

motif de premier ordre, l'État procède-t-il à l'égard des intérêts particuliers froissés, comme l'un d'eux agirait à coup
sûr envers les autres, s'il devait les blesser pour réussir ?
Nullement. La sollicitude la plus attentive apporte à l'exécution de la mesure tous les tempéraments, tous les ater-
moiements possibles. Le Trésor public abandonne une partie
de ses droits; la Ville renonce, pour plusieurs années, à des
ressources qui lui seraient bien nécessaires, puisque les
nouvelles dépenses mises à sa charge doivent être immédiatement et annuellement accomplies. »

Continuons d'enchâsser les morceaux de notre mosaïque.
Nous arriverons bientôt au tableau dernier qui montre les
choses dans leur ensemble.

L'un des soins du préfet de la Seine est que les comptes
de son administration soient tenus dans le plus grand ordre.
« Il ne m'a pas fallu moins de douze ans d'efforts continus
et de corrections patientes pour arriver graduellement à l'ordonnance actuelle de nos budgets et de nos comptes, qui
est imparfaite encore sans doute, comme toute œuvre humaine,
mais dont l'amélioration incessante en rend l'examen de
moins en moins laborieux. »

Quelle masse de capitaux n'a-t-il pas à recueillir et à
employer ! Le budget de l'exercice de 1867 monte à 241,653,613
fr. 30 c. en recettes comme en dépenses.

La partie normale de ce budget se compose des recettes
et des dépenses dites ordinaires, c'est-à-dire indispensables,
et des recettes et dépenses extraordinaires. D'après cette
classification, les recettes ordinaires seront de 143,131,184 fr.
84 c., et les dépenses, de 96,325,791 fr. 98 c.; d'où un excédant
de recettes de 46,805,322 fr. 86 c. Au contraire, les recettes
extraordinaires du projet de budget montent à 12,294,488 fr. 49
et les dépenses à 59,199,821 fr. 32 c. Il y a un découvert
de 46,805,332 fr. 86 c. qui est exactement couvert par l'ex-

cédant des recettes ordinaires, et ce budget normal se balance au chiffre de 155,525,613 fr. 30 c.

Au budget normal se rattache un compte de recettes et de dépenses supplémentaires. Il complète en 1867 les opérations financières de 1866 avec les ressources et pour les dépenses assignées à cet exercice. D'un côté et de l'autre le chiffre est de 25 millions.

Reste le budget spécial, celui qui avec des recettes entièrement extraordinaires et de circonstance couvre des dépenses ayant le même caractère, qui sont précisément celles des grands travaux de voirie. Pour 1867 le chiffre est de 61,128,000 francs, dont 60 millions à recevoir sur l'emprunt de 1865. Le total pour l'année donne 241,653,613 fr. 30 c.

Si les critiques disent que tant de travaux sont faits pour nuire à la longue au crédit de la Ville ou même de l'État et pour troubler la régularité économique des situations, on répond : Des calculs certains établissent que, par suite des embellissements de Paris, les revenus de l'État ont été en 1862, dans le seul département de la Seine, de 56 millions plus élevés qu'en 1853, ce qui donne un accroissement de richesse annuelle d'environ 54 pour 100.

L'addition des plus-values obtenues chaque année sur les quatre contributions directes, sur l'impôt des boissons, le timbre et l'enregistrement, en prenant 1853 pour point de départ, forme un total de 254 millions pour la période entière de dix années.

Et même, à un système d'économie financière il en a été opposé un autre dans ces termes exprès :

« Contrairement à l'opinion la plus commune, les dépenses extraordinaires ne sont pas toujours les ennemies des budgets. Elles les enrichissent, au contraire, lorsqu'elles sont faites avec intelligence, parce qu'elles produisent l'accroissement annuel du revenu, et qu'elles deviennent ainsi le moyen indirect mais sûr de couvrir les dépenses annuelles dont l'économie la plus sévère ne peut jamais réussir complétement à contenir l'expansion. Si je croyais pouvoir dire, d'une manière générale, sans aucune réserve, que le procédé le meilleur pour équilibrer un budget en déficit, à défaut d'une réduction de dépenses qu'on ne peut pas toujours obtenir, à défaut d'une création de ressources nouvelles par l'impôt devant laquelle on recule souvent, est d'élever encore les dépenses, je mériterais d'être taxé de paradoxe; mais si j'ajoutais un seul mot, si je disais que ce procédé est d'élever, au lieu de les réduire, les dépenses « productives »; sur lesquelles tombent d'ordinaire les rigueurs de l'économie, parce qu'elles sont moins rebelles aux retranchements que les autres, je n'énoncerais rien de paradoxal; je proclamerais une vérité qui se fera jour avec ou sans moi. »

On le voit, l'attitude de ces actes, de ces pensées d'administration, est partout la même, et ce n'est pas le manque de décision qui est le trait distinctif de la physionomie du Préfet de la Seine.

Se plaçant toujours lui-même en arrière de l'initiative du Chef du gouvernement, il se met toujours en avant, quand il faut couvrir ses collaborateurs, et, d'abord, le Conseil municipal de Paris :

« Un conseiller municipal de Paris n'est pas seulement l'organe des populations vis-à-vis de l'administration communale; c'est aussi l'interprète de l'administration elle-même auprès des populations. En France, un bon acte, bien expliqué, est toujours un acte approuvé, car le sens du public y est plein de justesse et d'équité. Vous-mêmes serez en mesure de juger jusqu'au fond toutes les affaires qui vous seront soumises. Jamais je ne trouverai vos investigations trop complètes. Mon administration a, dit-on, de la hardiesse; ce qu'elle a certainement, c'est de la franchise. Montrer à découvert ses plans, c'est peut-être chez elle du courage, c'est surtout de la droiture. S'il est vrai, d'ailleurs, qu'elle connaisse tous les détails et tous les aspects de ce qu'elle traite, c'est là aussi, ce me semble, une partie de la prudence. »

Voilà ce qu'il dit d'abord pour prouver qu'il ne craint pas la publicité. Pour attester que le Conseil municipal examine, discute comme une assemblée délibérante, il dit ailleurs :

« On se fait une très-fausse idée de l'organisation effective de l'administration municipale de Paris, si l'on pense que les propositions introduites par le Préfet au Conseil municipal émanent nécessairement de son initiative personnelle et engagent son opinion sans retour.

« Tous les services de cette grande administration ont des chefs d'une valeur incontestable qui instruisent les affaires et qui formulent des conclusions sur chacune d'elles. Pour toutes les questions importantes, ces conclusions sont soumises à des commissions spéciales prises, la plupart, dans le sein du Conseil municipal. Il y a même des commissions administratives permanentes pour certaines catégories d'affaires ; une d'elles, notamment, qui est composée de manière à donner toutes les garanties désirables au double point de vue de l'indépendance et des lumières, est chargée d'examiner et de débattre directement avec les intéressés tous les projets d'acquisition ou de vente d'immeubles.

« Le Préfet dirige et contrôle ce vaste ensemble de travaux ; mais il n'y prend, et on conçoit qu'il n'y puisse prendre de part active que dans des cas exceptionnels.

« Sans doute, il croit bonnes les propositions qu'il porte au Conseil municipal, et, lorsqu'elles sont contestées, il fait valoir les raisons qui lui ont été fournies à lui-même ou qu'a pu lui suggérer l'examen contradictoire auquel toute affaire est soumise, d'abord dans le Comité compétent, puis dans l'assemblée générale du Conseil.

« Si, jusqu'à présent, le plus grand nombre des délibéra-

tions se sont terminées par un vote favorable, cela tient assurément à l'instruction très-complète de chaque question et à
l'intervention de membres du Conseil municipal, pris parmi
ceux que leurs occupations ou leurs connaissances personnelles
désignent naturellement dans l'examen préalable de toutes
les questions importantes.

« Le Préfet sait ainsi d'avance les objections que les conclusions des chefs de service peuvent rencontrer dans l'assemblée ; et quand ces objections lui paraissent très-sérieuses,
il s'abstient de passer outre ; c'est tout le secret de sa bonne
entente avec le Conseil municipal. Ses propositions sont
généralement accueillies avec faveur par la raison fort simple qu'elles sont conformes, autant que possible, à l'opinion
pressentie du Conseil. Dans ces conditions, est-ce le Préfet
qui exerce l'influence sur le Conseil, ou le Conseil sur le
Préfet? Quoi qu'il en soit, les choses se passent tout autrement que beaucoup de personnes le supposent. D'ailleurs, il
n'est pas sans exemple que, malgré les précautions dont
elles avaient été entourées, des propositions arrivées au
Conseil municipal aient été retirées, soit dans le cours de la
discussion préliminaire des Comités, soit devant l'assemblée
générale. Il est même des affaires délibérées auxquelles il
n'a pas été donné suite, parce que la discussion, sans porter
atteinte à leur caractère d'utilité, avait fait apercevoir par le
Préfet des difficultés pratiques assez graves pour compenser
les avantages qu'il espérait des mesures projetées. »

Et, dans le sein du Conseil même, le même langage est parlé.
Son Président s'exprime ainsi, par exemple :

« C'est un grand et précieux héritage que nous ont légué nos
pères ; vous ne le laisserez pas dépérir en vos mains, si dignes
de le conserver, et, après avoir satisfait aux soins que réclament de vous les affaires positives de la Ville, vous n'oublierez
pas que ses échevins sont aussi les gardiens naturels des

mœurs publiques, et que, si elles sortaient dénaturées de la grande transformation qui s'accomplit, l'histoire leur en demanderait compte. »

Il n'est pas de mémoire, de rapport où le Préfet de la Seine ait tenu à mieux faire entendre sa pensée que dans un discours prononcé au Sénat, où il a mis ces plaintes, toujours d'un grand accent énergique :

« Chose étrange! s'il est une œuvre devant laquelle toutes les passions politiques devraient faire silence, vers laquelle une pensée patriotique devrait diriger tous les bons vouloirs, c'est assurément l'entreprise immense qui fera de Paris une capitale digne de la France, j'ai presque dit du monde civilisé. En effet, cette ville aimée des lettres, des sciences et des arts, qui sait en concilier le culte avec les instincts industriels et commerciaux de notre époque, le centre politique auquel l'Empereur a rendu son prestige et sa prépondérance, n'est-ce pas en toute vérité la Rome des temps modernes? Le tribut d'admiration et d'hommages que, de tous les points du globe, l'étranger vient lui payer avec un empressement qui s'accroît tous les jours, sous l'empire d'une attraction de plus en plus irrésistible, n'est-ce pas, en effet, le signe de la conquête du monde par une force plus puissante et plus durable que celle des armes, par l'influence pacifique des idées, des mœurs, des sentiments de notre pays? Ah! si nos descendants, qui béniront l'Empereur d'avoir conçu et réalisé cette grande pensée, songent jamais aux obstacles qu'avait à vaincre l'administration municipale chargée des détails de l'exécution, ils supposeront certainement que ses efforts ont été accueillis partout avec une égale faveur; aidés par une jurisprudence bienveillante; encouragés par les conseils et par l'appui d'une presse comprenant l'impossibilité de traverser toujours heureusement un dédale de difficultés, et plus désireuse d'excuser, de couvrir les erreurs, les fautes mêmes, que de s'en prévaloir et de s'en faire des armes d'hostilité ; enfin, vus avec sympathie et reconnaissance par toutes les classes de la société, même par celle que ses habitudes d'aisance rendent plus impatiente de toute gêne et de tout dérangement ! Vous savez ce qu'il en est au juste, et je désire, pour l'honneur de notre siècle, que nos neveux n'approfondissent pas trop leurs recherches curieuses à cet égard. »

Mais l'Empereur a prouvé plus d'une fois quel prix il attache à être ainsi secondé. Lors de l'ouverture du boulevard du Prince-Eugène, il a rendu ce témoignage en faveur de son lieutenant :

« J'ai voulu présider à l'inauguration de ce boulevard pour vous remercier de votre infatigable dévouement aux intérêts de la grande cité.

« Transformer la capitale en la rendant et plus vaste et plus belle, ce n'est pas seulement reconstruire plus de maisons qu'on en abat, fournir du travail à une foule d'industries diverses, c'est encore introduire partout des habitudes d'ordre et l'amour du beau.

« Ces rues spacieuses, ces maisons architecturales, ces jardins ouverts à tous, ces monuments artistiques, en augmentant le bien-être, perfectionnent le goût. Et si l'on songe qu'à côté de ces vastes travaux vous développez également l'assistance publique, vous multipliez les édifices religieux, les bâtiments destinés à l'éducation, on doit vous savoir un gré infini de faire tant de choses utiles sans compromettre en rien l'état prospère des finances de la Ville. »

Le même jour M. Haussmann, déjà fait sénateur depuis 1857, a été promu au grade de Grand-Croix de l'ordre de la Légion d'honneur.

Ce qu'il n'est venu à la pensée de personne d'amoindrir dans les résultats obtenus par l'administration préfectorale, c'est l'œuvre d'assainissement. Aussi, en 1865, le Préfet a-t-il pu dire :

« On veut bien faire honneur aux grands travaux qui ont assaini Paris du nombre relativement peu élevé des victimes faites par le choléra, dans cette dernière invasion. Je crois assurément que, si la meilleure aération de la ville par les larges voies publiques ouvertes depuis le règne de l'Empereur, et le drainage efficace d'un nombre de plus en plus grand d'habitations par le moyen de l'extension du réseau de nos galeries souterraines et des égouts privés qui s'y embranchent, ont pu produire l'accroissement qu'on a précédemment constaté dans la durée de la vie moyenne à Paris, ces améliorations n'ont pas été non plus sans utilité réelle dans les circonstances que nous venons de traverser ; c'est un motif à joindre à tant d'autres pour persévérer courageusement dans l'œuvre multiple que nous poursuivons en commun. »

Mais arrivons au dénombrement des chiffres et des faits. Il y a, comme on l'a vu, deux budgets, deux caisses au service de la transformation de Paris. L'un des budgets et la Caisse municipale subviennent aux travaux nécessaires ou facultatifs de l'entretien et de l'accroissement régulier des choses ; l'autre budget et la Caisse des travaux subviennent à l'extraordinaire qui est la vraie transformation de la capitale. Or, voici ce que les derniers chiffres réunis permettent de connaître avec exactitude. En lisant cette analyse on aura une idée de l'immensité des opérations réalisées.

I. Pour les travaux dont l'exécution a été décidée par les lois du 4 octobre 1849, du 4 août 1851 et du 2 mai 1855, il avait été, le 1er janvier 1866, opéré une recette de 118,054,830 fr. 15 c. et fait une dépense de 259,473,035 fr. 60 c.

Le boulevard de Sébastopol (rive droite) et abords a coûté 85,557,120 fr. 89 c. ; les Halles Centrales ont coûté 51,017,920 fr. 27 c. ; les abords du Théâtre-Français, 9,309,870 fr. 63 c. ; le dégagement de l'hôtel de ville et de la caserne Napoléon a coûté 16,984,285 fr. 47 c. ; le dégagement de la colonnade du Louvre, 7,706,099 fr. 56 c. ; la rue de Rivoli, avec la place neuve du Carrousel, 83,438,698 fr. 37 c. ; le projet d'un nouvel hôtel des Postes, 3,939,153 fr. 92 c., et l'abaissement du pont Notre-Dame, 1,439,886 fr. 58 c.

II. Pour les travaux ordonnés par la loi du 19 juin 1857, il a été fait une recette de 32,232,610 fr. 35 c. et une dépense de 58,803,652 fr. 02 c.

Le boulevard Sébastopol ou Saint-Michel jusqu'à l'ancienne place Saint-Michel a coûté 23,778,388 fr. 65 c. ; le boulevard Saint-Germain, 21,761,255 fr. 24 c. ; la rue des Écoles, avec ses abords, 8,354,226 fr. 98 c. ; le prolongement de la rue des Mathurins-Saint-Jacques, 1,646,575 fr. 79 c. ; l'élargissement de la rue de la Sorbonne, 2,457,771 fr. 11 c. ; l'élargissement de la rue Saint-Jacques, 803,645 francs ; le prolongement de la rue du Cimetière-Saint-Benoît et la suppression de la rue Saint-Hilaire, 1,789 fr. 28 c.

III. Pour les travaux dépendant de la loi du 28 mai 1858, il a été fait une recette de 249,951,447 fr. 74 c. et une dépense de 304,869,740 fr. 62 c.

Le boulevard du Prince-Eugène a coûté 54,660,917 fr. 92 c. ; le boulevard Magenta, avec ses abords, 18,892,608 fr. 80 c. ; la rue de Turbigo, 3,530,635 fr. 58 c. ; l'avenue de Vincennes, 10,497,455 fr. 35 c. ; la rue de Rouen et le nouvel Opéra, 48,277,896 fr. 15 c. ; la rue de Rome, 12,878,176 fr. 57 c. ; le boulevard Malesherbes et ses abords, 40,594,214 fr. 54 c. ; le boulevard Beaujon, 19,524,352 fr. 75 c. ; la nouvelle place de l'Étoile, 2,928,139 fr. 63 c. ; le boulevard rectifié de Passy, 6,774,288 fr. 93 c. ; le boulevard de l'Alma (rive droite), 8,254,926 fr. 39 c. ; l'avenue de l'Empereur, 7,947,304 fr. 41 c. ; le boulevard de l'Alma (rive gauche), 5,190,744 fr. 44 c. ; l'avenue du Champ-de-Mars, 2,901,893 fr. 28 c. ; le prolongement de l'avenue de La Tour-Maubourg, 3,019,198 fr. 63 c. ; le boulevard Saint-Marcel, 3,130,254 fr. 73 c. ; l'élargissement de la rue Mouffetard, 2,459,952 fr. 28 c. ; le boulevard de la barrière d'Enfer à la rue Mouffetard, 2,188,028 fr. 84 c. ; la rue nouvelle entre la place Maubert et le carrefour des rues Mouffetard et du Fer-à-Moulin, 1,553,926 fr. 62 c. ; la rue nouvelle entre l'extrémité de la rue Soufflot et le carrefour ci-dessus indiqué, 4,194,074 fr. 86 c. ; le boulevard du Palais dans la Cité, 8,077,475 fr. 28 c. ; la continuation du boulevard Saint-Michel, 10,270,949 fr. 69 c. ; la rue Médicis, 1,839,629 fr. 99 c. ; la transformation de la place d'Europe, 5,629 fr. 29 c. ; la rue de Madrid, 465,267 fr. 76 c. ; l'achèvement du boulevard Magenta, 22,327,952 fr. 59 c. ; la rue Gay-Lussac, 2,483,845 fr. 32 c. ; la rue Monge (mémoire).

IV. Pour les travaux exécutés en vertu de la loi du 16 juin 1859 et de la loi du 1er août 1860 (extension des limites de Paris), il a été fait une recette de 165,379,536 fr. 73 c., et une dépense de 177,171,101 fr. 12 c.

La voie publique a coûté 62,345,447 fr. 64 c. ; les barrières ont coûté 5,258,835 fr. 62 c. ; les marchés, 86,797,927 fr. 95 c.; les mairies, 5,758,879 fr. 86 c. ; les jardins, 26,186,534 fr. 07 c.; les eaux et égouts, 38,781,566 fr. 89 c. ; les appareils de l'éclairage, 1,206,613 fr. 23 c. ; les écoles, 1,816,307 fr. 14 c. ; les édifices religieux, 5,106,154 fr. 80 c. ; le pavage neuf, 2,036,000 fr. 20 c.

V. En dehors de ces travaux réglés par des lois, des travaux divers ont fait opérer une recette de 144,338,983 fr. 06 c. et une dépense de 322,050,577 fr. 20 c.

Il a été dépensé, toujours à la date du 1er janvier 1866, 165,658,693 fr. 41 c. pour la voie publique ; 84,226,332 fr. 79 c. pour les édifices de l'ancien Paris ; 18,649,965 fr. 99 c. pour les jardins publics et les promenades ; 35,949,057 fr. 15 c. pour les travaux neufs des eaux et égouts, et 17,566,527 fr. 86 c.

pour des opérations communes avec l'État, le département, les hospices, les fabriques, etc.

En tout, la masse des travaux exécutés a coûté 1,122,368,106 fr. 65 c.; dépense couverte jusqu'à concurrence de 709,957,408 fr. 03 c. par des recettes corrélatives.

Sur les 1,122,368,106 fr. 65 c. de dépense, la Caisse municipale a payé 424,457,469 fr. 83 c. directement, et la Caisse des travaux publics 697,910,636 fr. 82 c. La dépense a été fournie ainsi, quant aux ressources employées pour la couvrir : 299,205,556 fr. 08 c. du produit des ventes de matériaux et de terrains ; 86,283,333 fr. 33 c. de subventions de l'État; 349,655,447 fr. 43 c. de prélèvements sur les fonds spéciaux du budget de la Ville ; 313,195,738 fr. 69 c. du produit des emprunts, et 74,028,031 fr. 12 c. d'avances faites par la Caisse des travaux sur sa dette particulière de bons en circulation.

Le dispositif de la loi du 12 juillet 1865 qui autorise la Ville de Paris à ouvrir un nouvel emprunt de 250 millions lui impose d'affecter 200 millions aux dépenses de toute nature nécessitées par l'extension des limites de Paris, savoir : 60 millions pour les édifices religieux et hospitaliers, bâtiments municipaux, établissements scolaires ; 75 pour les travaux de voirie ; 32 pour les travaux de viabilité, promenades et plantations, et 33 pour les eaux et égouts. Les 30 autres millions sont applicables : 1° aux dépenses extraordinaires des édifices religieux et hospitaliers, des bâtiments municipaux et des établissements scolaires des anciens quartiers; 2° à l'achèvement de la distribution générale des eaux et du réseau des égouts ; 3° et au payement anticipé par la Ville à l'administration de l'Assistance publique du prix de vente de ses anciens marchés.

Maintenant l'administration elle-même, par la voix de l'un des membres les plus distingués du Conseil municipal, M. Devinck, va nous faire le détail des choses pour le montrer aux amis et aux ennemis. « Il suffira, dit-il, de placer sous leurs yeux l'énumération sommaire des principaux travaux exécutés de 1852 à la fin de 1865.

« Les nouvelles voies livrées à la circulation présentent une longueur de 82 kilomètres, et celles que l'emprunt de 1865 permet d'ouvrir présenteront une longueur de 22 kilomètres. La réunion des uns et des autres donne un nombre de plus de 200, dans lequel figurent de longues avenues, telles que celles de l'Impératrice, de la Reine-Hortense, de l'Empereur, de l'Alma, de Wagram, Daumesnil, d'Iéna, de Friedland, Joséphine, Rapp, Bosquet, Duquesne; de magnifiques boulevards, tels que ceux de Malesherbes, Sébastopol, Saint-Michel, Magenta, du Prince-Eugène, Saint-Marcel, Port-Royal, Haussmann, du Roi-de-Rome, de la Tour-Maubourg, et de grandes voies, telles que les rues Lafayette, Turbigo, Auber, de Rome et autres.

« Les ponts construits ou reconstruits, de compte à demi avec l'État, sont au nombre de douze, savoir : ponts Napoléon, de Bercy, d'Austerlitz, Louis-Philippe, Saint-Louis, d'Arcole, Saint-Michel, au Change, Solférino, des Invalides, de l'Alma, du Point du Jour. En outre, la Ville a racheté le pont de Grenelle.

« Le réseau des égouts s'est accru d'une longueur de 260 kilo-mètres; celui des égouts collecteurs portant bateau et wagon est de 37 kilomètres.

« Le réseau des conduites de distribution d'eau est augmenté de 575 kilomètres, et, de plus, la Ville en a acquis 250 de la Com-pagnie des eaux. A ces quantités il faut ajouter le réseau du bois de Boulogne et celui du bois de Vincennes.

« Le nombre des bornes-fontaines s'est accru de 1,300.

« La force des machines à vapeur et hydrauliques employées à monter l'eau a été augmentée d'une puissance de 12 à 1,400 chevaux, sans compter celle de 3 à 400 chevaux, achetée à la Compagnie des eaux.

« L'eau de la Dhuis a été acquise et son aqueduc construit en deux ans sur une longueur de 131 kilomètres.

« La capacité des réservoirs a été agrandie de 207,000 mètres cubes; elle n'était précédemment que de 33,000 mètres cubes. Les réservoirs construits à Passy, à Gentilly, à Charonne, à Belleville, sont aujourd'hui couverts de voûtes et les voûtes chargées de terres, ce qui permet de conserver l'eau plus pure et de la préserver des inconvénients que présentaient les anciens réservoirs, non couverts, exposés à l'action de la lumière et à toutes les variations de la température.

« La quantité d'eau distribuée chaque jour, qui n'était que de 70,000 mètres en 1852, dépasse 200,000 mètres ; elle atteindra bientôt 300,000 mètres et s'élèvera à 400,000 par vingt-quatre heures, lorsque sera fait l'aqueduc des sources élevées de l'eau de la Vanne, qui sont acquises et dont le projet de dérivation va paraître à l'enquête.

« Les édifices municipaux construits depuis 1852 s'élèvent à 171, sans comprendre ni les bâtiments départementaux ni ceux qui dépendent de l'Assistance publique, subventionnée par la Ville.

« Dans les anciennes limites quatre grandes églises : Saint-Augustin, Saint-Ambroise, Saint-François-Xavier, la Trinité ; dans la zone annexée, Notre-Dame-de-Clignancourt, Notre-Dame-de-la-Gare, Notre-Dame-de-la-Croix, Saint-Bernard, Saint-Pierre-de-Montrouge, et encore des portails mis à d'anciennes églises ; des presbytères : ceux de Saint-Germain-l'Auxerrois, Saint-Vincent-de-Paul, Saint-Leu, Saint-Étienne-du-Mont ; deux temples protestants et une maison consistoriale ; une synagogue dont les fondations sont faites.

« Les monuments de Paris dégagés : Louvre, Hôtel de Ville, Luxembourg, Sorbonne, Palais de Cluny, Tour Saint-Jacques-la-Boucherie, Saint-Germain-l'Auxerrois, Saint-Leu, Saint-Laurent, Saint-Gervais, Saint-Nicolas-des-Champs, Saint-Nicolas-du-Chardonnet, Archives de l'Empire, Théâtre-Français.

« Les lycées Saint-Louis et Bonaparte agrandis et restaurés.

« Quatre-vingt-seize écoles nouvelles construites et un grand nombre d'autres subventionnées.

« Cinq mairies nouvelles, et, de plus, les terrains acquis pour en édifier encore cinq.

« Les casernes de la garde municipale reconstruites.

« Les nouveaux bureaux d'octroi placés aux soixante-cinq portes de Paris; cinq bâtiments déjà faits pour loger les employés de ce service et dix autres qui vont être mis en adjudication.

« Les Halles Centrales élevées, de nouveaux marchés couverts, d'anciens marchés rétablis sur un meilleur modèle, parmi lesquels on peut citer le marché Saint-Honoré et le marché du Temple. En cours d'exécution le grand marché à bestiaux, l'abattoir et le chemin de fer qui doit les desservir, le tout occupant 50 hectares. L'acquisition faite à Bercy, en vue de la création possible d'un deuxième entrepôt, de terrains d'une superficie de 150,000 mètres, et des constructions qui s'y trouvent.

« Les promenades et les plantations complétement transformées. Cinquante mille arbres d'alignement transplantés sur un développement de 76 kilomètres. Aux anciennes contre-allées des boulevards et des quais, où l'on ne rencontrait aucun point de repos, ont succédé des promenades dont les allées sont couvertes de bitume et garnies de bancs.

« L'éclairage public a reçu d'importantes améliorations ; la lumière répandue sur la voie a été triplée ; l'étendue des conduites de gaz a plus que doublé ; elle atteint un développement de 930 kilomètres, et la Ville a fait un sacrifice considérable pour faire profiter les habitants des terrains annexés, au point de vue des abonnements privés, du même avantage dont jouissaient déjà les consommateurs de l'ancien Paris. Les becs qui se montaient à 12,000 sont au nombre de 30,000. Le bois de Boulogne a été transformé sur une surface de 873 hectares, dont plus de 30 hectares en pièces d'eau. Il en a été de même du bois de Vincennes agrandi, comprenant aujourd'hui 900 hec-tares, dont 22 en pièces d'eau.

« Dans l'enceinte même de la ville, on compte trois parcs qui n'occupent pas moins de 49 hectares; l'un terminé, celui de Monceaux; deux en cours d'exécution, celui des Buttes-Chau-mont et celui de Montsouris, sur le coteau de la rive gauche de la Bièvre.

« Vingt et un squares ou jardins, répartis dans les divers arrondissements ; ceux de la Tour Saint-Jacques-la-Boucherie, des Innocents, des Arts-et-Métiers, du Temple, Montholon, Vintimille, Louvois, Sainte-Clotilde, Montrouge, Grenelle, Batignolles, La Chapelle et autres; ils offrent aux habitants la jouissance d'une surface de 200,000 mètres d'ombrages ou de pelouses, sans compter 290,000 mètres de jardins autour de l'avenue de l'Impératrice, sur les plateaux des Champs-Élysées, et sur les voûtes de cette gigantesque couverture du canal Saint-Martin. Vingt-et-une nouvelles fontaines monumentales ou décoratives ont été construites.

« La transformation des anciens boulevards extérieurs est effectuée sur un développement de plus de 16 kilomètres, et les terrains sont acquis pour établir sur les hauteurs de la place du Roi-de-Rome un vaste amphithéâtre de 500 mètres de longueur sur 250 mètres de largeur. Cette place est destinée par son importance et sa situation à recevoir une décoration qui en fera bien certainement une des plus belles de Paris.

« Telle est l'énumération rapide et incomplète de ce qui a été fait pour l'assainissement et l'embellissement de la cité, ainsi que pour le bien-être de la population ; et, lorsqu'on entend tous les jours l'opinion que les étrangers manifestent à l'aspect du nouveau Paris, n'est-il pas permis de penser que la capitale de la France aura le droit de se présenter, avec une juste fierté, en 1867, au jugement du jury des nations réunies?

L'énumération est, en effet, fort éloquente.

Puisque cette notice, ce court résumé des actes du préfet de la Seine a pris la forme d'un tableau analytique de la situation de Paris même, il se terminera par un aperçu des conceptions financières qui semblent maintenant préoccuper l'administration.

Le président du comité des finances, M. Devinck, a fait ainsi prévoir ce que la Ville doit faire :

« Les grandes améliorations déjà effectuées ont préparé le dégrèvement en développant les revenus de la Ville en même temps que ceux de l'État. Réaliser un emprunt aura nécessairement pour conséquence l'accomplissement de nouvelles améliorations qui accroîtront encore ses produits ainsi que les nôtres, et qui reconstitueront promptement le chiffre de nos excédants sur une large base.

« Alors il deviendra possible à la Ville de songer, conjointement avec l'État, à l'abaissement de certaines taxes, en prenant, bien entendu, les mesures nécessaires pour en faire profiter les consommateurs et non les intermédiaires ; et, en agissant ainsi, on réalisera un acte profondément libéral dont nous serions heureux d'avoir eu l'initiative. Mais, en suivant cette direction, nous ne ferons qu'obéir à la pensée que l'Empereur exprimait aux membres du conseil municipal à l'inauguration du boulevard Malesherbes :

« Je vous recommande surtout, dans l'examen du budget, de réduire, autant que les finances le permettront, les droits qui pèsent sur les matières de première nécessité. Par là vous acquerrez de nouveaux titres à ma reconnaissance ; car si la capitale du grand empire s'honore par ses monuments qui rappellent la gloire des armes et attestent le génie des sciences et des arts, elle ne s'honore pas moins par les institutions qui témoignent d'une sollicitude incessante pour ceux qui souffrent et d'un zèle éclairé pour les intérêts généraux de cette immense agglomération, véritable cœur de la France, qui vit, comme elle, pour sa gloire et sa prospérité. »

Dans un discours prononcé le 23 décembre 1864 à la clôture des sessions du conseil municipal de Paris et de la commission départementale de la Seine, M. Haussmann a dit lui-même :

« C'est quand tous les grands travaux de Paris auront eu toute l'action qu'ils doivent avoir sur les recettes de la Ville qu'on pourra songer à réduire celles-ci. En effet, c'est une mesure qu'on ne saurait morceler sans en compromettre les fruits. De faibles atténuations de taxe profiteraient aux intermédiaires et ne descendraient pas jusqu'aux consommateurs.

« L'allégement des charges des contribuables, qui doit être pour le noble cœur de l'Empereur la plus douce des satisfactions, me représente ces bouquets de fête que les constructeurs sont dans l'usage de mettre sur le comble du bâtiment, mais qui ne se placent qu'au terme de tous les travaux du gros œuvre. »

« Lorsque nous avons osé aborder, avec une ressource libre annuelle qui n'atteignait pas 50 millions comme aujourd'hui, qui n'était guère que de 17 millions et demi, un ensemble de travaux auxquels la Ville seule a déjà consacré plus de 650 millions ; lorsqu'on eut essayé en vain de faire comprendre que l'accroissement de revenus produits par ces travaux mêmes pourrait suffire à tout, que n'eût-on pas dit si nous avions confié à ceux qui nous croyaient en voie de ruine complète des finances municipales que nous comptions bien arriver par ce chemin non-seulement à la splendeur de la cité, mais encore à sa richesse, et enfin à une réduction notable des charges de ses habitants ! »

Et plus récemment encore :

‹ En 1869, la situation financière de la Ville sera débar-
rassée du fardeau qui pèse sur elle en ce moment et dont la
masse même peut assurément motiver des appréhensions sincères chez les personnes qui ne se rendent pas un compte exact
de la puissance et de la fécondité de nos ressources municipales. Tout le monde comprendra mieux, d'ailleurs, la valeur
réelle de l'œuvre accomplie ; on pourra en constater les lacunes,
et on sera en position de juger sainement du degré d'urgence
de ce qui restera en dehors du programme exécuté.

‹ Il sera temps alors d'examiner et de décider le parti qu'il
conviendra de prendre. Continuera-t-on, sans s'arrêter, la transformation de Paris, au moyen des excédants considérables de
revenu que les opérations antérieures auront produits ? Voudra-
t-on, au contraire, pour donner la plus éclatante consécration
à ces travaux qui n'auront coûté aucun surcroît de charges à
la population, la faire bénéficier de leur résultat financier, par
un dégrèvement des taxes locales ? Ou bien ne sera-t-il pas
plus sage de faire une juste répartition des excédants entre les
deux intérêts, de manière à conserver à l'avenir des ressources
suffisantes pour aborder aussi son œuvre, tout en allégeant les
taxes les plus lourdes ? ›

Nous sortirions de notre cadre en prolongeant cette analyse
descriptive. Il est permis de croire que, telle qu'elle est, ce
n'est pas un tableau sans intérêt. M. Haussmann ne doit vouloir,
pour récit de sa vie, d'autres historiens que ses actes. Il les
laisse à juger et continue son œuvre.

Que le lecteur veuille parcourir, d'un regard rétrospectif, l'histoire de l'édilité parisienne depuis Estienne Boyleaux jusqu'au
baron Haussmann, ou, plutôt, qu'il prenne un plan de Paris
sous Louis IX (le plan dressé en 1269, il y a juste 600 ans),
avec celui du Paris de Napoléon III, en 1869, et qu'il fasse la
comparaison.

Laissant de côté tout esprit partial ou prévenu, comme aussi sachant se défendre de tout enthousiasme, qui ressemblerait à du lyrisme, qu'on me réponde, la main sur le cœur, devant Dieu et devant les hommes! comme le chef du jury prononçant un verdict, « sur son âme et sa conscience », si j'ai eu une pensée trop ambitieuse en écrivant ce parallèle? — si, un jour à venir, nos neveux ne pousseront pas l'admiration aussi loin sur la mémoire du baron Haussmann, que les Portugais d'aujourd'hui sur la mémoire du marquis de Pombal? En vain, de froids calculateurs m'opposeront des chiffres : les chiffres ont leur éloquence, je le sais, mais c'est surtout quand ils démontrent les grandes choses qu'on a su faire avec l'argent, cette puissance incontestable de notre âge moderne.

Quand un voyageur admire les Pyramides d'Égypte, celles de Chéops, de Mycérinus, de Djizeh, de Chéphrem, s'informe-t-il de ce qu'il a fallu de sacrifices, d'argent et de persévérance pour élever ces monuments indestructibles.

Quand Napoléon Ier disait aux légions républicaines : « Soldats! du haut de ces Pyramides, quarante siècles vous contemplent ! » Napoléon songeait à la grandeur monumentale de ces vestiges de l'antiquité, et non à la monnaie égyptienne que leur érection a dû dévorer.

Sans doute le Palais de Versailles, élevé à si grands frais, au milieu d'une forêt, sous Louis XIV, a dû coûter des sommes immenses ! c'est au point qu'on a prétendu que ces dépenses ont créé le déficit financier qui amena la convocation des États généraux, en 1789, et que ce fut là le germe de notre immortelle révolution française.

Il n'en est pas moins vrai que Versailles est « une des gloires de la France ! » et que le roi Louis-Philippe a illustré son règne, en créant un musée sous cette invocation nationale, qui impose aux étrangers.

Mais ne nous écartons pas trop de notre sujet :

Le 20 mai 1868, M. le Sénateur, Préfet de la Seine, adressait à l'empereur Napoléon III un rapport sur la situation financière de la Ville de Paris. Cette pièce est trop importante pour que nous n'en reproduisions pas le texte complet, car il perdrait trop à n'être qu'analysé : d'autant plus que c'est un des documents du grand procès porté, en 1869, devant le Corps législatif et le Sénat contre M. le baron Haussmann ; procès qui, après avoir reçu une solution du pouvoir parlementaire, n'a plus qu'à recevoir, en dernier ressort, un arrêt confirmatif de la justice suprême, qu'on appelle :

L'*Histoire contemporaine !* .

SIRE,

Votre Majesté désire savoir quelle sera la situation financière faite à la Ville de Paris par son traité avec le Crédit foncier de France, qui est en ce moment soumis à l'examen du Corps législatif ; en d'autres termes, quelle sera l'importance des ressources annuelles dont la Ville aura la libre disposition, soit pour faire face aux améliorations d'utilité publique réclamées encore par les besoins de la cité, soit pour effectuer, par des abandons de revenu, le dégrèvement des impôts ou des charges locales. C'est ce que je vais m'efforcer de préciser aussi nettement que possible.

I.

A l'égard des mesures de dégrèvement, comme pour toutes celles qui intéressent le bien-être des masses, la pensée de l'Empereur a devancé les demandes des plus impatients. Voici les paroles mêmes que Sa Majesté prononçait, le 13 août 1861, à l'inauguration du boulevard Malesherbes :

« Je félicite la Ville des mesures prises ou adoptées pour améliorer le sort de la classe la plus nombreuse. Ainsi, elle s'occupe d'amener à Paris de l'eau qu'on payera moins cher ; elle exonère de l'impôt les loyers au-dessous de 250 francs ; elle a organisé la boulangerie de manière à ce que, dans un cas de disette, le pain ne pourra pas excéder un certain taux ; elle cherche à diminuer le prix de la viande, non-seulement par la liberté de la boucherie, mais encore par la création d'un marché unique qui garantira mieux l'intérêt du consommateur ; enfin, elle multiplie partout les églises, les écoles et les établissements de bienfaisance.

« Pour travailler suivant le même ordre d'idées, je vous recommande
surtout, dans l'examen de votre budget, de réduire, autant que les finances
le permettront, les droits qui pèsent sur les matières de première nécessité.

« Par là, vous acquerrez de nouveaux titres à ma reconnaissance. . . »

L'administration municipale de Paris s'est toujours montrée jalouse de
réaliser ce vœu de l'Empereur. Pour le faire utilement, elle a dû s'imposer
l'obligation d'attendre le terme des nombreuses entreprises de tout ordre
où la Ville se trouvait engagée, et qui, devant une de ces grandes œuvres
accomplies, avaient évidemment motivé la réserve faite par Sa Majesté, au
sujet de l'équilibre des finances ; mais elle a su du moins se maintenir
jusqu'au bout dans l'observation du programme qu'elle s'était tracé elle-
même dès le début, et qui peut se résumer ainsi : « Pas de surcroîts d'impôt,
pas de surtaxes locales grevant la population dans le présent ni dans
l'avenir. » En effet, ainsi que je le démontrerai ci-après, elle a pu faire face,
non certes sans difficulté, mais par un labeur opiniâtre, à toutes les dépenses
et à tous les embarras de trésorerie d'opérations colossales, sans engager
rien autre chose que les accroissements de recettes graduellement produites
par ces fécondes opérations.

Or, je ne saurais trop le répéter, le maintien pendant quinze ans, malgré
l'élévation sensible du prix de toutes choses, signe irrécusable d'une diminution de la valeur monétaire, de droits *fixes*, tels que ceux de l'octroi de
Paris, dont le tarif ne comporte pas une seule perception *ad valorem*, était
déjà l'équivalent d'une réduction notable de ces droits, et pouvait justifier
l'ajournement d'une mesure plus efficace encore, et dans tous les cas plus
saisissante, jusqu'au moment où la renonciation de la Ville à une portion
quelconque de ses revenus ne risquerait de compromettre ni l'achèvement
des entreprises qui en avaient augmenté l'importance, ni l'accomplissement
d'autres œuvres également utiles.

« Ce n'est pas aujourd'hui seulement, disais-je au Conseil municipal, dès
le 23 décembre 1864, que le dégrèvement des taxes locales nous est apparu
comme l'un des effets de notre œuvre. Toutefois, nous pensons qu'il en doit
être le terme et non pas un incident.

« C'est quand les grands travaux de Paris auront eu toute l'action qu'ils
doivent avoir sur les recettes de la Ville, qu'on pourra songer sérieusement
à réduire celles-ci. En effet, c'est une mesure qu'on ne saurait morceler
sans en compromettre les fruits. De faibles atténuations de taxes profiteraient aux intermédiaires et ne descendraient pas jusqu'aux consommateurs. »

« L'allégement des charges des contribuables, qui doit être pour le noble
cœur de l'Empereur la plus douce des satisfactions, me représente ces bouquets de fête que les constructeurs sont dans l'usage de mettre sur le comble

du bâtiment, mais qui ne se placent qu'au terme de tous les travaux du gros œuvre. »

Certainement, les grands travaux qui sont achevés ou en cours d'exécution à Paris laisseront encore beaucoup de lacunes à combler dans le système des voies publiques de la capitale ; mais, si l'Empereur me permet de reproduire ici une opinion que j'ai exprimée ailleurs, et que j'avais déjà essayé, mais en vain, de faire prévaloir dans le sein du Conseil municipal, avant l'entreprise du troisième réseau des voies nouvelles, il semble à propos de laisser à la population le temps de reconnaître et de signaler ces lacunes, lorsque les opérations qui se poursuivent, et dont les ressources sont assurées par les traités faits avec les compagnies dont le Crédit foncier est devenu cessionnaire, auront été complétement menées à fin, c'est-à-dire en 1869 ou au commencement de 1870, au plus tard. Alors, mais alors seulement, on jugera sainement du degré d'urgence de ce qui restera encore à exécuter ; on sera en position de constater l'importance des revenus libres de la Ville, et d'en faire une sage répartition entre les mesures de dégrèvement voulues par l'Empereur, non moins désirées par l'administration municipale de Paris, comme devant donner la plus éclatante consécration à ses grands travaux, et les nombreux intérêts qui resteront encore à satisfaire dans les différents services qu'embrasse l'édilité.

Les améliorations de la voie publique ne sont pas les seules auxquelles cette administration ait consacré jusqu'à présent, et ait encore besoin d'affecter des sommes considérables. L'abondance croissante des revenus de la Ville a favorisé non-seulement l'exécution des boulevards et des rues magistrales dont la nécessité avait été reconnue, mais encore d'autres entreprises municipales qui, à des degrés divers, ont su exciter la sympathie de nombreux approbateurs. Chez les uns, c'est du côté des édifices religieux et des fondations hospitalières ; chez les autres, c'est vers les établissements scolaires que s'est portée une certaine préférence. Il en est, enfin, qui ont été plus particulièrement frappés par les œuvres intéressant la santé publique : distributions d'eau, constructions d'égouts, créations de jardins publics, de squares et plantations d'arbres d'alignement. Or, si l'on devait absorber par des dégrèvements toute la portion des ressources municipales qui n'est pas réclamée par les dépenses ordinaires ou par le service de la dette, on rendrait impossible la continuation de ces grands travaux de Paris, qui font l'admiration du monde entier, et les autres améliorations de tout ordre qu'il y a lieu de poursuivre dans les diverses branches de l'administration publique.

Pour que l'Empereur puisse bien apprécier l'importance des intérêts qu'il s'agit de sauvegarder de ce côté, je crois à propos de faire passer sous les yeux de Sa Majesté quelques chiffres qui me semblent significatifs.

Pendant les quinze années de mon édilité, c'est-à-dire depuis le commencement de 1853 jusqu'à présent, la Ville a exécuté ou engagé de grands travaux de voirie pour une somme énorme ; car la dépense nette de ces travaux, qui seront achevés, comme je l'ai dit plus haut, vers la fin de 1869, ne s'élèvera pas à moins de 884,400,224 fr. 08 c., savoir :

Dans l'ancien Paris.	799,033,428	24 (1)
Dans la zone annexée	85,366,795	84
Somme égale.	884,400,224	08 (2)

(1) La dépense des grandes opérations de voirie, pour les trois réseaux exécutés dans l'ancienne ville, a été évaluée, en somme ronde, à 982 millions, dans un mémoire que j'ai adressé au Conseil municipal, le 9 décembre dernier, en lui présentant le budget de la Ville pour 1868. Les calculs, dont cette somme était le résultat, ne tenaient compte que des rentrées réalisées sur le montant des ventes de matériaux de démolition et des reventes de terrains disponibles ; ils y laissaient figurer, d'ailleurs, la portion de la dépense nette, compensée par des subventions de l'État, qui s'élève à 93,728,314 fr. 07 c. La somme de 799,033,428 fr. 24 c , ci-dessus, est l'expression exacte de la charge que la Ville aura supportée, en fin de compte, du chef de ses trois réseaux, déduction faite des subventions de l'État, aussi bien que de toutes les autres ressources spéciales.

(2) En 1852, les voies publiques de Paris avaient une longueur totale de 384 kilomètres, réduite aujourd'hui de 49 kilomètres par la suppression de celles de ces voies qui ont disparu dans la transformation de l'ancienne ville, et ramenée ainsi à 335 kilomètres.

Les grandes opérations de voirie exécutées ou en cours d'achèvement comprennent, savoir : celles des premier et deuxième réseaux entrepris par la Ville, avec le concours de l'État, 47 kilomètres, et celles qui sont restées à la charge de la Ville seule, 43 kilomètres ; ensemble, 90 kilomètres ou plus de 22 lieues communes. — Elles ne figurent que pour 64 kilomètres, ou 16 lieues, dans mon mémoire du 9 décembre dernier, 1° parce qu'on avait déduit alors, de la longueur des voies nouvelles, non-seulement celles des voies supprimées dont les premières suivent le tracé, mais encore la somme des largeurs des voies dont elles traversent l'ancien sol, tandis qu'ici la même déduction ferait double emploi avec le retranchement opéré plus haut de la longueur totale des voies supprimées de celle du réseau général. — Si l'on réunit aux 90 kilomètres de voies nouvelles créées par la Ville la longueur des rues ouvertes par divers particuliers depuis quinze ans, soit environ 5 kilomètres, on a, pour le tout, 95 kilomètres. C'est plus du quart en sus de la longueur constatée en 1852.

Lors de l'extension des limites de Paris, la longueur des voies publiques classées dans la zone suburbaine était déjà de 355 kilomètres. Après une étude attentive des besoins des territoires annexés, on reconnut la convenance de classements nouveaux, comprenant 29 kilomètres de voies déjà ouvertes, mais sans tracé régulier ni entretien normal. L'ancien réseau se trouva ainsi porté à 384 kilomètres, chiffre identique avec celui qui résume la totalité des voies de

Mais les autres dépenses extraordinaires de toute nature qui ont été faites durant la même période montent à un total encore plus considérable : 981,369,862 fr. 01 c.

Dans ce total, figure une somme de 273,539,301 fr. 39 c., qu'il a fallu,

---

l'ancien Paris en 1852; on peut juger, par ce rapprochement, de l'étendue des charges que l'annexion imposait à la Ville.

Par suite des grands travaux exécutés depuis 1860 dans la zone suburbaine, on y a supprimé 5 kilomètres de voies anciennes, ce qui a ramené le total à 379 kilomètres.

Les percements qui ont amené ces suppressions ont créé un nouveau réseau qui n'a pas moins de 37 kilomètres. En y joignant 4 kilomètres de rues nouvelles ouvertes par divers particuliers, on trouve un total de 41 kilomètres. C'est plus du neuvième de la longueur des voies classées avant l'annexion.

Mais la comparaison des longueurs des voies anciennes et des voies nouvelles ne donne qu'une idée incomplète des facilités procurées à la circulation, et de l'amélioration apportée aux conditions sanitaires de la ville.

La surface des voies publiques de l'ancien Paris, qui avaient un parcours de 384 kilomètres en 1852, ne dépassait pas 4,530,000 mètres carrés (453 hectares). Il en résulte que leur largeur moyenne était d'environ 12 mètres. Les voies supprimées, dont la longueur était de 49 kilomètres, n'avaient pas plus de 325,000 mètres carrés (environ 32 hectares) de superficie : leur largeur moyenne n'atteignait donc pas 7 mètres.

Dans la zone annexée, malgré les nombreuses routes impériales et départementales, établies tout d'abord sur de grandes largeurs, qui la traversaient de toutes parts, les 384 kilomètres de voies classées, avant ou après l'annexion, ne couvraient que 501 hectares, c'est-à-dire que leur largeur moyenne était de 13 mètres environ.

Au contraire, les 95 kilomètres que donne la réunion des voies créées dans l'ancien Paris mesurent, en surface, 2,332,000 mètres carrés (233 hectares) ; leur largeur moyenne est donc de plus de 24 mètres. Tandis qu'elles n'augmentaient que d'un quart la longueur de l'ancien réseau, elles en ont accru la superficie de moitié.

Les 41 kilomètres de voies nouvelles, que la Ville a percées dans la zone suburbaine, comprennent 769,000 mètres carrés (près de 77 hectares). La largeur moyenne de ces voies dépasse encore 18 mètres. Elles ont augmenté de près d'un sixième la surface totale des anciennes voies.

Quant aux rues ouvertes par divers particuliers, tant dans l'ancienne ville que dans la zone suburbaine, elles couvrent une superficie totale de 110,000 mètres carrés (11 hectares) pour une longueur de 9 kilomètres environ. Elles ont donc 12 mètres de largeur moyenne.

En somme, le réseau général des voies publiques de Paris agrandi a aujourd'hui un développement de 850 kilomètres (212 lieues communes) en longueur, et 12,294,000 mètres carrés (1,229 hectares) en surface. — Les voies nouvelles créées depuis quinze ans comptent dans ces chiffres pour 136 kilomètres (près de 34 lieues communes), et 310 hectares.

La superficie de la ville entière est de 7,802 hectares, dans laquelle l'ancien Paris entre pour 3,402, et la zone suburbaine pour 4,400.

avant tout, prélever sur les excédants de revenu de la Ville, pour assurer le service de la dette : 136,892,911 fr. 22 c. ont été ainsi payés en exécution d'engagements antérieurs à mon administration, et 136,646,390 fr. 17 c. par suite d'engagements nouveaux (1).

Voici l'emploi des 707,830,560 fr. 62 c. de surplus, en constructions et améliorations diverses :

Édifices religieux.	61,420,167	81 (2)
Établissements hospitaliers.	55,741,164	77 (3)
A reporter	117,161,332	58

(1) Ce chiffre comprend 2,344,564 fr. 51 c. payés en l'acquit des communes dont les territoires ont été annexés en totalité ou en partie à Paris, en exécution de la loi du 16 juin 1859.

(2) Les dépenses des édifices religieux sont de nature très-diverse. Elles comprennent : 1° l'achèvement des églises Sainte-Clotilde et Saint-Vincent-de-Paul, commencées, dans l'ancien Paris, sous le gouvernement de Juillet, et des églises Saint-Jean-Baptiste, Saint-Bernard, Notre-Dame-de-Clignancourt et Notre-Dame-de-la-Gare, entreprises, avant l'annexion, par les communes de Belleville, de la Chapelle, de Montmartre et d'Ivry; 2° la construction des églises de la Trinité et de Saint-Augustin, déjà livrées au culte ; de Saint-Ambroise, de Saint-Joseph, de Notre-Dame-de-la-Croix, à Ménilmontant, de Notre-Dame-des-Champs, de Saint-Pierre de Montrouge et de Saint-François-Xavier, arrivées à des degrés d'achèvement plus ou moins avancés ; 3° la construction du temple réformé du Saint-Esprit, rue Roquépine, et du temple de la Résurrection (confession d'Augsbourg), à Grenelle, déjà livrés au culte ; des temples israélites de la rue de la Victoire et de la rue des Tournelles, en cours d'exécution ; 4° l'achat des églises Saint-Eugène, Saint-Martin-des-Champs, Saint-Éloi, Saint-Marcel et Saint-Michel des Batignolles; 5° l'achat des presbytères de Saint-Sulpice, Saint-Thomas-d'Aquin, Saint-François-Xavier, Saint-Pierre-du-Gros-Caillou, et la construction de ceux de la Trinité, Saint-Germain-l'Auxerrois, Saint-Leu, Saint-Vincent-de-Paul, Saint-Nicolas-du-Chardonnet, Saint-Bernard et de la maison consistoriale de l'Oratoire; 6° la consolidation, l'agrandissement, la restauration, la décoration ou l'isolement d'un grand nombre d'édifices anciens, dont quelques-uns ont motivé des ouvrages très-considérables et très-coûteux (Saint-Étienne-du-Mont, Saint-Leu, Saint-Germain-l'Auxerrois et Saint-Laurent, par exemple, dans le détail desquels je ne saurais entrer ici.

(3) Au moyen des sommes très-considérables affectées par la Ville aux dépenses extraordinaires des établissements hospitaliers, et de celles que l'administration de l'Assistance publique a pu y consacrer sur ses ressources propres, on a obtenu les résultats suivants : 1° achèvement de l'hôpital Lariboisière, commencé sous le gouvernement de Juillet; 2° création d'un second hôpital pour les enfants malades (Sainte-Eugénie), de l'hôpital de Berck-sur-Mer, de la maison de retraite Chardon-Lagache, et du magasin général des établissements hospitaliers; 3° reconstruction et isolement de l'Hôtel-Dieu, en cours d'exécution; 4° achat de terrains pour la fondation d'un nouvel hôpital à Ménilmontant; 5° translation et reconstruction, dans des proportions doublées, de la maison municipale de Santé, au faubourg Saint-Denis; de Sainte-Périne,

Report	117,161,332	58
Édifices municipaux de toute nature : Hôtel de Ville, mairies, casernes, bâtiments d'octroi, facultés, lycées, écoles, etc.	129,366,503	88 (1)
A reporter.	246,527,836	46

à Auteuil ; des Petits-Ménages et de l'hospice de Villas, à Issy ; des Incurables (hommes et femmes), à Ivry ; 6° agrandissement de la Pitié et Cochin, par la construction de bâtiments spéciaux pour les services d'accouchement ; de l'hôpital Saint-Louis, par la construction de bains ; des hospices de Bicêtre et de la Salpêtrière, par la construction de nouveaux quartiers ; de la Boulangerie centrale, par l'installation d'une meunerie et de magasins ; 7° consolidation et restauration d'un grand nombre de bâtiments anciens ; 8° augmentation et amélioration du mobilier, du linge et du vestiaire de l'ensemble des établissements hospitaliers ; 9° enfin, création de 28 nouvelles maisons de secours, spécialement dans la zone annexée.

Le nombre des lits d'hôpital, qui était de 6,743 en 1852, est maintenant de 7,820. On en a donc créé 1,077, sans parler de 500 lits supplémentaires qui peuvent être installés en cas de besoin. Mais une organisation nouvelle, commencée en 1854, rend les mêmes services que la création de près de 2,400 autres lits de malades : c'est celle du traitement à domicile ; 63,395 malades ont été soignés ainsi en 1867.

Le service des consultations gratuites a reçu aussi une grande extension. Il a été donné, dans la même année, 684,610 consultations de ce genre (329,521 dans les hôpitaux, et 355,089 dans les maisons de secours).

Le nombre de lits dans les hospices et maisons de retraite a aussi été augmenté : de 10,629, on l'a porté à 11,260. C'est 631 lits de plus. On a organisé d'ailleurs un service dit de secours d'hospice à domicile, dont profitent déjà 1,137 personnes (427 hommes et 710 femmes).

Enfin, les bureaux de bienfaisance ont également vu s'élargir le cercle de leur action. De 63,133, le nombre des indigents secourus a monté à 105,119. Il a crû dans la même proportion que la population de la Ville agrandie.

(1) Reconstruction du campanile de l'Hôtel-de-Ville, surélévation des galeries affectées au service d'architecture et à celui du Plan de Paris, restauration de la cour Louis XIV, des grands appartements, etc., construction d'un bâtiment annexe pour l'installation des Archives, de l'administration de l'Octroi, du service municipal des Travaux publics, des Caisses de la Boulangerie et des Travaux de Paris, construction des nouveaux magasins de la Ville, acquisition et restauration de l'hôtel Carnavalet, restauration de la tour Saint-Jacques, etc.

Construction des hôtels de mairie des 1er, 3e, 4e, 7e et 11e arrondissements nouveaux, aujourd'hui achevés, et des 13e, 15e, 16e et 20e, en cours d'exécution.

Acquisition et installation d'un hôtel pour l'État-major de la Garde Nationale et d'une nouvelle maison d'arrêt pour le même service.

Construction d'hôtels pour les États-Majors de la Garde de Paris et des Sapeurs-Pompiers, des casernes de la rue de la Banque, de la place Lobau et de la Cité (Garde de Paris), de la rue Pigalle, de Passy, de la Villette, de Ménilmontant, de la rue de Charenton et de Grenelle (Sapeurs-Pompiers) ; enfin, de 24 des bâtiments consacrés au logement des employés de l'octroi.

— 220 —

Report 246,527,836 46

Halles, marchés, abattoirs 38,533,041 70 (1)

Voie publique et promenades : Reprises d'aligne-

A reporter. 285,060,878 16

Construction de nouvelles salles en remplacement de celles du Théâtre-Lyrique, du Cirque-Impérial, de la Gaîté, du Vaudeville et du Panorama, expropriées pour cause d'utilité publique.

Construction de la maison Eugène-Napoléon.

Acquisition d'immeubles, pour l'agrandissement de la Sorbonne. Agrandissement et restauration complète des lycées Bonaparte et Saint-Louis; consolidation des combles du lycée Napoléon, et établissement de nouvelles classes au lycée Charlemagne. Reconstruction du collége municipal Rollin, du collége Chaptal, agrandissement de l'école Turgot, construction d'une troisième école professionnelle (rue Château-Landon); installation nouvelle, sur de plus larges proportions, de l'école supérieure de filles. Reconstruction de l'Institut des Frères de la Doctrine Chrétienne, rue Oudinot, et des maisons de la rue du Faubourg-Saint-Martin et de la rue Saint-Bernard. Enfin, construction, reconstruction, agrandissement, restauration et ameublement d'une foule d'établissements scolaires de tout ordre dans tous les quartiers de la ville.

En 1852, il existait dans Paris, et sur les territoires qui ont été annexés depuis lors à cette ville, 1,077 établissements scolaires, recevant 111,150 élèves, savoir : 298 établissements communaux, qui réunissaient 59,153 élèves, et 779 établissements libres, qui en avaient un peu moins, malgré leur grande supériorité de nombre : 55,217.

En 1868, Paris compte 1,642 établissements scolaires renfermant 174,620 élèves, savoir : 454 établissements communaux recevant 92,908 élèves, et 1,188 établissements libres qui restent toujours très-supérieurs en nombre à ceux de la Ville, mais toujours moins fréquentés qu'eux; car ils n'ont ensemble que 81,712 élèves.

Quoi qu'il en soit, il est évident que les statistiques où l'on ne tient compte que des établissements communaux donnent une idée très-fausse du développement de l'instruction populaire à Paris. La présence dans les écoles de près du dixième de la population d'une ville dont beaucoup de familles font élever leurs enfants à domicile ou les confient aux nombreux lycées et pensions qu'elle renferme prouve l'exagération du reproche d'insuffisance adressé à l'organisation de l'enseignement primaire communal.

L'administration municipale ne s'est pas contentée de créer 156 établissements scolaires nouveaux. La plupart des anciens ont été reconstruits ou agrandis. L'enseignement populaire du dessin et du chant n'a pas seulement été assuré par des écoles spéciales : il a été introduit dans les écoles primaires de garçons et de filles. En un mot, rien n'a été épargné pour propager et rehausser l'instruction élémentaire. Et, loin de s'arrêter, les efforts continuent. L'enseignement professionnel, organisé dans les colléges Chaptal et Turgot, va être étendu non-seulement par une meilleure installation de ces établissements, mais encore par la création de nouvelles écoles du même genre. Une d'elles pourra être ouverte cette année même.

(1) L'emplacement des Halles Centrales a une superficie de 60,000 mètres

Report	285,060,878	16
ments et pavages neufs sur les voies anciennes, trottoirs, contre-allées plantées, parcs, squares et promenades publiques, appareils d'éclairage. . . .	195,513,820	30 (1)
A reporter.	480,574,698	46

carrés (6 hectares). Les six pavillons formant le premier groupe sont depuis longtemps en service. Les deux principaux pavillons du second groupe ont été récemment livrés au commerce. Deux autres le seront incessamment.

Le marché du Temple et les marchés Saint-Honoré et Saint-Quentin ont été reconstruits.

Quatorze marchés couverts ont été construits en remplacement de stationnements établis sur la voie publique.

Enfin, un marché à bestiaux et des abattoirs généraux, mis en communication par un chemin de fer spécial avec toutes les grandes lignes, par le chemin de ceinture, ont été ouverts depuis un an. L'ensemble de ces établissements n'occupe pas moins de 50 hectares de terrain, à droite et à gauche du canal de l'Ourcq, entre les routes d'Allemagne et de Flandre, le mur des fortifications et le canal Saint-Denis.

On a pu supprimer les abattoirs du Roule, de Montmartre et de Popincourt, qui étaient des causes d'incommodité pour les quartiers, de plus en plus habités, au sein desquels ils occupaient des emplacements précieux.

(1) La longueur développée des trottoirs dans l'ancien Paris était, en 1852, de 287,200 mètres courants (287 kilomètres), et leur surface de 730,000 mètres carrés (73 hectares). Ceux qui existent aujourd'hui ont un parcours total de 746,700 mètres (près de 747 kilomètres), et couvrent une superficie de 1,601,000 mètres carrés (160 hectares). Les trottoirs de la zone suburbaine avaient, au moment de l'annexion, 136,805 mètres courants (environ 137 kilomètres), et une surface de 341,600 mètres carrés (34 hectares). Maintenant, ils ont 341,594 mètres courants (341 kilomètres 1/2), et 1,365,550 mètres carrés (136 hectares 1/2). L'augmentation a été de 459 kilomètres et 87 hectares dans l'ancien Paris, et de 204 kilomètres 1/2 et 102 hectares dans la zone suburbaine ; en tout, 663 kilomètres (165 lieues communes environ) et 189 hectares.

L'ensemble des trottoirs existant aujourd'hui dans Paris n'a pas moins de 1,088 kilomètres (272 lieues communes) en longueur, et de 296 hectares en surface.

Quant aux contre-allées plantées, dans l'ancien Paris, où elles avaient un parcours de 38,520 mètres courants (38 kilomètres), et une surface de 410,000 mètres carrés (41 hectares), elles mesurent, en longueur, 83,498 mètres courants (83 kilomètres 1/2), et en superficie, 806,000 mètres carrés (80 hectares 1/2). Dans la zone suburbaine, au lieu de 26,570 mètres courants (26 kilomètres 1/2) et 310,850 mètres carrés (31 hectares), on trouve 112,952 mètres courants (113 kilomètres) et 937,600 mètres carrés (93 hectares 1/2).

L'augmentation a donc été de 44,978 mètres courants (45 kilomètres) et 396,000 mètres carrés (39 hectares environ) d'un côté, et de 86,382 mètres courants (86 kilomètres 1/2) et 626,750 mètres carrés (62 hectares 1/2) de l'autre, en tout de 131 kilomètres et de 102 hectares.

Report	480,574,698	46	
Eaux et égouts. ·	157,422,137	44	(1)
A reporter	637,996,835	90	

Il existait, en 1852, 32,000 arbres d'alignement dans l'ancien Paris, et en 1860, 18,466 dans la zone suburbaine. La réunion des deux nombres donne 50,466. Maintenant, on compte 55,824 arbres d'alignement dans l'ancien Paris, et 39,753 dans la zone suburbaine, en tout 95,577. Le total a donc presque doublé. Il n'y a, d'ailleurs, aucune comparaison à faire entre les soins donnés jadis à ces plantations et ceux qu'elles reçoivent aujourd'hui.

Les bois de Boulogne et de Vincennes ont été non-seulement transformés, mais encore agrandis. Le premier a 847 et le second 800 hectares de contenance.

Le parc des Buttes-Chaumont, aujourd'hui terminé, en compte 25 ; celui de Montsouris, qui est en cours d'exécution, 18, et enfin le parc Monceaux, qui est, depuis plusieurs années, un type d'entretien perfectionné, 8 1/2.

Les 21 squares qui ont été créés depuis 1852 en contiennent ensemble 9.

Les Champs-Élysées et l'avenue de l'Observatoire, transformés, mesurent, savoir : les Champs-Élysées, 18 hectares 1/2, et l'avenue de l'Observatoire, 3. Quant aux créations nouvelles, l'avenue de l'Impératrice a 12 hectares, le boulevard Richard-Lenoir, près de 5; la place du Roi-de-Rome, 23.

Les places plantées, qui sont presque toutes de création moderne, ont ensemble de 18 à 19 hectares.

L'ancien Paris avait, en 1852, 12,579 appareils d'éclairage (12,494 au gaz et 85 à l'huile). Aujourd'hui, on y compte 21,061 appareils (20,781 au gaz et 280 à l'huile). L'augmentation a été de 8,482 appareils.

La zone suburbaine ne possédait en 1860 que 2,918 appareils d'éclairage (2,484 au gaz et 434 à l'huile). Elle en a 12,798 (11,539 au gaz et 1,259 à l'huile). L'augmentation a été de 9,880 appareils.

L'éclairage de la Ville entière est fait aujourd'hui par 33,859 appareils (32,320 au gaz et 1,539 à l'huile).

(1) En 1852, le service d'eau de Paris reposait sur l'aqueduc d'Arcueil, qui amène 1,000 mètres cubes d'eau provenant des sources de Rungis, le canal de l'Ourcq et l'aqueduc de ceinture, qui distribuait 105,000 mètres cubes d'eau provenant de la rivière d'Ourcq et de ses affluents, les anciennes machines de Chaillot, du Gros-Caillou et du pont Notre-Dame, qui élevaient environ 7,000 mètres cubes d'eau de Seine ; enfin, le puits de Grenelle, qui fournit 600 mètres cubes environ. La Ville ne pouvait donc distribuer plus de 112,600 mètres cubes d'eau en tout par vingt-quatre heures.

Aujourd'hui, indépendamment des 1,000 mètres cubes de l'aqueduc d'Arcueil, des 105,000 mètres cubes de l'Ourcq et des 600 mètres cubes du puits de Grenelle, la Ville dispose de 88,000 mètres cubes d'eau de Seine, élevée, savoir : 60,000 mètres cubes par les nouvelles machines qu'elle a fait construire à Chaillot et au pont d'Austerlitz, et 28,000 par les usines à feu de Maisons-Alfort, de Port-à-l'Anglais, d'Auteuil, de Neuilly et de Saint-Ouen, qu'elle a acquises de la Compagnie des Eaux. Elle a creusé le puits de Passy, qui débite 8,000 mètres cubes environ.

Report. 637,996,835 90

. Concours de la Ville dans la dépense de construction ou de reconstruction de ponts et quais à la

A reporter 637,996,835 90

Elle a, en outre, acheté les eaux et usines de Saint-Maur, et elle a créé sur ce point, à grands frais, un vaste établissement hydraulique, qui élève 40,000 mètres cubes d'eau de Marne par vingt-quatre heures. Elle a d'ailleurs fondé, à Tribardou et à Iles-les-Meldeuses, deux autres établissements hydrauliques versant ensemble 80,000 mètres cubes d'eau de Marne dans le canal de l'Ourcq. Enfin, elle a construit l'aqueduc de la Dhuis, qui débite de 24,000 à 30,000 mètres cubes d'eau de sources. Elle dispose donc maintenant de 350,000 mètres cubes environ par vingt-quatre heures.

Cette quantité s'augmentera de 100,000 mètres cubes d'eau de sources qu'amènera l'aqueduc de la Vanne, en cours de construction, et du produit de deux nouveaux puits artésiens que l'on creuse à la Butte-aux-Cailles et à la place Hébert.

Les cinq anciens réservoirs de Monceau, Racine, Saint-Victor, du Panthéon et de Vaugirard, ne contenaient que 33,569 mètres cubes. Ceux qu'on a établis à Passy, à Ménilmontant, au télégraphe de Belleville, aux Buttes-Chaumont, à Charonne, à Gentilly et six autres petits réservoirs acquis de la Compagnie des Eaux, peuvent recevoir 210,288 mètres cubes de plus.

Bien que les conduites de distribution qui existaient en 1852 eussent une longueur totale de 705,360 mètres courants, elles étaient, en général, d'un si faible diamètre qu'elles ne pouvaient débiter les 112,600 mètres cubes d'eau dont la Ville pouvait alors disposer en vingt-quatre heures. Jamais, en effet, il n'en avait été distribué plus de 80,000 mètres cubes.

De 1852 à 1867, il a été posé 617,640 mètres courants de conduites nouvelles, dont beaucoup ont 40, 50, 60, 80 centimètres, et jusqu'à 1 mètre et 1 m. 10 cent. de diamètre.

Un grand nombre d'anciennes conduites ont d'ailleurs été remplacées par de plus fortes.

Des 674,640 mètres de conduites nouvelles, 337,000 ont été posées dans la zone suburbaine, qui n'avait, avant l'annexion, que de très-petites conduites, presque toutes remplacées aujourd'hui.

Le réseau général comprend maintenant 1,380,000 mètres courants (345 lieues communes) de conduites de tout diamètre.

Quant aux égouts, il y en avait, en 1852, dans l'ancien Paris, 107,430 mètres courants; mais, à l'exception de l'égout de ceinture, les plus grands n'excédaient guère 1 mètre 80 cent. de hauteur sous clef et 75 ou 80 centimètres de largeur à la naissance des voûtes. Ceux de la zone suburbaine étaient de plus petites sections; ils avaient, en 1866, une longueur développée de 39,300 mètres courants.

Il a été construit, de 1852 à 1837, dans l'ancien Paris, 197,870 mètres courants d'égouts de sections diverses, dont la moindre donne 2 mètres 30 cent. de

Report.	637,996,835	90
charge de l'État	17,214,831	80 (1)
Concours de la Ville dans les dépenses de l'Exposition Universelle.	6,000,000	»
Opérations communes avec la Liste Civile, le Département, les hospices, les fabriques, etc. . .	17,940,948	09
Opérations diverses.	28,677,944	83
Somme égale. . . .	707,830,560	62

Ce total doit être réparti de la manière suivante :

Paris ancien	483,044,527	61
Zone annexée	224,786,033	01 (2)

hauteur sous clef, et 1 mètre 30 cent. de largeur à la naissance des voûtes. Les hauteurs des autres varient de 2 mètres 40 cent. à 3 mètres 90 cent., et leurs largeurs, de 1 mètre 50 cent. à 4 mètres.

On a établi, dans la zone suburbaine, 165,560 mètres courants d'égouts neufs de sections réglementaires. De plus, on a fait 8,200 mètres courants de collecteurs hors Paris, pour conduire en Seine, à Asnières et à Saint-Denis, les eaux rejetées de la ville.

Enfin, on a refait et agrandi la plus grande partie des petits égouts tant du nouveau que de l'ancien Paris.

Aujourd'hui, le réseau général des égouts, qui a un développement total de 517,860 mètres courants (de 129 à 130 lieues communes), ne comprend plus que 15,840 mètres des anciens types. 242,670 mètres sont de la nouvelle section minima (2 mètres 30 cent. sur 1 mètre 30 cent.). Il n'y a pas moins de 176,160 mètres courants d'égouts de grands types, c'est-à-dire munis de rails ou portant des bateaux-vannes.

(1) On a construit les ponts Napoléon, Solférino, de l'Alma et du Point-du-Jour, et reconstruit les ponts de Bercy, d'Austerlitz, Louis-Philippe, d'Arcole, Saint-Louis et Notre-Dame, le Pont-aux-Doubles, le Petit-Pont, le pont au Change, le pont Saint-Michel et celui des Invalides. On a restauré complétement le Pont-Neuf ; enfin, la Ville a racheté le péage du pont de Grenelle.

(2) En réunissant à cette somme de	224,786,033	01
Celle qui a été employée en grands travaux de voirie dans la zone annexée	85,366,795	84
Et celle qui a été payée pour extinction des dettes à la charge des territoires compris dans cette zone.	2,344,564	51
On trouve un total de	312,497,393	36

Il doit y être pourvu, pour 200 millions, au moyen du produit de l'emprunt de 1865, conformément à une disposition de la loi du 12 juillet de la même année. Le surplus, soit 112,497,393 fr. 36 c., est resté à la charge du revenu de la Ville.

Si l'élévation de ces deux chiffres démontre combien a été vive et féconde, des deux côtés, l'impulsion donnée par l'administration municipale aux améliorations locales de toute espèce, il serait imprudent de considérer la tâche comme accomplie et de placer la Ville, par des réductions excessives ou prématurées, dans la nécessité de repousser absolument toute demande d'améliorations nouvelles.

II

En réunissant au montant des dépenses de grande voirie	884,400,224 08
Celui des autres dépenses extraordinaires de toute nature	981,369,862 01
On trouve un total de.	1,865,770,086 09
Sur ce total, il a été payé	1,399,994,890 17(1)
Et il reste à payer, savoir :	

1° Pour les annuités à échoir des subventions municipales assurées aux Compagnies conces-

A reporter. 1,399,994,890 17

---

(1) Voici les ressources au moyen desquelles cette somme énorme a été couverte :

	Excédants des recettes ordinaires sur les dépenses de même ordre.	705,696,276 36
Fonds de budget.	Montant des recettes extraordinaires, autres que celles provenant des subventions de l'État et des ressources spéciales des grands travaux de voirie :	
	1° Recettes accidentelles (ressources variables, d'origines très-diverses, classées parmi les recettes extraordinaires, à cause de leur défaut de fixité, qui ne permet pas de les faire entrer dans le cadre des recettes extraordinaires)	62,149,769 46
	2° Recettes extraordinaires proprement dites (fonds libres des exercices antérieurs, recouvrements de créances diverses, remboursements, etc., etc.).	88,776,319 35

Produit des emprunts de	1855	60,000,000	
	1860	138,786,025	443,786,025
	1865 (portion recouvrée).	245,000,000	

A reporter. 1,300,408.390 17

Report. 1,399,994,890 17

sionnaires des grands travaux de voirie par leurs
traités de concession 453,033,005 49

2° Pour le solde, aux échéances
réglées, du prix de nombreux
immeubles acquis à terme dans
l'intérêt de divers services municipaux 12,742,190 43

465,775,195 92

Somme égale. 1,865,770,086 09

La somme de 453,033,005 fr. 49 c., à laquelle s'élèvent les annuités à
échoir des subventions applicables aux entreprises concédées, ne représente
pas uniquement des travaux exécutés ; elle embrasse aussi, comme je l'ai
déjà énoncé, la dépense nette de toutes les opérations engagées : elle comprend donc celle des travaux qui se poursuivent au moment où j'écris, et qui
se prolongeront tout au moins jusqu'à la fin de 1869, mais dont on peut connaître le montant d'une manière très-approximative dès aujourd'hui, grâce
aux traités passés avec des compagnies concessionnaires.

C'est pour cette somme qu'ont été pris, au nom de la Ville, des engagements échelonnés de 1868 à 1877, auxquels il avait paru et il paraîtrait
encore possible de faire aisément face avec les seules ressources du budget
municipal, mais dont le traité passé entre la Ville et le Crédit foncier distrait
la très-majeure portion, montant à 398,440,040 fr. 24 c., pour en répartir
l'exigibilité, non plus sur dix, mais sur soixante années.

Par quel motif ? Est-ce parce que ces engagements se trouveraient exces-
sifs ? Non ; c'est là une supposition gratuite, dout l'administration municipale a sans doute intérêt à démontrer l'injustice, mais qui ne saurait, dans
aucun cas, infirmer l'utilité du projet. En réalité, le but du traité est d'alléger
les charges que les excédants du revenu de la Ville ont à supporter, afin de
rapprocher l'époque où l'on sera libre d'aborder les mesures de dégrè-

---

Report. 1,300,408,390 17

Émission de la Caisse des Travaux de Paris au 30 avril 1868.   99,586,500 '

On sait que la subvention annuelle fournie par la Ville à la
Caisse des Travaux de Paris suffirait à couvrir le montant de
l'annuité d'un emprunt à long terme qui aurait pour but de
rembourser le montant de cette émission, surabondamment
garantie, d'ailleurs, par des ressources spéciales à réaliser et
par la dotation même de la Caisse.

Somme égale. 1,399,994,890 17

vement forcément ajournées jusqu'à la liquidation finále de ces travaux.

Il serait superflu de revenir, dans ce rapport, sur le concours de circonstances, aussi regrettable qu'inattendu, auquel doivent être attribués les mécomptes éprouvés par la Ville. Tout a été dit sur ce sujet. Mais il me paraît opportun de rappeler que l'évaluation des dépenses du deuxième réseau, qui a donné lieu au plus considérable de ces mécomptes, a été soumise, aussi bien que celle du premier réseau, à l'appréciation du Corps législatif, à cause des obligations qu'il s'agissait alors d'imposer à l'État, pour subvenir à une partie notable de ces dépenses, et que, loin de croire affaiblis les calculs au moyen desquels on avait porté le coût probable du deuxième réseau à 180 millions, d'après les résultats connus de plusieurs opérations du premier, le Corps législatif les a jugés plutôt exagérés, puisqu'il a réduit de 60 à 50 millions le chiffre de la subvention du tiers qu'on lui demandait et qu'il consentait à donner.

Aujourd'hui, la Ville vient-elle demander à l'État une subvention complémentaire, en se fondant sur les faits, impossibles à prévoir, qui ont bouleversé toutes les bases de ses projets? Aucunement. Elle subit, sans se plaindre, les conséquences d'une affaire dont évidemment. elle ne pouvait conjurer les chances défavorables, quelle que fût la vigilance de son administration.

Si elle s'adresse au Corps législatif, c'est tout simplement pour en obtenir l'autorisation de tutelle qui lui est nécessaire, afin de transformer en dette consolidée à longue échéance la majeure partie des engagements pris par elle à courts termes, et qu'il semblerait bien sévère de lui disputer, à moins de perdre de vue tout à la fois l'origine de ces engagements et les raisons qui en rendent la novation désirable.

Est-ce à dire que le Conseil municipal ait attendu jusqu'à ce moment pour comprendre qu'en imputant d'avance sur les excédants de revenus, pendant une certaine période d'années, le payement de sommes considérables, il se mettait dans le cas d'ajourner d'autant les adoucissements d'impôts ou de taxes locales qu'il avait à cœur d'assurer à la population de Paris, d'abord, pour répondre au vœu de l'Empereur, et aussi pour confirmer d'une manière éclatante la fécondité des entreprises de la Ville? Est-ce à dire qu'une assemblée composée de l'élite de toutes les classes de cette population n'ait pas vu tout de suite qu'une opération de crédit à long terme pouvait, au contraire, concilier la possibilité d'un dégrèvement avec l'obligation de supporter le lourd surcroît de charges produit par les diverses causes qui ont accru la dépense nette des travaux de voirie? Ce serait faire injure au Conseil municipal. La vérité est qu'en présence de ces accroissements de dépense, dont l'importance exacte ne s'est pas montrée du premier coup, il n'était pas possible, tout d'abord, d'asseoir et de justifier les bases d'une grande opération de crédit, faute de savoir quelle proportion il fallait lui donner pour qu'elle fût en rapport avec l'étendue des besoins nouveaux qui se révélaient.

Pour dégager au plus tôt cette inconnue, il n'y avait qu'un moyen, celui qu'on a pris : traiter successivement, aux meilleures conditions possibles, des opérations restant à exécuter, avec des compagnies concessionnaires, moyennant des subventions payables à terme, dont le montant, bien déterminé, ne laissât plus place à aucun doute.

En effet, on est arrivé ainsi, non-seulement à garantir l'achèvement de ces opérations dans les délais fixés, mais encore à mesurer et à limiter le mécompte dont on n'aurait pu autrement parvenir à préciser le chiffre qu'au bout de la période de dix ans qui eût été nécessaire à la Ville pour exécuter directement, sur les ressources de son budget, les entreprises qu'elle a fait faire beaucoup plus vite, au prix de subventions payables, sur les mêmes ressources, pendant la même période.

Je ne parle pas de l'augmentation de la dépense nette, qui eût été probablement la conséquence de la plus-value incessante des immeubles à exproprier, ni des embarras de trésorerie auxquels il eût fallu pourvoir dans cette hypothèse.

Ainsi, les traités avec les compagnies concessionnaires ont rendu possible l'opération de crédit à long terme dont ils ont pris provisoirement la place, et, par suite, ils ont permis de rapprocher l'époque où des dégrèvements d'impôts ou de taxes locales pourront être abordés, au lieu d'impliquer l'ajournement de ces mesures, comme un examen superficiel de la situation des choses semble porter à le croire (1).

Est-il vrai du moins, ainsi qu'on l'affirme, que ces traités aient porté la dépense nette des opérations auxquelles ils s'appliquaient à une somme plus élevée que si la Ville les eût entreprises directement au moyen de fonds d'emprunt? Il serait facile de démontrer, au contraire, par la comparaison des prix auxquels le mètre carré de la voie publique est revenu à la Ville, en

---

(1) On s'étonne de ce que la Ville ait entrepris le troisième réseau en face des accroissements de dépense qu'accusait l'exécution du deuxième. — J'ai dit plus haut que j'aurais préféré, pour ma part, ajourner cette dernière série d'opérations coûteuses; mais j'ai dû céder, comme le Conseil municipal, à la pression de l'opinion, qui réclamait avec une extrême vivacité le complément nécessaire de ce qui était entrepris. Du reste, on se trompe quand on suppose que la gravité des mécomptes auxquels diverses causes ont donné lieu pouvait être appréciée lorsque les travaux du troisième réseau ont été engagés. Le premier réseau même n'était pas achevé alors. Sa dépense totale a été aggravée aussi par ces causes, puisqu'il n'était exécuté qu'en partie quand on a commencé le deuxième réseau, sur des calculs dont les éléments étaient fournis par les résultats de ses premières opérations.

fin de compte, dans des opérations analogues, exécutées à la même époque, suivant les deux systèmes, que l'intervention des compagnies concession-naires, loin d'avoir été onéreuse pour les intérêts municipaux, leur a été favorable. Car il en est de ces affaires, comme en général de toutes les entreprises de travaux publics, où la substitution de l'industrie privée à l'action administrative est reconnue économique, malgré le bénéfice que les entrepreneurs peuvent et doivent légitimement faire sur leurs marchés, et la cherté relative des conditions de crédit qu'ils obtiennent. Le taux élevé des intérêts que les compagnies concessionnaires ont pu payer à leurs bail-leurs de fonds, et des escomptes qu'on dit leur avoir été imposés, soit par le Crédit foncier, soit par d'autres établissements financiers, et qu'on exagère probablement, a dû être largement compensé par les facilités qu'elles ont eues et qu'une administration publique n'aurait su avoir comme elles, pour une foule de transactions amiables, d'où sont résultées, en somme, des ac-quisitions moins lourdes et des reventes plus fructueuses que celles que la Ville aurait pu faire.

La Ville n'a donc acheté qu'au prix de l'intérêt de 5 0/0, attaché aux sub-ventions payables à terme promises à ses concessionnaires, la jouissance anticipée qu'elle a procurée à la population parisienne de résultats qu'il eût fallu, sans cela, lui faire attendre.

Sans doute, l'échelonnement que la Ville va faire sur soixante années au lieu de dix, par son traité avec le Crédit foncier, de la majeure partie de ses subventions, doit aggraver l'intérêt de 5 0/0 qu'elles portent, d'un sup-plément de 0,16 0/0 à titre de commission; mais toute autre opération de crédit à long terme eût coûté aussi cher, si l'on en juge par les résultats de l'emprunt de 1865, que tout le monde reconnaît avoir été fait dans d'excel-lentes conditions. D'ailleurs, la faculté de remboursement anticipé, que le traité assure à la Ville, lui permet précisément de profiter de toutes les circonstances favorables que l'état de la place pourrait lui offrir, dans un avenir plus ou moins éloigné, pour remplacer l'opération actuelle par une plus avantageuse, sans être tenue à aucune indemnité quelconque envers le Crédit foncier, qui perdrait purement et simplement sa commission pour les années restant à courir.

III

Si la Ville, en quinze ans, a pu payer, sans aucun appel aux contribuables, pour 1,400 millions de dépenses extraordinaires (dont plus de 856 millions avec les seules ressources de son budget) en sus de celles des dépenses de grande voirie qui ont été couvertes par des subventions de l'État ou des ressources spéciales, il semble, tout d'abord, qu'il n'était pas trop téméraire de penser que ses revenus, graduellement accrus pendant cette période, lui permettraient aisément de s'acquitter, en dix autres années, des 465 millions qui lui restent à payer pour les entreprises concédées, dont les dernières doivent être menées à terme d'ici à 1870. Il apparaît clairement, en conséquence, que si l'on exonère les budgets de la Ville, pour ces dix années, de l'obligation de payer la majeure partie de ces 465 millions, par une mesure qui en reporte l'exigibilité sur soixante, on rendra possible l'abandon de tout ou partie des revenus affectés au payement des sommes dont l'échéance aura été ainsi prorogée. Mais on ne saurait s'en tenir à cette démonstration sommaire, et il convient d'en préciser les termes par des chiffres.

Les recettes ordinaires de la Ville, qui avaient été de 52,576,631 fr. 02 c., en 1852, dernière année de l'administration de mon honorable prédécesseur, se sont élevées à 55,594,887 fr. 12 c., dès 1853, date de mon entrée en fonctions, et cette progression ascendante, uniquement due au développement de la population et au mouvement des affaires, s'est continuée et accrue régulièrement jusqu'en 1859, époque de l'extension des limites de Paris, où elle a atteint le chiffre de 79,327,925 fr. 48 c. En sept ans, la plus-value a donc été de 26,751,294 fr. 46 c., soit, en moyenne, de 3,821,613 fr. 49 c. par année.

En 1860, après l'agrandissement de Paris, le total des recettes ordinaires a monté brusquement à 106,353,616 fr. 99 c. L'augmentation de 27,025,691 fr. 51 c., que ce chiffre présente sur celui de 1859, se compose de deux éléments qu'on ne peut pas distinguer exactement ici : l'accroissement normal des revenus de l'ancienne ville, et le montant des revenus nouveaux provenant de la zone annexée ; mais on ne sera pas loin de la vérité, si l'on compte pour 4 millions, en somme ronde, la plus-value habituelle des recettes ordinaires, et pour 23 millions les ressources nouvelles que l'extension des limites de Paris a procurées à la Ville, en compensation de l'aggravation de charges ordinaires que cette mesure lui a causée et que je dégagerai ci-après.

Quoi qu'il en soit, de 1860 à 1867, la progression des revenus ordinaires de la Ville a continué de s'accroître sous l'influence des mêmes causes ; car le total qui ressort au compte de 1867, qu'on dresse en ce moment, s'élève à 151,643,293 fr. 34 c.

Pendant cette nouvelle période de sept années, l'augmentation totale a donc été de 45,289,676 fr. 35 c., soit en moyenne de 6,469,953 fr. 76 c.

L'évaluation des recettes ordinaires qui figure au budget de 1868 ne dépasse pas 154,500,000 francs, parce que l'administration municipale de Paris apporte toujours la plus grande réserve dans les calculs de ce genre. Il est probable que, cette année, comme les autres, le total des recettes effectuées excédera notablement les prévisions budgétaires. Je pourrais ajouter que les faits constatés jusqu'à présent confirment cette supposition.

Quant aux dépenses ordinaires, il est vrai qu'elles ont également suivi une progression croissante ; mais cette progression est bien moindre que celle des recettes.

Pour en constater nettement l'importance, il y a lieu de laisser de côté (sauf à en faire ultérieurement compte à part) les charges annuelles de la dette municipale. On comprend aisément que l'accroissement de ces charges passagères, dans la mesure de la réalisation des emprunts contractés, et leur atténuation graduelle sous l'action de l'amortissement, ne peuvent qu'embarrasser l'appréciation des causes normales qui régissent le mouvement des dépenses ordinaires proprement dites.

Ces dépenses étaient de 29,785,888 fr. 11 c. en 1852. Elles avaient monté à 43,082,973 fr. 13 c. en 1859. Répartie sur sept années, l'augmentation totale de 13,297,085 fr. 02 c., qui en résulte, ne donne qu'une moyenne de 1,899,583 fr. 57 c. par année.

En 1860, malgré l'annexion, le total des dépenses ne s'est pas élevé au delà de 59,224,327 fr. 69 c., parce que l'administration municipale n'a pu modifier assez vite tous ses services pour en étendre immédiatement l'action aux territoires annexés. C'est donc le total de 1861, soit 66, 038, 729 fr. 06 c., qu'il convient de prendre, d'un côté, comme terme de comparaison entre l'ancien et le nouvel état de choses, et, d'un autre côté, comme point de départ de la progression nouvelle.

L'augmentation qu'a subie le montant des dépenses ordinaires, de 1859 à 1861, est de 22,955,755 fr. 93 c. Sans l'annexion, elle eût été, selon la progression antérieure, d'environ 3,800,000 francs pour les deux années. Les nouvelles charges ordinaires que cette mesure a imposées à la Ville dès le début peuvent être évaluées à 19 millions au moins (1).

Les dépenses ordinaires de 1867 montent à 81,970, 323 fr. 50 c.

Ce chiffre, comparé à celui de 66,038,729 fr. 06 c., donné par l'année 1861, pris comme point de départ, fait ressortir une augmentation totale de 15,931,594 fr. 44 c., soit, en moyenne, pour chacune des six années, 2,655,265 fr. 74 c.

---

(1) Si l'on met cette somme en regard de l'augmentation de revenu d'environ 23 millions provenant des territoires annexés, que j'ai dégagée plus haut, on trouve que l'excédant annuel dont la Ville a pu disposer, de ce chef, pour atténuer les dépenses de toute nature nécessitées par l'extension des limites de Paris, n'a pas été de plus de 4 millions par an, tandis qu'elle a dû consacrer jusqu'à présent à ces dépenses d'abord 112 millions 1\2 pris sur les ressources de son budget, puis, 200 millions prélevés sur le produit de l'emprunt de 1865.

D'après les évaluations du budget de 1868, qui ne montent qu'à 83,915,999 francs, malgré le soin que prend l'administration municipale de forcer plutôt que d'atténuer toutes les chances d'accroissement des dépenses ordinaires, cette moyenne serait trop forte. Elle a été grossie, en effet, par des augmentations très-considérables de crédits demandées par la Préfecture de Police, en 1866 et 1867, pour deux mesures très-onéreuses, qui ne sauraient se reproduire de longtemps : l'accroissement de l'effectif de la police municipale et des sapeurs-pompiers.

Néanmoins, si l'on déduit de l'augmentation moyenne des recettes ordinaires de la ville agrandie (6,469,953 fr. 76 c,) celle des dépenses de même nature telle qu'elle ressort des faits constatés (2,655,265 fr. 74 c.), on trouve un boni de 3,814,688 fr. 02 c,, dont se sont accrus en moyenne les excédants de revenu de la Ville, et qui montre combien est modérée l'évaluation de la progression normale de ces excédants à 3 millions par an, qui a servi de base aux calculs faits jusqu'à présent par l'administration municipale, touchant l'accroissement probable de ses ressources disponibles, d'ici à dix ans (1).

En résumé, le montant général des recettes ordinaires de la Ville, depuis 1853, est de. 1,642,881,238 40

Celui des dépenses de même ordre, de. 937,184,962 04

La somme des excédants donne donc un total de. . , . 705,696,276 36

---

(1) Si l'on opérait seulement sur les trois dernières années, on arriverait à des résultats encore plus importants. En voici la preuve :

ANNÉES	RECETTES ORDINAIRES	DÉPENSES ORDINAIRES	EXCÉDANT	ACCROISSEMENT des EXCÉDANTS
	fr. c.	fr. c.	fr. c.	fr. c.
1865	134.711.347 33	77.312.735 20	57.398.612 13	6.167.985 46
1866	141.642.984 75	78.076.387 16	63.566.597 59	6.106.372 25
1867	151.643.293 34	81.970.323 50	69.672.969 84	

On arrive à des résultats moindres, quand on comprend dans les dépenses ordinaires, comme aux budgets et comptes de la Ville, les charges annuelles de la dette ; car les deux derniers exercices ont vu ces charges s'accroître du service des intérêts et lots de l'emprunt de 1865. Alors on ne trouve pas des excédants beaucoup supérieurs à l'évaluation modérée de 3 millions rappelée plus haut. Mais, par les raisons que j'ai déjà dites, on n'a pas ainsi l'expression exacte de la progression des ressources disponibles de la Ville.

En 1853, lorsque la confiance de l'Empereur m'imposa la responsabilité de cette œuvre immense de la transformation de Paris, qui est encore loin de son entier accomplissement, mais dont Sa Majesté avait tracé le plan presque complet dès cette époque, bien que les recettes ordinaires de la Ville aient été de suite en progrès notable sur celles de 1852, comme je l'ai constaté ci-dessus, grâce à la sécurité générale due au rétablissement de l'Empire, et peut-être aussi grâce au mouvement imprimé aux affaires dès le début des grands travaux que nous avons poursuivis sans relâche depuis lors, cependant, ces recettes ne laissèrent libre, les dépenses de même ordre étant couvertes, qu'un excédant de 23,441,965 fr. 71 c., pour faire face, d'abord au service de la dette, puis aux dépenses extraordinaires de toute catégorie. Or, le service de la dette avait déjà une importance considérable. Celui des rentes créées en 1815 et 1822, et de l'emprunt de 40 millions contracté en 1832, venait, il est vrai, de prendre fin ; mais l'emprunt de 25 millions, fait en 1849, et celui de 50 millions, réalisé en 1852, grevaient le budget municipal d'annuités qui se sont élevées à 5,009,132 francs pour le premier, et à 5,841,000 francs pour le second. Il y avait, en outre, à servir une annuité de 519,575 francs pour le rachat du péage des ponts de Paris ; une autre annuité de 481,348 fr. 20 c. pour remboursement au Trésor des sommes impayées sur le dixième des produits nets de l'octroi, de 1833 à 1848 ; enfin, les intérêts montant à 616,526 fr. 45 c. d'un capital de 12,330,529 francs, dû aux hospices de Paris pour prix de cession d'anciens marchés, qui a été payé, depuis lors, sur le produit de l'emprunt de 1865. Je n'ai pas besoin de dire qu'après le prélèvement des sommes nécessaires pour faire honneur à ces divers engagements, et de celles qui étaient réclamées annuellement alors, comme aujourd'hui, par divers services, pour des améliorations urgentes, autres que le percement de voies nouvelles, un excédant de 23 millions et demi environ sur les recettes ordinaires ne pouvait fournir qu'une bien minime ressource pour les grands travaux de voirie.

En réalité, cette ressource a été d'environ 7 millions 1/2 seulement, et l'addition de 5 millions 1/2 de recettes accidentelles (1) ne l'a encore portée qu'à 13 millions. Telle a été, tout d'abord, la base des opérations considérables dont l'exécution est commencée depuis quinze ans. Elle était assuré-

---

(1) Je distingue ici, comme je l'ai déjà fait ailleurs, les recettes accidentelles des recettes extraordinaires proprement dites, à côté desquelles le budget de la Ville les classe, parce que, si le caractère éventuel qu'elles présentent ne permet pas d'asseoir, avec une certitude suffisante, les crédits applicables aux dépenses annuelles, sur des ressources de cette nature, une fois réalisées, comme elles sont libres de toute affectation, elles constituent, de fait, un accroissement des recettes ordinaires de l'exercice.

ment bien restreinte ; mais l'existence d'une portion quelconque du revenu municipal, qui pouvait être affecté annuellement aux dépenses de la transformation de Paris, après l'entier emploi, déjà effectué, de la ressource extraordinaire créée par l'emprunt de 1852, constituait, à mon sens, un fait décisif. C'était un point d'appui, dont la progression du revenu permettait d'espérer l'élargissement graduel. Il suffisait de hâter ce résultat en favorisant les causes qui avaient contribué à le produire.

Dans cette conviction, je proposai un emprunt de 60 millions, remboursable en 40 ans, de 1857 à 1897, qui a été autorisé par la loi du 2 mai 1855, et dont l'annuité de 3,530,622 fr. 50 c. a été couverte et au delà, dès l'année 1856, par une augmentation de près de 6 millions, obtenue, de 1853 à cette époque, sur le montant annuel des ressources disponibles (1).

Mon attente n'a pas été trompée ; car, en 1859, à la veille de l'annexion, l'excédant des recettes ordinaires sur les dépenses du même ordre s'élevait à 36,244,952 fr. 35 c. Accru de 2,536,672 fr. 89 c. de recettes accidentelles, il formait un total de 38,781,625 fr. 24 c., sur lequel il n'y avait à prélever, pour le service de la dette, que 11,551,779 fr. 95 c., par suite de l'amortissement complet de l'emprunt de 1849, qui venait d'être opéré, et de celui de la dette envers le Trésor, qui avait pris fin l'année précédente. Il restait donc disponible plus de 27 millions pour les améliorations d'utilité de toute nature, et spécialement pour les grands travaux de voirie, dont la cause me parut gagnée à partir de ce moment.

En 1860, afin de remplacer dans son affectation à ces opérations utiles et fécondes la portion des revenus de la Ville qu'allaient évidemment absorber les dépenses extraordinaires de toute espèce motivées par l'extension des limites de Paris, et qui étaient bien faiblement évaluées alors de 130 à 150 millions, je proposai un nouvel emprunt, remboursable aux mêmes termes que le précédent, qui fut autorisé par la loi du 1er août 1860, et qui produisit 138,786,025 francs. L'annuité nécessaire au service de cet emprunt

(1)

ANNÉES	EXCÉDANT des RECETTES ORDINAIRES		RECETTES ACCIDENTELLES		TOTAL	
	fr.	c.	fr.	c.	fr.	c.
1853	23.441.965	71	5.339.442	60	28.781.408	31
1856	27.917.244	35	6.711.052	08	34.628.296	43
Accroissements de 1853 à 1856....	4.475.278	64	1.371.609	48	5.846.888	12

était de 7,060,860 francs. Mais, dès 1860, l'excédant des recettes ordinaires de la Ville, accru de ses recettes accidentelles, montait à 49,708,254 fr. 37 c. Il s'était donc augmenté d'une somme dépassant de 4 millions les charges nouvelles dont le budget venait d'être grevé.

Lorsqu'il fut reconnu que les dépenses extraordinaires de l'annexion iraient au delà de 300 millions, un dernier emprunt fut jugé indispensable, et cet emprunt, de 250 millions nets, remboursable en 60 années, qui ne sera complétement réalisé qu'en 1869, a été autorisé par une loi du 12 juillet 1865 ; mais, dès 1866, la somme des ressources disponibles de la Ville avait encore monté de 49,708,254 fr. 37 c. à 66,848,916 fr. 33 c. (1) ; elle s'était donc accrue d'une plus-value de 17,140,661 fr. 96 c., bien supérieure à l'annuité de 14,320,530 francs qu'exigera le service du nouvel emprunt, après sa réalisation complète.

A la vérité, dans l'intervalle, la dette de la Ville s'était aggravée, d'abord, des dettes des communes annexées, aujourd'hui éteintes, qui s'élevaient ensemble à 2,344,564 fr. 51 c., puis des annuités de rachat du canal Saint-Martin, des usines de la Compagnie des eaux et des droits dont elle était concessionnaire dans la banlieue annexée, des eaux et usines de Saint-Maur, de l'abattoir des Batignolles, et enfin du privilége de la Compagnie des Petites-Voitures, montant ensemble à 1,880,625 francs. Mais, d'autre part, le remboursement du capital dû aux hospices avait déchargé le budget du payement des intérêts de ce capital, soit de 616,526 fr. 45 c. ; de sorte qu'en fin de compte, la dépense du service de la dette ne s'était trouvée augmentée que d'une somme annuelle de 1,264,098 fr. 55 c.

D'ailleurs, la progression des ressources de la Ville ne s'est pas ralentie depuis lors. En 1867, l'excédant des recettes ordinaires a été de 69,672,969 fr. 84 c., et les recettes accidentelles, montant à 6,504,365 fr. 55 c., l'ont porté à 76,177,335 fr. 39 c. Cette année, si l'on s'en tient aux évaluations du budget, très-modérées quant aux recettes, un peu forcées, au contraire, quant aux dépenses, ainsi que cela doit être, l'excédant des recettes ordinaires, accru des recettes accidentelles, irait encore à 80,179,001 francs. Or, le service de la dette (charges annuelles et amortissement) ne demande que 27,124,972 fr. 10 c. Il reste donc une somme disponible d'au moins

---

(1) On a vu, dans une note précédente, qu'en 1866 l'excédant des recettes ordinaires a été de. 63,566,597 59

En y joignant le montant des recettes accidentelles, déduction faite des subventions de l'État et des autres ressources propres aux grands travaux de voirie, ci 3,282,318 74

On trouve le total ci-dessus de. 66,848,916 33

53 millions pour les dépenses extraordinaires de toute nature et spécialement pour celles des grandes entreprises de voirie.

Quand on met ce chiffre en regard de celui d'environ 13 millions qui restait libre pour ces entreprises, en 1853, et qui a été le point de départ de toutes les combinaisons financières de mon édilité, on comprend la confiance avec laquelle ceux qui pouvaient observer de près le merveilleux développement des ressources de la Ville ont abordé le vaste ensemble de travaux qui favorisait évidemment ce progrès de la fortune municipale, en même temps qu'il y trouvait un fondement de mieux en mieux établi. On est forcé, d'ailleurs, de reconnaître la sollicitude attentive dont l'administration municipale a toujours fait preuve (contrairement à des assertions répétées tant de fois et avec tant d'assurance qu'elles ont pu souvent égarer l'opinion) chaque fois qu'il s'est agi de faire appel au crédit, afin de ne laisser à la charge de l'avenir que la moindre portion possible des dépenses dont il devait cependant profiter non moins que le présent. Enfin, on ne saurait manquer de remarquer le soin scrupuleux que cette administration a mis, dans toutes les occasions de ce genre, à ménager les générations futures, aussi bien que la génération actuelle, en basant le remboursement de ses emprunts, non pas, comme cela se pratique d'habitude, sur le produit de surimpositions ou de surtaxes plus ou moins lourdes et plus ou moins durables, mais uniquement sur des excédants de revenus certains, ménagés prudemment à cet effet et surpassant même de beaucoup l'importance du service de la portion de la dette qu'ils devront couvrir.

Ce sont là des faits essentiels, qu'il importait de placer désormais hors de toute contestation, et qui justifient les détails minutieux dans lesquels j'ai cru devoir entrer, et les chiffres nombreux que je viens de citer pour arriver à ce résultat.

Si j'y ai réussi, comme je l'espère, quant aux engagements qui sont la conséquence d'opérations de crédit à long terme, il me reste à prouver que ceux qui ont été pris à courte échéance, envers des compagnies concessionnaires de grands travaux de voirie, pour 453,033,005 fr. 49 c., et envers les anciens propriétaires d'immeubles acquis par la Ville, dans l'intérêt de divers services publics, pour 12,742,190 fr. 43 c., se trouvent également à l'abri de toute critique fondée.

Ces engagements, s'élevant ensemble à 465,775,195 fr. 92 c., étaient payables en totalité dans une période de dix ans. Ils n'avaient pas été échelonnés, quelque soin qu'on y eût pris, de manière à peser de la même façon sur chacune ; mais la répartition égale de la dépense, entre les dix exercices, pouvait aisément être rétablie au moyen du mécanisme de la Caisse des travaux de Paris, chargée d'effectuer les payements. Ce n'était qu'une affaire de trésorerie. Quoi qu'il en soit, la Caisse aurait eu à déduire du chiffre de ses avances recouvrables sur la Ville celui des rentrées qu'elle doit opérer annuellement sur une somme de 72,800,000 francs, montant de ressources spéciales propres aux entreprises dont les engagements contractés envers les compagnies concessionnaires représentent le solde. La totalité de ces 72,800,000 francs sera réalisée probablement bien avant le terme des dix ans dont il s'agit. Il y a donc lieu de les déduire de la somme de 465,775,195 fr. 92 c., pour trouver la portion du capital que le budget aurait eu à supporter, en fin de compte, et qui se trouve ramenée, après cette déduction, à 392,975,195 fr. 92 c., soit à 39,297,519 fr. 59 c., en moyenne, par année.

A la vérité, il faut y joindre les intérêts de la somme totale ; mais ces intérêts auraient été en décroissant d'un dixième chaque année, comme le capital même, et ils ne montent, pour la période entière, qu'à 108,987,508 fr. 51 c., soit en moyenne de 10,898,750 fr. 85 c. par an, dont la Caisse des travaux de Paris eût pu aussi proportionner le recouvrement aux convenances de la Caisse municipale.

En résumé, c'est une charge d'environ 50 millions, en moyenne, que celle-ci aurait eu à supporter pendant dix ans.

Elle eût été en mesure de le faire dès 1868, puisque les ressources de cet exercice, toutes les dépenses payées et le service de la dette assuré, dépasseront 53 millions.

A partir de 1869, dont les ressources disponibles dépasseront 58 millions, la situation fût devenue meilleure encore d'année en année ; mais, dès 1872, elle eût été tout à fait dégagée, non-seulement sous l'influence des causes normales de l'augmentation graduelle de l'excédant du revenu, mais encore par l'inscription au budget de la part assurée à la Ville, à compter de cette époque, dans les bénéfices de la Compagnie du gaz, et aussi par la disparition définitive de l'annuité (5,841,000 fr.) de l'emprunt de 1852, qui sera complétement amorti en 1871.

Les engagements dont le traité passé entre la Ville de Paris et le Crédit foncier proroge la majeure partie n'avaient donc pas été pris imprudemment. Sans doute, de 1868 à 1871, ils étaient de nature à gêner l'action de l'administration municipale, et à lui rendre impossible dès lors tout abandon de revenu, à défaut de prorogation ou de toute autre opération financière ayant le même résultat ; mais, je l'ai déjà dit, loin d'avoir renoncé, en les contractant, à réaliser une combinaison quelconque à cet effet, l'administration municipale a justement précisé l'importance qu'il fallait y donner pour atteindre sûrement le but qu'on avait en vue, et, partant, elle en a rendu l'exécution possible, tout en hâtant par les actes de concession l'accomplissement des grandes entreprises et le développement des heureuses conséquences qu'elles devaient avoir.

IV

Le traité passé entre la Ville de Paris et le Crédit foncier transforme le capital de 398,440,040 fr. 24 c., dû à cet établissement, et ses intérêts, en une annuité fixe de 21,574,387 fr. 02 c., dont le payement, pendant soixante ans, libérera la Ville de la plus grande portion de ses engagements qu'elle représente. Indépendamment de cette annuité, le budget municipal devra encore supporter, d'ici à 1877, les 54,592,965 fr. 25 c., qui resteront dus sur les subventions applicables aux opérations de voirie concédées, et les 12,742,190 fr. 43 c., montant du prix des immeubles acquis à terme pour divers services publics, soit, en tout, 67,335,155 fr. 68 c., c'est-à-dire 6,733,515 fr. 56 c. en moyenne par an, plus 1,683,378 fr. 84 c., pour la moyenne des intérêts décroissants du capital, ensemble 8,416,894 fr. 40 c.

La Ville devra donc prélever au total, sur ses ressources disponibles, ses dépenses ordinaires payées, et le service de sa dette actuelle assuré, 29,991,281 fr. 42 c., soit 30 millions, en somme ronde.

Mais la portion disponible de ces ressources dépassera 58 millions dès 1869, et en 1870, bien que la charge du service de l'emprunt de 1865, alors complétement réalisé, doive commencer à peser tout entière sur le budget, lorsque celle de l'emprunt de 1852 n'aura encore subi aucune réduction, néanmoins, elle atteindra 60 millions.

Il restera donc libre en 1870, après le prélèvement de 30 millions, dont je viens d'indiquer les causes, une pareille somme de 30 millions, dont il pourra être disposé, selon que l'Empereur le jugera le plus utile.

Sans doute, quelque désir que Sa Majesté puisse avoir de faire profiter la population de cette situation favorable, par un dégrèvement d'impôts ou de taxes locales, Elle croira sage d'en conserver une portion pour garantir la continuation, je ne dis pas seulement des grands travaux de voirie, mais aussi et surtout des améliorations poursuivies jusqu'à présent dans toutes les autres branches de l'édilité parisienne; car, alors, il restera encore beaucoup d'édifices religieux, de bâtiments hospitaliers, d'établissements scolaires à restaurer ou à construire, et bien des travaux à faire pour compléter la distribution d'eau dans Paris et l'assainissement complet de tous ses divers quartiers par l'achèvement du réseau de ses égouts. Je ne parle pas des autres dépenses extraordinaires dont la nécessité est déjà reconnue ou pourra se révéler : il est élémentaire qu'une grande administration comme celle de la Ville de Paris ne saurait marcher sans avoir, dans chacun de ses budgets, une certaine réserve pour les cas imprévus.

Quoi qu'il en soit, je ne puis oublier que les excédants de revenu qui laisseront libre, en 1870, un boni de 30 millions, dont il y aura lieu de régler l'emploi à la fin de 1869, prendront une progression ascendante plus marquée, à partir de 1871, par suite de l'atténuation notable de l'annuité de l'emprunt de 1852, qui sera près de s'éteindre, et qu'en 1872, la coïncidence de l'amortissement complet de cet emprunt et de l'entrée en partage des bénéfices de la Compagnie du gaz donnera un nouvel essor à la prospérité financière de la Ville.

Il suit de là que l'importance de la réserve faite, dès 1870, sur les ressources libres, au profit des dépenses extraordinaires de toute nature, prévues et imprévues, s'accroîtra de ces améliorations du revenu de la Ville, et profitera, en outre, d'année en année, de l'accroissement normal de ce revenu, si, comme je le suppose, rien n'en vient altérer gravement le cours.

Ici, toutefois, se rencontrent des doutes. La progression croissante des recettes se maintiendra-t-elle? Si les travaux de Paris s'arrêtent ou se ralentissent, ne suivra-t-elle pas le même sort? Cette appréhension repose sur une double erreur. D'une part, il est chimérique d'attribuer l'augmentation annuelle du revenu de la Ville à la consommation faite par les ouvriers que les grands travaux de Paris y attirent et y retiennent. D'autre part, ce sont les constructions particulières, entreprises dans les divers quartiers mis en grande valeur ou rendus accessibles et habitables par les percements de l'édilité, qui occupent la plupart des ouvriers du bâtiment venus à Paris depuis quelques années. En effet, les statistiques établissent que les démolitions volontaires opérées hors du trajet des voies nouvelles, en vue de réédifications plus importantes et plus fructueuses, dépassent deux fois le nombre des démolitions imputables à l'expropriation pour cause d'utilité publique, et on peut juger par là de ce qui se fait sur les espaces nus que ces voies ont changés tout à coup en terrains à bâtir !

D'ailleurs, on prend l'effet pour la cause. Ce n'est pas apparemment pour eux-mêmes, que construisent les ouvriers dont il s'agit, et qu'ils ont élevé à Paris, depuis quinze ans, dix fois plus de maisons qu'on n'y en a démoli, pour une cause ou pour une autre ! Non, certes. Si l'Empereur a décidé la transformation de la Capitale de l'Empire et couvert de sa constante protection l'accomplissement de cette œuvre immense, c'est que l'accroissement de la population de Paris prenait un développement inattendu, depuis l'établissement de chemins de fer rayonnant de cette ville vers les points les plus extrêmes de la France, et successivement reliés à tous les réseaux étrangers ; c'est que la circulation des rues était de plus en plus difficile ; c'est que les logements devenaient introuvables, c'est que la sécurité et la salubrité de la cité réclamaient impérieusement l'ouverture des larges voies qui lui ont donné tout à la fois l'espace, l'air, la lumière, et un aspect général plein de grandeur.

Croit-on que l'attraction prestigieuse que Paris exerce au loin, et qui amène dans ses murs une affluence non interrompue d'habitants nouveaux ou de visiteurs de plus en plus nombreux, doive prendre fin précisément lorsque la transformation de cette ville sera, sinon complétement terminée, du moins jugée assez avancée pour permettre un temps d'arrêt? Est-il à craindre, dès lors, que la vie donnée, depuis si peu de temps encore, aux quartiers lointains que des lignes magistrales, à peine tracées, viennent d'ouvrir à l'industrie du bâtiment, soit suspendue par le fait de l'achèvement de ces grandes artères? Ne doit-on pas penser, au contraire, que le mouvement considérable qui s'opère déjà du centre à la circonférence de la ville, mais qui n'est encore qu'à son début, continuera sans se ralentir et s'augmentera même pendant de longues années, sous la pression du développement constant de la population normale ou flottante?

Par toutes ces raisons, je ne crois pas que la progression du revenu de la Ville soit encore près d'atteindre son apogée. S'ensuit-il que, selon moi, il soit à propos de compter uniquement sur les résultats de cette progression dans l'avenir, pour faire face aux dépenses des améliorations de toute nature que réclamera l'état de la cité à partir de 1870, et que l'administration municipale pourra, sans imprudence, abandonner d'un coup à cette époque, par voie de dégrèvement d'impôts ou de taxes locales, comme on l'a proposé, la totalité des 30 millions de ressources que l'effet du traité de la Ville avec le Crédit foncier aura rendus libres? Telle n'est pas mon opinion. Agir ainsi, ce serait, pour cette administration, se départir des règles de modération qui ont présidé jusqu'à présent, quoi qu'on en ait dit, à tous ses actes, et mériter les reproches injustes contre lesquels elle proteste à bon droit.

A mon sens, il sera sage de ne renoncer qu'à la portion des excédants de revenu qu'on reconnaîtra, le moment arrivé, dépasser réellement la dotation indispensable des dépenses extraordinaires urgentes restant à faire, et (à moins de se trouver en face d'une grande et féconde mesure, dont la division serait impossible ou compromettante pour le résultat) de n'abandonner ces excédants que d'une manière graduelle, comme ils se sont produits, en réalisant successivement, selon leur ordre d'opportunité, les divers dégrèvements jugés les plus désirables, sauf à profiter de l'accroissement normal des revenus réduits, pour étendre encore ces mesures utiles.

La Ville est à peu près désintéressée dans le produit des impôts proprement dits. Le Trésor seul a profité de l'augmentation du principal de ces impôts, très-considérable à Paris depuis quinze ans, sous l'influence des mêmes causes qui ont élevé l'ensemble des recettes de la Ville (1). Ces recettes ne comprennent que le montant des centimes communaux ordinaires

---

(1) Le principal et les centimes généraux sans affectation spéciale des quatre contributions directes, pour Paris, formaient un total de 22,419,761 fr. 07 c. en 1852. Ils s'élevaient à 27,073,982 fr. 79 c. en 1859, lors de l'agrandissement de cette ville. L'augmentation avait donc été de 4,654,221 fr. 72 c. en sept ans.

De 1859 à 1860, le total a monté de 27,073,982 fr. 79 c. à 31,247,934 fr. 76 c., par le fait surtout de l'annexion de la zone suburbaine à Paris, mais il n'y a aucune raison de penser que la progression annuelle croissante, de près de 700,000 francs, constatée dans l'ancienne ville, se soit arrêtée, en 1860, dans la ville agrandie.

De 1860 à 1867, le même total a été porté de 31,247,934 fr. 76 c. à 40,284,150 fr. 66 c. L'augmentation a encore été de 9,036,215 fr. 90 c. pendant les sept dernières années.

En quinze ans, les perceptions faites pour le compte du Trésor, à Paris, du seul chef des quatre contributions directes, se sont accrues d'une somme qui dépasse aujourd'hui 14 millions par an. Le total représente 11 0/0 du produit de ces contributions dans la France entière.

La somme des augmentations graduelles qui sont déjà venues ainsi grossir le revenu public, de 1852 à 1867, n'est pas de beaucoup inférieure à 94 millions.

Mais les autres impôts ont progressé d'une manière plus sensible encore que les contributions directes.

Le principal des droits d'enregistrement avait donné, dans le département de la Seine, 27,339,400 francs en 1852 ; il a monté à 53,386,091 francs en 1867, déduction faite du produit des remaniements subis par les tarifs et des taxes nouvelles établies depuis 1852. Je ne parle pas du timbre, dont le produit s'est accru aussi dans une énorme proportion (il a été de 34,626,000 francs en 1867, déduction faite du droit sur les valeurs mobilières), parce que, pour tenir compte des modifications que les droits ont subies, il faudrait donner beaucoup trop d'étendue à cette note.

Je laisse également de côté les douanes et les tabacs, pour en venir au droit d'entrée sur les boissons, perçu au profit du Trésor, en même temps que le droit d'octroi revenant à la Ville.

En 1852, le droit sur les vins, qui est de 8 francs, plus deux décimes, soit de 9 fr. 60 c. par hectolitre (le droit d'octroi est de 10 francs, plus un décime, soit de 11 francs), avait produit 11,264,783 francs seulement. En 1859, la recette montait à 17,018,800 francs. En 1860, après l'annexion, elle s'est élevée brusquement à 19,886,745 francs pour arriver graduellement jusqu'à 34,325,945 fr., en 1867. Le revenu de l'État s'est donc encore augmenté là d'une manière prodigieuse. Si l'on fait la somme des accroissements annuels dont il a profité depuis quinze ans, du seul chef du vin, on arrive à près de 112 millions...

Je néglige le droit d'entrée sur les alcools, bien qu'il produise 13 millions 1/2, parce que la quotité des droits a subi des modifications considérables dont je ne saurais dégager les effets sans de longs calculs. — De 50 francs, plus un décime, soit de 55 francs en 1852, il a été porté à 66 francs, plus deux décimes, grevant d'office les contributions directes.(1). Aucun centime extraordinaire n'ayant jamais été imposé à Paris, du chef de l'administration municipale, elle ne saurait évidemment abandonner rien de ce genre. Mais le contingent attribué à cette ville dans la contribution personnelle et mobilière a été considéré de tout temps comme trop lourd pour une certaine partie de sa population, et, pour pouvoir dégrever celle-ci, l'administration municipale paye tous les ans, sur les fonds de son budget, une notable portion du montant du rôle (près d'un cinquième). C'est ainsi que tous les habitants de Paris sont affranchis de la cote personnelle, et que les plus petits loyers obtiennent, soit l'exonération totale, soit une atténuation de la cote mobilière. Avant mon administration, l'exonération totale se bornait aux loyers dont l'évaluation est inférieure à 200 francs; la limite a été élevée, depuis 1854, jusqu'à 250 francs. Comme l'évaluation du rôle est d'un cinquième au moins au-dessous de la réalité, il en résulte que l'exonération totale atteint des loyers de plus de 300 francs. Les atténuations vont jusqu'aux loyers évalués 1,500 francs, c'est-à-dire jusqu'aux loyers effectifs de 1,800 francs.

En présence de l'augmentation que l'ensemble des loyers a subie (2), la

---

soit à 79 fr. 20 c. en 1859, et enfin à 91 francs, plus deux décimes, soit à 109 fr. 20 c. en 1867, tandis que le droit d'octroi est resté stationnaire depuis 1852 : 23 fr. 50 c., plus deux décimes, soit 28 fr. 20 c.

Je ne mentionne pas, à cause de leur peu d'importance relative, les droits sur cidres et poirés, et celui qui est perçu à la fabrication de la bière.

Je n'avais qu'un but que je crois atteint: prouver que l'augmentation du revenu de l'État dans Paris, pendant les quinze dernières années, a été plus considérable encore que celle du revenu de la Ville. Il y a là, en effet, réponse à beaucoup de griefs.

Il est impossible de nier que la transformation de la Ville soit pour beaucoup dans cet accroissement des recettes du Trésor. De quelque manière qu'on en apprécie l'influence, on en arrivera toujours à reconnaître que le total des sommes dont elle a déjà fait profiter l'État dépasse notablement celle des 93 millions à laquelle se montent les subventions accordées par l'État aux grands travaux de Paris.

(1) Le montant des centimes communaux portant sur les contributions foncière, personnelle et mobilière, de l'attribution sur les patentes, et des centimes spéciaux de l'instruction primaire grevant les quatre contributions, n'est évalué qu'à 3,431,524 fr. 07 c. pour 1868.

(2) Sans l'impulsion donnée à l'industrie du bâtiment par l'ouverture des nombreuses voies nouvelles qui ont rendu habitables des espaces précédemment inaccessibles, l'augmentation des loyers aurait été bien plus forte encore à Paris, sous la double influence de l'accroissement rapide de la population et des causes générales qui ont enchéri le prix de toutes choses, et même celui des loyers, dans toutes les villes de l'Empire comme dans la capitale.

Depuis quinze ans, à Paris, le nombre des constructions a dépassé celui des mesure prise en 1854 est-elle suffisante ? L'Empereur, en félicitant la Ville spécialement de cette mesure libérale, dans le passage de son discours de 1861, que j'ai cité, semble avoir indiqué d'avance qu'il conviendrait de profiter, avant tout, de l'amélioration de ses revenus, pour faire un pas de plus dans la même voie. En portant à 400 francs de loyer atténué, par exemple, c'est-à-dire à 500 francs de loyer réel, la limite de l'exonération de toute cote mobilière, aussi bien que de toute cote personnelle, on ferait certainement une chose excellente, et le Conseil municipal, j'en suis assuré, y donnerait son assentiment unanime. Pourrait-il aller plus loin ? Je ne saurais le dire sans témérité. J'ai voulu seulement indiquer un ordre de dégrèvement qui intéresse au plus haut degré les classes laborieuses ; car l'impôt direct, qui les met en contact immédiat avec la perception, et dont l'exigibilité par douzième ajoute encore à la gêne qu'il peut causer, leur est plus pesant en réalité que des taxes indirectes plus fortes, mais confondues dans le prix d'achat d'objets de consommation.

Quant aux tarifs et aux règlements de l'octroi, je me garderai bien de devancer le travail de révision qui devra probablement avoir lieu à la fin de 1869. En effet, quelle que soit la solution de la question réservée par la loi du 16 juin 1859, quant à l'extension à tout Paris de la faculté temporaire d'entrepôt accordée au commerce en gros et à l'industrie de la banlieue annexée, ou à la suppression de cette faculté, si l'on reconnaît impossible de la généraliser, à l'expiration du délai de dix ans pour lequel le législateur l'a concédée, il est indubitable qu'on devra remanier profondément le système actuel. Soit qu'on veuille y encadrer le régime de l'entrepôt à domicile, qu'il ne comporte pas, et qui est en contradiction absolue avec toutes les traditions du service, soit qu'on cherche à donner des compensations convenables à ceux qui ne pourraient pas conserver ou obtenir les avantages de ce régime, il y aura des mesures à prendre, et des mesures plus ou moins restrictives du produit de la perception. C'est en prévision des atténuations des taxes qui pourront être la conséquence obligée de l'une ou de l'autre solution, et à cause de la difficulté d'en apprécier, quant à présent, la portée financière, qu'il a paru indispensable d'ajourner jusque-là

---

démolitions, de 19,706 ; les logements nouvellement créés excèdent les logements qui ont disparu, de 110,495, c'est-à-dire qu'on a fait place à près de 350,000 habitants nouveaux.

La contribution personnelle et mobilière, qui était de 6,167,293 fr. 01 c., en 1852, monte, cette année, à 11,782,418 fr. 48 c. L'élévation de 5,615,125 fr. 47 c., qui en ressort, provient pour 1/7 seulement du fait de l'annexion, et, pour le surplus, de l'accroissement de la matière imposable, ce qui prouve surabondamment que le nombre des habitations a augmenté dans une proportion énorme.

tout examen des réductions que les droits établis sur tels ou tels objets de consommation pourraient subir, au moyen des abandons de revenu rendus possibles par le traité soumis en ce moment au Corps. législatif.

Mais, sans manquer à la réserve que m'impose cet ajournement, je crois pouvoir rappeler à l'attention de l'Empereur, qui m'a fait l'honneur de m'entretenir assez souvent du tarif de l'octroi, pour que je sache combien les diverses dispositions lui en sont familières, la nécessité de concentrer l'effet des abandons de revenu qui pourront être consentis, sur les droits qui grèvent la consommation dans la proportion la plus forte, comparativement à la valeur des objets taxés, afin de pouvoir accorder une atténuation notable de ces droits, qui réagisse utilement sur le prix de vente et profite véritablement aux consommateurs, au lieu d'éparpiller la somme abandonnée en petits dégrèvements multiples, dont les intermédiaires recueilleraient seuls le fruit. D'ailleurs, pour satisfaire un grand nombre d'intéressés, il n'est pas indispensable d'alléger les charges portant sur une foule d'articles du tarif : il est plus simple et plus sûr tout à la fois de s'attaquer à un objet dont la consommation soit assez générale pour intéresser la majeure partie, sinon la totalité de la population, et dont la taxe fixe soit l'équivalent d'un droit *ad valorem* assez élevé pour que la réduction sérieuse qu'on en pourrait faire dans ce cas entraînât forcément une diminution du prix de détail.

L'avantage de ce système sur l'autre, c'est qu'en favorisant un accroissement de la consommation de l'objet dégrevé, et, partant, du produit de la taxe réduite, il permettrait de retrouver tout ou partie des ressources abandonnées, tandis que des dégrèvements nombreux, et par cela même insignifiants, agissant sur l'ensemble du tarif, ne seraient pas moins stériles qu'inefficaces. La reconstitution du revenu amoindri autoriserait de nouvelles réductions, non moins fructueuses, en faveur d'autres objets de consommation générale, aussi fortement taxés, et on arriverait probablement ainsi à faire rentrer peu à peu l'ensemble des droits dans les bornes d'une tarification normale, c'est-à-dire limitée en général à 10 0/0 du prix de vente au détail des objets tarifés. Élargir graduellement, par le développement de la consommation locale, la surface de la perception, afin de pouvoir en diminuer incessamment la profondeur, c'est, sous une forme imagée, l'énoncé du problème qu'il faut, selon moi, s'efforcer de résoudre. L'énorme accroissement de revenu que la Ville de Paris a obtenu d'un système de dépenses utiles, suivi avec persévérance, et qui a rendu possible, non-seulement l'exécution de son œuvre, sans surcharge pour les contribuables, mais encore un dégrèvement des impôts et taxes qui pèsent sur eux, prouve que ce résultat n'est pas chimérique.

V

Quelle que soit l'importance de la portion des ressources disponibles de 1870, évaluées à 30 millions, que l'Empereur jugera devoir être employées en dégrèvements de tout ordre, le surplus ne saurait suffire pour garantir la continuation des améliorations réclamées par les divers services publics et celle des grands travaux de voirie, si ce n'est dans des proportions fort restreintes. Mais Sa Majesté l'a prévu et ne s'y est pas arrêtée. Je n'en suis moi-même que médiocrement touché, je l'avoue. En effet, au moment où viendront à peine d'être terminées les opérations qui se poursuivent encore, il sera bon de laisser à l'opinion, qui pourra enfin se former sur l'ensemble de l'œuvre accomplie, le temps de se prononcer sur le plus ou moins d'urgence des projets qui resteront à réaliser, pour la complète exécution des plans de l'Empereur. On ne saurait donc regretter l'obligation où se trouvera l'administration municipale de limiter son activité, en matière de percements de voies nouvelles, à quelques opérations qui semblent être le complément obligé du troisième réseau, et qui pourront être menées à fin, en peu d'années, avec les seules ressources du budget, accrues du montant des recouvrements opérés sur celles qui appartiennent à ces opérations par leur spécialité, et qui forment, comme je l'ai dit plus haut, un total de plus de 72 millions.

En tête de ces opérations complémentaires figure naturellement l'ouverture de la portion de l'avenue Napoléon, comprise entre la section exécutée de la rue Saint-Honoré à la rue Sainte-Anne, et celle qui s'exécute en ce moment, du boulevard des Capucines à la rue Louis-le-Grand. Ces deux portions étaient de beaucoup les plus coûteuses : le reste comporte surtout des travaux de nivellement considérables à la rencontre de la butte des Moulins.

Durant quelques années, après lesquelles les ressources disponibles de la Ville auront retrouvé une certaine importance, et tendront à reprendre, plus vite qu'on ne le présume, leur ancien niveau, le sentiment public, favorable aux grands travaux de Paris, aura eu le temps de réagir complétement contre d'injustes appréciations. D'un autre côté, l'exagération des prétentions des propriétaires et des locataires tombera; les décisions des jurys chargés de régler les indemnités dues aux uns et aux autres deviendront plus modérées; on comprendra peut-être aussi la nécessité de modifier la loi d'expropriation, ou d'atténuer du moins la portée de certaines jurisprudences, très-correctes probablement en droit strict, mais désastreuses quant à leurs conséquences financières; en un mot, la situation se détendra, et l'entreprise de ce que l'opinion réclamera sans doute alors avec une certaine énergie se trouvera possible dans des conditions meilleures.

Un fait très-curieux à observer, c'est la facilité avec laquelle certains critiques, après avoir cédé aux tendances frondeuses de leur esprit, pour décider qu'on a entrepris trop de travaux à la fois, qu'on a voulu mener les choses trop vite, et qu'on eût sagement évité bien des embarras en faisant beaucoup moins tout d'abord, se montrent étonnés, sinon même irrités, de la prétendue négligence apportée par l'administration municipale à commencer telle ou telle opération dont ils sentent personnellement l'utilité, et qu'ils apprécient mieux dès lors que celles qui ont été entreprises hors du rayon de leur sollicitude. Sans doute, on croit échapper au reproche de contradiction, précisément parce qu'on nie les avantages des opérations auxquelles on n'est pas fort directement intéressé; mais pour tout homme impartial, il y a un enseignement, et pour l'édilité parisienne, une justification, dans les deux manières, si différentes, dont beaucoup de personnes jugent les actes de celle-ci.

L'étude attentive des mouvements de l'opinion publique, à Paris, m'a fourni un autre enseignement utile à constater. En général, toute œuvre nouvelle éveille une impression défavorable, par cette raison qu'elle constitue un changement et trouble les habitudes de la vie. Mais cette impression est éphémère ; elle fait bientôt place à des appréciations plus justes et plus bienveillantes. Ainsi fut critiquée, au début, la transformation du bois de Boulogne, que chacun admire aujourd'hui. Ainsi fut blâmée, tout d'abord, la destruction de plusieurs hôtels et de grandes maisons qui faisaient obstacle à l'ouverture du boulevard Malesherbes. Quelqu'un pense-t-il maintenant qu'on ait eu tort d'ouvrir la grande artère qui a métamorphosé si complétement, en les rendant abordables, tous ces espaces qui faisaient tache sur la carte de Paris entre la chaussée d'Antin et le faubourg Saint-Honoré ? Ainsi disparaîtra l'émotion que produit, en ce moment, la démolition de quelques maisons de la rue de la Paix et du boulevard des Capucines, lorsque le regard pourra embrasser le bel ensemble des voies magistrales qui rayonneront de toutes parts sur cette vaste place du nouvel Opéra, dont si peu de personnes savent encore se faire une idée nette.

Il faut en convenir, cependant, l'espoir de cette justice tardive ne suffit pas toujours à ceux qui portent la responsabilité de l'action. Quelque ferme qu'on ait le cœur, quelque foi dont on soit animé, on ne saurait manquer d'être inquiété par moments au sujet de la valeur d'œuvres si complexes, et souvent troublé dans l'exécution de l'ensemble et des détails, par une discussion incessante, que le succès des travaux accomplis, tout aussi blâmés d'avance, ne rend pas plus mesurée dans l'appréciation de ceux du présent.

Ce n'est pas une des moindres difficultés de la tâche de l'administration municipale de Paris, que la lutte qu'elle doit soutenir à chaque nouveau travail, contre l'opinion momentanément égarée par une critique implacable, tandis qu'elle aurait besoin de tout son temps et de toute sa liberté d'esprit pour mener ce travail à bien. Et cette difficulté, il ne lui en sera même pas tenu compte ; car l'avenir ne saurait la soupçonner. — « S'il est une œuvre « devant laquelle toutes les passions politiques devraient faire silence, » disais-je au Sénat, le 6 juin 1861, « vers laquelle une pensée patriotique « devrait diriger tous les bons vouloirs, c'est assurément l'entreprise im- « mense qui fera de Paris une capitale digne de la France, j'ai presque dit « du monde civilisé..... Ah ! si nos descendants, qui béniront l'Empereur « d'avoir conçu et réalisé cette grande pensée, songent jamais aux obstacles « qu'avait à vaincre l'administration municipale chargée des détails de « l'exécution, ils supposeront certainement que ses efforts ont été accueillis « partout avec une égale faveur, aidés par une jurisprudence bienveillante, « encouragés par les conseils et par l'appui d'une presse comprenant l'im- « possibilité de traverser toujours heureusement un dédale de difficultés, et « plus désireuse d'excuser, de couvrir les erreurs, les fautes mêmes, que de « s'en prévaloir et de s'en faire des armes d'hostilité ; enfin, vus avec sym- « pathie et reconnaissance par toutes les classes de la société, même par « celle que ses habitudes d'aisance rendent la plus impatiente de toute gêne « et de tout dérangement ! »

Oui, certes, voilà ce que devra penser la postérité, quand elle glorifiera l'Empereur de la transformation de Paris, et qu'elle se demandera comment une si colossale entreprise a pu triompher des obstacles matériels et des difficultés financières qui semblaient devoir y faire échec !

Jamais, en effet, que je sache, on n'avait tenté, sur aucun point du monde, rien de comparable à ce vaste ensemble de travaux, menés à fin dans un délai relativement si court, sous cette condition inouïe, que s'était imposée d'elle-même, dès le début, l'administration municipale de Paris, et qu'elle a su maintenir jusqu'à présent, de ne faire aucun appel aux contri- buables, et de suffire à tout avec des excédants de revenu !

Lorsque Voltaire, qu'on a beaucoup cité dans ces derniers temps, décri- vait les EMBELLISSEMENTS DE PARIS, qu'il souhaitait ardemment de voir entre- prendre, et que notre génération a vu s'accomplir dans des proportions plus larges encore qu'il ne les avait rêvées, il incitait le « Corps de ville » à demander l'établissement d'une taxe « sur les habitants, sur les maisons, sur les denrées. » Il allait plus loin : il voulait que l'hôtel de ville empruntât « en rentes viagères, en rentes tournantes, » et même qu'il fît « une loterie bien combinée ; » en un mot, il n'hésitait pas à provoquer tous les procédés d'impôts et tous les moyens de trésorerie connus de son temps, pour assurer le succès de l'entreprise nationale qu'il appelait de ses vœux. Il est curieux, au reste, de trouver dans son discours toute une démonstration de la théorie des dépenses productives, qui remonte ainsi à plus d'un siècle. Ce merveilleux esprit avait même deviné que les grands travaux de Paris profiteraient au moins autant au trésor de l'État qu'aux finances de la ville, et que, par ce motif, il était juste que le revenu public y contribuât.

De nos jours, le revenu public a bien contribué aux améliorations dont Voltaire plaidait si chaleureusement la cause, mais dans une mesure modeste (un peu plus de 93 millions sur 1,865 millions, soit à peu près un vingtième de la dépense totale). Quant « au Corps de ville, » il a mieux fait qu'on ne demandait à son devancier : il n'a établi ni surimpositions ni surtaxes, et si, conformément aux traditions établies, il a cru devoir ajouter l'appât de quelques lots à l'intérêt des obligations municipales, loin de créer des rentes viagères ni des rentes perpétuelles, il a pris des mesures pour assurer le remboursement du capital de ses emprunts au moyen des seuls revenus de la Ville, et en ce moment même s'ouvre pour lui l'heureuse perspective d'une période d'allégement des charges de ses administrés.

Le traité soumis au Corps législatif fournira, je l'espère, à ce grand pouvoir, l'occasion de donner à l'administration municipale de Paris sa haute et bienveillante approbation. Il est impossible que la vérification minutieuse de tous les éléments de la situation financière de la Ville, depuis le commencement des grands travaux de Paris jusqu'à présent, à laquelle la commission chargée de l'examen du projet de loi paraît se livrer, ne fasse pas reconnaître la prudence attentive, aussi bien que la résolution courageuse, avec lesquelles ont été poursuivies ces opérations gigantesques, en même temps que la multiplicité et la grandeur des difficultés qu'il fallait vaincre, pour les mener sans encombre au résultat que tout le monde a sous les yeux.

Cette vaste administration ne craint aucun contrôle : bien loin de là, elle regrette que, malgré toutes les publications dont elle est prodigue, ses actes ne soient pas mieux connus, parce qu'ils n'auraient qu'à gagner à l'être davantage. C'est pourquoi, depuis plusieurs années, je me suis permis, à diverses reprises, d'appuyer auprès de l'Empereur le projet de soumettre à l'approbation de la loi le budget de la Ville, arrêté jusqu'ici par un simple décret. Je voyais, à cette mesure, de grands et de nombreux avantages ; elle avait surtout le grand mérite de faire cesser l'antagonisme traditionnel des provinces contre Paris, et d'y substituer des sentiments meilleurs et plus vrais de solidarité, en rendant sensible, pour tous, ce fait incontestable : que Paris n'est pas une commune, mais la capitale de l'Empire, c'est-à-dire la propriété collective du pays entier, et la cité de tous les Français. Loin d'être amoindrie par une telle combinaison, l'importance des délibérations du conseil municipal s'en trouverait grandie. En effet, les débats annuels, qu'on n'évite pas aujourd'hui, au sujet des finances de la Ville ou de ses divers services, mais qui restent sans solution dans la plupart des cas, se termineraient par des votes significatifs, qui fortifieraient le corps municipal de toute l'autorité de l'adhésion des représentants du pays. Si les résolutions du gouvernement, déterminées par des considérations d'un ordre encore plus élevé, ont écarté la pensée de ce changement, il n'en reste pas moins avéré que l'administration de la Ville était tellement peu portée à fuir l'examen, qu'elle souhaitait ardemment de voir multiplier les vérifications de ses actes, et qu'elle avait l'ambition du plus haut contrôle possible, certaine que, plus on scrutera ses affaires, plus on aura sujet de constater avec quel dévouement scrupuleux elles sont conduites, à tous les degrés de la hiérarchie municipale.

Ai-je besoin d'ajouter qu'au point de ma carrière où je suis parvenu, après une durée d'activité que bien peu d'autres fonctionnaires de l'ordre politique et administratif ont atteinte, mes appréciations doivent être impartiales ? Je ne le crois pas : le désir du repos est le seul que je puisse éprouver désormais. Toutefois, j'appartiens à l'Empereur par des liens que Sa Majesté peut seule dénouer, et je suis prêt à consacrer jusqu'au bout à son service, si telle est sa volonté, tout ce que j'ai d'intelligence et de puissance de travail. Mais rien ne saurait, ce me semble, accroître beaucoup la situation personnelle que je tiens de la confiance persévérante de mon souverain et des témoignages éclatants de satisfaction dont son indulgente bienveillance m'a comblé. C'est pourquoi je ne suppose pas montrer trop de présomption si j'affirme qu'aucune pensée d'amour-propre ne peut plus m'animer, et si je me juge intéressé seulement dans ce qui reste à faire pour achever la transformation de la capitale de l'Empire, par le sentiment profond du bien public, et par un soin jaloux de l'honneur de la grande œuvre qui doit fournir une belle page de l'histoire de ce règne glorieux.

Daignez agréer, Sire, l'hommage profondément respectueux avec lequel j'ai l'honneur d'être,

De Votre Majesté,

Le très-humble et très-dévoué serviteur,

Le Sénateur, Préfet de la Seine,

G.-E. HAUSSMANN.

Paris, le 20 mai 1868.

Ce rapport à l'Empereur, si clair, si bien exprimé et circonstancié, n'était que la préface ou le préliminaire d'un grand débat parlementaire, qui devait s'ouvrir dans la session législative de 1869.

On peut dire que, dans cette lutte solennelle devant le Corps législatif et le Sénat, M. le préfet de la Seine a gagné son procès en première instance et en appel.

Les critiques peuvent en appeler en dernier ressort, nous le savons trop bien, devant le tribunal de l'opinion publique : c'est pour ce motif que nous allons mettre sous les yeux de cette Reine du monde les principales pièces de ce grand litige, et, quand on les aura lues, nous demanderons à tout esprit impartial, à toute âme consciencieuse, à tous ceux qui recherchent la pure vérité, si la cause a été bien jugée?

Un vieil axiome de droit dit : *Res judicata pro veritate habetur*... Jamais peut-être cet axiome n'aura eu plus de raison.

Toute la presse parisienne, en rendant compte de la discussion de la loi *sur le traité entre la Ville de Paris et le Crédit foncier*, qui s'ouvrit au Corps législatif dans la séance du 22 février 1869, a été unanime sur un point, l'appréciation de cette haute et intéressante polémique : « La discussion qui vient de s'ouvrir, disaient les journaux, est, à coup sûr, l'une des plus importantes ; nous dirions presque l'une des plus solennelles qui aient été engagées depuis dix ans....... »

Notre impartialité à reproduire ce débat exige que nous mettions sous les yeux du lecteur toutes les opinions émises, c'est-à-dire « *le pour et le contre* ». Procédons :

M. Garnier-Pagès prononça, le 22 février 1869, ces premières paroles :

M. Garnier-Pagès. — Notre dernière session a fini par la discussion d'un emprunt, celle-ci commence par la discussion d'un emprunt. N'y a-t-il pas là un symptôme, un avertissement significatif?

Le moment est venu de savoir de quel côté se trouve la raison, de quel côté sont les torts dans la grande discussion ouverte depuis longtemps entre le public, la presse et l'opposition d'une part, et, d'autre part, le préfet de la Seine, et le chef de l'État, qui a dirigé toutes ces opérations. Selon moi, il faut approfondir le passé, afin de consolider le présent et d'assurer l'avenir.

Les travaux d'amélioration de Paris ne constituent pas une idée nouvelle. Sous le gouvernement de Juillet, sous la République, on s'est préoccupé d'assainir les quartiers malsains, de percer successivement des rues nouvelles, exigées par les besoins de la circulation. Aussi l'opposition n'a-t-elle jamais reproché au gouvernement les améliorations heureuses et fertiles. Ce qu'elle lui a reproché, c'est d'avoir dépassé la juste mesure, de s'être exposé à arriver enfin à une situation sans issue. Avait-elle raison ?

D'après le rapport, il a été dépensé par la Ville de Paris 1,865 millions ! Est-ce là de la mesure ?

A-t-on, du moins, dans ces travaux, observé l'opportunité et atteint le but qu'on avait en vue ? Sans doute, on a percé des rues nécessaires, amélioré des quartiers malsains. Mais quand on a fait le Trocadéro, était-ce donc que l'air manquait dans cette partie de Paris ! Quand on a ouvert le boulevard Haussmann à travers de grands jardins et de riches hôtels, a-t-on voulu aérer un quartier aussi malsain ? Non ! il n'y a eu là qu'une simple satisfaction pour l'homme qui a voulu attacher son nom à ce boulevard. (Bruit.)

Et tandis qu'on se livrait à ces prodigalités, on négligeait d'autres quartiers où des travaux étaient indispensables, où l'argent si mal dépensé aurait trouvé un plus utile emploi. Mon honorable collègue, M. Jules Simon, vous fera le triste tableau de la situation du nouveau Paris. L'opportunité n'a donc pas été mieux observée que la mesure.

Qu'arrive-t-il ? C'est qu'au bout de douze ans, le préfet de la Seine est obligé de venir devant le pays avouer, après tant d'éloges décernés par lui-même à ses budgets florissants, que ces évaluations étaient absolument erronées, que le chiffre de 180 millions, par exemple, annoncé pour les dépenses du deuxième réseau, s'était transformé en 410 millions. C'est une erreur de 230 millions.

Pour le troisième réseau, on annonce une simple dépense de 310 millions. Elle sera doublée, sinon triplée.

Ce n'est pas tout. L'opposition disait encore : Par ces travaux si considérables exécutés à Paris et dans les autres villes qui ont suivi votre exemple, vous agglomérez la population dans les villes, au grand

dommage des campagnes et des villes elles-mêmes. Avait-elle tort?
L'enquête agricole a répondu.

L'opposition ajoutait que, non contents de vos quatre budgets et de
celui de la Ville, il vous en fallait un sixième, celui de l'inconnu, c'est-
à-dire celui de l'emprunt déguisé sous forme de bons de délégation.

Vous vous rappelez la discussion qui eut lieu à cet égard entre notre
illustre et regretté collègue M. Berryer et M. le ministre d'État. Eh
bien ! comme l'honorable M. Berryer, la cour des comptes, votre commission elle-même, déclarent aujourd'hui que de pareilles opérations sont
des emprunts véritables. C'est aussi l'opinion émise par M. le ministre
de l'intérieur dans une récente circulaire. Là encore, l'opposition n'avait-
elle pas raison ?

Elle disait que la Ville devait plus de 300 millions au Crédit foncier.
On lui répondit que c'était là un chiffre imaginaire. Aujourd'hui, on le
connaît, ce chiffre ; il est de 465 millions !

Nous accusions enfin M. le préfet de la Seine d'exercer une dictature
absolue, avec l'assistance d'un simple comité consultatif, qui n'est pas
un conseil municipal. Eh bien , la commission elle-même le reconnaît
dans son rapport ; et le projet actuel, qui établit un contrôle plus sérieux,
ne donne-t-il pas encore une fois raison à l'opposition ?

Ce n'est pas pour le vain plaisir de critiquer que je fais ces observations ; c'est pour faire du passé une digue contre les dangers de
l'avenir. Examinons maintenant le présent.

M. le préfet de la Seine, dans l'exposé de la situation financière de
la Ville, déclare qu'en 1870, les dépenses ordinaires payées et le service de la dette assuré, il restera à la Ville un excédant disponible de
30 millions, dont une partie pourra être appliquée à des dégrèvements
d'impôts , et une partie réservée pour de nouveaux travaux. Voilà le
point de départ de M. le préfet.

Les membres de la Chambre ont pris ce chiffre au sérieux, et aussitôt les représentants des pays viticoles ont formulé divers amendements pour demander des dégrèvements de droits sur les boissons.

D'autre part, ces 30 millions d'excédant ont inspiré des espérances,
et aux usiniers de Paris qui, exilés de la ville au nombre de 211 sur
500, ont compté sur un abaissement du droit sur la houille, et aux
brasseurs, qui réclament vainement la réduction du droit sur la glace
dont ils ont besoin pour la fabrication de la bière.

J'avais moi-même rêvé la suppression de l'octroi et sa transformation
en impôt direct. Eh bien, non ! ces espérances ne se réaliseront pas.
Ces 30 millions ne sont en effet qu'une chimère. Ils n'existent pas. On
ne produit ce chiffre qu'afin de vous faire accepter le passé. Mais il

y a là un de ces mirages qui, dans un gouvernement parlementaire, forceraient le préfet de la Seine à donner immédiatement sa démission, car s'il y a des erreurs permises, il y en a qui ne le sont pas. (Approbation à gauche.)

Voyons les chiffres vrais. La Ville de Paris, vous le savez, ne possède pas moins de six budgets, un budget ordinaire, un budget extraordinaire, un budget supplémentaire, un budget sur services spéciaux, un budget de la caisse des travaux de Paris, et enfin un budget de l'inconnu, qui n'est ni voté à l'avance, ni vérifié ensuite : c'est le budget des bons de délégation.

Le budget ordinaire présente en recettes 156 millions ; en dépenses 131 millions ; soit 25 millions d'excédant que l'on reporte, dit-on, sur le budget extraordinaire. Est-ce bien un budget extraordinaire ?

17 millions sont consacrés au remboursement de la dette, mais c'est là une dépense essentiellement ordinaire. Les 8 millions restants sont consacrés à des dépenses permanentes ; en effet, 1 million est donné à titre de subvention à l'Assistance publique, 1 million à de grands travaux d'architecture et de beaux-arts, 5 millions à des travaux de ponts et chaussées, 1 million à l'imprévu.

Voilà donc en réalité 25 millions d'excédant appliqués à des dépenses ordinaires, qui sont portés à tort au budget extraordinaire. Le budget ordinaire n'a pas d'excédant. Que dire alors de cette chimère, qu'on nous présente pour obtenir un vote favorable ?

On marche de surprise en surprise. Je vois figurer au budget une recette de 36 millions, qui a été affectée à une dépense égale de travaux de grande voirie. Mais cette recette, d'où vient-elle ? Elle provient, pour 25 millions, de la vente du gage de la Ville de Paris, de l'aliénation de son domaine. N'est-ce pas comme si l'on portait en recette ordinaire le produit de la vente des forêts de l'État ?

La même critique peut s'appliquer à la dépense.

A quoi s'appliquent, en effet, ces 36 millions ? 13 millions sont portés en bloc pour travaux de grande voirie, et 23 millions pour payement des dettes de la caisse des travaux.

Ainsi, recette fictive, dépense fictive. On le voit, tout cela n'est que tactique. (Approbation à gauche.)

Quant au budget supplémentaire, on y voit figurer comme réserve 16 millions pour faire face aux dépenses imprévues. Quelle sagesse ! dit-on. Mais, d'abord, cette réserve se réduit à 12,500,000 francs ; ensuite, le rapport de M. Devinck montre que 8 millions ont déjà été dépensés pour couvrir les frais de la caisse des travaux.

Maintenant, le budget des services spéciaux : En 1868, il s'élevait à 61 millions ; que reste-t-il, en 1869, pour améliorer ces quartiers du nouveau Paris, où il y a tant à faire ? M. Devinck nous apprend que la plus grande portion du reliquat, qui est de 16 millions, doit servir à rembourser des avances faites par la caisse des travaux pour services spéciaux.

Donc, là encore, il y a déception.

J'arrive à la caisse des travaux. Ici, les choses s'aggravent. A côté des 100 millions de bons dont vous avez autorisé l'émission, il existe une dette flottante de 59 millions, qui a été faite sans autorisation !

Et quelle est la situation de la caisse ?

On a, en terrains provenant d'expropriations, 72 millions, plus le domaine de la Ville qui est de 36 millions : total 108 millions. Cette somme, ajoutée aux 99 millions de bons, devrait permettre de couvrir les dépenses ; mais non ! sur les 108 millions, on prend, pour le budget de 1869, 25 millions ; il ne reste que 82 millions, ce qui donne un déficit de 17 millions.

Voilà à quoi aboutit le fameux excédant de 30 millions. Mais nous ne sommes pas au bout : il y a encore un sixième budget, illimité celui-là, sans frein, sans contrôle, qui permet tout, c'est le budget des bons de délégation.

Le préfet, en se couvrant adroitement du nom du chef de l'État, a pu dépenser 465 millions ! Et comment ? En travaux concédés sans autorisation, sans adjudication, sous le manteau de la cheminée. On ne doit soupçonner la bonne foi de personne. Mais ne s'expose-t-on pas à faire soupçonner celle de tout le monde, en violant ainsi la règle générale ?

Il faut absolument empêcher le retour de pareils abus, mettre un terme à une pareille situation.

Mais, dit-on, le budget extraordinaire de la Ville sera dorénavant voté par la Chambre. Ce budget comprend-il le budget supplémentaire et le budget des bons de délégation ? S'il les comprend, pourquoi ne pas le dire ? Le contrôle ne sera sérieux qu'autant qu'il pourra être général. Autrement M. le préfet, que rien n'a pu arrêter, continuera à agir comme par le passé, et qu'arrivera-t-il ? Il se trouvera dans une véritable impasse.

Au lieu d'un excédant de 30 millions, il est en présence d'un déficit. Obligé de dépenser, il n'a plus rien. Ne parlons donc plus d'excédant. Laissons là ces mensonges. (Bruits divers). indignes d'une grande assemblée et d'un grand pays. Vous avez projeté des percements de rues ; les propriétaires, les boutiquiers des rues auxquelles les voies nouvelles feront concurrence attendent avec impatience pour être fixés sur ce qu'ils doivent craindre ou espérer. Comment finirez-vous ces travaux, quand vous n'avez plus rien pour les payer, quand vous n'avez plus même la ressource de l'emprunt ? Vendrez-vous des terrains, créerez-vous à la Ville une dette flottante qui vous conduira fatalement à une catastrophe ?

C'est à vous, Messieurs, à vous emparer de la situation ; elle est assez grave pour motiver votre intervention. On a pris des engagements, on a fait des promesses, comment les tiendra-t-on ? Que dira-t-on aux députés qui demanderont sur l'octroi le dégrèvement de 15 millions ?

Que dira-t-on aux usiniers, aux brasseurs de Paris ? On ne peut pas maintenir les octrois, il faut les supprimer, ou les réduire. On ne peut avoir à la fois le libre échange à la frontière et l'octroi à la porte des villes ; on ne peut tour à tour invoquer et renier Turgot. Les hommes les plus distingués, M. Frédéric Passy notamment, ont condamné l'octroi comme un impôt inversement proportionnel, un impôt progressif au rebours, pesant plus lourdement sur l'ouvrier que sur celui qui a de la fortune. (Réclamations.)

Dans la nuit du 4 août, ce ne sont pas seulement les priviléges politiques qui ont été supprimés, mais encore les impôts contre nature. Les révolutions se sont succédé, l'égalité a fait son chemin : elle a abouti au suffrage universel et à la souveraineté du peuple. Mais l'égalité matérielle, l'égalité de l'impôt n'a pas fait les mêmes progrès, l'impôt continue à peser plus lourdement sur les pauvres que sur les riches. (Mouvements divers.)

Eh bien ! le jour est venu de faire pour l'impôt ce qui a été fait pour l'égalité politique. Trouvez le moyen de transformer l'octroi, étudiez au moins cette grave question ; car, croyez-le, si vous établissez l'égalité de l'impôt, vous aurez fait faire un grand pas à l'union des citoyens, vous aurez rendu un grand service à votre pays. (Mouvement d'approbation sur les bancs de l'opposition.

M. LE PRÉSIDENT SCHNEIDER. — La parole est à M. Picard.

M. E. PICARD. — Je ne voudrais pas redire ce qui a été si bien dit. Je désirerais répondre aux défenseurs du rapport et du projet.

M. DU MIRAIL. — Mais le rapport n'a pas été attaqué.

M. PICARD.—Puisque M. le rapporteur trouve que l'honorable M. Garnier-Pagès a gardé à l'égard du projet de loi trop de ménagements, et que le rapport et le projet n'ont pas été suffisamment attaqués, je vais essayer de lui donner satisfaction. (On rit.)

Il était nécessaire, au début de cette discussion, de prendre le budget de la Ville de Paris, de l'examiner et d'en montrer le néant. C'est ce qu'a fait l'honorable M. Garnier-Pagès, et si bien fait qu'on n'a pas voulu lui répondre un mot. (Réclamations.)

Dans cette discussion générale et au milieu de tant de questions multiples, je vais essayer de résumer clairement les points qui doivent frapper votre attention.

Et tout d'abord, quelle est la valeur de cette œuvre qu'on a appelée la transformation de Paris? Était-elle si nécessaire qu'il fallût y sacrifier une partie de nos finances, en y consacrant près de 2 milliards?

Sur cette question, la controverse est possible. On peut se faire illusion. Fallait-il, conformément à la marche habituelle des grandes villes, faciliter graduellement le développement de Paris vers l'Ouest? fallait-il respecter, dans l'intérieur de la ville, ces terrains, ces jardins, réservoirs d'air et de lumière pour une partie de la population? ou bien fallait-il mettre au premier plan ce qui était au second, faire croire que l'on avait inventé le vent, le soleil et la lumière, et qu'avant 1852 ou 1853 Paris n'existait pas! Vous apprécierez.

Ce que je veux faire remarquer, c'est que la transformation de Paris a été une œuvre anti-démocratique (réclamations), supportée par ceux qui n'ont ni hôtels, ni maisons, qui n'ont point participé aux 6 ou 800 millions d'indemnité qu'on a distribués.

Avec ces sommes immenses, on aurait pu, sans nouveaux impôts, dégrever les octrois, donner la vie à bon marché à ceux qui vivent de leurs bras. (Interruptions.)

Quoi qu'il en soit, comment cette transformation a-t-elle été opérée? par une dictature établie sans contrôle sérieux à l'hôtel de ville. (Mouvements divers.)

Et quels adversaires a rencontrés cette dictature? Un ancien membre de la commission municipale l'a dit :

« La Ville a fini par avoir pour adversaires les jurys d'expropriation, c'est-à-dire la propriété ; la cour de cassation et le Conseil d'État, c'est-à-dire la loi ; la cour des comptes, c'est-à-dire les finances. »

Pourquoi la Ville a-t-elle pour adversaire la propriété? C'est parce que l'article 4 du sénatus-consulte du 25 décembre 1852 confie au pouvoir exécutif deux pouvoirs considérables, — que je n'ai pas le droit d'appeler exorbitants (on rit), — celui de faire des traités de commerce et celui de déclarer l'utilité publique.

S. Exc. M. Rouher, ministre d'État. — L'article 4 est applicable aux expropriations faites par l'État et non par les villes.

M. E. Picard. — Comme je suis en face de 1 milliard d'expropriations faites par décret, j'ai le droit de dire que l'utilité publique est déclarée par décret.

S. Exc. M. de Forcade La Roquette, ministre de l'intérieur. — Vous vous trompez encore. La loi de 1858, votée par la Chambre, a déterminé le réseau et posé en principe le concours de l'État dans la dépense.

M. E. Picard. — Je maintiens qu'aux termes de l'article 4 du sénatus-consulte de 1852, la propriété est dans les mains du pouvoir exécutif, dont le préfet de la Seine a été un intrépide agent.

Quant à la loi, c'est en la méprisant qu'on est arrivé à compromettre les finances. La loi fixait le montant des bons que la Ville pourrait émettre comme une sorte de fonds de roulement. Le préfet est-il arrêté par le chiffre maximum que la Chambre a déterminé? Aucunement. Il marche impunément sur la loi, et la commission du budget de 1866, qui ne s'en aperçoit même pas, après lui avoir voté un emprunt de 250 millions, porté par lui à 270, lui donne un *satisfecit*.

M. le ministre d'État nous disait alors : Mais la Ville n'emprunte pas, elle aménage ses revenus !

Aménagements plus dangereux que des emprunts, car aujourd'hui la Ville vous déclare que, par suite d'une jurisprudence imprévue de la cour de cassation, elle est forcée de vous demander 465 millions en dehors des sommes autorisées par la loi !

Cette jurisprudence, c'est celle qui oblige la Ville à indemniser les locataires des maisons qu'elle achète. Mais elle existait bien avant la loi de 1865. Pourquoi la Ville n'en parla-t-elle pas alors?

Voici ce qui a eu lieu : le préfet de la Seine, averti qu'il pouvait aménager ses revenus, sans emprunter, a créé à l'hôtel de ville la plus remarquable maison de banque qu'on puisse rencontrer ; il a découvert des spéculateurs plus audacieux encore que les administrateurs de la Compagnie immobilière.

Le total général de la dépense, depuis la création de la caisse jusqu'au 31 décembre 1867, s'est élevé à 1,020,842,654 francs.

Les seuls abords de l'Opéra ont coûté 54 millions, le boulevard Beaujon 31, etc. ; au total, un milliard, c'est-à-dire la rançon que la France a payée aux alliés !

Comment se fait-il qu'au moment où ses ressources devaient être épuisées, M. le préfet de la Seine trouve des entrepreneurs qui lui apportent le Pactole ?

Pour 1868 nous ne trouvons pas de détails, rien qu'une balance générale et des totaux ; en résumé, un découvert avoué, toutes réductions faites, de 58 millions.

Comment est-on arrivé à ce résultat? par le mécanisme ingénieux des bons de délégation. En voici l'origine.

Un entrepreneur se trouvant embarrassé momentanément, la Ville lui a procuré 12 millions par l'intermédiaire du Crédit foncier. La méthode a été ensuite pratiquée assidûment, sans engager, disait-on, la responsabilité séculaire de la Ville. C'était un excès de prudence. Au lieu de demander simplement à l'entrepreneur un cautionnement de 1 ou 2 millions, comme cela se pratiquait autrefois, on lui faisait verser dans la caisse de Paris le montant tout entier de sa concession, et on se chargeait de payer pour lui les indemnités et les travaux.

Et, chose étrange ! moins l'entrepreneur était riche, plus le versement était facile. Mais, en réalité, c'était la signature de la Ville qui circulait. Vous avez le détail de ce que chaque percement a ajouté à ce passif des bons de délégation. Les sommes sorties des caisses du Crédit foncier sont entrées dans la caisse de Paris, et elles n'y sont plus, au lieu d'y avoir été gardées en dépôt. Parlons franchement : la Ville a battu monnaie avec sa signature, ses concessionnaires ont été des intermédiaires complaisants. En un mot, la Ville a reçu 465 millions. Où est cet argent ? (Mouvements divers.)

L'honorable rapporteur envisage avec quiétude cette situation ; moi je cherche comment on peut y mettre un terme.

Nous avons averti, nous avons prévenu, et voilà le résultat que nous avons obtenu : 465 millions de passif ! Et nous donnerions un bill d'indemnité ! Nous ferions passer la majesté de la loi sur cette comptabilité irrégulière ! (Très-bien ! à la gauche de l'orateur.)

Ici, ce n'est pas M. le préfet de la Seine que j'accuse ; il n'a été que l'agent ferme et persévérant des volontés supérieures qui l'ont soutenu et inspiré. Mais nous vous disons à vous, hommes sérieux, à vous, cabinet de l'Empire : Sont-ce là vos pratiques ! non. Est-ce là votre comptabilité ? non. Est-ce là votre respect de la loi ? non. Alors quel est donc cet homme, qui est votre subordonné, et qui a cette audace de nous apporter de pareils actes, de nous faire dire ici des paroles inutiles en présence de faits qui crèvent les yeux ! (Mouvements divers.)

Le fait énorme, le fait brutal, le voilà. Il y a eu 465 millions empruntés irrégulièrement, au péril de tout ce qui constitue une société régulière. L'hôtel de ville est une maison de banque, une maison de commerce, où l'on spécule sur les terrains.

Je pourrais montrer, preuves en mains, de quelle manière. Avons-nous donc, oui ou non, des lois ? avons-nous des ministres pour les faire respecter ? serons-nous sans cesse offerts en holocauste aux railleries du public, témoin de notre impuissance ?

Laissons là les subtilités, laissons les détails. Il y a ici, je le répète, un fait énorme en présence duquel il s'agit de savoir si la Chambre veut abdiquer.

Quant à nous, devant des actes pareils, nous ne pouvons que réclamer un conseil municipal élu. (Mouvements en sens divers.) Quel que soit votre sentiment à cet égard, si vous approuvez ces comptes, si vous courbez la tête devant cette comptabilité insolente, vous créez au Corps législatif une tâche impossible.

Pour moi, qu'on a considéré quelquefois comme l'adversaire personnel d'un fonctionnaire que j'ai à peine entrevu, si je vous tiens ce langage, c'est que je sens que la question dépasse M. Haussmann, qu'elle touche à la dignité de la Chambre, qu'elle intéresse la France entière et la sécurité du pays.

Si la discussion continue, — à mon avis elle ne devrait pas continuer, elle devrait être arrêtée par un acte de virilité de votre part, — j'aurais encore bien des choses à dire, mais, pour le moment, j'ai dit tout ce qui me paraissait devoir être dit. (Vive approbation à gauche.)

M Genteur, conseiller d'État, commissaire du gouvernement. — Messieurs, dans une des dernières séances, M. Thiers constatait avec quelle franchise le gouvernement avait fourni les communications écrites qui lui étaient demandées. Le gouvernement apportera la même franchise dans ses explications orales. Je n'ai, quant à moi, à faire qu'un exposé de situation ; je laisserai à de plus autorisés le soin de discuter.

Quelle est la situation financière de la Ville de Paris? En 1852, année de début, les recettes ordinaires de la Ville étaient de 52 millions, chiffre qui dépassait celui des dépenses de 23 millions. De ces 23 millions, il faut, toutefois, déduire 10 millions applicables à l'amortissement de dettes antérieures. Une somme de 13 millions était donc disponible.

C'est avec cette somme que l'honorable M. Haussmann a entrepris la transformation, ou plutôt la régénération de Paris. Était-ce là une œuvre de fantaisie ou de nécessité? Rappelez-vous le Paris d'il y a vingt-cinq ans. Et pour le présent, remarquez seulement que les voies nouvelles mesurent un développement de 134 kilomètres sur une surface de 310 hectares. Néanmoins, à peine une rue est-elle ouverte, elle est encombrée. (C'est vrai.)

Depuis quinze ans, le nombre des maisons construites a dépassé de dix-neuf mille le nombre des maisons démolies; la proportion est plus considérable encore pour le nombre des logements créés.

Cependant, les logements sont rares et les loyers sont chers. Pourquoi? Parce que la population s'est considérablement accrue ; elle était en 1866 de 1,800,000 habitants, sans compter les étrangers.

La cause de ce grand accroissement de population, ce sont les chemins de fer. (C'est vrai.) La même cause s'est fait sentir partout, à Londres, Vienne, Berlin. Elle a agi surtout à Paris, qui est le premier marché du monde.

La nécessité de prendre des mesures avait été reconnue avant notre temps. En février 1847, M. de Rambuteau proposait un emprunt de 60 millions pour assainir Paris. La Révolution de 1848 retarda l'entreprise ; mais le gouvernement provisoire, subissant les mêmes nécessités, décrétait la continuation de la rue de Rivoli.

Ai-je besoin d'insister sur la nécessité de la transformation qui a été opérée? Le Corps législatif n'a-t-il pas successivement donné son approbation aux divers réseaux? Et ces réseaux divers n'ont-ils pas eu pour but d'assurer à tous les quartiers les mêmes avantages? L'État est intervenu dans la dépense pour une part de concours.

L'exécution du troisième réseau n'a été que la conséquence de la création des deux premiers. Il était des rues — la rue Lafayette sur la rive droite, déjà comprise en 1847 dans le programme de M. de Rambuteau ; la rue de Rennes sur la rive gauche, — dont l'ouverture était impérieusement réclamée ; voilà comment la Ville a été conduite à entreprendre, non pas successivement, comme on l'a dit à tort, mais simultanément l'exécution des trois réseaux.

D'autres besoins se faisaient sentir. Il fallait à cette population sans cesse accrue d'autres satisfactions que celle de la circulation. Il était urgent de faire droit aux légitimes exigences des cultes, de l'instruction publique, de la bienfaisance, de l'approvisionnement, de l'administration et de la santé publique. Ces exigences ont entraîné une dépense de 706 millions, qui se décompose ainsi :

Édifices religieux, à savoir : 14 églises catholiques, 2 temples protestants, 2 temples israélites, 61 millions ; établissements hospitaliers, 55 millions ; édifices municipaux, mairies, octrois, écoles, 129 millions ; voies publiques, promenades, jardins publics, 195 millions.

On disait tout à l'heure que la transformation de Paris avait été une œuvre anti-démocratique. J'affirme le contraire. (Très-bien! très-bien! Mouvements divers.) N'est-ce donc pas une œuvre démocratique que cette transformation, grâce à laquelle le petit bourgeois, l'ouvrier ont à leur disposition des promenades, des squares, des bois? qui a développé les établissements hospitaliers, élevé à 159 le nombre des établissements scolaires, dont la dépense annuelle s'est élevée au chiffre de 1,680,000 francs en 1852, au chiffre actuel de 6,690,000 francs, et où l'instruction est gratuitement donnée? (Nouvelle adhésion.)

Oui, c'est surtout à la population pauvre qu'ont profité les grands travaux de Paris.

La dépense totale de la Ville, depuis 1852, s'est élevée à 1,592 millions ; si l'on a parlé d'un chiffre de 1,865 millions, c'est qu'on a compris dans la dépense une somme de 273 millions consacrés, sous l'administration du baron Haussmann, à l'amortissement des dettes anciennes de la Ville.

Quelle a été l'influence de ces dépenses sur la fortune privée, sur la fortune municipale et sur la fortune nationale?

Elles ont d'abord, suivant une opinion émise en 1864 par l'honorable M. de Saint-Paul, vivifié à ce point la propriété immobilière à Paris, qu'elle a reçu une augmentation de valeur de 50 0/0.

Elles ont provoqué une amélioration analogue dans le prix des travaux.

Certaines industries ont accru les salaires de 80 0/0. Il n'en est pas qui ne les ait accrus au moins d'un quart.

Elles ont, en augmentant la salubrité, fait décroître la misère et la mortalité. En 1831, il y avait un indigent sur onze habitants. Il y en a un sur dix-sept aujourd'hui. La mortalité qui, en 1760, était d'un habitant sur trente, et en 1851 d'un sur trente-huit, est aujourd'hui d'un sur quarante-deux.

Quant à la fortune municipale, les recettes ordinaires, qui étaient en 1852 de 52 millions, après avoir suivi depuis cette époque une marche progressive, ont été, en 1867, de 151 millions, c'est-à-dire qu'elles ont triplé.

Et quel a été le bénéfice de l'État en augmentations d'impôts? Dès 1862, l'honorable M. Magne constatait devant le Sénat qu'en deux ans les revenus de l'impôt avaient tellement augmenté dans Paris, que ces deux années couvraient le montant de la subvention accordée à la Ville, soit 93 millions.

En 1852, le produit de l'impôt était de 1,338 millions, dont 173 millions pour le département de la Seine. En 1865, il a été de 1,702 millions, dont 346 pour le département de la Seine. Donc, en quatorze ans, le produit de l'impôt dans le département de la Seine, et Paris y figure pour 97 0/0, a presque doublé. L'augmentation pour les autres départements n'est que de 1/5. En réservant 1/5 comme part représentative de la contribution de la Ville de Paris dans le développement général de la richesse publique, il reste pour l'État un bénéfice de 138 millions dû au développement de Paris pendant quatorze ans.

Pendant ces quatorze ans, la plus-value des impôts a été de 1,266 millions pour la Seine, et pour les autres départements, de 3,072 millions. La plus-value normale pour le département de la Seine, par rapport aux autres départements, étant de 462 millions, il reste un bénéfice de 806 millions qui permet de dire que c'est l'État qui a tiré le plus grand profit des travaux exécutés dans Paris.

Il est à remarquer que cette augmentation incroyable du produit des impôts forme la plus grande partie du budget extraordinaire consacré aux travaux publics. Cette augmentation profite donc aux autres départements.

Un dernier chiffre. C'est surtout sur la contribution des patentes qu'a porté l'accroissement pendant ces quatorze années. Depuis 1852, elle a augmenté de 10 0/0 dans les autres départements, et de 42 0/0 dans le département de la Seine, ce qui me paraît prouver que les travaux de Paris répondaient à un besoin local.

J'ajouterai que les épargnes des ouvriers, surtout des ouvriers employés à la construction, ont été en grande partie reportées dans la province, où elles ont augmenté le nombre des propriétaires, en faisant arriver à la propriété des classes jusqu'alors déshéritées. C'est là un puissant élément de moralisation. (Très-bien ! très-bien!)

Il me reste à démontrer quel est au juste le passif de la Ville de Paris, quelles sont ses ressources dans le présent et dans l'avenir. C'est le point de départ de vos résolutions. Mais je demande à la Chambre de vouloir bien renvoyer à demain l'examen de ces questions. (Assentiment. Marques nombreuses d'approbation.)

Le lendemain 23 février 1869, M. Genteur, commissaire du Gouvernement, continua ainsi son discours :

Messieurs, il est bon de noter qu'à mesure que le débat se précise la critique se circonscrit. Ainsi, je n'en ai encore entendu formuler aucune contre la dépense de 708 millions affectés à des travaux autres que des travaux de voirie. Il semblerait même que les représentants de la Seine soient disposés à se plaindre qu'on n'ait pas fait assez, soit pour les écoles, soit pour les établissements hospitaliers, soit pour le pavage. C'est sur les 884 millions de travaux de voirie que se concentrent les attaques.

On se plaint d'abord que ces travaux n'aient pas été l'objet d'adjudications publiques. Mais aucune loi n'exige que les communes aient recours à l'adjudication en matière de travaux publics.

L'adjudication est une simple règle administrative qui souffre des exceptions, par exemple, dans ces deux cas : quand la nature des travaux s'y oppose et quand l'adjudication ne donnerait pas de résultat. Eh bien ! ces deux cas se sont présentés pour la Ville : l'aléa énorme des indemnités foncières, et surtout des indemnités locatives, a retenu les entrepreneurs. La Ville n'a pas même trouvé d'abord de concessionnaires, elle a dû exécuter en régie ses travaux de 1849 et 1855.

Comment, depuis, les concessions se sont-elles faites? L'agent de la Ville dressait des plans qui étaient soumis à la commission d'indemnité ; les entrepreneurs débattaient les prix, la question était portée devant le conseil municipal. N'y a-t-il pas là toutes les garanties désirables? où y a-t-il matière à soupçon?

Mais, dit M. Garnier-Pagès, la Ville a éprouvé des mécomptes dans l'exécution du deuxième réseau. Les travaux, qui ne devaient coûter que 180 millions, en ont coûté 410. C'est que les évaluations avaient été basées sur les indemnités accordées pour le premier réseau.

Les mécomptes ont eu deux causes : la jurisprudence adoptée par la cour de cassation en ce qui concerne les indemnités locatives, ensuite l'élévation exorbitante des prix qui s'est produite au cours des travaux et par suite de ces travaux mêmes. Les indemnités foncières ont augmenté de 50 0/0 ; les

indemnités locatives de 182 0/0. De là un grand préjudice porté aux finances
de la Ville.

S'armant de ces mécomptes du deuxième réseau, M. Garnier-Pagès
a prédit que les évaluations seraient aussi doublées pour le troisième
réseau.

Je calmerai son inquiétude. Les traités, qui assurent la complète exécution
de tous les travaux, à la fin de 1869, sont traités à forfait; si donc il y a
mécompte, ce ne sera pas pour la Ville.

Sans doute les mécomptes du deuxième réseau ont causé des embarras,
et c'est ici que se place l'objection de M. Picard relativement aux bons de
délégation.

Mais qu'est-ce que les bons de délégation?

Au début de l'exécution des travaux, la Ville, conformément à la loi, réglait
par arrêté préfectoral la subvention accordée aux concessionnaires; Puis elle
constituait entre les mains de ces derniers une créance civile ordinaire que
le porteur pouvait céder dans les formes légales, par une cession-transport
notifiée au débiteur, c'est-à-dire à la Ville.

Appliquées à des opérations colossales, ces formalités de la loi civile
étaient lentes et onéreuses. Les concessionnaires ont alors demandé eux-
mêmes qu'il leur fût permis, leurs travaux liquidés, de créer des bons visés
par la Ville. Voilà l'origine des bons de délégation. Jusque-là tout est irrépro-
chable; aussi pas de critique.

Mais, en 1864, l'entrepreneur d'une section de la rue Lafayette ayant
failli manquer à ses engagements, la Ville fut obligée de payer. C'est alors
qu'elle prit la précaution d'exiger des entrepreneurs, non-seulement un
cautionnement pour garantir l'exécution des travaux, mais encore le dépôt
de fonds suffisants pour garantir le payement des indemnitaires.

Ces fonds de garantie versés, la Ville crut qu'elle pouvait considérer les
travaux comme déjà exécutés jusqu'à concurrence des versements effectués,
et alors, avant leur exécution, elle autorisa la création de bons de délégation pour une somme correspondante.

C'est dans cette opération que MM. Berryer et Picard ont vu, quoi? un
emprunt direct? un emprunt déguisé? Examinons.

Un emprunt direct? Non; c'est en effet un simple marché de travaux à
terme ou d'acquisition d'immeubles à terme.

Un emprunt indirect? A cet égard, il y a des divergences d'opinion. Les
décentralisateurs soutiennent que tout ce qui n'est pas défendu aux communes leur est permis; que la loi ne leur ayant pas interdit les acquisitions
ou les marchés de travaux à terme, elles ont le droit d'en faire.

Les partisans de la tutelle administrative disent, au contraire, que les
communes ne peuvent dépenser annuellement au delà de leurs recettes

annuelles, ni engager l'avenir en répartissant leurs dépenses sur plusieurs années.

Entre ces deux opinions extrêmes des ministres de l'intérieur, M. Duchâtel en 1840, M. Boudet en 1864, ont fait une transaction. Les marchés à terme leur paraissant offrir des dangers, ils ont défendu que les finances municipales fussent engagées pour un délai dépassant six années, à moins d'autorisation de la part de l'administration. Telle est aussi l'opinion de la cour des comptes.

Mais les circulaires ministérielles n'ont pas entendu poser une règle de droit, il s'agit d'une simple règle de conduite. Et en fait, à aucune époque, la Ville de Paris n'a été astreinte à des autorisations pour des marchés à terme.

En 1848, le gouvernement provisoire a décrété le rachat des péages des ponts de Paris. L'opération a été liquidée en 1849 par M. Berger, au moyen de bons de délégation. Le bon de délégation date donc de 1849, et personne n'a accusé M. Berger d'avoir contrevenu à la loi.

La Ville n'a fait, depuis, que suivre cette tradition. Sans doute, les mécomptes du deuxième réseau et les dépenses résultant de l'exécution du troisième, ainsi que des travaux de la banlieue, ont amené des émissions pour la somme de 400 millions, et votre commission a pensé, avec la cour des comptes, que l'énormité de la somme offrait des dangers pour les finances de Paris, même pour celles de l'État; elle a vu là un emprunt direct. Soit. Le gouvernement n'y contredit pas, et c'est pour apaiser ces scrupules qu'a été présenté le projet actuel, dont le premier objet est de régulariser le passé.

Voici le second: La commission a demandé pour l'avenir que le budget extraordinaire de la Ville fût soumis au Corps législatif. Le Gouvernement y a consenti encore.

Ce n'est pas là, dit l'honorable M. Garnier-Pagès, une garantie sérieuse. Je prétends, au contraire, que cette mesure met dans les mains du Corps législatif un contrôle illimité, puisque désormais toutes les dépenses et toutes les recettes extraordinaires de la Ville seront soumises à son examen.

Le projet de loi a un troisième objet. Pour le faire comprendre, il faut établir le passif et l'actif de la Ville.

La dépense totale de la Ville pour travaux de voirie et autres, indépendamment de la subvention de 96 millions qu'elle a reçue de l'État, a été de 1,876,170,080 francs. Elle a payé, depuis 1852, 1,393,994,195 francs, dont 850 millions sur ses excédants de recettes. Elle reste devoir les 465 millions qui font l'objet de son traité avec le Crédit foncier.

Outre cette somme, elle doit 490 millions pour remboursement de ses emprunts antérieurs. Elle doit donc, pour ses divers réseaux de voirie et ses emprunts, 953 millions, plus, pour la dette de la Caisse des travaux publics, 156 millions : total, 1,190 millions. Voilà son passif.

C'est une vraie dette d'État, je le reconnais. Mais elle n'a rien d'effrayant, parce que la Ville a les recettes d'un État, et que ces recettes ne sont pas diminuées par des dépenses militaires.

Maintenant, quel est, en présence de ce passif, l'actif de la Ville de Paris?

Bien que l'exercice 1868 n'ait pas encore été réglé officiellement, je puis dire que les recettes totales de 1868, recettes ordinaires, extraordinaires, supplémentaires et spéciales, s'élèvent à 225 millions ; les dépenses à 212 millions. Il y aura donc un boni de 12,633,398 francs. Voilà un fait incontestable.

Quant au budget de 1869, M. Devinck constate qu'il permettra de rembourser 39 millions à la Caisse des travaux sur les 59 millions qu'elle doit, et dont le payement sera complété, cette année, au moyen de 20 millions de fonds de roulement.

Ces 39 millions sont même déjà payés, ainsi que le constate une lettre de M. le préfet que j'ai reçue tout à l'heure ; ces 39 millions remboursés, le budget de 1869 laissera disponibles 24 millions pour l'exécution des grands travaux publics.

Mais ces 24 millions, dit M. Garnier-Pagès, c'est un mot, une chimère. Examinons. Voici les prévisions du budget de 1869. Recettes ordinaires, 156,611,634 francs ; recettes extraordinaires, 36,051,690 francs ; total 195,663,424 francs ; dépenses ordinaires, 131,485,857 francs ; dépenses extraordinaires, 23 millions ; total, 154,485,857 francs.

L'excédant des recettes est donc de plus de 37 millions, auxquels il faut ajouter : les recettes supplémentaires composées du boni budgétaire, 15,500,000 francs ; les recettes spéciales, 15,045,394 francs ; excédant entièrement libre, 67,345,385 francs. Après avoir payé les 39 millions, il restera donc 28 millions ou plutôt 24 millions, car il faut tenir compte de 3 millions pour dépenses supplémentaires. A cela, que répond M. Garnier-Pagès? que la Ville vend son domaine! Sans doute, puisque c'est pour le vendre qu'elle l'a acheté.

Quand la Ville, faute d'adjudicataires, exécutait ses travaux en régie, elle conservait, le long des voies ouvertes, les terrains en bordure ; la valeur s'en est considérablement accrue. On a estimé ces terrains, au bas mot, à 72 millions : nous en vendons en 1869 pour 15 millions. N'en avons-nous donc pas le droit? (Approbation.)

N'avons-nous pas également le droit de vendre les terrains laissés libres par la démolition des anciens marchés, des édifices municipaux qu'on a remplacés par des monuments plus dignes des splendeurs de la Ville? (Nouvelle adhésion.)

Il n'y aurait qu'une manière de critiquer cette opération, ce serait de démontrer que ces terrains étaient nécessaires à l'administration. Le soutient-on ?

M. Ernest Picard. — Mais c'est le gage de la caisse !

M. le commissaire du gouvernement. — Si on les vend, c'est précisément pour rembourser 39 millions dus par la caisse. Quel usage plus légitime pourrions-nous en faire? Pour moi, la démonstration est inattaquable. (Très-bien! très-bien!)

L'honorable M. Garnier-Pagès a dit hier que le budget de 1870 était encore plus chimérique que celui de 1869. Je réponds :

Le budget de 1870 sera beaucoup plus riche, car la Ville n'aura plus à rembourser les 39 millions de travaux qu'il a fallu exécuter à la hâte pour présenter aux étrangers Paris dans sa toilette nouvelle. La Ville restera alors débitrice à la caisse de 98 millions, payables en huit annuités de 12,500,000 francs.

En somme, le budget de 1870 se totalisera par un excédant disponible de 25 millions. Ce n'est là qu'une prévision, il est vrai, mais les prévisions de la Ville ont toujours été inférieures aux recettes réalisées. La comparaison fera même ressortir un excédant, non de 25 millions, mais de 38. Veut-on réduire d'un tiers, de moitié? Il restera toujours ou 25 millions, ou 18. Voilà les ressources de la Ville.

Il me reste à répondre à une dernière objection, qui n'a pas été présentée à cette tribune, il est vrai, mais qui a été répétée dans les journaux, dans les brochures.

Les recettes ont répondu à vos prévisions dans le passé, soit : mais en sera-t-il de même dans l'avenir? Vos grands travaux touchent à leur terme; les ouvriers qu'ils ont attirés dans la capitale vont retourner dans leurs départements, et, d'autre part, vous avez promis d'employer une partie de vos excédants disponibles en dégrèvements des taxes locales. Que ferez-vous de ces ateliers nationaux permanents qui vont se trouver sans travail? 200, 300,000 ouvriers en bâtiment vont quitter Paris; il en résultera une diminution considérable dans les recettes de vos octrois.

Vous êtes entre une crise populaire et une crise financière.

Voilà l'objection; elle repose sur une grosse erreur.

On a dit que chaque habitant de Paris payait à l'octroi 50 francs par an. Cette moyenne est-elle admissible? Est-ce que le riche capitaliste n'apporte pas une plus forte contribution que l'ouvrier aux recettes de l'octroi? (C'est vrai!)

Des calculs très-exacts ont réduit pour l'ouvrier cette contribution à 20 francs. Il a été démontré qu'à Rouen elle n'était que de 10 francs par tête.

On veut, me dit-on, supprimer l'octroi de la Ville dans l'intérêt de la classe laborieuse; mais n'est-ce pas la classe laborieuse qui profite sous mille formes de l'octroi de l'assistance publique? (Très-bien! très-bien!)

Votre proposition est donc tout ce qu'il y a de plus anti-démocratique. (Mouvements divers.) On parle de crise populaire. Non, il n'y a rien à craindre de cette population honnête, qui se moralise de jour en jour sous les efforts faits par le gouvernement. Quel est d'ailleurs le chiffre vrai des ouvriers en bâtiment à Paris? Il n'est que de 91,000. Défiez-vous de cette armée de 200,000 à 300,000 hommes dont on parle. Supposez que le ralentissement des travaux réduise ces 91,000 ouvriers à 50,000; à 20 francs par tête, la diminution des recettes de l'octroi serait de ce chef de 800,000 francs ou de 1 million.

Quant aux recettes des matériaux, elles sont de 8 millions en 1867. Elles étaient en 1847 de 2 millions et demi. Réduisez-les autant que vous voudrez; y aura-t-il là une atteinte sérieuse portée à l'excédant de 38 millions qui est acquis à l'avenir?

Il n'y a donc pas lieu de craindre une crise populaire. La population ouvrière est reconnaissante envers le gouvernement auquel elle doit une sécurité, un bien-être, des parcs, des bois, qui étaient jusqu'alors le privilége des riches. (Très-bien! très-bien!) J'ai montré déjà qu'il n'y avait pas non plus de déficit à redouter.

J'ai fini, et je me résume. La transformation de Paris a été imposée par la force des choses. En quinze ans, nous avons fait de Paris la ville la plus belle, la plus saine du monde, la plus attrayante pour l'étranger. Elle attire toutes les intelligences, toutes les gloires, et de ce centre rayonnent nos idées, nos sentiments, nos mœurs qui assurent notre supériorité intellectuelle. Voilà pour le côté politique.

Au point de vue économique, nous avons pratiqué la véritable fraternité, celle qui vient en aide au faible, et, en lui permettant d'arriver à la propriété, l'élève à une civilisation supérieure.

Au point de vue financier, oui, le Paris nouveau a coûté 2 milliards; mais nous en avons payé un avec nos excédants de recettes, sans surimposition, sans surtaxe.

Sans doute, nous laissons le deuxième milliard à payer par les générations futures, mais cela n'est-il pas juste? n'en recueilleront-elles pas les bienfaits? D'ailleurs, nous leur laissons en même temps les moyens de faire face à ces charges.

Voilà la vérité.

Je le dis en toute conscience : si cette œuvre colossale a entraîné quelques erreurs de détail, si elle appelle certaines critiques, l'ensemble est digne de l'admiration du pays et de la reconnaissance des classes laborieuses. (Vif mouvement d'approbation.)

M. Thiers a la parole.

M. THIERS. — Je demande à la Chambre beaucoup de patience, car, quoi-qu'il ait été dit de part et d'autre des choses excellentes, il reste encore une certaine obscurité sur la question. On oppose avec conviction des chiffres à des chiffres. J'en apporte moi-même auxquels je crois d'une manière absolue.

La clarté ne pourra sortir que d'un examen d'ensemble. Il faut donc qu'on sache ce qu'est le budget de Paris, quelle place y tient ce qu'on appelle la grande œuvre de la transformation, il faut que l'on fasse une liquidation du tout. C'est ce que je vais essayer de faire.

Je déclare tout d'abord que je n'ai contre la personne de M. le préfet de la Seine aucune animosité. C'est un administrateur intelligent, actif, trop actif peut-être, mais très-capable. J'ai même un certain penchant pour ses opinions économiques, au point de regretter quelquefois qu'au lieu d'être préfet de la Seine, il ne soit pas ministre du commerce. (On rit.) Nos provinces industrielles ne souffriraient peut-être pas ce qu'elles souffrent aujourd'hui.

De sa personne, je passe à son œuvre. Cette œuvre, je ne l'aime pas. Elle a donné le signal de la dépense en France : elle a été l'origine d'une grande révolution économique.

Mais, dit-on, les chemins de fer exigeaient la transformation de Paris. Est-ce qu'on a transformé Londres, Bruxelles, Berlin, Vienne, centres comme Paris d'une grande viabilité de chemins de fer? Faire dépenser par une ville 2 milliards, c'est là une dépense sans exemple. M. le préfet a dit maintes fois que cette transformation, quand elle sera finie, n'aura rien coûté. Alors M. le préfet est un grand enchanteur! il a une baguette magique! Je supplierai maintenant l'Empereur de le mettre au ministère des finances. (Mouve-ments divers.)

Mais examinons. Pour arriver à la vérité, il faut prendre le budget de Paris. Quel était-il? Qu'est-il devenu? Que deviendra-t-il? Enfin qu'a coûté la grande œuvre de la transformation et quelles charges laisse-t-elle ?

Je commence par le budget. J'ai l'aversion de la dépense dans l'adminis-tration de l'État. La dépense non motivée est une atteinte portée à la puis-sance du pays. Je ne repousse pas les améliorations modérées. Avant M. le préfet de la Seine, la Ville de Paris a été administrée par un homme respec-table et respecté, qui disposait d'un budget bien mesquin, de 50 mil-lions.

Avec ces 50 millions, M. de RAMBUTEAU avait fait cependant beaucoup de bonnes choses, par exemple les rues de Rambuteau, d'Amsterdam, du Havre;

des églises, Saint-Vincent-de-Paul et Sainte-Clotilde. Il avait doublé le nombre des écoles, augmenté le nombre des lits, consacré 12 millions à l'achèvement de l'hôtel de ville. M. de RAMBUTEAU avait fait mieux, il avait presque complétement éteint la dette, et ce n'est qu'après l'avoir presque éteinte, qu'il demandait 60 millions pour des améliorations nouvelles. Partisan des améliorations dans une juste mesure, ce que je combats, c'est l'excès.

Sans doute, vous avez fait des choses utiles, mais vous en avez fait aussi beaucoup d'inutiles ; vous en avez négligé qui étaient pressantes, et vous laissez à la Ville des charges dont je ne sais comment elle pourra triompher. (Approbation à gauche.)

Un budget de 250 millions ! Vous en parlez fort à votre aise ; mais c'est le double du budget de la Bavière et de la Belgique, c'est la moitié de celui de la Prusse, il y a dix ans. Tandis que celui de l'État augmentait de 50 0/0, chose sérieuse pour les contribuables, surtout en présence des graves événements, des événements prochains peut-être dont l'Europe est menacée, celui de M. le préfet de la Seine augmentait de 500 0/0 ! et cet exemple entraînait toutes les grandes villes.

Ce budget, calqué servilement sur celui de l'État, se compose d'abord du budget ordinaire. Le budget ordinaire, réduit avec art à sa plus simple expression, ne s'élève qu'à 102 ou 103 millions.

102 millions de dépense ! cela paraît bien beau quand on a un budget de recettes de plus de 150 millions. L'excédant est, en effet, de 50 millions par an.

Mais il faut compter avec le budget extraordinaire qui vient ensuite. Ce budget comprend d'abord l'amortissement de la dette, 11 millions. Il peut paraître étrange de voir figurer au budget extraordinaire l'amortissement de la dette.

Pourquoi alors n'y pas faire figurer toute la dette, intérêts et amortissements ?

Le budget extraordinaire ne doit comprendre que des dépenses temporaires et facultatives. L'amortissement et l'intérêt dureront quarante à cinquante ans. Croyez-vous qu'il vous soit facultatif de ne pas les payer ?

Ce n'est pas tout. Vous avez porté ensuite à l'extraordinaire des dépenses d'entretien : 2 millions, par exemple, pour les hospices, diverses allocations aux établissements religieux et scolaires, au musée de la ville, pour encouragement à la peinture et à la sculpture, pour l'entretien des ponts, pour la substitution du macadam aux chaussées, pour les égouts ; en tout 9 ou 10 millions.

Mais toutes ces dépenses sont des dépenses essentiellement ordinaires !

Quand on a ajouté ces 11 millions d'amortissement de la dette et ces 10 millions aux dépenses ordinaires auxquelles ils appartiennent, l'excédant se réduit à 25 millions. Si vous vous étiez bornés à en prendre le capital, 4 ou 500 millions, et à l'employer utilement, on n'aurait rien à vous reprocher. Mais vous êtes devenus un gouvernement si grandiose, que 4 ou 500 millions à dépenser dans une capitale ne sont plus au niveau de votre grandeur.

Et ce n'est pas tout ; il y a les travaux, réellement extraordinaires, qui vont à 40 millions à peu près, ce qui, avec les 21 millions dont j'ai parlé, donne 61 millions de budget extraordinaire ordinaire.

Mais outre ce budget extraordinaire ordinaire, il y a le budget extraordinaire extraordinaire (On rit) qui s'appelle « budget extraordinaire sur fonds spéciaux. » C'est avec celui-là qu'on fait les grands percements, et on y pourvoit par l'emprunt ; il est de 40 à 50, 60 et 70 millions par an.

Je récapitule : 103 millions de dépenses ordinaires, 61 millions du premier budget extraordinaire et 60 millions du deuxième budget extraordinaire, cela fait au total 232 à 234 millions.

Puis vient le budget supplémentaire, qui, je le reconnais, n'est qu'un budget de report, qui se compose de crédits non employés et des bonis des budgets précédents ; vous arrivez à un total de 250 millions de dépense pour le budget de Paris.

Jusqu'en 1868, on a vécu dans une certaine abondance de ressources. Mais il fallait prévoir que la dette dissimulée sous les bons de délégation viendrait à échéance et pèserait sur les finances de la Ville, que les subventions du gouvernement prendraient fin, que l'emprunt s'épuiserait et aussi le crédit, et qu'on se trouverait avec les 156 millions de recettes pour unique ressource en présence de dépenses bien plus considérables. Eh bien ! voilà où l'on en est aujourd'hui.

Je sais bien que vous réduirez la dépense ; vous avez déjà commencé à le faire ; mais pourrez-vous la réduire à 156 millions ? Non, jamais. Le budget de 1868 en est la preuve.

Non-seulement vos dépenses ordinaires augmentent chaque année aussi vite que le produit de l'octroi ; mais l'intérêt de la dette, qui était, en 1868, de 21 millions, va monter, par suite de l'emprunt que vous allez autoriser, à 46 millions. Voilà le résultat de cette dépense de 465 millions faite illégalement, qui est l'acte le plus audacieux qu'on ait jamais commis sous aucun gouvernement. (Approbation à gauche.)

M. le préfet de la Seine dit : Mon œuvre est finie ! Non, ce n'est pas votre œuvre qui est finie, ce sont vos ressources. (Mouvements divers.) Ce que je regrette de ne pas voir finir, ce n'est pas cette grande voie qui, des Tuileries, doit aller à l'Opéra, et qui coûtera Dieu sait combien ! Ce n'est pas la rue de Rennes : c'est l'œuvre quotidienne, l'œuvre nécessaire pour laquelle il ne vous reste rien. Comment solderez-vous les dépenses pour les eaux de la Vanne, pour lesquelles vous n'avez encore payé que 4 millions ? vous aurez en outre une dépense annuelle de 15 millions à faire pour les églises, les casernes, les mairies commencées et pour les raccords de voies. Où trouverez-vous de l'argent ?

Avec le budget de 1869 commence la gêne. Et cependant vous êtes forcé d'inscrire au budget extraordinaire une somme de 36 millions que vous devez à la Caisse des travaux. Pour couvrir cette dépense, vous comptez sur 7 millions que vous réclamez à l'État comme solde des subventions payées, et 25 millions à retirer de la vente des immeubles qui sont entre vos mains.

Ces immeubles sont à vous, c'est vrai, mais ils sont le gage de la caisse. Vous n'êtes pas engagé, dites-vous, avec la caisse ; mais vous êtes à découvert avec elle si vous vendez les biens qui lui servent de gage. Le rapport de M. Devinck établit, en effet, que le domaine de la Ville est le gage de la Caisse des travaux.

Pour 1870, quand vous n'aurez plus de biens à vendre, quand vous n'aurez plus de subvention de l'État, comment ferez-vous ? Encore une fois, je vous le demande.

J'arrive à la grande œuvre de la transformation de Paris. Ici ma tâche est plus difficile ; oui, je le reconnais, vous avez fait des choses utiles, mais pas toutes les choses utiles ; en revanche vous en avez fait beaucoup d'inutiles.

Pourquoi déplacer la circulation au lieu de se borner à la faciliter ? En déplaçant la circulation, on enrichit certains quartiers ; oui, mais on en ruine d'autres. Est-ce là respecter la propriété ? Sans doute on a respecté la propriété de ceux dont on a payé les immeubles, mais un grand dommage a été causé aux autres. (Approbation sur plusieurs bancs.)

Si le percement de la rue de Rivoli a été une chose utile, car il a dégagé les abords de la Cité ; si le boulevard de Sébastopol a été meilleur encore, car il a dégagé les rues Saint-Denis et Saint-Martin ; si, en un mot, le premier réseau est excellent, quoiqu'il ait coûté bien cher, — 272 millions, — en peut-on dire autant du second ?

M. le commissaire du gouvernement nous disait que les trois réseaux avaient été conçus d'un seul coup. Je ne le crois pas. Si cela était, on nous aurait trompés.

En effet, ayant devant soi une dépense de plus d'un milliard, on ne nous aurait parlé que de 200 millions ; on aurait agi comme les architectes malhonnêtes qui trompent leurs clients par des devis mensongers.

Je le répète, je ne le crois pas, ma conviction est qu'on s'est laissé entraîner peu à peu, et les entreprises inutiles et fastueuses sont venues, comme le boulevard du Prince-Eugène, par exemple, qui a coûté 75 millions. Pourquoi ce boulevard ? On ne dira pas que c'était pour donner de l'air aux jardins qu'il traverse, ni pour servir les intérêts du commerce, qui y est nul.

On a fait ensuite le boulevard Haussmann, pourquoi? Ce n'est assurément pas l'air qui manquait dans ce quartier, où se trouve le charmant parc Monceaux ; il n'y a pas encore là d'affaires, il n'y a que des promeneurs qui n'avaient pas besoin d'une voie nouvelle pour aller de la Madeleine à l'Étoile. Ce second boulevard aura coûté de 60 à 80 millions.

On a ouvert ensuite de nombreuses avenues dans les avenues des Champs-Élysées. Pourquoi? est-ce pour l'air et les affaires ?

Puis est venu ce qu'on a appelé une grande pensée. On a voulu faire la place de l'Opéra, la rue qui doit réunir l'Opéra et le Théâtre-Français ; la place seule coûtera 30 et quelques millions. Sur la rive gauche, on a fait la rue Monge, dont les maisons restent suspendues à plusieurs mètres de hauteur, le boulevard Arago, où l'on rencontre à peine un piéton tous les quarts d'heure. Dépense : plus de 40 millions. Je n'admets comme réellement utile dans ce second réseau que la rue de Turbigo, qui représente une dépense de 80 millions. Peut-être eût-il mieux valu élargir la rue Montmartre, mais enfin c'est là une voie utile.

Les ressources étaient épuisées ; on accorda un troisième emprunt de 138 millions. La Ville de Paris était devenue comme un État, elle avait sa dette fondée, on voulut qu'elle eût aussi sa dette flottante. On a dit, quelquefois, en parlant de M. Rouher, que c'était un vice-empereur. Si ce nom de vice-empereur convient à quelqu'un, ce n'est pas à M. le ministre d'État, c'est à M. le préfet de la Seine. (Mouvements divers.)

M. le préfet eut donc sa dette flottante ; la Caisse des travaux de Paris fut créée ; les émissions de bons, autorisées d'abord pour 15 millions, furent portées à 60, puis à 100 millions ; c'était bien là le cas de s'arrêter. Mais beaucoup de choses restaient encore à faire, et ce troisième réseau, où figurent la rue Lafayette, la rue de Rennes, la rue de Solférino, fut entrepris sans utilité sérieuse.

Le Trocadéro, qui en fait aussi partie, coûtait 70 millions ; on faisait passer le boulevard Haussmann derrière la place de l'Opéra, pour arriver jusqu'au boulevard des Italiens, à travers les quartiers les plus beaux, les plus sains, les mieux habités ; on dépensait là de 50 à 60 millions, sans utilité, sans avantage pour la circulation. On faisait aussi la rue de Réaumur, de l'Opéra jusqu'à la Bourse.

Puis on annonçait une grande rue allant de l'Opéra aux Tuileries. Pourquoi ? L'Empereur n'avait-il pas déjà la rue de Rivoli, la rue de la Paix, qui le faisait passer au pied de la colonne que surmonte l'auteur de sa race ? (Mouvements divers.)

On a fait enfin cette place de l'Opéra où aboutissent trois grandes voies : pourquoi? Et à côté de cela, on n'a rien fait pour la rue Montmartre, rien pour la rue Richelieu, rien pour conduire la rue de Rennes jusqu'à la rivière. Voilà comment on est arrivé à dépenser ces 1,865 millions, pour faire tant de choses inutiles, à côté de quelques-unes qui sont réellement utiles.

Mais il y a quelque chose de plus grave encore : ce sont les procédés dont on s'est servi pour l'exécution de ce troisième réseau. Pour le premier et pour le second on avait au moins procédé régulièrement à l'aide d'emprunts, de subventions votées par le Corps législatif, à l'aide de la Caisse des travaux ; mais, pour le troisième, on a violé des principes sacrés dont la violation ne permet p s de dire que l'on est dans un pays légal et libre. (Très-bien ! très-bien ! à gauche.)

M. le préfet sentait bien qu'après trois emprunts, qu'après avoir obtenu 100 millions de subvention, il lui serait difficile de demander encore 5 ou 600 millions. Il a donc pris un prétexte spécieux, l'annexion de la banlieue, et il a demandé 250 millions pour faire profiter la zone annexée des bienfaits dont jouissait l'ancien Paris.

Cet emprunt était régulier ; mais au moment même où l'on sollicitait votre vote, on s'engageait secrètement pour 465 millions, on faisait un autre emprunt, véritable quoique détourné, et voici par quel procédé.

Les expropriations étaient difficiles ; le jury, irrité par l'excès des travaux, faisait payer les terrains très-cher. Prenant ce prétexte qu'il fallait se garantir contre l'élévation des indemnités, on a demandé aux concessionnaires 20, 30, 40 millions, en leur donnant une délégation sur les revenus de la Ville.

On l'a dit : Ce n'est pas un emprunt, c'est une délégation de revenus ! Je m'étonne qu'on oublie à ce point la langue des finances et de la loi. (Approbation sur les mêmes bancs.)

Qu'est-ce donc qu'un emprunt, si ce n'est une délégation de revenus ? Que font les États qui n'ont pas de crédit ? Ils délèguent leurs revenus.

Le préfet de la Seine a pu dépenser 465 millions sans s'adresser à vous. Ce qu'un ministre des finances n'oserait faire, il y a à Paris un homme qui l'a pu, et qui a dépassé en outre de 50 millions la limite que vous aviez posée à l'émission des bons de la Caisse des travaux.

C'est là une énorme usurpation de la souveraineté du pays. Et l'on nous dit que nous sommes libres ! Non ! dans un pays où de pareilles choses peuvent se passer, on n'est pas libre. On est sous la dictature. (Nouvelle approbation à gauche.)

On a violé non-seulement les principes, mais aussi les textes les plus clairs. Le Crédit foncier est autorisé à prêter aux départements et aux communes, mais seulement quand ils ont obtenu la faculté d'emprunter. Ici l'autorisation n'existait pas, et dans cette négociation la Ville a perdu près de 80 millions.

De plus, par ses traités, la Ville a fait aux concessionnaires des avantages que nous ne pouvons pas évaluer, mais qui sont énormes. — Alors qu'elle pouvait, d'après le cours actuel de ses valeurs, emprunter à 4,75 pour 100, son premier marché avec le Crédit foncier lui coûte 6,15, le second 5,16 ; perte totale, 77 millions ! Et maintenant faisons le compte d'ensemble de cette grande œuvre qui n'a rien coûté. La seule indication que nous ayons à cet égard est une simple note insérée au bas du mémoire adressé par M. le préfet à l'empereur. Cette note accuse une dépense de 1,865 millions. Dans l'énumération qu'on y trouve des recettes et des dépenses, M. le préfet oublie les 114 millions de subvention donnés par l'État, ce qui élève le total à 1,979 millions, et, en chiffres ronds, à 2 milliards ; si bien que M. le préfet, qui dépose aux pieds du souverain comme un hommage cette dépense de 1,865 millions, a été trop modeste : il aurait pu se vanter d'avoir encore mieux justifié la confiance de Sa Majesté. (On rit.)

Dans les recettes qui figurent sur cette note, vous oubliez l'emprunt de 1852, qui a précédé, il est vrai, l'administration de M. le préfet de la Seine, mais qui a été dépensé par lui ; il y a encore là 61 millions à ajouter au total des emprunts.

D'un autre côté, vous ne comptez que 245 millions pour un emprunt qui a fourni en réalité 270 millions. Il y a donc au total 1,083 millions d'emprunts ; ajoutez-y les 705 millions d'augmentations de recettes, voilà ce qui constitue la grande œuvre de prospérité accomplie par M. le préfet de la Seine !

M. le préfet, depuis un an, discute avec les journaux et prétend qu'il n'a ni augmenté les taxes ni créé d'impôts nouveaux. Cela prouve bien que les pouvoirs non contrôlés se permettent non-seulement de tout faire, mais de tout dire.

Quoi ! il n'y a pas eu de nouveaux impôts ? Qu'en pensent les 400,000 annexés de la banlieue qui payent aujourd'hui 32 francs au lieu de 7 ou 8 ? M. Haussmann reconnaît, il est vrai, 13 millions d'augmentations ; mais en neuf ans, cela fait 117 millions. Puis, par le remaniement des tarifs, n'a-t-on pas augmenté l'impôt de 74 millions ? Le charbon, qui payait 3 fr. 50 c., paye 7 francs ; n'est-ce pas là une augmentation d'impôt ?

Et puis, cette recette dissimulée, le produit des reventes de terrains ! La voilà, votre baguette magique ! La Caisse des travaux en a vendu pour 200 millions ; la caisse municipale pour 100 millions. Il en reste 100 ou 108 millions engagés par la Caisse des travaux, plus une centaine de millions aux mains des concessionnaires. En tout 500 millions.

Et la plus-value en déplaçant la circulation ? Elle vous a donné aussi

500 millions. Mais ce capital, savez-vous ce que c'est? C'est la cherté. (Nouvelle approbation à gauche.)

La cherté! Le registre des faillites est là pour en montrer les conséquences. Il y a trente ans, pas une boutique à Paris ne se louait plus de 15 à 20,000 francs. Il en est aujourd'hui pour lesquelles le loyer s'élève à 80 et 90,000 francs.

Il y a quinze ans, le mètre carré de construction ordinaire, et même luxueuse, coûtait 5 à 600 francs. Aujourd'hui, le prix s'élève à 1,000 ou 1,100 francs.

Et les vivres? L'augmentation est énorme. Le salaire de l'ouvrier, dites-vous, a augmenté. Sans doute, mais l'ouvrier qui reçoit plus ne dépense-t-il pas plus? Ainsi, en réalité, la condition n'a pas changé.

J'aurais beau jeu, si je voulais apprécier votre œuvre au point de vue du beau. La ligne droite est possible en Amérique, là où le terrain coûte un dollar le mètre. Mais il n'y a pas de lignes droites à Rome, à Florence, à Venise, dans les villes anciennes où elles entraîneraient des dépenses fabuleuses. La beauté de la ligne droite, dans ce cas, n'en saurait compenser le prix.

J'arrive à la conclusion. Dans quel état laissez-vous la Ville? Vous n'avez plus, pour toutes ressources, que vos 156 millions de recettes ordinaires. Plus de subventions, plus d'emprunts. Sur quoi comptez-vous donc? sur les augmentations futures de l'octroi? Voyons. M. le ministre des finances oserait-il nous dire que, pour payer les travaux qu'il ordonne, il compte sur les augmentations des recettes de 1870, 1871 et même de 1878?

Et ces accroissements de recettes, sur quelles bases les établit-on? On dit : En 1870, les annuités de l'emprunt de 1852 vont finir, et la Ville gagnera ainsi 6 millions d'un seul coup. On n'a pas même lu la loi d'emprunt. Oui, on gagnera 6 millions, mais on oublie que la taxe de 2 francs par hectolitre de vin qui avait été établie pour subvenir au payement des annuités s'éteindra avec elles le même jour, et qu'on perdra l'excédant de 12 à 15 millions de francs qu'elle donnait annuellement.

On dit encore: Dans quatre ans, la Compagnie du gaz nous donnant une part de ses bénéfices nous versera 3 ou 4 millions par an. Je veux le croire; mais ces hypothèses ne se réaliseront qu'à la condition qu'on maintiendra ces impôts au taux où ils sont aujourd'hui; et n'est-ce pas une témérité sans égale que de prévoir des recettes à cinq ou six ans de distance?

Ainsi, vous n'aurez, en 1870, qu'une recette réelle de 156 millions pour faire face à toutes vos dépenses. Encore une fois, que ferez-vous alors?

Prendrez-vous encore 25 ou 30 millions sur les terrains qui sont le gage de la Caisse des travaux publics ? Mais alors vous vous endetterez de plus en plus envers elle, et au lieu de lui devoir 58 millions, vous arriverez à lui en devoir 150.

Ce sera un emprunt indirect : vous êtes condamnés en 1870 à ne vivre que d'emprunts dissimulés, ou avoués, à moins que vous ne suspendiez les travaux, ce qui serait cruel pour les ouvriers que vous avez appelés à Paris, et peut-être dangereux.

Pour remédier à cet état de choses, que met-on à notre disposition ? un expédient : le budget de la Ville de Paris sera voté par le Corps législatif.

Mais c'est là une violation de tous les principes ; car enfin il n'est pas de ville qui ne vote l'emploi des impôts perçus sur sa propre subsistance. Et cette Ville de Paris, que vous appelez la reine des cités, vous la jugez incapable de se gouverner elle-même, de faire ce que font toutes les autres, de disposer de ses ressources !

Sans doute, j'ai confiance dans le Corps législatif, et je suis sans inquiétude sur l'efficacité de son contrôle, mais, je le répète, ici tous les principes sont violés. .

Je vois des hommes sensés s'effrayer lorsque nous demandons pour Paris le régime des autres villes ; je m'arrête devant leur inquiétude, tout en me rappelant que Paris a été administré pendant seize ans au moyen d'un conseil électif... (Interruption.) Oh ! je sais que ce conseil était issu du suffrage restreint, mais alors voici une comédie qu'il faudrait enfin cesser de jouer. (Bruit.)

Lorsqu'il s'agit de vous qualifier de gouvernement national, et de donner au trône l'appui d'une grande manifestation du pays, vous nous dites à nous qui demandons la liberté : N'avez-vous pas le suffrage universel ? vous êtes donc libres ! Puis quand il s'agit d'appliquer ce principe et de mettre la Ville de Paris en possession d'un droit qu'exercent toutes les autres villes, vous reculez, il ne s'agit plus de suffrage universel. Je le répète, ou il faut cesser de vous vanter d'avoir fait reposer le gouvernement sur un grand principe national, ou il faut restituer à la Ville de Paris les droits qui lui appartiennent. (Mouvements divers.)

J'accepte cependant l'expédient, tout en le condamnant, je l'accepte parce que vous n'en offrez pas d'autre et je vous en laisse toute la responsabilité. Mais il est cruel, lorsqu'on est entraîné dans ce torrent de dépenses folles et alors qu'on n'a dans les mains pour résister qu'une branche unique, il est cruel de voir recourir à un expédient qui est une éclatante violation de tous les principes ! (Vif mouvement d'approbation à gauche.)

Le 24 février, M. Ernest Picard reprit ainsi la discussion :

M. Ernest Picard. — La Chambre me permettra de ramener son attention sur la question principale du débat. Je ne relèverai qu'en deux mots les considérations économiques qui ont été présentées par M. le ministre de l'intérieur.

Lorsque M. le ministre dit que les 2 milliards qui ont été dépensés ont produit un équivalent en valeurs invisibles; quand, allant plus loin, il s'arrête à la valeur artificielle de la propriété immobilière, qui a été portée de 2 à 5 milliards, je ne puis pas être de son avis. Je ne crois pas, en effet, que ce soit enrichir le pays que de donner à des terrains une valeur artificielle qui dure ce que durent les sociétés immobilières. (Rires sur quelques bancs.)

Or, savez-vous ce que coûtent certaines expropriations ? J'ai là sous les yeux le relevé détaillé des sommes allouées pour les cinq expropriations de cinq hôtels, rue Louis-le-Grand et rue de la Paix; le total est de 7,298,250 fr.

Ce n'est pas sans surprise, je l'avoue, que j'ai entendu M. le ministre prononcer le nom de M. Lagrange dans cette discussion. On peut certainement citer M. Lagrange comme un bon républicain, et, à cet égard, je lui rends hommage ; mais comme économiste, c'est une découverte. (On rit.)

Quant au général allemand, dont on a bien voulu nous taire le nom, j'aimerais mieux qu'en parlant de nous il eût constaté que notre capitale n'était pas achevée, mais que nous étions devenus une grande puissance. (Approbation à gauche.)

M. le ministre dit que le travail prévient les émeutes : c'est rappeler sous une autre forme cette parole d'un autre ministre : le travail est un frein ! Il me reproche de ne pas aller dans les réunions publiques ; je lui réponds : Qu'y pourrais-je dire, si ce n'est que votre loi ne permet pas de parler des affaires du pays ? (Nouvelle approbation à gauche.)

Mais j'arrive au débat : oui, vous avez dépensé 1,865 millions et vous en devez 465. Comment ? La Chambre prouve, par l'attention qu'elle donne à cette discussion, qu'elle comprend que l'émission des bons de délégation constitue un fait de la dernière gravité.

J'ai demandé ce qu'étaient devenus les cautionnements versés, comme garantie, dans la caisse municipale ; on m'avait promis une réponse, je l'ai cherchée en vain dans les discours que nous avons entendus ; un silence complet a été gardé sur ce point fondamental. Étais-je donc bien téméraire, lorsque je disais que, tandis que nous discutions ici, le préfet pouvait se procurer un deuxième cautionnement, le premier étant dépensé ?

Pour définir l'opération qui a été faite, je n'ai qu'à rappeler l'opinion de la cour des comptes. La Ville a traité avec une compagnie Berlencourt, laquelle a versé 20 millions pour garantir l'exécution de travaux. La cour des comptes déclare que ces 20 millions sont un véritable cautionnement, qu'ils ne peuvent être considérés que comme un capital de garantie, qu'il n'était pas permis de leur donner une autre affectation et que, cependant, ils paraissent avoir été employés autrement. Cette déclaration de la cour des comptes est-elle suffisante pour faire juger l'opération ?

Et c'est par 465 millions que se chiffre le capital qu'on s'est ainsi procuré au moyen des bons de délégation ! Et, en ce moment même, pendant que vous vous étendez sur toutes ces doctrines, sur toutes ces théories, il y a un administrateur qui, obéissant à un autre pouvoir, négocie une nouvelle opération du même genre, escompte encore avec le Crédit foncier 40 millions !

Mais en laissant une telle faculté à la Ville de Paris, vous lui permettez de dévorer l'avenir. Si nous ne pouvons plus sauver le dix-neuvième siècle, empêchons du moins qu'on ne touche au vingtième. (On rit.)

La signature de la Ville de Paris est assurément fort bonne ; mais où sera la limite ? quel sera le frein ? Au moment même où nous discutons ici, cette banque, je le répète, continue d'opérer, les emprunts s'accumulent, l'argent déposé dans les caisses est détourné de son emploi, et vous ne pouvez pas même nous dire quel est le chiffre des cautionnements déposés !

Qu'on nous ait présenté une image très-soigneusement encadrée dans un rapport de M. Devinck, soit ; mais il faut écarter ce cadre pour voir l'image telle qu'elle est. Eh bien ! la Ville est une administration qui va à la dérive; c'est un prodigue sans conseil judiciaire. (Mouvements divers.)

M. le ministre nous dit que les membres du Conseil municipal sont des membres honorables.

Leur honorabilité n'est pas atteinte assurément, mais leur responsabilité l'est gravement.

Vous nous dites encore qu'il n'y a là qu'une irrégularité, que le premier réseau, le second, le réseau souterrain, le troisième réseau, ont été connus et votés par la Chambre. Ce qui est vrai, c'est que la Chambre a en effet adopté en principe le second réseau ; mais elle avait limité la dépense, si bien qu'en droit même votre thèse ne se soutient pas.

Parmi tous vos traités avec les concessionnaires, il y en a beaucoup, et pour des sommes considérables, qui concernent le troisième réseau. Mais, dites-vous, on était à la veille de l'Exposition ! Il est bien vrai que l'Exposition vous a un peu enivrés, mais comment se fait-il que les opérations aient continué après l'Exposition ? Voici un traité de 12 millions, relatif au boulevard Haussmann, qui porte la date de février 1868 ! Aujourd'hui même, on nous annonce l'existence d'un nouveau traité, et nous sommes encore à attendre vos explications !

Vous êtes ministre, vous nous devez des explications ; si vous ne nous les donnez pas, vous restez un orateur, mais vous n'êtes plus un ministre : car il y a derrière vous un autre pouvoir qui se joue de toutes les règles, et qui négocie encore, à l'heure qu'il est, la signature de la Ville.

Qui doit sortir vaincu de cette lutte ? Est-ce la loi ? Est-ce la Chambre ? (Très-bien ! très-bien ! à la gauche.)

Je pourrais discuter longtemps, je pourrais revenir sur vos excédants, mais vous n'avez pas d'excédants ; pour en trouver, il faut mettre les ponts et chaussées à l'extraordinaire ! Vous n'avez même pas de budget. On n'a pas de budget, en effet, quand on a, en dehors de la loi, une dette de 500 millions.

Mais la Chambre a un devoir et je pense que, cette fois, elle saura le remplir. (Vive approbation à gauche.)

M. LE PRÉSIDENT SCHNEIDER. — Il n'y a plus d'orateurs inscrits pour la discussion générale. (Aux voix ! aux voix !)

M. DU MIRAL, rapporteur. — Je demande la parole au nom de la commission.

Dans la séance du 25 février, M. du Miral, rapporteur, s'exprima en ces termes :

M. DU MIRAL, rapporteur. — En prenant la parole au nom de la commission, je me propose de répondre aux critiques dont son rapport a été l'objet, aux demandes qui lui ont été adressées, et de caractériser exactement le projet de loi sorti de ses délibérations.

Ce solennel débat a porté principalement sur les points suivants :

Les travaux exécutés par la Ville ; — les procédés financiers à l'aide desquels ils ont été exécutés ; — la situation financière de la Ville ; — enfin, les mesures proposées par le projet de loi. Je m'expliquerai sur tous ces points.

Il en est un, spécialement, qui a excité les préoccupations de quelques orateurs : c'est celui qui est relatif à la combinaison des bons de délégation. L'honorable M. Picard a demandé l'état des dépôts de garanties effectués dans la caisse de la Ville ; il s'est plaint que les 465 millions n'eussent pas reçu leur destination spéciale.

Voici ma réponse : Ces 465 millions ont été naturellement employés au payement des travaux et des indemnités dont ils étaient la représentation. Il ne reste plus aujourd'hui dans la caisse qu'une somme de 20 millions environ, qui fait partie du passif de cette caisse, et d'une somme de 59 millions couverte par les moyens indiqués dans le rapport de M. Devinck.

Je crois que j'ai répondu d'une manière précise à la demande de M. Picard.

M. ERNEST PICARD. — Votre réponse ne sera précise que si vous dites que tous les travaux concédés ont été exécutés et payés.

M. LE RAPPORTEUR. — Tous les travaux ont été exécutés, ou sont en voie d'exécution, et ce qui le prouve, c'est ce fait qu'il ne reste plus en caisse que 20 millions. (Mouvements divers.) Mais, même après l'exécution des travaux, il y a des formalités à remplir, avant de payer certaines indemnités.

L'honorable M. Picard a fait aux bons de délégation une double objection. Il a dit d'abord qu'engager les ressources de l'avenir, c'était faire un emprunt déguisé. La commission a dit très-nettement qu'elle était de cet avis.

M. Picard a insisté ensuite sur le prétendu détournement des fonds déposés à titre de garantie, et il a invoqué sur ce point l'opinion de la cour des comptes. Eh bien, il a été fait à la cour une réponse que la commission trouve exacte : c'est que ces fonds ne constituaient pas des dépôts entraînant leur immobilité, et c'est justement que M. le préfet de la Seine a fait observer que, si ces fonds avaient eu ce caractère, il en serait résulté pour la Ville des charges sans avantages. Voilà un point éclairci.

Maintenant, la commission, en se ralliant à la cour des comptes, en reconnaissant que les bons de délégation constituaient un emprunt déguisé, a-t-elle eu tort de déclarer que cette opinion n'avait plus qu'un intérêt doctrinal et rétrospectif? Mais si elle a parlé ainsi, c'est que, sur sa demande expresse, il a été inséré dans le projet une disposition en vertu de laquelle le budget extraordinaire de la Ville de Paris sera désormais voté par le Corps législatif. (Réclamations à gauche.)

Veut-on dire que le budget extraordinaire de la Ville de Paris étant examiné, discuté, voté par la Chambre, il sera encore possible de contracter des emprunts déguisés à l'aide des bons de délégation?

M. Jules Favre. — Cela n'empêchera rien.

M. Garnier-Pagès. — Il a été émis 40 millions de bons dans le mois de février ; on emprunte encore à ce moment. (Bruit.)

M. le rapporteur. — Je maintiens, et c'est là l'opinion de l'honorable M. Thiers lui-même, que le vote du budget extraordinaire de la Ville par le Corps législatif constituera une garantie efficace, absolue. C'est aussi l'opinion de l'honorable M. Garnier-Pagès et de ses amis, qui n'ont cessé de demander depuis 1866 que le budget de Paris fût voté par la Chambre.

M. Magnin. — Le budget tout entier !

M. le rapporteur. — Ne suffit-il pas que le budget extraordinaire soit soumis au contrôle du Corps législatif? A quelle occasion se sont produites et peuvent se produire les irrégularités? A l'occasion des travaux extraordinaires. Si donc vous votez le budget extraordinaire, comment sera-t-il possible de faire une dépense sans votre volonté?

La commission a discuté avec soin la question d'un contrôle général substitué au contrôle partiel; elle avait même demandé que, dans le cas où une dépense extraordinaire serait dissimulée dans le budget ordinaire, le Corps législatif eût le droit de l'en extraire.

Les commissaires du gouvernement nous ont répondu que cela était de droit, qu'il n'était pas besoin de le dire; et notre proposition n'a été retirée que parce qu'elle était inutile.

Donc, s'il y a des critiques à adresser au passé, il est certain que l'avenir sera sauvegardé, et qu'il n'y aura pas à craindre un retour à cette pratique des bons de délégation, qui, aux yeux de la commission, constituent un emprunt déguisé.

Mais ce n'est pas tout.

Selon l'honorable M. Thiers, l'irrégularité commise n'est pas seulement une violation de la loi, elle a encore causé une perte de 78 millions, la Ville, alors qu'elle pouvait emprunter à 4,65 pour 100, ayant emprunté d'abord à 6,12, puis à 5,16.

La commission croit au contraire, non-seulement que la Ville n'a rien perdu, mais qu'elle a gagné. (Interruptions.) Une erreur involontaire avait été commise d'abord par le rapporteur sur le taux de la négociation.

Aujourd'hui, nous savons officiellement, par les comptes définitifs de l'opération, que le taux de 1865 était de 5,70 et que l'intérêt réel était de 5,28.

J'ai communiqué ce document à l'honorable M. Pagézy qui, dans son amendement, a supposé que la Ville pouvait emprunter à 4,75.

Les événements politiques, en 1865, avaient ébranlé le crédit; la situation de la place était difficile; et si un emprunt avait été fait alors, le cours des obligations émises aurait subi une dépréciation énorme.

M. Pagézy. — Mon chiffre était 5,16 3/4.

M. Thiers. — Si l'on prend le taux des dernières obligations émises par la Ville, on verra que ces jours passés elles étaient à 535 francs. C'est toujours beaucoup moins de 4 pour 100. En y ajoutant les lots et primes, soit 1,400,000 francs à peu près, on arrive à un intérêt de 4 fr. 25. J'accorde que, si l'on émettait aujourd'hui une masse considérable d'obligations, on les ferait baisser; mais les ferait-on baisser de 535 à 421, taux auquel elles sont consenties ?

Je n'ai pas vu un seul homme spécial qui pense que la Ville, dans l'état présent des choses, avec l'abondance actuelle des capitaux, soit obligée de donner un intérêt de plus de 4 fr. 75. Or, d'après son marché avec le Crédit foncier, il y a, outre l'intérêt de 5 pour 100, une commission. (Non ! non !) Ne confondons pas : il y a deux traités, d'abord celui qui est relatif aux bons de délégation; on fait sur celui-ci une perte moyenne de cinq ou six années ; ensuite celui qui résultera de l'adoption de la loi ; sur celui-ci la perte sera

moindre, c'est vrai, mais elle se reproduira plus longtemps, pendant quarante ans.

Dans les conditions du premier traité, la perte est de 39 millions. Le
second traité, par suite des critiques sévères qu'a soulevées le premier, fait
subir, il est vrai, à la Ville une perte moindre ; mais, sur les 465 millions et
pour la durée de vingt ans qu'il doit avoir, elle est encore de 38 millions ;
38 et 39, cela fait bien 77 millions de perte. (Mouvements divers.)

M. LE RAPPORTEUR.—La discussion sur ce point viendra mieux à l'article 1er.
A cet égard, ce n'est pas au cours actuel des obligations qu'il faut se reporter ;
c'est au cours de ces obligations en 1864 et 1865. Eh bien, en 1865, le taux
de l'emprunt a été de 5,28, non de 4,75.

M. SEGRIS. — Vous dites qu'il faut prendre le taux de 1865, et non celui
d'aujourd'hui. Je réponds : Vous avez payé un double intérêt : un au Crédit
foncier, et un autre en remettant vos bons de délégation aux entrepreneurs
qui les négociaient à 7 pour 100 au Crédit foncier. Cette somme, vous l'avez
payée sur la majoration du prix du mètre de terrain qui vous était livré.
(Approbation sur plusieurs bancs.)

S. Exc. M. ROUHER, ministre d'État. — On ne peut traiter une aussi grave
question par incident : je me fais fort de montrer que le premier traité sur
les bons de délégation n'a jamais existé et que les opérations de trésorerie
de la Ville ont été parfaitement régulières. (Réclamations sur plusieurs
bancs.)

Je vois l'honorable M. de Talhouët faire un signe de dénégation. Je répète
que de pareilles questions ne peuvent pas se traiter par incident, ou par
interruptions. Nous y arriverons. Je demande, pour la clarté du débat, que
la discussion continue régulièrement. (Très-bien ! très-bien !)

M. le marquis de TALHOUET. — Je n'ai pas interrompu, mais j'avoue que
je n'ai pu réprimer un geste d'étonnement, quand j'ai entendu M. le ministre
dire que l'opération des bons de délégation avait été parfaitement régulière.
(Approbation sur plusieurs bancs.)

M. LE PRÉSIDENT SCHNEIDER. — Je prie M. le rapporteur de continuer son
discours.

M. LE RAPPORTEUR. — En abordant la question du traité, je n'ai pas entendu
l'examiner à fond ; elle viendra plus utilement à l'occasion de l'article 1er.
Mon seul but a été d'opposer une dénégation à des affirmations qui s'étaient
produites, et je me fais fort de justifier plus tard ce que j'ai affirmé sur ce
point.

J'arrive maintenant à la situation financière de la Ville de Paris.

La commission a vérifié les faits, elle les a appréciés. Pour le traité qui
nous occupe et dont l'objet est de répartir une dette antérieure sur un certain
nombre d'exercices à venir, nous avons reconnu que le système de la répar-

tition était commandé, sinon par une nécessité impérieuse, du moins par la prudence.

Nous avons voulu également savoir quelles étaient les dettes de la Ville, autres que celles qu'elle a contractées envers le Crédit foncier, et c'est ainsi que nous sommes arrivés à proposer de comprendre dans un nouveau traité toutes ces dettes.

En ce qui concerne le budget de 1869, c'est nier l'évidence que de contester qu'il se présente en équilibre, et qu'il a en outre cet avantage de permettre à la Ville, sur sa dette antérieure, un remboursement de 39 millions.

Je terminerai en disant, avec l'honorable M. Devinck, que non-seulement les travaux exécutés dans Paris ont créé pour la Ville des ressources nouvelles, par suite de la prospérité qu'ils ont développée, mais encore qu'ils ont contribué à l'accroissement des revenus de l'État. Il importe d'ajouter, avec l'honorable M. Devinck, qu'il ne faut pas accepter de nouvelles dépenses sans être en mesure d'y attribuer immédiatement des ressources spéciales ; mais, à cet égard encore, le contrôle qui appartiendra au Corps législatif sera la meilleure des garanties.

Quant aux travaux eux-mêmes, on a déjà dit qu'ils avaient été presque tous commandés par la nécessité et approuvés, en grande partie, par des lois antérieures.

Si la trop grande activité qui leur a été donnée a pu avoir des inconvénients, votre contrôle empêchera le retour des abus. La commission, en demandant que le budget extraordinaire de la Ville soit approuvé par vous, croit avoir fait quelque chose non-seulement de consciencieux, mais d'éminemment utile. *(Marques nombreuses d'approbation.)*

M. Bethmont. — Vous ne vous étonnerez pas, Messieurs, qu'un député de la province vienne joindre sa voix à celle des députés de Paris dans une telle question. La situation financière de la Ville de Paris intéresse la France entière ; c'est la province qui paye ces immenses travaux par les capitaux qu'elle envoie à Paris et par les bras que Paris lui enlève.

Le projet que nous discutons aura deux conséquences : il liquidera la dette de 465 millions qui pèse en ce moment sur la Ville, il établira le contrôle de la Chambre sur le budget extraordinaire de la capitale. La première de ces conséquences me paraît un danger ; elle donnera en effet à la Ville un nouveau crédit et permettra à ses administrateurs de recommencer de nouveaux travaux. Ce danger ne me paraît pas suffisamment écarté et compensé par le contrôle qu'a imaginé votre commission. C'est l'avis de la Cour des comptes. La meilleure preuve qu'on en puisse donner, c'est que les mêmes pratiques continuent pendant que nous discutons.

Si Paris avait un conseil municipal élu, si ses finances étaient soumises à un contrôle responsable, alors la loi pourrait être efficace ; mais si le régime n'est pas changé, vous n'empêcherez pas le préfet de la Seine de faire ce qu'il a fait en plusieurs circonstances.

Je suppose que vous déclariez qu'au budget extraordinaire de 1870 il ne sera employé que 15 millions en travaux nouveaux. Quelles garanties avez-vous que vos volontés seront obéies? En 1865, vous avez autorisé la Ville de Paris à emprunter 250 millions ; par des procédés qu'a blâmés la cour des comptes, la Ville de Paris a dépassé ce chiffre de 12 millions.

Dans cette même année, un fait plus grave encore se produisait. La Caisse des travaux de Paris recevait de MM. Sourdis et Cie 10 millions en compte courant, et cela, contrairement aux prescriptions d'une loi que vous aviez faite. Vos volontés ont donc été éludées : elles le seront encore.

Par l'émission des bons de délégation, la Ville de Paris a commis deux irrégularités. Elle a fait un emprunt déguisé ; elle a fait un emploi irrégulier, à son profit, de sommes qui lui avaient été versées à titre de dépôts. Elle a violé la loi sacrée des dépôts qui est un des fondements des sociétés. (Approbation à gauche.)

Dans une discussion antérieure, M. le ministre d'État assimilait ces fonds à ceux qui sont déposés à la Caisse des dépôts et consignations, et il voyait là non un emprunt, mais un simple passage de fonds de garantie dans la Caisse des travaux. A trois ans de distance, que dit la Cour des comptes? Elle dit, d'une part, qu'il y a eu emprunt déguisé; d'autre part, que, s'il y a eu dépôt, le dépôt a été violé.

Quel que soit le budget qui vous soit soumis, si les hommes qui dirigent l'administration de la Ville de Paris restent à sa tête, il est impossible que nous ayons confiance en l'avenir. (Nouvelle approbation sur les mêmes bancs.) Puisque nous ne pouvons obtenir un conseil municipal élu, le projet de loi ne peut calmer nos inquiétudes. Quelles que soient les entraves légales que vous opposiez à M. le préfet de la Seine, une puissance plus forte que la vôtre, plus forte que la sienne, pèsera sur lui.

Je trouve le projet de loi mauvais, parce que, en donnant à la Ville le moyen de payer 465 millions, vous lui apportez un crédit nouveau, dont il sera encore abusé; parce que je n'y vois pas un moyen efficace d'arrêter de tristes exemples, des dépenses exagérées. Quel est donc le moyen d'arriver à ce résultat? Il n'y en a qu'un : c'est de repousser la loi. En laissant les choses dans l'état actuel, vous avertirez le souverain qu'avant tout il y a un homme à changer. (Très-bien! très-bien! à gauche.)

La clôture de la discussion générale est prononcée.

M. LE PRÉSIDENT SCHNEIDER. — Nous passons aux articles du projet.

Il y a, sur l'article 1er, un amendement de M. de Saint-Paul, ainsi conçu :

« Le chiffre de la dette sera réglé à nouveau et le chiffre de l'annuité subira les modifications nécessaires ; ces chiffres auront pour base la somme déboursée par le Crédit foncier, augmentée par le calcul de l'annuité de 5 fr. 41 c. pour intérêts, amortissement et indemnités, ainsi qu'il est dit au traité. »

Ajouter au projet de loi un article 2 ainsi conçu :

« La Ville de Paris est autorisée, dès à présent, à emprunter la somme de . . . ., montant de sa dette vis-à-vis de la société du Crédit foncier ; elle pourra faire l'emprunt soit de la totalité de la somme, soit, à sa volonté, de fractions de cette somme, pourvu que ces fractions ne soient pas inférieures à 50 millions (les conditions de l'emprunt et les autorisations sont les mêmes que celles qui lui ont été données par la loi du 12 juillet 1855.)

« Lorsque la Ville de Paris voudra user de la présente autorisation, la délibération du conseil municipal devra être approuvée par décret de l'empereur. »

M. DE SAINT-PAUL. —Messieurs, lorsque j'ai présenté, l'année dernière, ces deux amendements, je croyais la situation financière de la Ville de Paris engagée d'une manière grave ; elle me paraît l'être encore plus gravement aujourd'hui. Dans les circonstances où nous sommes, c'est pour les amis dévoués de l'empire un devoir de dire tout haut ce qu'ils pensent.

Or je pense, quant à moi, que l'emprunt qu'il s'agit d'autoriser pour la Ville ne la tirera pas de ses embarras actuels. Elle doit non-seulement 465 millions, mais encore 59 millions qu'elle a pris à la Caisse des travaux, sans diminuer la quantité de ses bons. Elle doit, en outre, l'intérêt des sommes qu'elle a empruntées, car je ne vois nulle part que ce payement d'intérêt ait été effectué. La situation commande donc un second emprunt ; eh bien, il vaut mieux le faire que d'avoir recours à ces expédients, à ces violations de la loi dont nous avons été témoins.

Vous prétendez que les budgets de la Ville se soldent par un excédant de recettes ; mais cela serait impossible si la Ville avait payé chaque année l'intérêt des bons de délégation. Le budget de 1869, il se soldera certainement par un déficit de 40 millions, car diverses sommes qu'on fait figurer aux recettes sont des ressources purement temporaires et qui ne se reproduiront pas.

Quant aux terrains à vendre, à supposer qu'aucun contrat ne les hypothèque à la garantie de la caisse, ils ont toujours été présentés comme affectés à cette destination. Qu'on les vende, soit ; mais alors il faut diminuer la somme des bons en circulation, sinon la caisse sera à découvert.

Si l'on vend chaque année pour 25 millions de terrains, au bout de quatre ans, le découvert sera de 100 millions, sans compter que les terrains une fois vendus, il n'en repoussera plus. Ce sera la fin de la première manière de la Ville. (Rires sur quelques bancs.)

On répond qu'on a la plus-value des recettes qui ont déjà augmenté de plus de 100 millions depuis 1852. Mais y a-t-il là une augmentation réelle de bénéfices ?

D'abord l'annexion de la banlieue y figure pour une somme de 20 à 30 millions. Il y a ensuite des augmentations de recettes qui sont le fruit de dépenses correspondantes.

Quant à l'octroi, j'estime qu'il ne peut guère donner davantage ; d'après mes calculs, c'est seulement sur une somme de 34 millions de recettes que vous pouvez espérer une progression.

Pour les dépenses, c'est autre chose, elles augmenteront certainement : plus vous avez créé de voies nouvelles, plus vous aurez de frais d'entretien ; d'autre part, vous vous trouverez infailliblement en présence d'exigences considérables. Les quartiers qui n'ont pas encore eu leur part d'améliorations la réclameront d'autant plus vivement que les travaux auront cessé sur les autres points.

Il y aura donc progression assurée des dépenses, et non pas progression assurée des recettes.

Eh bien ! le sentiment qui me domine, c'est que l'empereur n'a pas connu les détails de cette situation. Il est de notre devoir de les dire ici, puisque nous n'avons pas d'autre moyen de les faire connaître. (Marques d'approbation.)

Certainement, si l'on avait dit à l'empereur que, pour faire toutes ces dépenses, il fallait briser quatre ou cinq lois, jamais il n'y aurait consenti !

Oui, on a violé la loi, je le prouve : La Ville de Paris ne pouvait pas emprunter un million sans notre autorisation. Elle en a emprunté 465 ! toute l'éloquence du monde ne saurait prévaloir contre ce fait.

Elle a de plus émis des billets sans timbre. C'est peu de chose, sans doute. Mais il ne faut pas plus violer la loi dans les petites choses que dans les grandes.

Pour emprunter, elle ne pouvait pas s'adresser à des particuliers. Il n'y a que le public qui ait 465 millions à prêter, et l'on ne pouvait pas aller directement au public, puisqu'on dissimulait l'emprunt. On s'est donc adressé au Crédit foncier, qui a servi d'intermédiaire. Or, la loi constitutive du Crédit foncier le lui défendait : elle ne lui permet de prêter qu'aux communes autorisées par vous. De plus, elle lui défendait de prendre plus de 45 centimes de commission. Toutes ces règles ont été violées. Il est vrai que le Crédit foncier n'a pas émis du premier coup des obligations communales, il s'est contenté de faire des escomptes avec les entrepreneurs. Il était dans son droit. Mais, ensuite, il a vu une grosse opération à faire, une source de bénéfices considérables à réaliser, et il a émis des obligations.

Sans doute, M. le préfet de la Seine est à blâmer ; mais le Crédit foncier a ouvertement violé la loi en vue d'un bénéfice à faire, et M. le ministre des finances aurait dû se faire briser plutôt que de le lui permettre. (Approbation sur quelques bancs.)

Les ministres n'ayant pas la responsabilité politique, qui remonte à l'empereur, ne devraient être que plus soucieux de leur responsabilité morale ; ils devraient avertir le souverain, et, au besoin, peser sur ses décisions. (Nouvelles marques d'approbation sur les mêmes bancs.)

Je ne reviendrai pas sur les bons de délégation, je blâme cette forme d'opération, et je ne comprends pas qu'une grande administration publique recoure à des expédients, qui seraient inexcusables même dans les affaires privées.

On avait à choisir entre trois systèmes : ou s'adresser au public directement, ou s'adresser directement au Crédit foncier, ou recourir au Crédit foncier par intermédiaires.

Pour aller droit au public, il fallait notre autorisation. Certes, nous ne l'aurions pas refusée, mais nous aurions voulu savoir la vérité, et il aurait été singulièrement avantageux pour la Ville que nous la connussions plus tôt. Ce n'est pas impunément, en effet, qu'elle s'est passée de notre autorisation. Elle aurait pu emprunter à 4 1/2 pour 100; elle a payé 60 millions aux intermédiaires.

En allant directement au Crédit foncier, la Ville n'aurait payé que 5 fr. 45 ; le Crédit foncier aurait gagné 22 et 23 millions. C'était encore pour lui une assez belle affaire ! Au lieu de cela, on a pris des intermédiaires de complaisance; pourquoi ? uniquement pour masquer l'emprunt. (Sur quelques bancs : c'est cela !)

Comment se pourrait-il que ces intermédiaires fussent de véritables prêteurs ? Voici, par exemple, un entrepreneur qui, à lui seul, prend l'engagement de prêter 225 millions à la Ville, par lui ou ses associés ; et il s'engage en outre à faire des constructions très-importantes ! Quel particulier peut avoir 225 millions à prêter ? Il n'y a que le public, pour prêter une pareille somme, et c'est au public, en effet, mais par l'intermédiaire du Crédit foncier, qu'on a eu recours. (C'est vrai !)

A quel taux ? Le Crédit foncier avoue 1,15. Il a pris 45 centimes de commission, et 70 centimes de frais de trésorerie ou de perte d'intérêts.

Et les intermédiaires, croyez-vous qu'ils n'aient rien touché ? Il en a coûté à la Ville 60 millions et plus pour nous avoir dissimulé sa situation. Voilà le fait. Si l'empereur ne le sait pas, disons-le hautement afin qu'il l'apprenne et qu'à l'avenir on ne recommence plus. Il est de l'intérêt du pays et de la dynastie que de pareils actes soient connus et blâmés. (Très-bien! très-bien! sur un certain nombre de bancs.)

La première partie de mon amendement est fort délicate, je le sais, surtout si le gouvernement ne me vient pas en aide. Le Crédit foncier touche ce qu'il n'a pas le droit de toucher. Il a perçu d'un seul coup les onze ans et demi d'intérêts. Il a pris de plus, pour perte d'intérêts et frais de trésorerie, une somme qui, selon mes calculs, équivaudrait à une année d'intérêts. Le Crédit foncier a fait là certainement une bonne affaire pour ses actionnaires, mais il a fait une affaire excessive et illégale.

Or, le Crédit foncier est un établissement gouvernemental comme la Banque de France, il doit être aussi respectable, et le ministre des finances a pour premier devoir de veiller à ce que les lois ne soient pas violées.

Le Crédit foncier peut nous répondre, je le sais, qu'il ne connait pas la Ville, qu'il a traité avec les entrepreneurs : c'est matière à litige; mais en vérité il serait bien malheureux de ne pas être soutenu ici par le ministre des finances. J'arrive à mon second amendement. L'année dernière, je disais à la commission que le moment était singulièrement favorable pour faire un emprunt à la Bourse. Jamais, en effet, les circonstances ne se sont mieux prêtées au succès d'un emprunt. L'argent regorge de tous côtés, et nous sommes, hélas! menacés d'une nouvelle avalanche de valeurs étrangères, ce que je déplore profondément, car il serait bon, suivant moi, que l'argent français restât en France, au lieu d'aller grossir le milliard que nous a déjà pris l'étranger.

Ce ne sont pas des affaires comme celles des tabacs d'Italie, ou la vente de biens ecclésiastiques qu'il faut encourager. Il vaut beaucoup mieux que l'argent français vienne dans un emprunt liquider la situation de la Ville. Mais, pour cela, il faut qu'on nous dise sans détour ce qu'elle doit.

Si la Ville ne doit que 465 millions, la place de Paris peut donner cette somme sans difficulté à quatre et demi.

Mais il est évident qu'elle doit davantage; combien donc? dites-le d'une façon précise; établissez votre chiffre régulièrement, officiellement, sur la signature et l'honneur du conseil municipal. Alors on pourra échelonner les payements et liquider complétement le passé.

Encore une fois, je soutiens que l'empereur abusé ne connaît pas la situation. Il faut qu'il la connaisse, car la responsabilité que seul il supporte impose à ses conseillers et à nous le devoir de le servir avec plus de vigilance et de dévouement.

Je persiste donc dans mon second amendement comme dans le premier. Nous ne devons pas ratifier le traité avec le Crédit foncier sans autoriser immédiatement la Ville à contracter un emprunt public. Ainsi sera sauvegardé l'avenir, et nous aurons prouvé que nous voulons que les affaires de l'État soient aussi sagement administrées que nos propres affaires. (Vive approbation sur un certain nombre de bancs.)

Le 26 février, M. Rouher, ministre d'État, prend la parole et fait le discours suivant :

Cette discussion a été entourée jusqu'ici de certaines préventions dont je comprends la plausibilité, mais elles ont leur exagération. Mon but est de dire ce que je crois être le vrai.

Les uns ont posé la question ainsi : ils ont dit que le débat était entre la Chambre, la loi, et un homme qui méconnaissait et bravait l'une et l'autre.

D'autres ont dit : l'Empereur ne sait pas tout ; il faut l'éclairer, car c'est lui qui seul est responsable.

Je n'accepte ni l'une ni l'autre de ces deux manières de poser la question. Pour moi, il n'y a pas un homme méconnaissant vos prérogatives et bravant la loi. Si cet homme existait, je ne serais pas à cette tribune pour le défendre. (Très-bien ! très-bien !)

Vouloir rendre l'Empereur responsable des faits de la gestion de la Ville, quelle étrange allégation ! L'Empereur a pu concevoir la nécessité de la transformation de Paris, recommander l'ouverture des grandes voies destinées à répandre dans cette vaste cité l'air et la lumière, à y rendre la circulation plus facile vers ces grandes gares de chemins de fer qui apportent ou emportent 100,000 citoyens par jour. Mais prétendre rendre le souverain responsable de questions de comptabilité et de gestion, c'est là une erreur inadmissible. La responsabilité est ici plus circonscrite, elle ne porte que sur l'agent d'exécution ; qu'on ne la fasse donc pas imprudemment remonter plus haut. La question n'est point politique, elle est simplement une question d'administration, de gestion financière. (C'est vrai !)

Faut-il discuter encore la nécessité des travaux de Paris ? La question est épuisée. Faut-il examiner si les budgets de la Ville sont susceptibles d'une progression constante, ou s'ils sont destinés à s'amoindrir ! Quelques mots seulement. Pour moi, le mouvement de progression est certain dans l'avenir : il s'explique par l'accroissement incessant de la population. Cet accroissement est de 30,000 habitants par an, de 30,000 consommateurs, qui ne sont pas seulement des ouvriers attirés par le développement des travaux de Paris, mais des représentants de la population industrielle aisée ou riche, qui viennent se fixer à Paris, et prendre part à ce grand mouvement industriel qui a élevé la production parisienne du chiffre de 1,693 millions de francs en 1861, du chiffre de 3 milliards en 1866, au chiffre actuel de 6 milliards, en faisant de Paris le marché universel du luxe.

Il y a là une loi de civilisation. Ce progrès se manifeste en effet dans toutes les capitales de l'Europe à la fois. La cause en est dans le mouvement général qui se fait dans les campagnes, et qui rend le paysan, par le travail et l'économie, propriétaire du sol, en refoulant vers les cités cette bourgeoisie secondaire qui vivait modestement dans les chefs-lieux de canton, et qui va aujourd'hui chercher dans les grandes villes la richesse mobilière, le travail commercial et industriel. Que ce déplacement général soit bon ou mauvais, je n'ai pas à l'examiner ; je constate seulement l'importance du grand lest social qu'acquiert le pays par cette transformation du paysan en propriétaire. (Très-bien ! très-bien !)

En même temps s'organisaient ces grandes compagnies industrielles, celles des chemins de fer par exemple, qui ont absorbé pour leurs besoins une immense population de 800,000 à un million d'hommes.

La population de Paris grandit donc incessamment. Un seul fait pourrait donc suspendre ce progrès : un fait révolutionnaire. On a vu, en effet, de 1846 à 1851, la population de Paris, sous le coup de commotions populaires, perdre 635,000 habitants. Mais ce pays a une telle vitalité, qu'après toutes les crises, sa force, pour ainsi dire emmagasinée, reprend un nouvel essor de grandeur. Nous avons été les témoins de ces lendemains de prospérité. (Très-bien ! très-bien !)

Faut-il maintenant aborder les questions de budget ? Je les crois épuisées. Je relèverai seulement quelques chiffres incontestables.

Le budget de 1869, ce budget de crise, qui représente l'apogée des embarras de la Ville, offre les caractères suivants. D'abord il solde, sur ses ressources ordinaires, toute sa dette, intérêts et amortissements, même celle de 26 à 27 millions, qu'il s'agit aujourd'hui de consolider.

En second lieu, pour des causes que j'expliquerai, il solde à la caisse des travaux de Paris une somme de 39 millions ; enfin, il laisse disponibles, selon la rigueur des chiffres, 28 millions, selon les évaluations de l'administration, 32 millions, nécessaires soit pour liquider l'arriéré, soit pour continuer avec modération les travaux déjà entrepris. Voilà le budget de Paris.

Quelle que soit l'éloquence de M. le ministre d'État, nous ne pousserons pas plus loin la citation de son remarquable discours, pour ne pas répéter les mêmes chiffres et les mêmes arguments ; qu'il nous suffise de dire que la loi fut votée à une immense majorité.

Mais l'opinion publique, vivement émue de ces débats contradictoires et d'une portée si élevée, attendait avec impatience que la loi votée par le Corps législatif fût soumise à la sanction du Sénat, gardien fidèle de nos libertés publiques comme de nos garanties constitutionnelles.

C'est surtout devant ce grand corps de l'État, dont est membre M. le baron Haussmann, que le préfet de la Seine, si vivement attaqué dans une autre enceinte, avait le droit de se défendre.

Après un remarquable rapport fait par M. le vice-président du Sénat Delangle, procureur général de la Cour de cassation ; après des observations présentées par M. le sénateur Rouland, dans la séance du 13 avril 1869, M. le baron Haussmann obtient la parole et prononce, à son tour, le discours qui va suivre.

Messieurs les Sénateurs, je demande la permission de remercier, avant tout, mon honorable collègue et ami, M. Rouland, de la courtoisie parfaite avec laquelle il veut bien me céder la parole, afin de me mettre à même de donner au Sénat, dès le début de cette discussion, les explications que je crois lui devoir, au sujet des actes que le projet de loi soumis à son examen a pour but de consacrer définitivement.

Je n'ai, à aucun degré, l'intention d'amoindrir la part de responsabilité que j'ai prise à ces actes. Membre du grand corps de l'État qui est préposé au maintien de la Constitution, et chargé de veiller à l'observation des lois, je serais inexcusable si j'avais accepté le mandat d'exécuter des mesures entachées de nullités radicales ; à plus forte raison, si j'avais commis, de moi-même, des violations évidentes de la loi, des infractions palpables aux règlements, et surtout, si j'avais méconnu sciemment les prérogatives du Corps législatif, en dérobant à son examen des actes exigeant virtuellement son approbation préalable.

D'ailleurs, appelé à la Préfecture de la Seine, en 1853, lorsque je figurais déjà en tête du tableau des préfets de première classe, aurais-je donc occupé depuis seize ans ce poste hors ligne, si longtemps réservé à des personnages politiques, pour y perdre les traditions d'ordre et de régularité qui sont l'honneur de l'administration française (Très-bien ! très-bien !), et pour compromettre, en ma personne, la bonne renommée dont elle jouit dans l'Europe entière ? (Nouvelle approbation.)

Enfin, chargé par la confiance de l'Empereur de diriger l'œuvre immense de la transformation de Paris, cette conception grandiose dont le mérite revient à Sa Majesté, aurais-je risqué d'en diminuer la valeur dans le présent et dans l'avenir par des procédés d'exécution de nature à blesser le sentiment, si vif dans notre pays, du respect de la forme, qu'on n'y froisse jamais impunément ? (Marques d'adhésion.)

Je pouvais le craindre, Messieurs, à la manière dont la discussion du projet de loi qui fait l'objet de votre délibération s'est engagée et a été poursuivie dans le sein du Corps législatif, malgré l'excellente défense et les éloquents efforts de tous les organes du Gouvernement, et bien qu'un vote imposant ait tranché ce pénible débat.

Mais le savant rapport de votre commission, dont les conclusions si nettes et si entières ont été accueillies par le Sénat avec une faveur non équivoque, rend justice complète à la parfaite bonne foi qui a présidé à tous les actes de mon administration ; il rappelle les précédents qui paraissaient les justifier et les autorités considérables qui en ont connu ; il montre que tout s'est passé au grand jour, au vu et au su de tout le monde, et il atténue beaucoup ainsi la portée de l'erreur de droit qui paraît avoir été commise.

D'ailleurs, si l'irrégularité relevée ne résulte que d'une supputation exagérée de la quotité du revenu de la Ville, dont on a pu disposer par avance sans excéder les limites de la faculté d'aménagement, c'est-à-dire sans faire acte de disposition, c'est plutôt d'une erreur de calcul que d'une erreur de droit qu'il s'agit.

Quoi qu'il en soit, la commission a constaté qu'il n'est ressorti de ces affectations anticipées de revenus aucun préjudice pour les intérêts de la Ville ; qu'au contraire elles ont procuré l'achèvement d'opérations d'utilité publique qui, sans cela, eussent été compromises, et cette déclaration me paraît être d'un grand poids dans la question dont le Sénat est saisi.

Néanmoins, si élogieuse qu'ait été, sous l'influence d'une bienveillance extrême, dont je suis profondément touché, l'appréciation faite par M. le rapporteur de la commission du résultat de mes efforts pour remplir de mon mieux les importants devoirs qui m'étaient imposés, je n'hésite pas à dire, Messieurs les Sénateurs, que je suis encore plus heureux d'avoir trouvé, dans son remarquable travail, une discussion impartiale qui me paraît avoir, tout au moins, singulièrement amoindri la gravité des violents reproches dirigés contre moi.

Aussi, les observations que j'ai à cœur de vous soumettre aujourd'hui, comme à mes pairs, et pour lesquelles j'ai besoin de réclamer votre plus patiente attention, auront-elles à relever toutes les circonstances qui me semblent propres à compléter ma justification à vos yeux.

Je ne saurais oublier, d'ailleurs, que, si j'ai été l'instrument le plus en vue, et, partant, le plus attaqué, de l'œuvre immense dont les plans ont été tracés par l'Empereur même, je n'aurais jamais su la mener à fin, sans le concours dévoué, convaincu, du conseil municipal de Paris, dont la composition est telle que je considère sa persévérante sympathie comme un grand honneur pour moi. J'ai donc le devoir de sauvegarder la solidarité dont il n'a pas voulu se départir un seul instant. (Très-bien ! très-bien !)

Loin de soupçonner l'accueil très-peu bienveillant que la minorité du Corps législatif réservait au projet de loi soumis en ce moment au vote du Sénat, je pensais qu'il devait être très-favorablement reçu.

De quoi s'agissait-il, en effet ?

La Ville, dans l'accomplissement de traités qu'elle avait conclus avec l'État, pour l'exécution de nombreuses voies nouvelles à Paris, avait éprouvé des mécomptes graves, provenant de causes diverses tout à fait imprévues, de part et d'autre, au moment de la conclusion de ces traités, et qui pouvaient être considérées comme constituant des cas de force majeure. Venait-elle, s'appuyant sur les principes du droit commun, ou invoquant des raisons d'équité incontestables, demander à l'État de ne pas se prévaloir de la limitation du chiffre des subventions proportionnelles à sa charge, et de renoncer ainsi aux sûretés qu'il avait prises, en contractant avec sa pupille, pour se préserver de toutes les mauvaises chances de leurs entreprises communes ?

Forte de l'accroissement considérable de revenus que ces entreprises avaient procuré au Trésor public et qui, depuis 1852, était, d'après les calculs d'un de MM. les commissaires du Gouvernement, d'environ 900 millions au total, en sus de l'accroissement normal applicable à l'ensemble de la France, c'est-à-dire presque décuple du montant de l'ensemble des subventions accordées, la Ville réclamait-elle qu'on rehaussât le chiffre de ces subventions, pour le proportionner, non plus à celui de la dépense prévue, mais à celui de la dépense effective ?

Dans ce cas, si fondée que sa requête eût été assurément, on eût compris qu'elle fût admise avec un empressement médiocre. Mais rien de semblable ne se produisait. La Ville, acceptant avec résignation toutes les conséquences des contrats qu'elle avait librement consentis, se bornait à réclamer l'autorisation de tutelle qui lui était nécessaire pour consolider, au moyen d'une opération de crédit à long terme, les engagements résultant des mécomptes qui lui incombaient en entier.

Proposait-elle, pour faire face à l'aggravation de sa dette fondée, de grever ses administrés, pendant un grand nombre d'années, de surimpositions et de surtaxes de nature à compromettre le recouvrement des contributions publiques ? Cette appréhension eût été naturelle, car, c'est en surchargeant les contribuables de centimes additionnels et de taxes supplémentaires que, dans presque toutes les communes de France, grandes ou petites, on assure le service et l'amortissement des emprunts nécessités par la moindre amélioration d'utilité publique. Mais on ne proposait la création d'aucune ressource extraordinaire. Tout devait être payé au moyen des excédants de revenus de la Ville.

Peut-être allait-on épuiser par avance les ressources normales des budgets à venir et paralyser, pendant de longues années, l'action des administrations futures ? Pas davantage. On ne demandait l'autorisation d'engager qu'une partie seulement de l'excédant des revenus de la Ville, et la quotité qui devait en rester libre dépassait encore de beaucoup celle que l'administration actuelle avait reçue de la précédente.

La portion nécessaire pour couvrir les charges des divers emprunts déjà contractés et de celui dont on sollicitait l'approbation n'absorbait même pas l'accroissement de revenu produit par les grandes entreprises qu'il s'agissait de solder !

Dans de telles conditions, il me semblait impossible que le projet de loi fût l'objet de la défaveur du Corps législatif.

En présence de l'exécution, à peu près achevée déjà, et complétement assurée dans les délais fixés par les traités passés entre l'État et la Ville, de travaux dont l'ensemble est aujourd'hui, non-seulement compris de tous, mais encore généralement approuvé et même loué, la pensée ne m'était pas venue que, dans le sein de cette grande assemblée, qui avait pu en suivre la marche successive, au moyen du compte annuel qui lui en était rendu, conformément à une disposition expresse de la loi du 28 mai 1858 qui en avait connu toutes les difficultés financières, notamment à l'occasion de l'emprunt municipal de 1865, et qui avait été saisie spécialement, en 1867, de la question des traités de concession, des dépôts de garantie et des bons de délégation, par un amendement à la loi municipale, rejeté après une longue et brillante discussion, où tout avait été dit sans réserve, faits et chiffres, on pût revenir sur ce débat, pour reprendre, avec l'ardeur et l'insistance que vous savez, les questions de légalité et de forme qui semblaient avoir été vidées alors ; mais ce que j'attendais assurément bien moins encore, c'est que ce fût à moi qu'on pût adresser le reproche d'avoir cherché, dans les combinaisons financières auxquelles la Ville avait eu recours, des moyens de soustraire l'examen et la discussion de ses affaires au Corps législatif ; car ce reproche est complétement inconciliable avec des faits publics et bien connus.

Dans un discours prononcé en 1864, lors de l'installation du conseil municipal actuellement en exercice, j'avais eu naturellement à examiner les motifs qui s'opposent et qui doivent, à mon avis, s'opposer, dans tous les temps, à l'élection du conseil municipal de Paris, et j'avais démontré qu'à côté des raisons politiques et temporaires, il existait des raisons administratives permanentes, qui tenaient à la nature des choses, et dont l'importance ne pouvait que s'accroître avec celle de la Ville. Ma discussion était solide, car elle a touché au vif l'opposition. (Sourires.) En mettant fortement en relief ce fait, auquel on ne s'était peut-être pas suffisamment arrêté jusqu'alors, que la capitale de l'Empire n'est pas une commune ordinaire, dont on puisse abandonner l'administration à la population, très-peu municipale, d'ailleurs, qui l'habite ; en soutenant que, si le conseil municipal de Paris devait être élu, ce serait en bonne logique à la France entière qu'il faudrait en demander la nomination, et que c'était faute de pouvoir recourir à une élection si générale, que la loi avait délégué cette nomination à l'Empereur, je crois avoir posé le premier jalon de la mesure qui va faire concourir désormais le Corps législatif au règlement des affaires de la Ville, non plus uniquement dans des circonstances accidentelles, mais annuellement, et d'une manière normale ; car cette intervention était le complément nécessaire du système que j'exposais. Elle ressort de mon discours de 1864, comme la conséquence obligée d'un raisonnement qui ne présente que cette lacune, mais que tout le monde pouvait aisément compléter en la remplissant.

Depuis lors, je n'ai manqué aucune occasion de demander au Gouvernement de mettre fin aux attaques toujours croissantes dirigées contre le conseil municipal de Paris, à raison de son origine, en soumettant sans réserve le règlement du budget de la Ville au vote du Corps législatif, qui pouvait seul donner à toutes les dispositions de finances proposées par le conseil municipal une autorité puisée dans l'élection, et une autorité d'autant moins discutable que le Corps législatif représente le pays entier, et, partant, l'ensemble des intérêts généraux qui, à Paris, sont intimement liés aux intérêts locaux, et les y dominent quand ils ne les absorbent pas.

Si mes instances sont demeurées longtemps infructueuses, elles ont eu du moins pour effet de motiver l'étude approfondie de la question, comme le constate une note insérée au *Moniteur* du 11 février 1867, qui m'en attribue l'initiative, en rectifiant un journal de province qui en avait fait honneur à une autre personne.

C'est donc à bon droit que, dans mon rapport à l'Empereur sur la situation financière de la Ville de Paris, qui a été publié le 20 mai 1868, mais qui est antérieur à la rédaction du projet de loi soumis en ce moment au Sénat, je rappelais à Sa Majesté que, depuis plusieurs années, je m'étais permis d'appuyer auprès d'elle le projet de soumettre tout le budget de la Ville à l'approbation de la loi. J'ajoutais que, malgré l'insuccès de mon opinion, qui semblait encore alors définitif, il demeurait avéré que l'administration de la Ville, loin de fuir l'examen, souhaitait ardemment de voir multiplier les vérifications de ses actes, et qu'elle avait l'ambition du plus haut contrôle possible, tant elle était certaine que, plus on scruterait ses affaires, plus on aurait sujet de constater avec quel dévouement scrupuleux elles étaient conduites à tous les degrés de la hiérarchie municipale. (Très-bien !)

N'y avait-il pas là, Messieurs, une réponse sans réplique faite par avance à l'accusation étrange, qui m'a surpris autant qu'elle m'a ému, d'avoir méconnu volontairement les prérogatives du Corps législatif pour éviter le contrôle dont je réclamais, au contraire, l'extension la plus large?

Voyons maintenant si, dans l'espèce, il y avait un motif quelconque d'en craindre l'application.

Je croirais hors de propos de refaire devant le Sénat l'exposé des grands travaux de Paris. Il est partout. Il frappe les yeux. Chacun peut juger l'œuvre dans son ensemble et dans ses détails, en reconnaître les imperfections, en signaler les lacunes. Je ne veux parler que des combinaisons financières auxquelles l'administration municipale a dû recourir pour ne pas la laisser inachevée ; car c'est sur la valeur et la régularité de ces combinaisons qu'a roulé tout le débat dans le sein du Corps législatif.

Les embarras qu'il fallait conjurer doivent, sans aucun doute, être imputés, par-dessus tout, aux mécomptes qui se sont révélés dans l'exécution des trois réseaux de voies nouvelles livrées à peu près entièrement, dès aujourd'hui, à la circulation. Toutefois l'extension des limites de Paris, qu'un grand intérêt d'ordre public a commandée, mais dont l'administration municipale n'avait été nullement avertie lors du traité relatif à l'exécution du second réseau, et dont l'État n'avait pas suffisamment calculé les charges, puisqu'il a laissé à la Ville, sans aucun aide, malgré toutes ses observations, le soin de parer aux frais énormes et encore mal définis maintenant de l'assimilation des nouveaux quartiers aux anciens, cette mesure, toute politique, n'a pas peu contribué à troubler l'équilibre des budgets municipaux.

Enfin, il a fallu faire face, en même temps qu'aux dépenses considérables occasionnées par la transformation du système de la voie publique de Paris, à toutes les améliorations parallèles que réclamait l'état de la vieille cité, à la restauration de ses antiques monuments qui menaçaient ruine pour la plupart, et dont la mise au grand jour révélait toutes les misères ; au perfectionnement de ses services, qui ne pouvaient rester en arrière du progrès général, et surtout au développement de toutes les branches de l'administration, impérieusement commandé par l'augmentation incessante de la population normale et flottante, sous l'influence de l'attraction croissante exercée par cette ville immense, depuis que l'extension continue des chemins de fer l'a mise en communication facile et rapide, non-seulement avec toutes les parties de la France, mais encore avec toutes les contrées de l'Europe.

C'est en toute vérité que M. le ministre d'État, dans un de ses éloquents discours, a pu dire que, chaque année, la population de Paris s'accroissant normalement de 30,000 âmes, la progression des revenus de la Ville ne semble pas devoir se ralentir de sitôt, puisque de longtemps, grâce aux travaux de voirie qui ont rendu accessibles et habitables toutes les parties de la surface comprise dans le périmètre des fortifications, la place ne saurait manquer aux nouveaux venus. Mais, afin de n'avoir pas à s'ingénier chaque année, pour les caser et pour assurer leurs besoins, ce qui eût nécessité une modification incessante du plan de la Ville et de l'organisation de ses services, il était nécessaire de tout proportionner d'avance à l'importance probable que la population atteindrait dans un avenir prochain.

Voilà pourquoi les deux derniers réseaux des voies nouvelles de Paris comprennent des lignes magistrales rayonnant du centre à la circonférence de la Ville agrandie et des lignes secondaires reliant entre eux ses divers quartiers, même les plus extrêmes.

L'administration municipale n'a pas seulement songé au présent ; elle a eu souci de l'avenir, et c'est dès lors à bien juste titre qu'elle s'est cru le droit de charger l'avenir d'une partie du fardeau de la transformation de Paris; en grevant de dispositions convenablement mesurées les excédants de revenus considérables qu'elle a créés et dont elle lui laissera l'héritage.

Quelques sénateurs. — Très-bien ! très-bien !

M. LE BARON HAUSSMANN. — Si l'homme d'État illustre qui a eu la gloire d'attacher son nom à l'entreprise éminemment nationale des fortifications de Paris, en y engageant courageusement sa responsabilité et dont j'ai le regret de n'avoir pas su concilier le suffrage à mes actes, malgré toute sa bienveillance pour la personne de son ancien et déférent subordonné, si l'honorable M. Thiers, au lieu d'être retenu par les difficultés que le régime parlementaire oppose fatalement à tout ce qui est grand et beau, avait pu faire annexer à Paris la zone de terrain comprise entre le mur d'octroi et la nouvelle enceinte, où ne se trouvaient pas à cette époque plus de 50,000 habitants, et avait fait ménager, au prix de quelques centaines de mille francs, dont il aurait pu, d'ailleurs, faire reporter la charge sur la génération présente, l'ouverture ultérieure de nouvelles voies publiques à travers des terrains qui étaient sans valeur, il nous aurait épargné des dépenses qui se chiffrent déjà par centaines de millions. (Mouvement.)

Avertis par les conséquences désastreuses de la faute commise alors, nous avons voulu épargner aux administrateurs qui viendront après nous des difficultés semblables à celles qu'on nous a laissées, et c'est pour cela que, non contents, dans le plan des deuxième et troisième réseaux, d'ouvrir des quartiers nouveaux à la population déplacée par le percement du centre de Paris, qui a été le but de l'exécution du premier, nous avons tracé dans les vastes espaces libres qui existaient encore sur beaucoup de points les grandes voies, les immenses boulevards qu'on a déclarés parfaitement inutiles, sans doute parce qu'on a fermé les yeux pour ne pas voir le mouvement non interrompu qui peuple successivement tous ces points éloignés.

M. LE COMTE DE NIEUWERKERKE *et quelques autres sénateurs.*—C'est très-juste ! C'est très-vrai !

M. LE BARON HAUSSMANN. — Je demande au Sénat la permission de lui rappeler que la division des trois réseaux n'est basée, en aucune façon, sur l'utilité relative des voies publiques nouvelles qu'ils comprennent ; qu'elle n'a pas non plus pour but de déterminer trois groupes d'entreprises faites durant trois périodes de temps bien tranchées ; que c'est un classement d'ordre administratif, n'ayant d'autre effet que de séparer les opérations qui ont obtenu le concours financier de l'État, ou pour l'exécution desquelles des ressources spéciales ont été créées, de celles qui ont été laissées à la charge exclusive de la Ville, et dont la dépense a paru pouvoir être couverte par ses excédants de revenus.

Dans le premier réseau, sont placées les entreprises qui ont fait l'objet des lois des 4 octobre 1849, 4 août 1851, 19 juin 1857 et 2 mai 1859. Dans le second, celles qui ont motivé le traité sanctionné par la loi du 28 mai 1858. Le troisième comprend toutes les autres.

L'exécution du second a été commencée bien avant l'achèvement du premier, et le troisième, dont quelques parties étaient déjà faites alors, a été poursuivi parallèlement au second. En effet, toutes les voies que des raisons de comptabilité ont fait ainsi distinguer, se complètent entre elles, et quand on en suit les tracés sur un plan d'ensemble, il est impossible de comprendre un ordre de travail suivant lequel les trois réseaux eussent pu être entrepris successivement.

Quant à l'importance comparative des diverses voies, lorsqu'on trouve dans le troisième réseau, par exemple, sur la rive droite, la rue Lafayette et la rue Réaumur, et sur la rive gauche, la rue de Rennes et le boulevard Saint-Germain, on demeure convaincu que cette importance n'est entrée pour rien dans le classement fait.

Ces observations étaient nécessaires pour répondre au reproche qu'on a souvent adressé à l'administration municipale d'avoir entrepris le troisième réseau avant l'entier achèvement des deux premiers.

Les mécomptes éprouvés sont de 60 à 70 millions seulement pour le premier réseau, dont une grande partie était exécutée avant les circonstances auxquelles ces mécomptes ont été attribués à tort ou à raison, et avait même fourni les éléments d'évaluation de la dépense du second réseau. Mais celui-ci a coûté 230 millions de plus qu'on ne l'avait supposé. Cela fait, en tout, près de 300 millions d'excédant de dépense provenant des opérations entreprises en vertu de lois spéciales.

Les ressources extraordinaires créées en vertu de ces lois se trouvant insuffisantes, on a dû couvrir les déficits au moyen des excédants de revenus de la Ville, au fur et à mesure de l'achèvement des opérations qui avaient été insuffisamment dotées. C'est ainsi que le premier réseau, terminé avant les autres, a été complétement soldé, et qu'il n'en est plus question.

On a prélevé ensuite, sur les mêmes excédants, le solde passif des premières opérations du second réseau et, en même temps, celles des dépenses extraordinaires motivées par l'extension des limites de Paris, qui ont été faites avant l'emprunt spécial de 1865 et qui se sont élevées à 120 millions. Parallèlement, il a fallu pourvoir, toujours par le même moyen, aux modifications que l'accroissement progressif de la population a rendues urgentes dans tous les services municipaux, et qui ont absorbé plus de 50 millions, avant qu'il n'y fût affecté pareille somme sur cet emprunt spécial.

C'est ainsi, Messieurs, que le troisième réseau, dépouillé, en très-grande partie, des excédants de revenus qu'on lui avait réservés dès l'origine, apparaît maintenant et est considéré, à tort, comme la principale cause de l'insuffisance de ces excédants.

En 1858, lorsqu'il n'était pas encore question de l'annexion de la banlieue suburbaine à Paris, et qu'on ne pouvait prévoir toute l'importance qu'allait prendre le mouvement ascensionnel du chiffre de la population de la capitale, on avait calculé, lors du traité des 180 millions, que les dépenses du troisième réseau, qui devait être achevé concurremment avec le second, dans la période décennale nécessaire à l'exécution de celui-ci, seraient aisément couvertes par les excédants de revenus de la Ville durant cette période.

Cela paraissait surabondamment assuré par la combinaison, sanctionnée en 1860, qui affectait à l'exécution du second réseau le produit d'un emprunt de 130 millions dont le montant, réuni à la subvention de 50 millions promise par l'État pour ce réseau, faisait juste le chiffre des 180 millions prévus. Il est donc évident que, sans les charges inattendues que je viens d'énumérer, les excédants de revenus de la Ville auraient suffi à couvrir toutes les dépenses du troisième réseau ; car, s'il a coûté 300 millions, un prélèvement annuel de 30 millions eût été facile sur des excédants qui ont dépassé 55 millions, en moyenne, pour chacune des dix dernières années.

Quoi qu'il en soit, en faisant le total de ces charges inattendues, on voit qu'il va de 460 à 470 millions, c'est-à-dire qu'il représente, en définitive, l'insuffisance de revenus qui s'est produite et à laquelle l'administration municipale a pourvu en imputant les dépenses des travaux qu'elle ne pouvait payer pendant cette période sur les excédants de la suivante, que le projet de loi soumis en ce moment au Sénat a pour but de dégager en vue de nécessités nouvelles.

Il m'a paru indispensable d'entrer dans ces détails, Messieurs, parce qu'ils expliquent et justifient à mon sens les embarras dans lesquels s'est trouvée l'administration municipale. Il me reste maintenant à expliquer et à tenter de justifier complétement les moyens auxquels cette administration a eu recours pour les conjurer.

Un grand nombre de sénateurs. — Reposez-vous.

M. LE PRÉSIDENT. — Si l'orateur le désire, on pourrait suspendre la séance.

M. le baron HAUSSMANN. — Je vous remercie, Monsieur le Président ; je préfère continuer.

Mais, auparavant, il convient que je m'arrête un moment sur les causes particulières qui ont amené les mécomptes applicables aux dépenses des grandes opérations de voirie.

Lors du traité de 1858, celles du deuxième réseau avaient été calculées, ainsi que je l'ai déjà dit, d'après les résultats connus des premières opéra-tions du premier réseau. Loin de craindre que les évaluations faites ne fussent trop faibles, le Corps législatif, ainsi que le rapport de la commission le rappelle, les avait crues exagérées ; car il avait réduit à 50 millions l'évaluation du tiers de la dépense nette à la charge de l'État. La stipulation d'un délai de dix ans imposé à la Ville pour l'exécution des travaux, et pour la réalisa-tion de la subvention de l'État, au lieu d'être considérée alors, telle qu'elle l'a été depuis, comme une clause très-onéreuse, était tenue pour éminem-ment favorable, tant au point de vue du danger, qu'on croyait ainsi éviter, d'une concentration trop grande d'ouvriers à Paris, au détriment de la pro-vince, qu'au point de vue de la dépense qu'on supposait devoir être amoindrie par les facilités que ce délai donnerait aux intérêts menacés, et spécialement aux établissements industriels et commerciaux, pour opérer leur translation, et à la Ville, pour saisir toutes les occasions d'acheter d'avance, à de bonnes conditions, les immeubles qui lui étaient nécessaires, et pour attendre l'expiration ou l'amoindrissement des baux dans les liens desquels ces immeubles étaient engagés. Or toutes ces espérances ont été vaines.

L'échelonnement des entreprises sur dix années, qui a été fidèlement observé, n'a pas seulement eu pour effet de laisser au renchérissement de toutes choses le temps de se produire sur les maisons et sur les valeurs locatives, et de s'accroître même des plus values résultant des travaux gra-duels de la Ville, il a encore favorisé la combinaison d'une foule de fraudes ayant pour but d'abuser le jury d'expropriation, déjà trop enclin à faire pen-cher la balance du côté de l'intérêt privé ; et quant aux acquisitions faites par avance, au lieu d'avoir été économiques, elles sont devenues la cause d'un vrai désastre : le règlement immédiat d'indemnités d'éviction au profit des locataires des maisons acquises auxquels on croyait ne rien avoir à payer en les laissant jouir jusqu'au bout des droits qu'ils tenaient de leurs baux.

Le rapport de la commission reconnaît que la condition faite à la Ville, par le traité du 3 mai 1858, a été fort aggravée depuis le décret réglementaire du 27 décembre, postérieur de plus de huit mois à ce traité, qui a modifié les conditions d'expropriation réglées par le décret du 26 mars 1852.

Il en est résulté, en effet, pour les expropriés, le droit de retenir les terrains provenant de leurs immeubles et non incorporés à la voie publique, auxquels la mise en façade sur des rues nouvelles devait procurer une plus-value notable, après avoir fait payer à la Ville toute la valeur des constructions qui couvraient ces terrains, et les dépenses d'éviction des locataires, qui devaient les rendre libres pour des constructions nouvelles ou des ventes fructueuses. On a ainsi donné aux expropriés, comme bénéfice net, les plus-values qui pouvaient être, dans une certaine mesure, la compensation des charges de l'expropriation, et qui avaient été considérées jusqu'alors comme devant revenir à la Ville, par l'attribution des terrains dont elle avait onéreusement débarrassé la superficie.

Mais le rapport relève une erreur qui a été commise au sujet de la jurisprudence de la Cour de cassation, touchant les baux existant dans les maisons acquises par la Ville, soit par expropriation, soit même à l'amiable, en vue de l'exécution d'un travail d'utilité publique. Il est certain que cette jurisprudence n'a pas été modifiée et qu'elle est allée, au contraire, en s'aggravant, depuis qu'elle s'est révélée, pour la première fois, d'une manière qui avait encore paru douteuse, dans un arrêt du 12 juin 1860 ; mais il n'est pas moins vrai que, jusqu'à cette époque, si elle existait, ce n'était qu'à l'état latent ; car on tenait pour certain que le droit à l'indemnité du locataire prenait sa source, non dans le fait de l'acquisition judiciaire ou amiable de l'immeuble occupé par lui, mais dans le dommage causé par la résiliation judiciaire ou amiable de son bail, par la cessation effective de sa jouissance, par sa dépossession réelle.

Un arrêt de la cour impériale de Paris, en date du 26 juillet 1856, avait même établi que les baux continuaient à produire leur effet après un jugement d'expropriation de l'immeuble, si l'expropriant déclarait que son intention était de les exécuter. Dieu me garde de m'engager dans la discussion des motifs pour lesquels la Cour de cassation a déclaré le contraire, à partir de 1860. Je veux seulement rappeler que sa doctrine n'a pas été acceptée sans résistance ; que cinq jugements contraires du tribunal de première instance de la Seine ont été rendus en 1862 ; qu'un arrêt de la Cour impériale de Paris, du 11 août 1862, admettait une exception en faveur des cessions amiables, faites par actes notariés, sans intervention de la justice, et que c'est seulement par un arrêt de cassation du 20 janvier 1864 que toutes les conséquences de la jurisprudence de la Cour suprême ont pu être connues.

En face de tant de causes d'embarras qui semblaient liguées contre elle, que pouvait faire l'administration de la Ville? D'un côté, il y avait un mécompte évidemment très-considérable, mais impossible à préciser, du chef des opérations de voirie engagées ; de l'autre, se trouvaient les charges nouvelles résultant de l'agrandissement de Paris et celles qui étaient le corollaire de l'augmentation extraordinaire de la population, charges qui ne pouvaient être évaluées avec une parfaite certitude, à cause de l'imprévu planant toujours sur les devis des architectes et même des ingénieurs, mais dont l'aléa était moindre que celui des décisions, par trop capricieuses, des jurys d'expropriation. On résolut d'en exonérer le budget de la Ville par un emprunt dont l'importance aurait été de 350 à 360 millions, si l'opinion du conseil municipal avait prévalu, et qui a été réduit à 250 millions, bien que la délibération de ce corps déclarât que 300 millions étaient absolument nécessaires pour couvrir celles de ces dépenses auxquelles il était destiné, qui avaient un caractère indispensable. Des 250 millions nets que l'emprunt autorisé et réalisé en 1865 devait produire, 200 furent affectés, conformément selon le vote du conseil municipal, aux dépenses motivées par l'extension des limites de Paris, et 50 seulement, au lieu de 100 millions demandés au minimum par lui, à l'ensemble des demandes multiples des divers services. Comme le refus des 50 derniers millions n'a pas supprimé les besoins que le conseil municipal avait signalés, et qui sont restés à découvert, ce refus pèse encore aujourd'hui sur la situation de la Ville.

Les raisons de prudence tirées de l'état de la place et du ménagement dû au crédit de la Ville même, qui l'avaient déterminé, n'ont pas été confirmées par l'événement. L'émission de l'emprunt, porté à 270 millions par l'addition de 20 millions destinés à en couvrir les frais de toute espèce, addition qui n'a pas été le fait de l'administration municipale, comme on l'a dit et répété trop souvent, mais celui d'un décret impérial rendu en vertu des pouvoirs contenus dans la loi d'autorisation, se résumait en une souscription portant sur 600,000 obligations de 500 francs chacune, offertes au public à 450 francs. Le total des obligations souscrites s'est élevé à plus de 900,000, ce qui prouve que l'emprunt aurait pu être porté, sans risque d'insuccès, non-seulement à 300 millions, mais à 350 ou 360 millions, comme le conseil municipal l'aurait désiré. Toutefois, il ressort du résultat de cette souscription un autre enseignement, c'est que, s'il avait fallu demander au public, indépendamment des 250 millions accordés aux dépenses que l'emprunt avait pour objet, je ne dis pas 465 millions, puisque personne n'aurait pu alors indiquer ce chiffre, mais une somme considérable quelconque, pour les opérations de voirie entreprises, la souscription n'aurait pas été couverte, alors même que le Gouvernement et le Corps législatif l'eussent autorisée parallèlement à l'emprunt de 250 millions, ce qui est tout à fait invraisemblable, par les raisons mêmes qui ont fait réduire celui-ci.

Il fallait donc aviser autrement aux embarras dont on était menacé du côté de ces opérations, dont la discussion de la loi de 1865 prouve qu'on ne faisait aucun mystère, mais dont il était absolument impossible alors de mesurer l'étendue. Or, dès cette époque, les entrepreneurs de grands travaux publics, que l'aléa des expropriations avait éloignés précédemment de ceux de la Ville, où il jouait le rôle principal, s'étaient graduellement familiarisés avec ce risque et se présentaient en assez grand nombre pour soumissionner les opérations restant à faire. Plusieurs même avaient acquis, dans l'exécution de traités avec la Ville, dont l'importance s'était accrue successivement, une expérience consommée de ce genre d'affaires et inspiraient aux capitalistes une confiance de plus en plus grande. L'idée de traiter partiellement avec ces entrepreneurs, aux meilleures conditions possibles, de tout ce que la Ville avait encore à réaliser pour tenir ses engagements envers l'État dans le délai de dix ans fixé par le traité de 1858, et pour compléter peu après l'ensemble du troisième réseau que l'on avait toujours considéré comme inséparable des deux premiers, cette idée se présentait d'elle-même à l'esprit. C'était, en effet, couper court à l'élévation toujours croissante de la plus value des immeubles restant à exproprier et à l'exagération de plus en plus grande apportée dans la fixation des indemnités locatives ; c'était délivrer la Ville de tout souci de trésorerie, en ne lui laissant à payer, sous forme de subventions réglées par annuités, que la dépense nette des entreprises ; mais c'était aussi déterminer à bref délai, avec autant de précision que possible, le chiffre total de la dépense des trois premiers réseaux, cet inconnu menaçant qu'on ne serait peut-être parvenu à dégager que dix ans plus tard, si la Ville avait attendu la réalisation successive des excédants de revenus nécessaires pour tout couvrir, au lieu d'en disposer à l'avance par des promesses de subvention ; c'était, enfin, rendre possible par la fixation même de ce chiffre, la réalisation, après la libération entière des titres de l'emprunt de 1865, d'un nouvel emprunt, qui permettrait de retrouver disponibles, en tout ou partie, selon les circonstances du moment, les excédants de revenus à venir, sur lesquels aurait été faite l'imputation des annuités des subventions promises aux entrepreneurs.

Entre ce parti décisif, et la suspension de son œuvre, c'est-à-dire l'ajournement indéfini de tout le bien qui devait en résulter, l'administration municipale n'a pas hésité.

Elle a compris que la hardiesse des résolutions doit égaler la grandeur du péril dont on est menacé ; qu'elle ne devait donc reculer devant aucun effort pour éviter la désertion patente de ses engagements envers l'État ; que l'approche de l'Exposition universelle lui imposait, d'ailleurs, des obligations nouvelles qu'elle eût méconnues, si, au lieu de presser ses entreprises, afin d'en montrer le plus grand nombre achevées à cette époque, et de donner ainsi à l'Europe assemblée une haute idée de ce que peut la France, elle se fût résignée, non par impuissance réelle, mais par défaillance de cœur, à lui présenter un tout autre spectacle, dont le pays entier se fût senti amoindri et humilié! (Marques d'approbation.)

C'est alors qu'on se fût rappelé, pour nous les opposer comme autant d'accusations, tous les précédents que nous sommes obligés aujourd'hui d'invoquer pour notre défense, et qui nous autorisaient à disposer par anticipation d'une partie des revenus de la Ville, même pendant bien plus d'années que nous ne l'avons fait, afin de parer à des nécessités pressantes !

Ces précédents appartiennent, en effet, à tous les régimes. Plusieurs clauses des traités qu'on nous reproche sont même loin de contenir des stipulations aussi justement assimilables à des emprunts que celles d'anciens traités qui n'ont jamais été critiqués.

En 1849, le péage des ponts d'Austerlitz, de la Cité et des Arts a été racheté moyennant 49 annuités, divisibles en autant de titres au porteur que la compagnie concessionnaire le demanderait.

La même année, le rachat du péage du pont du Carrousel a eu lieu moyennant 18 annuités, représentées par des obligations municipales au porteur à échanger valeur pour valeur, contre les titres des actionnaires.

En 1850, c'est le péage des ponts de l'Archevêché, d'Arcole et des Champs-Élysées qui a été racheté moyennant 27 annuités divisées aussi en obligations municipales à échanger contre les titres des actionnaires ou des créanciers de la compagnie des Trois-Ponts.

Enfin, en 1851, le rachat du péage du pont Louis-Philippe a été fait moyennant 46 annuités.

Dans le premier de ces traités on voit apparaître le principe des bons de délégation, c'est-à-dire le droit concédé au créancier de la Ville de disposer de chaque annuité de sa créance à sa guise, et de faire accepter par la Ville les coupons qu'il en délivre à ses ayants cause.

Dans les autres, ce n'est plus le créancier qui crée le titre au porteur, c'est la Ville même qui émet des obligations municipales pour les remettre en échange des actions qu'elle rachète.

Néanmoins, tous ces traités, qui engageaient la Ville pour de longues années, ont été approuvés par des décrets et non par des lois ; voilà vingt ans bientôt qu'on les exécute sans qu'à ma connaissance ils aient jamais été contestés.

Le 11 juillet 1860, un traité, approuvé par un décret rendu en conseil d'État, le 2 octobre suivant, a été passé entre la Ville et la Société générale des Eaux, pour le rachat des droits résultant à son profit de diverses concessions qui lui avaient été faites, notamment par les communes de la banlieue annexée, de ses immeubles et de tout son matériel d'exploitation, moyennant 50 annuités de 1,160,000 francs chacune.

Le 9 juillet 1861, a eu lieu, en vertu d'un décret du 30 avril 1859, le rachat de la concession du canal Saint-Martin, moyennant une indemnité de 1,338,800 francs et 61 annuités de 180,000 francs.

Un décret du 9 août 1864 a sanctionné le rachat des usines de Saint-Maur, opéré par un traité en date du 7 août 1863, moyennant une somme de 3 millions payable, savoir : 980,334 francs en 1864, et le surplus en 50 annuités de 125,702 fr. 50 c.

Un décret du 11 décembre 1864 a autorisé la mise en adjudication de la régie intéressée du marché aux bestiaux de la Villette, à la charge par la compagnie adjudicataire d'avancer toutes les dépenses de cette création, jusqu'à concurrence de 45 millions, pour en être remboursée en 50 annuités, à prélever sur les produits de l'établissement et complétées par la Ville en cas d'insuffisance.

Enfin, un décret du 23 mai 1866 contient l'approbation d'un traité conclu entre la Ville et la Compagnie des petites voitures, le 9 avril précédent, sur les bases arrêtées par une commission désignée par le Gouvernement et composée de M. le premier président de la Cour des comptes, de M. le président de la section de l'intérieur au conseil d'État, et de M. le premier président de la cour impériale de Paris, pour le rachat du privilège de cette compagnie, moyennant 47 annuités de 360,000 francs.

On m'objectera peut-être que ces divers actes, qui répartissent les engagements pris sur une longue série d'années, en rendent la charge à peine sensible pour les budgets de la Ville, et constituent par ce fait des aménagements de revenus au lieu de dispositions assimilables à des emprunts. Dans ce cas, je répondrais qu'apparemment on ne trouverait pas l'explication bonne, si nous avions réparti nos engagements sur des échéances beaucoup plus nombreuses que nous ne l'avons fait, et si nous la donnions pour nous en excuser.

Non. C'est surtout la restriction à un petit nombre d'années de la disposition anticipée des revenus qui en fait un acte d'administration licite.

Quelle est la limite passé laquelle cette disposition exige une autorisation de tutelle? En l'absence de toute disposition légale, des circulaires du ministre de l'intérieur, dont la dernière est du 11 mai 1864 et porte la signature de notre honorable premier vice-président, fixaient cette limite à six ans. Depuis lors, l'article 4 de la loi du 4 juillet 1867, s'inspirant de principes plus favorables à la liberté d'action des communes, a autorisé celles-ci à contracter, avec l'approbation des préfets, des emprunts remboursables en douze ans, soit au moyen de leurs revenus ordinaires, soit au moyen de contributions extraordinaires n'excédant pas cette durée et ne dépassant pas le nombre de centimes annuellement fixé à cet effet par le conseil général du département.

Il est vrai que cette disposition n'est pas applicable à la Ville de Paris ; mais la circulaire de 1864 ne la concernait pas davantage. Elle avait pour unique but de régler l'usage de la délégation légale en vertu de laquelle les préfets exercent, dans certains cas, la tutelle des communes. Elle leur prescrivait de soumettre à l'examen du Gouvernement les délibérations des conseils municipaux comportant des dispositions de revenus réparties sur une période de plus de six années. Évidemment elle n'a jamais eu pour effet de lier le Conseil d'État ni le Gouvernement de l'Empereur dans l'appréciation de chacune de ces espèces, et certes, quand un décret a été jugé suffisant pour les régler, si le Corps législatif avait pu voir, dans cette décision, une atteinte à ses prérogatives, ce n'est pas la commune nantie de l'autorisation contestée qui eût été considérée comme reprochable au sujet de l'erreur commise.

Quant à la Ville de Paris, dont le régime municipal n'est réglé d'une manière bien précise que depuis la loi du 24 juillet 1867, et dont toutes les affaires se sont toujours faites, d'ailleurs, sous le contrôle immédiat et, si je puis ainsi dire, sous les yeux de l'autorité supérieure, la circulaire du 11 mai 1864 a été si peu faite à son adresse que le décret relatif au marché à bestiaux, qui l'autorise à contracter des engagements considérables, embrassant une période de cinquante ans, est contresigné par l'auteur même de ce document administratif !

Quoi qu'il en soit, il ressort de l'économie de tous les traités de concession relatifs aux grandes opérations de voirie de la Ville, que les rédacteurs de ces traités ont eu l'intention de prendre une durée de six ans pour limite extrême des termes de payement des subventions promises aux entrepreneurs ; seulement, au lieu de faire partir le délai de six ans de la date du traité, ils l'ont fait courir de la réception effective des travaux.

Cette interprétation de la règle qu'on voulait suivre, quoiqu'on ne la crût pas obligatoire, était-elle erronée ? Dans tous les cas, le conseil d'État qui l'a laissé passer sans objection, puisqu'il a émis des avis favorables à l'approbation de traités stipulant des termes séparés de leurs dates par des intervalles de plus de six ans, a reconnu de deux choses l'une : ou que la circulaire de 1864 ne concernait pas l'administration parisienne, ou qu'on l'avait bien interprétée.

En résumé, quand on tient compte tout à la fois de l'importance des sommes dont la Ville a disposé par avance sur ses revenus futurs et des époques d'exigibilité de ces sommes, on trouve que l'échéance moyenne de l'ensemble ne dépasse pas quatre ans et demi.

C'est précisément par le scrupule avec lequel l'administration municipale a réduit, autant que possible, cette échéance moyenne, qu'elle s'est exposée au grief, le seul qui reste debout contre elle, d'avoir excédé son droit d'aménagement, dans les imputations dont elle a chargé les revenus de certaines années, grief auquel la commission du Sénat, malgré son équitable appréciation des difficultés dans lesquelles cette administration s'est trouvée, n'a pas cru pouvoir refuser un caractère sérieux.

Je ne me défendrai pas de ce reproche : je ne saurais le discuter qu'au moyen de calculs dont on pourrait contester les éléments ; j'aime mieux le subir, en attendant le jour où les faits diront qui s'est trompé. Jusqu'à présent, les comptes des recettes et dépenses de la Ville ont toujours vengé l'administration municipale des critiques dirigées contre la manière dont ses prévisions de budgets avaient été établies. Quand les années dont elle a engagé d'avance les recettes dans une mesure qu'on juge excessive seront accomplies et que les résultats financiers en seront constatés, je ne désespère pas de trouver encore une fois dans les comptes de la Ville le moyen qu'ils m'ont toujours fourni, depuis seize ans, de justifier les actes de la grande administration dont la direction m'est confiée.

Qu'il me soit permis, toutefois, de faire observer au Sénat que la presque totalité des dispositions de revenu faites dans les traités de concession étaient connues en avril 1867, lorsque le Corps législatif, en rejetant l'amendement de M. Berryer, écarta les accusations d'illégalité dirigées contre ces actes. Le dernier traité considérable est du 10 janvier 1867 ; on n'a passé, postérieurement à cette date, que deux traités complémentaires (les 12 juillet et 9 août 1867) n'engageant pas ensemble une somme de 20 millions.

Des expropriations, des travaux ont eu lieu depuis lors, mais pour l'exécution de conventions déjà faites, et il est possible d'affirmer aujourd'hui que les règlements de compte qui auront lieu lors de la réception des voies en cours d'achèvement, par suite du mesurage définitif des surfaces, ou d'autres causes pouvant influer sur le chiffre des subventions, ne donneront lieu qu'à des augmentations de dépense relativement peu importantes.

Après la conclusion des traités complémentaires que je viens de mentionner, le total de la dépense des trois réseaux a pu être fait. L'inconnue du problème que l'administration municipale avait à résoudre en 1864 était dégagée. Cette administration a-t-elle tardé beaucoup à se rendre compte de la situation ? Vous allez en juger, Messieurs.

Dès le 8 novembre 1867, je soumettais au conseil municipal le premier des deux traités passés avec le Crédit foncier. Après avoir rappelé le débat solennel qui avait eu lieu, peu de mois auparavant, dans le sein du Corps législatif, j'ajoutais :

« Si la régularité des traités de concession attaqués se trouve hors de cause, on ne saurait espérer que la discussion ne se rouvre pas sur la situation financière faite à la Ville par les obligations que ces traités lui imposent; car chaque jour se produisent des incidents qui peuvent modifier la quotité des excédants annuels de recettes sur lesquels l'administration municipale compte pour payer les annuités des subventions promises, et à l'occasion de chacun de ces incidents on peut remuer des chiffres et faire de nouveaux calculs à perte de vue. Or, le crédit de la Ville finirait par souffrir quelque atteinte de débats sans cesse renouvelés touchant la solidité des ressources qui lui servent de base.

« J'ai donc cherché par quel moyen nous pourrions, après avoir victorieusement combattu les craintes vraies ou supposées qu'on a exprimées au sujet de la réalisation des excédants de recettes qui sont entrés dans nos prévisions pour une certaine portion de leur importance probable, faire reste de raison à nos contradicteurs, en procurant à la Ville, pour le cas où leurs appréhensions viendraient à être justifiées par un concours invraisemblable de circonstances fâcheuses, un échelonnement du montant des subventions qu'elle doit à ses concessionnaires, étendu sur un beaucoup plus grand nombre d'années, sans cependant lui retirer, dans le cas contraire, le droit d'utiliser, à sa libération, dans le temps prévu par les traités, les ressources annuelles sur lesquelles nous avons cru et nous croyons encore qu'elle peut compter.

« Si rien ne vient modifier l'assiette de son revenu, elle usera de cette faculté afin d'opérer sa libération aussi exactement que possible, dans les délais qu'elle s'était assignés elle-même en traitant avec ses concessionnaires de travaux.

« Au contraire, si des causes quelconques viennent altérer sa situation présente, si des considérations politiques ou administratives vous décident à exonérer la population de tout ou partie de certaines taxes, ou bien si de nouvelles dépenses imprévues en ce moment, ou prévues pour une époque éloignée, sont réclamées par d'impérieuses nécessités de service, alors la Ville usera, dans la mesure que les circonstances justifieront ou que la prudence de son administration municipale déterminera, des facilités que lui assure le projet de convention.

« La nature de cette convention exigera la sanction d'une loi ; mais lorsque cette loi sera demandée au Corps législatif, on est en droit d'espérer qu'elle obtiendra l'assentiment universel. La majorité, dont le vote a écarté les attaques dirigées contre l'administration de la Ville, verra, dans l'acte de précaution que je propose, un nouveau titre à sa confiance ; quant à la minorité, elle ne saurait trouver dans cet acte autre chose qu'une marque de déférence pour les opinions consciencieuses qui se sont produites dans son sein et dont nous désirons nous concilier la faveur, en allant au-devant de toutes les éventualités imaginables dont la crainte a pu les influencer. »

L'accueil fait par la minorité du Corps législatif aux conventions que je supposais de nature à désarmer sa critique a grandement trompé mon espérance, j'en conviens, Messieurs ; toutefois il n'a pu diminuer les sentiments de déférence que j'exprimais et que m'inspireront toujours les opinions contraires aux miennes, produites avec autorité dans un grand corps de l'État ; mais vous reconnaîtrez certainement, dans le document que je cite, une dernière et décisive réfutation du reproche d'avoir voulu dérober à l'examen du Corps législatif une série d'actes pour lesquels l'administration municipale, au contraire, s'est empressée de demander la consécration de son vote, dès qu'elle a été en situation de le faire.

. Je n'ai rien dit encore des conditions mêmes des traités de concession. Il importe cependant de démontrer que la Ville n'a pas acheté trop cher les délais de payement qu'elle a obtenus de ses entrepreneurs ; que, tout au contraire, elle n'a rien sacrifié au delà de l'intérêt à 5 0/0 des subventions payables à terme, qui étaient la rémunération légitime de la jouissance anticipée du résultat des travaux exécutés, car c'est là le fond de l'affaire et le vif de la question.

Tout a été dit sur les garanties dont la négociation des traités de concession était entourée. La commission des indemnités, qui les a tous préparés sans exception, offre une composition qui répond à toutes les critiques et qui brave toutes les défiances.

Créée par moi peu de temps après mon entrée en fonctions, pour satisfaire à une indication de la loi du 3 mai 1841 sur l'expropriation pour cause d'utilité publique, dont on n'avait pas tenu compte jusqu'alors, et qui a trait au règlement amiable des indemnités de dépossession que l'administration doit tenter avant de recourir à un règlement judiciaire, cette commission avait ensuite été chargée de fixer le prix et les conditions de la revente des terrains provenant des expropriations, que la Ville a toujours été amenée à faire de gré à gré, par l'insuccès à peu près constant de toutes les adjudications tentées sur des plans de lotissement dont il était impossible d'accommoder d'avance les divisions aux besoins d'acquéreurs inconnus.

Elle se trouvait donc parfaitement en mesure de fixer la quotité des subventions nécessaires aux entrepreneurs des grands travaux de voirie, qui doit être déterminée principalement d'après celle de l'excédant du coût probable de l'expropriation totale à faire, sur le produit probable de la vente des matériaux de démolition et de la revente des terrains à laisser en dehors des alignements sur les bordures des voies nouvelles. Or, jamais la commission n'a proposé d'allouer à un concessionnaire quelconque une subvention supérieure à la dépense nette que l'opération eût coûtée, d'après les évaluations des agents voyers et les devis des ingénieurs du service municipal, si la Ville l'avait faite directement, et souvent elle a obtenu des conditions de traité plus favorables encore. Des exemples comparatifs qui ne laissent aucun doute à cet égard sont cités dans le *Résumé des traités de concession* qui a été distribué au Sénat. Il en est des grandes opérations de voiries comme de toutes les entreprises de travaux publics : la substitution de l'industrie privée à l'action administrative y est toujours économique.

Malgré les bénéfices que les entrepreneurs doivent légitimement retirer de leurs marchés, et la cherté relative des conditions de crédit qu'ils obtiennent comparativement à celles qu'on ferait à l'administration, ils peuvent consentir des rabais souvent considérables sur les évaluations de celle-ci. Dans les grandes opérations de voirie, les occasions que les concessionnaires de la Ville ont eues de faire une foule de transactions qu'elle n'aurait su ni pu aborder, et d'où sont résultées pour eux des acquisitions moins lourdes et des reventes plus fructueuses que celles qu'elle aurait pu faire, leur ont permis de supporter des escomptes (peu élevés en somme), tout en se contentant de subventions modérées.

D'ailleurs, la combinaison financière à laquelle se rattachent les bons de délégation leur a donné des facilités de trésorerie très-appréciables.

Avant de l'établir, il est à propos de redresser une erreur qui persiste, malgré toutes les rectifications qui en ont été faites et dont on retrouve l'influence dans plusieurs parties du rapport de la commission.

J'emprunte au discours prononcé par M. le ministre d'État, devant le Corps législatif, le 11 avril 1867, les passages suivants qui restituent aux bons de délégation leur véritable caractère :

« Il n'y a pas de bons de délégation délivrés par la Ville de Paris. Ce n'est pas elle qui souscrit le bon... c'est l'entrepreneur... L'acceptation de la Ville de Paris est quelque chose de parfaitement insignifiant en droit ; elle ne modifie à aucun degré son engagement ; elle n'en opère pas la novation ; elle ne le dénature ni ne l'agrandit ; elle le laisse dans les conditions où il était originairement...

« L'engagement de la Ville de Paris résulte du marché qui a été signé avec l'entrepreneur. Voilà le lien de droit...

« Oui, la Ville de Paris, du jour où elle est engagée par sa signature et où les travaux ont été exécutés, doit la subvention. Mais le droit de délégation n'est-il pas indépendant? Est-ce que tout porteur d'un titre de créance contre un débiteur a besoin du consentement de ce débiteur pour le déléguer?...

« C'est un simple transport de créance, réglé par les articles 1689 et suivants du Code Napoléon ; le visa de la Ville n'est que la constatation de l'exécution des engagements pris par l'entrepreneur : il n'y a donc pas là d'emprunt. »

Les sommes dont le versement a été exigé de certains entrepreneurs pour répondre du payement des indemnités d'expropriation (ce qui, pour le dire en passant, prouve bien que la Ville n'a jamais traité en face ni du Crédit foncier, ni d'aucune autre grande institution financière), ces versements n'étaient pas, ainsi que la commission semble l'avoir pensé, le produit de la négociation antérieure des bons de délégation. Ils devaient, au contraire, précéder toute espèce de disposition par les entrepreneurs d'une portion quelconque de la subvention qui leur était promise. Une fois l'exécution d'une section de l'opération assurée par le versement du fonds de garantie, la Ville consentait à considérer cette section comme exécutée, et la portion de subvention y afférente comme acquise à l'entrepreneur. Alors, mais alors seulement, celui-ci pouvait déléguer cette portion de subvention, et rentrer ainsi dans tout ou partie de la somme déposée; mais les intérêts payés par la Ville sur les subventions considérées comme acquises aux entrepreneurs compensaient pour autant les intérêts perdus par eux sur leurs fonds de garantie, et comme la Ville, de son côté, avait la disposition de ces fonds dont elle était responsable, jusqu'au jour du payement des indemnités, l'avantage qu'elle avait concédé ne lui causait aucun préjudice.

Cet avantage était immense pour les entrepreneurs.

Dans le système des premiers traités, la Ville promettait une subvention qui ne devait être acquise qu'après la livraison effective du travail, et qui, jusque-là, ne produisait pas d'intérêts. Or, la moindre durée d'exécution d'une section un peu importante de voie publique est d'un an. Il y avait donc à perdre un an d'intérêts, sinon sur la totalité de la dépense brute de l'opération, tout au moins sur la dépense nette représentée par la subvention.

A quel taux pense-t-on que, dans ce cas, les entrepreneurs pussent se procurer, sur leur simple signature, l'argent qui leur était nécessaire? C'était évidemment à un taux supérieur à celui de la négociation qu'ils ont faite de leurs bons de délégation dès qu'ils ont pu en délivrer.

La combinaison des fonds de garantie, qui leur permettait de disposer de la subvention dès le début de l'affaire, les affranchissait donc de la perte d'un an d'intérêts à 7 ou 8 0/0, selon toute vraisemblance, sur la dépense nette, c'est-à-dire sur une somme dont la subvention devait être l'expression. Si l'on considère que l'échéance moyenne des subventions était de quatre ans et demi, et que l'escompte qui a été payé au Crédit foncier, au delà des 5 0/0 d'intérêts supportés à juste titre par la Ville, était de 1.15 0/0, ce qui, pour quatre ans et demi, donne seulement 5.375 0/0, on trouve que la commission payée par les entrepreneurs, pour la négociation de leurs bons de délégation, a été plus que compensée, à partir de l'adoption du système des versements de garantie, par l'affranchissement d'une perte d'intérêts supérieure, que cette combinaison leur a procurée sans aucun dommage pour la Ville

Voilà pourquoi, tout en critiquant cette combinaison qu'il ne croyait pas légale, l'honorable M. Berryer, la jugeant avec la haute portée de son esprit, la qualifiait « d'ingénieuse et de très-intelligente ». Je puis rappeler cette appréciation, car je ne saurais m'attribuer l'invention du mécanisme financier que je viens de m'efforcer de décrire. Elle est due aux hommes d'affaires très-habiles que le conseil municipal compte dans son sein.

Est-il besoin de chercher quel profit la Ville aurait pu retirer d'une opération de crédit qui lui eût permis soit d'exécuter elle-même les opérations qu'elle a concédées, soit de payer comptant à ses entrepreneurs le montant des subventions aussitôt après la réception de leurs travaux? Je crois avoir établi que, dans le premier cas, ces travaux lui auraient coûté davantage, et que, dans l'autre, il est moins douteux qu'elle eût favorisé ses entrepreneurs. Mais, à coup sûr, elle aurait acheté cher la chance d'une économie très-problématique dans la dernière hypothèse, et tout à fait nulle dans la première.

En effet, tout emprunt occasionne en pure perte des frais d'émission, qui sont évalués à 4 0/0 du capital emprunté dans la loi même qui est soumise au Sénat. Cette évaluation me paraît faible, car les frais d'émission du dernier emprunt de l'État ont été calculés à raison de 5 0/0 dans la loi qui l'a autorisé. Or, l'État ne supporte pas, comme la Ville, des frais de timbre sur ses titres, et les services des trésoriers généraux et particuliers sont moins chers pour lui. L'emprunt municipal de 1865 a déjà coûté plus de 6 0/0.

Ce n'est pas tout : à quel taux la Ville eût-elle emprunté? A 5.28 0/0, comme en 1865? Il est probable que si, au lieu de 250 millions nets, elle en avait demandé trois fois plus au public, elle eût dû émettre ses obligations au-dessous de 450 francs, ce qui aurait fait ressortir le taux de l'émission à plus de 5.28 0/0.

Mais quelle qu'eût été la quotité dont le taux de 5 0/0 eût été dépassé, il aurait fallu la multiplier par le nombre d'années pour lequel l'emprunt aurait été fait, afin de savoir ce qu'aurait coûté la possibilité, soit d'exécuter directement les travaux, soit de payer comptant les subventions. Je n'ai pas besoin de tirer la conséquence de cette observation.

En résumé, il me paraît certain, Messieurs, que les combinaisons adoptées par la Ville lui ont permis de faire face à toutes les nécessités de la situation, à des conditions plus favorables qu'elle ne l'eût pu par tout autre moyen.

Elle a réussi à effectuer ainsi 465 millions de dépenses, moyennant des engagements à terme passibles d'un simple intérêt de 5 0/0, et la négociation successive de ces engagements a pu se faire sans aucune difficulté, et, en définitive, sans aucune perte pour les entrepreneurs.

C'est là un grand résultat financier auquel on rendra certainement justice.

un jour, lorsque l'opinion, calmée et éclairée, en saisira mieux toute l'importance.

Quant aux traités passés entre la Ville et le Crédit foncier, qui font l'objet
du projet de loi, j'en ai déjà expliqué les causes et l'économie. La commission
annuelle de 0,16 0/0, à laquelle le Crédit foncier s'est réduit, devra supporter tous les frais de l'émission des obligations communales que cet établissement émettra et ceux du payement des intérêts et lots et du remboursement
de ces obligations. Or, tous ces frais sont évalués à 0,08 0/0. De son côté,
la Ville est affranchie de toutes les dépenses annuelles que le service d'un
emprunt lui cause. Elle ne paye donc, en réalité, que 5,08 0/0 ; ce qui
constitue une économie annuelle de 0,20 0/0, sur le coût de l'emprunt de
1865.

Mais les traités contiennent une faculté très-précieuse pour elle : le droit
de rembourser le Crédit foncier en tout temps, c'est-à-dire de profiter de
toutes les occasions favorables pour atténuer le taux d'intérêt de sa dette.
C'est une dernière preuve de la sollicitude avec laquelle tous les intérêts,
présents et à venir, ont été sauvegardés par le conseil municipal, comme par
moi-même, dans toutes les phases de la question financière, si difficile, dont
les traités soumis au Sénat contiennent le règlement définitif.

Il est une considération qui aurait du, ce me semble, peser plus qu'elle
ne l'a fait dans les jugements portés sur les affaires de la Ville : c'est que
l'administration municipale eût échappé à tous les embarras qu'elle a éprouvés, et, partant, à toutes les attaques dirigées contre elle, si elle ne s'était pas
formulée dès le début, et si elle ne s'était pas attachée à observer, malgré
tout, la loi d'accomplir son œuvre, sans grever les contribuables d'aucune
surimposition ni d'aucune surtaxe, avec les seules ressources que pouvaient
lui fournir les revenus de la Ville ou des emprunts remboursables exclusivement au moyen de ces revenus, et contenus d'ailleurs dans les plus étroites
limites !

Ah ! les exemples ni les raisons ne nous auraient manqué pour adopter
un autre programme ! Sans recourir à des mesures aussi extrêmes que la
célèbre surimposition de 45 centimes, à laquelle se rattache le nom d'un des
plus déterminés adversaires des procédés financiers de la Ville, mesure dont
je ne veux pas contester l'opportunité au point de vue du Trésor, mais dont
les conséquences ont certainement dépassé toutes les prévisions de son pro-
moteur, l'administration municipale, si elle ne s'était également préoccupée
que des intérêts de sa caisse, aurait pu demander à la propriété foncière,
dont les travaux de Paris devaient accroître, et ont, par le fait, accru énormé-
ment la valeur au commerce et à l'industrie, dont elle allait développer l'activité dans des proportions inouïes ; enfin à la masse des habitants, dont les
conditions de salubrité, de commodité et de bien-être allaient être si prodi-

gieusement améliorées, de lui venir en aide pour faire face aux charges de la vaste et complexe entreprise qu'il s'agissait d'aborder, de poursuivre et de mener à fin.

En effet, la valeur de la propriété bâtie qui, en 1852, à l'époque des premiers travaux de la transformation de Paris, était, d'après la matrice des rôles, de 2 milliards 557,077,714 francs, monte aujourd'hui à 5 milliards 956,895,119 francs. L'accroissement est de 3 milliards 399,817,405 francs. Il provient pour 593 millions de la valeur des propriétés bâties, annexées à Paris en 1860, par suite de l'extension des limites de la Ville.

La valeur des maisons construites depuis 1852, déduction faite de la valeur de celles qui ont été démolies pour diverses causes, y entre pour 1 milliard 247 millions. Enfin, la plus value acquise par les maisons anciennes est de 1 milliard 559,817,405 francs. Or, pour obtenir ces chiffres, on a capitalisé les revenus constatés à raison de 7 0/0, ce qui les amoindrit beaucoup trop. On n'a pas tenu compte, d'ailleurs, de la plus value acquise aux terrains non bâtis ! Que l'on calcule, d'après ces données, la force contributive à laquelle il eût été possible et légitime de faire appel, du côté seulement de la propriété foncière.

La fortune mobilière à Paris s'est accrue certainement aussi durant le même laps de seize années, dans des proportions bien plus grandes encore, mais impossibles à mesurer.

Quant aux taxes locales, le tarif de l'octroi qui est fixé et dont les exigences ne s'élèvent pas, dès lors, suivant la valeur des objets taxés, n'a pas été aggravé depuis 1848. A cette époque, la première pensée du membre du Gouvernement provisoire qui prit possession de l'administration municipale comme maire de Paris, était de supprimer l'octroi. C'est par cette déclaration nette et précise qu'il ouvrit une conférence des chefs de service de l'hôtel de ville, convoqués à l'effet de trouver les moyens de concilier une telle mesure avec la création de ressources dont avait besoin l'administration républicaine, à laquelle ne pouvaient plus suffire les revenus dont s'était contentée celle du respectable M. de Rambuteau.

La conférence aboutit non-seulement au maintien de l'octroi, mais encore à l'élévation d'un certain nombre des articles du tarif.

Je rappelle ce fait à l'usage des réformateurs, plus ou moins radicaux, dont l'octroi de Paris est le point de mire.

Lorsque le prix de toutes choses s'élève, non-seulement à Paris, mais sur tous les points du monde, ce qui semble démontrer que c'est la valeur du numéraire qui s'affaiblit; le maintien d'un tarif qui taxe les objets de consommation de droits fixes et non de droits *ad valorem* n'est pas seulement un fait qui ménage les assujettis, c'est en réalité un dégrèvement graduel incessant, bien qu'inaperçu, des taxes dont l'acquittement a lieu au moyen d'un signe monétaire insensiblement déprécié.

Nous aurions donc été fondés à demander aux consommateurs tout au moins un supplément de droits correspondant à cette dépréciation.

Mais nous n'avons voulu dévier, en quoi que ce fût, des termes de notre programme. Nous avons attaché une importance extrême à ne donner aux partis hostiles de toutes les nuances aucun prétexte de reprocher au plan de l'Empereur, qu'on s'efforce d'amoindrir, en affectant de n'y voir qu'une œuvre fastueuse d'embellissement de la capitale de l'Empire, d'avoir coûté à la population une aggravation quelconque de ses charges.

En vain a-t-on voulu soutenir que l'imposition de centimes spéciaux pour le service de l'instruction primaire a été un manquement à notre programme. Il a été facile de répondre que le produit de ces centimes ne suffit pas même à solder la moitié des dépenses de cet intéressant service, et que le budget consacre au payement du surplus une portion des revenus de la Ville, qui est triple de celle qui couvrait autrefois la dépense totale.

Il est absolument vrai que la population de Paris, qui est affranchi de tous les autres centimes spéciaux imposés dans la plupart des communes de France, n'est grevée du chef de la Ville d'aucun centime additionnel extraordinaire.

Le budget municipal supporte même, à la décharge de la portion de cette population la moins favorisée de la fortune, tout ou partie de la contribution mobilière. C'est un bienfait considérable qui a été grandement étendu dans ces derniers temps, selon le désir de l'Empereur, et dont profitent 282,572 familles non réputées indigentes ; 172,300 jouissent d'un affranchissement complet de toute cotisation, et 110,272 voient la leur atténuée, suivant un tarif gradué en sens inverse de l'importance des loyers.

Pour faire décharger les mêmes personnes, par la voie d'un dégrèvement des taxes d'octroi, d'une somme équivalente à celle que coûte à la Ville cette mesure excellente (environ 4 millions), il faudrait imposer aux finances municipales un sacrifice bien autrement élevé. Car, sans parler des intermédiaires qui retiennent une partie au moins du profit de toute atténuation des taxes indirectes, les mesures de ce genre ne peuvent être que générales. Il aurait donc fallu, pour arriver au même résultat, exonérer, indépendamment de la portion de la population qu'on voulait soulager, toute celle qui n'en avait aucun besoin, et, en même temps, la population flottante composée d'étrangers, d'habitants de la province ou de la grande banlieue de Paris, qui contribue, dans une proportion beaucoup plus grande qu'on ne le suppose, au payement des taxes d'octroi.

On a relevé aussi des remaniements du tarif de l'octroi, où l'on a voulu voir, contrairement à mon assertion, autant d'aggravations des anciennes taxes. Je n'ai jamais prétendu que ce tarif fût resté immuable, mais seulement que les modifications et additions de peu d'importance, après tout, qu'il a subies, n'ont eu pour but que de suivre la consommation taxée dans ses transformations diverses et qu'elles constituent, non des taxes nouvelles, mais des taxes de remplacement. Il est parfaitement vrai qu'aucune n'a eu pour but de créer des ressources extraordinaires à la Ville. Il ne s'agissait que de défendre sa perception ou d'en équilibrer le poids entre des produits similaires.

L'accroissement des revenus de la Ville, qui nous a permis de baser sur ces revenus toutes nos combinaisons financières, est le résultat de l'accroissement de la population normale et flottante et du développement parallèle de la richesse publique, sous l'influence même de la transformation de la cité entière. C'était une entreprise hardie sans doute que de poursuivre un tel résultat avec cette seule ressource ; ce sera un grand fait, sans exemple dans l'histoire administrative et économique du monde, que d'y avoir réussi. Car nous y avons réussi, Messieurs. Nous touchons au terme, et s'il nous faut encore quelques efforts pour y parvenir complétement, ils ne sont plus à considérer après ceux que nous avons dû faire dans le passé.

La situation financière de la Ville n'est engagée, quoi qu'on en dise, par rien qui puisse sérieusement la compromettre.

Après la consolidation des 465 millions formant le prix des travaux achevés ou en cours d'achèvement, il n'y a plus rien à prévoir de ce côté, comme je l'ai déjà dit, que des règlements de comptes de peu d'importance, dont le budget de 1870 fournira, s'il y a lieu, les soldes.

Le budget de 1869 a les ressources convenables pour couvrir, non-seulement les 38 millions avancés par la Caisse des travaux de Paris en 1868, pour le compte de la Ville, en sus des 100 millions produits par l'émission de ses bons (qui ne dépasse pas ce chiffre, malgré les énonciations dont on avait cru devoir inférer le contraire), mais encore tous les restes à payer de l'exercice clos, qui n'atteignent même pas la somme qu'on avait prévue, car ils ne vont pas à 25 millions.

Ces 25 millions, comme les 38 autres, sont la représentation de dépenses étrangères, pour la plupart, aux entreprises de voiries et qui ont été faites pour utiliser les fonds de garantie, dont on ne pouvait trouver un autre placement, dans l'attente de leur emploi définitif en 1869 et 1870, et dont il fallait ne pas perdre l'intérêt pour que la combinaison dite des bons de délégation ne devînt pas onéreuse à la Ville.

On voit, par ce nouvel exemple, que tout ce qui se rattache à cette combinaison a été interprété en sens inverse de la manière dont les choses ont eu lieu en réalité.

Quant à l'émission de la Caisse des travaux de Paris, dont la mise en liquidation aura lieu à la fin de cette année, elle est représentée au budget de la Ville par une subvention dont le montant suffirait presque à former l'annuité d'un emprunt de 100 millions contracté pour éteindre ce passif réparti, d'ailleurs, sur huit années. Il n'y a donc encore là rien d'inquiétant.

Les seuls engagements sérieux de la Ville, dont il faille se préoccuper, sont des engagements purement moraux, mais qui n'en ont pas moins un caractère obligatoire. C'est, d'abord, de continuer, dans la mesure qui sera permise par les ressources des budgets de 1870 et de 1871, la série des édifices religieux, municipaux, scolaires et autres, que l'insuffisance de l'emprunt de 1865 n'a pas permis de terminer encore ; de poursuivre l'amélioration du service des eaux, notamment par l'achèvement de la dérivation de la Vanne ; de compléter le réseau des égouts, et tant d'autres perfectionnements désirables des divers services municipaux ; c'est ensuite d'aborder, au moyen des ressources croissantes que donnera la progression des excédants de revenus de la Ville, l'ouverture des voies nouvelles qui sont encore réclamées par les besoins de la circulation, et qui forment le complément des trois réseaux dont les derniers travaux s'achèvent.

Je ne veux pas prolonger cet exposé déjà beaucoup trop étendu, je le comprends, par un tableau anticipé de prévisions dont le détail trouvera mieux sa place dans la discussion des budgets de 1870 et de 1871. Mais j'ai la ferme espérance qu'à ce moment le Sénat, aussi bien que le Corps législatif, verra se dissiper les dernières préventions qui peuvent encore exister contre la direction imprimée à l'administration de la Ville de Paris dans le passé, et la lumière se faire sur l'importance des moyens d'action dont cette administration pourra disposer dans l'avenir, grâce à la consolidation des engagements qui font l'objet de la loi en discussion.

Notre seule faute, si c'en est une, a été l'ardent désir de concilier le ménagement le plus absolu des contribuables, avec l'entier achèvement des travaux commencés, qui eût pu être compromis, si nous ne l'avions assuré par les moyens d'exécution que vous avez maintenant à juger. Nous sommes prêts à confesser que nous avons subi, dans une trop large mesure, l'entraînement de cette passion d'un résultat sans précédents, qui devait être une des gloires d'un grand règne ; mais j'avoue, pour ce qui me concerne, que le repentir est faible, parce que la conviction du péché n'est pas complète (Sourires), et je conserve au fond du cœur la pensée que des faits prochains m'en absoudront.

D'ailleurs, je ne puis m'affranchir de cette conviction profonde, que si notre œuvre se fût attardée au milieu des causes qui tendaient incessamment à en accroître les dépenses, elle y eût péri ; que les grands bienfaits dont elle a été féconde, que les avantages immenses qui en ont été les conséquences naturelles, et que M. le ministre de l'intérieur a fait ressortir, dans un magnifique langage, ne se seraient pas produits, et que le pays attendrait encore maintenant la réalisation de ces richesses inappréciables en argent, dont il est déjà en pleine possession : les facilités de circulation et l'économie de temps et d'efforts qui en résultent ; la prolongation de la vie moyenne, qui accroît la portion utile de l'existence, l'âge viril, pendant lequel l'homme rend à la société ce qu'il en a reçu dans son enfance et sa jeunesse, et enfin la tranquillité de la capitale assurée, que la province, moins jalouse qu'on ne le pense, des travaux de Paris, qui lui profitent sous tous les rapports, considère comme le premier des biens pour la France entière ! (Marques d'approbation.)

Il ne s'agit pas, Messieurs, de monter au Capitole. Mes longues explications prouvent que ce procédé héroïque de clore un débat n'est pas à mon usage. Le rôle de triomphateur n'existe plus, d'ailleurs, que dans l'histoire. Il n'est pas de notre temps. Nous avons bien encore les insulteurs publics (Rires d'approbation) ; mais c'est tout ce qui nous est resté de l'institution. (Hilarité prolongée.) D'ailleurs, je n'ai pas de raison pour reculer devant un examen approfondi de mes comptes. Ce sont, je l'ai dit, mes moyens de défense les plus sûrs.

J'ai été très-touché et je resterai éternellement reconnaissant à M. le ministre d'État du mouvement d'indignation énergique et chaleureux par lequel il a relevé, dans le sein du Corps législatif, des insinuations offensantes qui semblaient être dirigées contre moi. J'aime encore à penser que le député dont les paroles ont été ainsi comprises ne songeait pas à ma personne. Il a traité, en effet, à une autre époque, avec le préfet de la Seine, sous l'approbation du gouvernement, d'une très-grande opération financière ; il ignore peut-être combien m'ont causé d'ennuis la préférence qu'il a obtenue alors, à bon droit, sur des concurrents très-considérables, et les ménagements dont il a eu besoin dans l'exécution de son contrat, fidèlement rempli en fin de compte (Sourires. — Mouvement) ; mais il sait parfaitement de quelle manière se font les affaires à l'hôtel de ville, et c'est pourquoi je veux croire encore qu'il en prendrait au besoin la défense plutôt que de l'incriminer. (Très-bien ! très-bien !)

Je dédaigne profondément les basses calomnies qui, de nos jours, n'épargnent à peu près rien ni personne. Je plains ceux qui attribuent si facilement à autrui des actes honteux ; car on ne croit pas ainsi à la séduction du mal, quand sa propre conscience en est sûrement à l'abri. (Mouvement.) Mais, si je me sens fort contre d'ignobles outrages qui ne sauraient m'atteindre sérieusement, je suis moins insensible, je l'avoue, à ce qui touche à ma loyauté de fonctionnaire. (Très-bien ! très-bien !)

Ceux de nos collègues qui font partie du conseil municipal de Paris, et qui ont concouru plus ou moins complétement aux mesures administratives et aux combinaisons financières contre lesquelles, à notre grand étonnement, ont été dirigées de si violentes attaques, n'ont pas les mêmes raisons que moi de s'en émouvoir. L'un a conquis par la science une réputation plus qu'européenne ; il a eu l'insigne honneur de siéger dans les conseils du souverain ; l'autre a été mon chef comme ministre de l'intérieur, et depuis lors il a représenté la France à l'étranger dans des circonstances critiques. Le troisième était une des célébrités du barreau français, avant d'occuper les plus hauts postes de la magistrature et de l'administration. Leur présence au conseil municipal de Paris est donc un fait bien secondaire de leur existence. Au contraire, la bonne fortune d'avoir dirigé cette grande administration parisienne, dans des circonstances sans pareilles, sera le fait dominant de ma vie. Les labeurs incessants, les efforts opiniâtres, les veilles ardentes, qui m'ont permis de suppléer aux qualités qui me manquaient pour une telle mission, et qui ont fait illusion peut-être à ceux qui me prêtent avec trop de bienveillance celles qui accompagnent ordinairement les défauts dont je ne me défends pas ; ces services auxquels j'ai subordonné depuis seize ans mes intérêts, mes goûts personnels, mes relations anciennes, et jusqu'aux joies de la famille, constitue un capital d'honneur que j'amasse avec un soin jaloux, parce que ce sera le plus clair de l'héritage que mes enfants recueilleront de mon chef. (Approbation marquée.) Vous comprendrez et vous saurez pardonner, Messieurs, l'insistance avec laquelle je le défends.

Ceux-là me connaissent mal, qui me soupçonnent d'une autre ambition que celle de bien quitter le poste que j'occupe depuis si longtemps. Aussi, aurais-je déjà supplié l'Empereur de me rendre ma liberté, si je m'étais cru le droit de la demander avant d'avoir conduit à bon port les affaires difficiles dans lesquelles mon administration a été entraînée par la force des choses.

Dans ces derniers temps, j'ai dû prendre les ordres de Sa Majesté, tant en mon nom qu'en celui du plus grand nombre des membres du conseil municipal et des principaux chefs de service de mon administration.

L'Empereur a daigné penser que nous lui étions encore nécessaires. Il était tout à la fois le meilleur juge des besoins de son service et de ce que pouvaient exiger les soins de notre propre dignité. (Approbation.) Nous resterons donc, jusqu'à nouvel ordre, pour consacrer tous nos efforts à bien finir les affaires que nous avons commencées.

Assurément, il n'était pas à redouter que d'autres, à notre place, eussent aggravé les difficultés de cette tâche pour se donner le mérite facile de les aplanir. Mais nous connaissons mieux que personne le fort et le faible de chaque chose, et, d'ailleurs, c'est un devoir pour nous de dégager complétement la situation de tout ce qui peut encore l'engager de notre fait.

L'Empereur avisera ensuite dans sa sagesse.

Mais, à quelque moment que nous quittions l'hôtel de ville, nous en sortirons comme nous y sommes entrés, la tête haute et le cœur ferme, certains de nous y être conduits en gens de bien, en hommes d'honneur, en serviteurs fidèles, avec courage et résolution, mais aussi avec une loyauté persévérante et un dévouement sans reproche. (Approbation prolongée ; applaudissements. — L'orateur reçoit, à son banc, de nombreuses félicitations.)

Après ce discours, M. le sénateur Dumas fait un résumé de la discussion et rappelle surtout le travail si consciencieux de M. le procureur général Delangle, dans un rapport où il traite de la façon la plus large, la plus sûre, et en même temps la plus complète, les questions qui ont été soulevées par la loi soumise à la sanction du Sénat.

S. Exc. M. Rouher, *ministre d'État*. — Le gouvernement n'a point à intervenir dans le débat qui vient de se dérouler devant vous. Il a toujours rendu hommage à la grandeur de l'œuvre, à l'intelligence, aux soins, à la haute loyauté qui ont présidé à son exécution.

Les déclarations qu'il a faites ont été acceptées par la commission du Sénat. Il a tout simplement à les maintenir et à vous demander d'autoriser la promulgation du projet de loi. (Marques générales d'approbation.)

M. LE PRÉSIDENT. — Personne ne demande le renvoi du projet de loi à une seconde délibération du Corps législatif?

Il va être procédé au vote sur la promulgation.

Le scrutin a lieu, et son dépouillement donne le résultat suivant :

Nombre de votants. 111
Bulletins blancs. 110
Bulletin bleu 1

(En conséquence le Sénat ne s'oppose pas à la promulgation.)

Cette discussion solennelle étant une des pages de l'histoire contemporaine, qui ne sera pas lue avec le moindre intérêt, voici les noms de MM. les Sénateurs qui ont pris part au vote, d'après le *Journal officiel de l'Empire français*.

SCRUTIN

Sur la loi approuvant les traités passés entre la Ville de Paris et la société du Crédit foncier. — Rapporteur : M. le procureur général Delangle.

(Séance du 13 avril 1869.)

Nombre de votants. 111
Bulletins blancs. 110
Bulletin bleu 1

ONT VOTÉ POUR :

MM.

Audiffret (le marquis d'). Barbier. Baroche. Barral (le vicomte de). Barrot (Adolphe). Barrot (Ferdinand). Bassano (le duc de). Béarn (le comte de). Béhic. Belbeuf (le premier président marquis de). Blondel. Boinvilliers. Bonjean (le président). Boudet. Bouët Willaumez (le vice-amiral comte). Boulay de la Meurthe (le comte). Bourqueney (le comte de). Brenier (le baron). Butenval (le comte de).

Cambacérès (le duc de). Canrobert (le maréchal). Carrelet (le général comte). Casabianca (le procureur général comte de). Cécille (le vice-amiral comte). Chabannes (le vice-amiral vicomte de). Chabrier (de). Chaix-d'Est-Ange. Charon (le général baron). Chasseloup-Laubat (le marquis de). Clary (le comte François). Conneau. Conti. Corta.

Darboy (Mgr). Daumas (le général). Delamarre (le comte Achille). Delangle (le procureur général). Drouyn de Lhuys. Dumas.

Elie de Beaumont. Failly (le général de).

Geiger (le baron de). Germiny (le comte de). Girardin (le marquis Ernest de). Gouin. Goulhot de Saint-Germain (de). Goyon (le général comte de). Grange (le marquis de La). Gricourt (le marquis de). Grossolles-Flamarens (le comte de). Gudin (le général comte).

Heeckeren (le baron de). Hubert-Delisle.

Lacaze. Ladoucette (le baron de). La Hitte (le général vicomte de). Laplace (le général marquis de). Larabit. La Ruë (le général comte de). La Valette (le marquis de). Lebrun. Lefebvre-Duruflé. Le Marois (le comte). Le Verrier. Lisle de Siry (le marquis de).

Marnas (de). Martimprey (le général vicomte de). Maupas (de). Mellinet (le général). Mentque (de). Mésonan (de). Mollard (le général). Monier de la Sizeranne (le comte). Montebello (le duc de). Montebello (le général comte de). Montjoyeux (de). Montréal (le général de).

Nélaton. Nieuwerkerke (le comte de). Nisard.

Padoue (le duc de). Persigny (le duc de).

Quentin-Bauchart. Randon (le maréchal comte). Regnault de Saint-Jean-d'Angély (le maréchal comte). Renault (le général baron). Réveil. Richemont (le baron Paul de). Roguet (le général comte). Rouher. Rouland. Royer (le premier président de).

Salignac Fénelon (le comte de). Saulcy (de). Schramm (le général comte de). Ségur-d'Aguesseau (le comte de). Silvestre de Sacy. Siméon (le comte). Suin.

Thierry (Amédée). Thiry (le général). Tourangin. Tréhouart (l'amiral). Trévise (le duc de).

Vaillant (le maréchal). Varenne (le baron de). Vicence (le duc de). Vincent (le baron de). Vinoy (le général). Vuillefroy (de).

Waldner de Freundstein (le général comte).

A VOTÉ CONTRE :

Mathieu (Mgr le cardinal).

Tel est le résultat de cette guerre parlementaire qui a occupé les esprits de la France entière, et qui, comme on le voit, n'a pas seulement été un succès pour l'administration de la Ville de Paris, mais un véritable triomphe.

Lorsqu'un jour à venir nos neveux liront ces importants débats, j'espère que la comparaison que j'ai entendu faire dans ce livre, que je n'ai voulu appuyer que de documents véridiques, et avec l'esprit le plus impartial, ne paraîtra pas trop ambitieuse.

Au surplus, et pour finir sur ce point, qui, certes, sera une des phases les plus marquantes de la vie administrative de M. le baron Haussmann, qu'il me soit permis de mettre sous les yeux de mes lecteurs l'opinion de deux journaux, fort opposés dans le sens de leur politique respective, à savoir: *Le Gaulois*, feuille satyrique des plus spirituelles de l'époque, et *La France*, journal souvent rédigé de main de maître.

Sous la rubrique *Causerie*, le numéro du *Gaulois* du 26 février 1869 contenait l'article qu'on va lire :

Depuis le commencement de la semaine, le Corps législatif tient M. Haussmann sur la sellette.

C'est à croire que chez nous l'idée des grandes choses conçues et accomplies s'est singulièrement rapetissée, quand on voit l'acharnement avec lequel on dissèque l'administration et les actes du seul homme vraiment utile paru en ces quinze dernières années.

La question de Paris transformé pouvait se traiter de plus haut et ne pas se réduire uniquement à une question d'argent. Certes, il y a là un déficit incontestable, mais, nous le disions dernièrement, les vingt-neuf milliards dépensés par l'Empire depuis quatorze ans en entreprises inutiles et stériles pour le pays doivent faire paraître bien microscopique la dette de M. Haussmann, qui nous a au moins donné quelque chose pour notre argent.

On nous répète à tout propos que la France est assez riche pour payer sa gloire. — Soit ! Mais notre gloire consiste-t-elle uniquement à aller faire jouer les chassepots sur un point ou sur un autre ? La supériorité, les idées et l'influence françaises ne s'imposent pas seulement par la rapidité d'une arme qui, à la minute, fournit trois coups de plus que le fusil du voisin. — Quand l'étranger vient nous visiter, la vue du Paris grandiose que nous a donné M. Haussmann contribue, pour le moins autant que notre matériel de guerre, à lui imprimer notre influence morale, et, quand il repasse la frontière, il se fait volontairement le commis-voyageur de ces idées françaises que nous avons la prétention justifiée d'imposer à l'Europe.

Oui, les immenses travaux de M. le préfet de la Seine ont amené un déficit. Mais après cette grande bataille que M. Haussmann a livrée à l'insalubrité de notre capitale, ne peut-on pas admettre ce déficit comme on admettrait le chiffre des morts et des blessés après un combat livré à l'ennemi ? Cet autre terrible *déficit* que laisse la gloire guerrière n'empêcherait pas le *Te Deum* de remercîments, et jamais on ne songerait à reprocher au général vainqueur les pertes éprouvées.

Oui, tant d'utiles travaux se soldent par un déficit.

La discussion de la Chambre en établit les chiffres clairs, précis, indiscutables. Tel boulevard, tant. Telle rue, tant.

Tout est bien vrai.

Mais à côté de ces moellons et de ces terrassements si bien cotés qu'on porte au passif du préfet, il est aussi des choses qu'on devrait compter à son actif et qu'il est pourtant impossible de chiffrer.

Peut-on chiffrer toutes les demi-heures économisées dans nos occupations par ces lignes droites que n'approuve pas M. Thiers? « Nous vivons vite », dit-on sans cesse. Toutes ces demi-heures nous allongent la vie d'autant.

Peut-on chiffrer aussi cet incontestable résultat des travaux de M. Haussmann, qui nous ont donné l'air et la lumière ! — La vie moyenne était de trente-six ans, et les statistiques établissent que, depuis quinze ans, la moyenne d'existence pour le Parisien est arrivée à quarante et un ans.

Les cinq cent millions que doit le préfet de la Seine ne sont-ils pas largement compensés par ces cinq années que la salubrité et l'hygiène nous accordent aujourd'hui? — Cinq années ! c'est-à-dire le quart de la vie sérieuse, affairée, productive, car, jusqu'à vingt ans, l'homme ne compte pas comme force pour la société.

Oui, il y a déficit, et il faut le payer malgré nos cris.

Il faut le payer comme ont été jadis payés par Colbert obéré tant de travaux dont nous jouissons aujourd'hui : comme ont été payés aussi plus tard, par d'autres, ces boulevards dont nous sommes fiers, ces quais qui nous préservent et ces fortifications qui, demain peut-être, nous protégeront. — Ainsi que nos pères l'ont fait pour nous, il faut solder pour nos fils qui, dans cinquante ans, jouiront de l'œuvre de M. Haussmann.

Payer comme ces chefs de famille qui s'imposent des privations pour solder l'annuité d'assurance qui, après leur mort, fera la vie douce à ceux qui leur survivront.

L'Empire a mis en relief deux hommes. L'un remuant, loquace, touchant à tout, imprudent, jaloux de toute supériorité, et ne demandant à l'immense pouvoir dont il dispose que les moyens de le conserver et de faire le vide autour de lui. — Le second, M. Haussmann, homme à idées largement conçues et largement exécutées, mais opiniâtre et brutal pour les faire triompher.

A la façon du sanglier qui court droit devant lui en renversant les obstacles, M. le préfet de la Seine a marché vers son but avec une vigueur tenace qui lui a fait bousculer des intérêts privés. — Le fait n'est pas niable et constitue une illégalité. — Mais quand on veut voir la chose de haut, ainsi que le commande le résultat obtenu, ne peut-on pas admettre ces quelques intérêts privés illégalement sacrifiés au bien général?

On a beaucoup vanté à la tribune un des précédents préfets de la Seine.

Interrogez à cette heure la population à son sujet.

Au lieu de comprendre les concessions qu'il dut jadis faire à des intérêts privés, elle lui reproche d'avoir mis en équerre cette rue Rambuteau qu'il aurait tracée droite, s'il avait possédé un peu de cette opiniâtreté brutale avec laquelle M. Haussmann marche à la réalisation de ses plans.

Je causais hier avec un des plus rudes adversaires du préfet. Après avoir condamné sans appel ce coupable pour le fait d'avoir illégalement renversé un pan de mur, la conversation faisant un crochet, il me prouva la nécessité dans laquelle se trouva jadis la Terreur de couper six ou sept mille têtes.

Et pourtant, il me confessait ne pas reconnaître d'intérêt plus privé que celui de garder sa tête sur les épaules.

— Diable ! six mille têtes ! Avouez que le procédé était un peu brutal.

— L'intérêt général l'exigeait, c'est là l'excuse de ceux qui gouvernaient.

— L'intérêt général ; soit ! Eh bien, au nom de l'intérêt général, je vous passe vos six mille têtes, si vous m'accordez le pan de mur de M. Haussmann.

— Jamais ! s'écria-t-il. — Et il commença à m'énumérer la kyrielle de raisons pour lesquelles l'intérêt de la nation fit tomber la tête de ces six mille gens, qui durent réclamer avec au moins autant d'énergie que le propriétaire du mur renversé dont mon ami se constituait le défenseur.

La cherté des vivres et des loyers, la progression des impôts ont fait, il est vrai, la vie dure à l'ouvrier.

La faute en est-elle à M. Haussmann tout seul?

La rapacité générale ne doit-elle pas aussi être accusée? Le prix du terrain, les charges coûteuses de la bâtisse ont pu forcer les *nouveaux* propriétaires à des baux onéreux pour les locataires. Oui. — Mais M. le préfet n'a pas démoli tout Paris, que diable! — Vingt mille maisons anciennes sont restées, et leurs propriétaires, que ces bouleversements ne troublaient en rien, n'en ont pas moins doublé leurs loyers.

Est-ce à M. Haussmann à endosser les suites de cette avidité?

En même temps que les impôts, les salaires ont aussi augmenté pour la classe ouvrière, qui a vécu de ces gigantesques travaux. — Soit! je ne veux pas plaider cette rengaîne, mais alors une question : « Diminuez les impôts de moitié et que le préfet cesse demain ces travaux que vous condamnez, l'ouvrier s'en trouvera-t-il mieux? » — A mon avis, l'opposition faite à M. Haussmann est maladroite. Elle avait un moyen de le renverser, c'était, au contraire, de lui reprocher de *n'avoir pas assez fait.*

Payons le déficit et poursuivons les travaux. — Pour l'avenir, c'est la gloire de Paris. Pour le présent, ils nourrissent la classe ouvrière, bien qu'on appelle *anti-démocratique* l'œuvre de M. Haussmann.

En attendant mieux, laissons l'ouvrier gagner son salaire, augmenté du double depuis 1848; c'est encore préférable à la situation qu'il avait à cette époque où sa vie, qui pourtant *coûtait moitié moins,* ne pouvait pas se contenter des 40 sous que lui donnait l'œuvre *démocratique* qu'on appela les ateliers nationaux.

Certes, les ateliers nationaux n'ont pas dépensé les deux milliards de M. Haussmann, mais, si modeste qu'ait été le nombre des millions payés par cette institution démocratique qu'on nous vante, ils ont été encore plus imprudemment gaspillés, et comme but et comme résultat.

Outre qu'ils n'assuraient pas à l'ouvrier une existence suffisante, ils n'ont rien laissé d'utile qui les rappelle. Dans tout ce terrain remué, on n'avait pas même eu l'idée de s'assurer une récolte de navets.

EUGÈNE CHAVETTE.

Le jeudi, 15 avril 1869, M. Joseph Cohen, rédacteur en chef du journal la *France*, apprécia ainsi qu'il suit la dernière période du débat législatif, dont nous venons de rendre un compte, d'autant plus exact, que nous n'avons voulu altérer en rien les opinions qui se sont fait jour sur cette grave question.

M. HAUSSMANN AU SÉNAT.

Le Sénat a sanctionné, presque sans discussion, la loi relative à la Ville de Paris. M. Haussmann seul a pris la parole pour justifier ses actes et défendre son administration. M. Dumas a donné à son tour quelques explications avec l'autorité que lui donne sa position dans le Conseil municipal, et le débat a été clos sans opposition.

Il était de toute justice que l'honorable préfet de la Seine, si vivement attaqué devant le Corps législatif, pût enfin se faire entendre.

On sait ce que nous pensons de M. Haussmann. C'est un homme d'un immense mérite ; c'est un esprit aussi fécond en grandes idées qu'en ressources habiles. Il a rêvé l'exécution d'un plan grandiose qui fait de Paris une cité sans rivale, et de la capitale de la France la capitale du monde civilisé. Mais, pour atteindre le but, il est comme Guzman : il ne connaît pas d'obstacles. Les difficultés, il les brise quand il ne peut pas les tourner ; la légalité, il trouve avec elle des accommodements ingénieux ; le contrôle, il s'arrange de manière à le mettre, en face des faits accomplis, dans la nécessité inévitable de couvrir par un bill d'indemnité ce qui peut être irrégulier ou illégal. C'est un caractère tout d'une pièce, qui a une énergie et une volonté de fer ; mais c'est un caractère, chose assez rare dans notre époque pour qu'on l'honore lorsqu'on la rencontre.

Ce que l'on peut dire, c'est que cette forte intelligence et cette volonté toute-puissante ont été mises au service d'une œuvre gigantesque, qui fera l'admiration de l'avenir , et qu'il eût été impossible de réaliser sans un peu de dictature. On a passé par-dessus les formes ; mais ce que l'on a fait est beau, utile, populaire, moral, civilisateur. Sur ce point, il n'y a pas de doute. Encore une fois, soyons indulgents sur les moyens, quand le résultat, de l'aveu de tous, est si considérable.

Ce que l'on peut dire du discours de M. Haussmann, c'est qu'il a admirablement plaidé sa cause. L'homme et l'administrateur sortent également indemnes de ce grand débat. S'il y a eu quelque erreur sur le droit ou sur l'usage qu'on a pu en faire, il faut reconnaître qu'elle a été commise de bonne foi. Il n'y a pas davantage dilapidation des finances municipales, et le crédit de la Ville est plutôt fortifié qu'affaibli par l'étude attentive qui a été faite de la situation.

Quoi qu'il en soit, la cause est jugée, la discussion est close. Qu'en reste-t-il ? Il en reste une grande chose et une utile leçon.

La grande chose, c'est le Paris nouveau avec ses splendeurs et ses merveilles, avec sa salubrité, sa sécurité, sa richesse et ses progrès incessants.

La leçon, c'est, comme le dit l'antique proverbe, que si l'on veut bien étreindre, il ne faut pas trop embrasser. On a marché trop vite ; on a voulu tout faire à la fois ; on a condensé en dix années le labeur d'un siècle. De là, d'inévitables embarras ; de là, une fatigue et même un épuisement prématuré. Le mal est venu par trop de hâte. Aujourd'hui, il faut mettre le malade à la diète et prescrire un régime de surveillance et de modération.

La Ville de Paris est soumise à la tutelle du Corps législatif. Les abus du passé ne se produiront plus. Nous avons pris d'efficaces garanties pour l'avenir. Cessons maintenant de regarder derrière nous, si ce n'est pour nous souvenir qu'il vaut mieux ménager les provisions quand on veut faire une longue route.

Certes, on ne m'accusera pas d'avoir choisi dans la presse les opinions les plus prévenues en faveur de M. le baron Haussmann, ni les articles les plus flatteurs : j'ai pris ce qui m'a paru le plus conforme au sujet que j'ai traité dans ce livre et à ma manière de voir.

Quant aux injures grossières, aux objurgations dont certains écrivains ne craignent pas de salir leur plume, je leur répondrai : *oratio vultus animi est* (le langage est la physionomie de l'âme). — Prenons plutôt pour devise celle qu'adopta le bon roi Henri IV, auquel la ville de Paris est redevable aussi, devise que M. le baron Haussmann pourrait faire mettre au bas de la statue équestre de ce grand monarque sur la façade de l'hôtel de ville de Paris :

Invia virtuti nulla est via (il n'y a pas de route fermée pour l'homme courageux).

En terminant la biographie de M. le baron Haussmann, je n'ai pas, comme pour celle du marquis de Pombal, à raconter une réhabilitation. On l'a assez vu déjà par ce qui précède, les ennemis les plus prononcés de son administration, les antagonistes les plus ardents de son passage à l'édilité parisienne lui rendent déjà justice de son vivant! C'est un progrès dont il faut féliciter notre époque de lumière et de bon sens pratique.

D'ailleurs, l'opposition, c'est mon avis, rend d'immenses services, quand elle ne pousse pas la critique jusqu'à l'injustice.

Nous valons mieux souvent que notre apparence : lorsque je fus visiter le nouveau palais du Tribunal de commerce, j'y trouvai un député au Corps législatif, un des hommes les plus honorables que je connaisse, depuis une trentaine d'années que nous nous sommes rencontrés sur les bancs de l'école, car il est avocat et s'est marié avec la fille d'un de mes plus chers camarades ; pourquoi ne le nommerais-je pas: c'était l'honorable M. Ernest Picard, avocat renommé et député de la Seine.

Certes, le parti qui a appelé au Corps législatif ce spirituel orateur ne lui marchandera pas son système d'agression permanente contre l'administration actuelle de la Ville ; c'est l'opposition quand même !

— « Hé bien! lui dis-je, c'est bien beau, ce que nous voyons là ; et nous, qui avons vu, comme feu Liouville, votre estimable et si regretté beau-père, le vieux palais du Cloître-Saint-Merry, et les salles si mal installées du tribunal de commerce, à la Bourse, nous pourrions regretter de n'avoir pu inaugurer cette magnifique salle d'audience, et j'ai envié, un moment, la place de mon successeur au barreau consulaire.

— « Oui, reprit-il, mais cela coûtera *neuf millions* aux justiciables !

— « C'est vrai, repris-je, mais les millions disparaissent dans la circulation monétaire d'un pays comme le nôtre, tandis que les monuments restent pour la postérité qui les respecte et les admire.

— « Vous avez raison, m'a-t-il répondu en me tendant sa main, que j'ai pressée avec cordialité et reconnaissance. »

Ceci m'a paru le meilleur argument en faveur de mon présent livre.

Quel est le Français, né à Paris ou en province, qui n'ait applaudi à l'achèvement du Louvre ?

Des esprits chagrins ou moroses, des dénigreurs impitoyables, crieront en vain : « cela a coûté deux cents millions!»

C'est le même chiffre dont on accusait un roi patriote, dit M. Thiers, d'avoir grevé la France, pour avoir fait entourer Paris de ses fortifications.

Qu'importe! si, comme on le répète souvent, la France est assez riche pour payer sa gloire, la Ville de Paris est assez opulente pour être forte au dehors et d'une splendide magnificence au dedans!

Continuez, Monsieur le baron Haussmann, à nous doter de larges rues, de places et de monuments, à transformer notre vieille Lutèce en capitale modèle. Embellissez-la et assainissez-la, comme vous le faites depuis seize ans, et vous serez approuvé dans le présent, admiré dans l'avenir; n'est-ce pas la plus belle récompense que puisse envier un haut fonctionnaire public? N'est-ce pas le plus bel héritage que recueilleront vos enfants?

On l'a vu plus haut, dans tous les rapports de M. le préfet de la Seine à l'Empereur, dans tous les mémoires ou discours justificatifs de ses actes d'administration, il ne s'applique pas seulement à l'embellissement et à l'agrandissement de la cité modèle, mais surtout à l'assainir, à la rendre aussi splendide qu'habitable, à donner le bien-être et la santé à toutes les classes de cette immense population, que Londres finira, elle-même, par nous envier, malgré sa fierté britannique, sous le rapport du nombre. Ainsi, les égouts collecteurs, la suppression des cimetières dans l'enceinte des limites de la grande ville, et mille autres détails de salubrité publique, ont déjà fait leurs preuves; que l'on compare la dernière invasion du choléra aux précédentes invasions de ce terrible mal, qu'amènent surtout les miasmes délétères d'une grande agglomération d'individus, de rues sales et étroites, de la misère hideuse et de ses tristes compagnes, et, la main sur la conscience, qu'on dise si Paris de 1869 ne vaut pas plus que le Paris de 1832? Ce serait à l'Académie de médecine à répondre à cette question scientifique; ma plume n'a d'autre autorité que de constater ce que la statistique la plus vulgaire a démontré à tout le monde.

Au surplus, un savant chimiste, appelé à donner son avis sur les inconvénients ou les dangers pouvant résulter du voisinage de la Compagnie Richer, industrie qui a sans doute aussi son utilité pour les terrains agricoles qui environnent une grande ville comme Paris ; ce savant disait, dans une note qu'on a bien voulu me communiquer :

Ces dangers consistent : 1° dans les émanations miasmatiques, causes premières de toutes les maladies contagieuses ; 2° émanations sulfhydriques : 1/500° de ces gaz, dans l'air, tue les hommes ! 1/200° tue les chevaux ! 3° émanations considérables d'acide carbonique, causes de presque toutes les asphyxies; non-seulement les gaz sont dangereux à respirer, mais ils sont même, à l'extérieur, absorbés par la peau d'abord, par le sang ensuite ; de là toutes espèces de maladies dans tout le règne organique, tant végétal qu'animal ! 4° émanations ammoniacales les plus propres à transporter au loin tous les miasmes délétères et contagieux.

Le procédé de M. Verstraet, offert à l'administration, détruit tous ces dangers et conserve, en même temps, aux matières fécales leurs propriétés fertilisantes ; ce procédé permet d'abolir à tout jamais les bassins de Bondy et le dépotoir de la Villette. Que Dieu et M. le préfet l'entendent !

Cette question de la désinfection des vidanges est tout à la fois :

> Politique,
> Économique,
> Humanitaire,
> Sociale.

Politique. — Elle influera sur le contentement des populations de ces quartiers envahis par un foyer d'infection, qui crée une thébaïde dans le sein même de Paris ! Nous ne parlons ni des équarrisseurs, ni des marchands de vers pour la pêche, vrais parias de la civilisation parisienne, qu'on peut renvoyer plus loin de nos murs. Quand donc la commission de salubrité publique et la sollicitude si éclairée de M. le préfet de police porteront-ils le scalpel sur cette verrue qui vicie le sang artériel de Paris ?

Économique. — Les trois quarts des engrais de la ville de Paris sont aujourd'hui perdus , au détriment de la prospérité générale du pays. En quelques heures de vent d'orage, il peut y avoir, à la Villette , des milliers de kilogrammes des approvisionnements de Paris perdus.

Humanitaire. — Les populations voisines du dépotoir de Bondy sont sujettes à une foule de maladies graves qui ruinent leur santé. (Voir la statistique de la mortalité.)

Sociale. — Les habitants des communes intéressées et les habitants de Paris eux-mêmes , soumis continuellement à des agents délétères, ou vivent moins longtemps, ou produisent des rejetons dépourvus de force et de vigueur ; les enfants s'étiolent au lieu de prospérer et de grandir. De là surgit une diminution dans les naissances et une augmentation dans les décès.

Eh bien ! M. le baron Haussmann, quelles que soient ses nombreuses occupations, quelle que soit l'immensité des détails de son préfectorat, a bien voulu jeter les yeux sur ce projet d'éloigner de Paris, non pas l'engrais fertilisant, ce qui est digne d'une autre considération, mais l'agent d'infection et d'exhalaisons méphitiques qui désolent un quartier de Paris.

Que ne pas espérer, d'ailleurs, d'une administration qui a déjà fait des buttes Saint-Chaumont et des carrières d'Amérique, dans le même voisinage, l'une des plus riantes et salubres promenades de cet arrondissement de Paris ?

L'auteur voit déjà, en perspective, le jour où Sa Majesté Napoléon III ira, avec son préfet de la Seine, renouveler la cérémonie de l'inauguration du boulevard Malesherbes, ouvert sur les montagnes de la Petite Pologne !

Est-ce un rêve chimérique ? Le temps nous l'apprendra.

ESSAIS SUR LES PARALLÈLES.

Cette partie du discours qu'on appelle *Parallèle* est fort bien désignée, par M. Bescherelle aîné, dans son *Dictionnaire national de la langue française*.

« Dans les parallèles, la comparaison règne bien plus longtemps que dans les similitudes et se soutient sur beaucoup de membres. On pèse dans une juste balance deux objets dont on apprécie la valeur relative, dont on examine tous les rapports et toutes les contrariétés. »

Mais pour réussir à faire un rapprochement saisissant à l'esprit, il faut trouver plus d'un point de ressemblance. Boiste a dit, avec raison, « qu'en prenant des points vagues de comparaison, on fait des parallèles plus ingénieux que solides. »

D'autres critiques, Dufresny et d'Alembert, attaquent ce genre d'écrits. Le premier dit : « Tout parallèle offense l'homme, parce qu'il se croit unique en son espèce; » le second appelle les parallèles « une féconde matière d'antithèses qui prouvait seulement qu'on avait plus ou moins le talent d'en faire. »

Quoi qu'il en soit, des écrivains consciencieux n'ont pas craint d'établir ces comparaisons entre hommes distingués ; elles remontent fort haut, puisque Plutarque donne à son immortel ouvrage le titre : *Vies parallèles des hommes illustres.*

Cette qualification de parallèles vient de ce que l'auteur des portraits de tant de grands hommes place toujours en regard un Grec et un Romain, et consacre ensuite quelques pages à comparer ensemble les deux héros. Son but semble évidemment de prouver que la Grèce n'était pas inférieure à Rome.

Voltaire, dans ses *Mélanges littéraires,* rappelle que le *Journal encyclopédique,* l'un des plus curieux et des plus instructifs de l'Europe, parle d'un parallèle entre Horace, Boileau et Pope, fait en Angleterre.

Il ne faut pas demander si l'auteur anglais donne la préférence au poëte de son pays. Ce serait méconnaître l'esprit national de notre voisin d'outremer !

Toutefois, Voltaire qui n'aimait pas Boileau, et qui n'appréciait pas Horace à sa juste valeur, donne aussi de l'encens à Pope, et trouve ce parallèle impossible.

« Une autre conclusion, dit Voltaire, que nous osons tirer encore de la comparaison des petits poëmes détachés avec les grands poëmes, tels que l'épopée et la tragédie, c'est qu'il faut les mettre à leur place. Je ne vois pas comment on peut égaler une épître, une ode, à une bonne pièce de théâtre..... qu'une tragédie est difficile ! et qu'une épître, une satire. sont aisées! Comment donc oser mettre dans le même rang un Racine et un Despréaux ? Quoi ! on estime autant un peintre de portraits qu'un Raphaël ? Quoi ! une tête de Rembrandt sera égale au tableau de la *Transfiguration* ou à celui des *Noces de Cana ?* » Voltaire avait raison en principe : chacun doit conserver son genre et sa manière, et le bon Lafontaine a dit :

> Ne forçons point notre talent,
> Nous ne ferions rien avec grâce.

Mais, quand il se rencontre, dans le monde, de ces hommes d'élite, d'une distinction rare, qui possèdent les mêmes qualités et les mêmes vertus, déjà admirées dans un autre âge, chez des individus privilégiés de Dieu ; quand ces hommes semblent être nés au milieu des mêmes circonstances et appelés, par une ressemblance frappante avec leurs précédents émules, à rendre des services du même genre à leur pays, alors pourquoi ne pas aussi bien rendre justice au mérite des vivants que de glorifier ceux qui sont morts pendant ou après l'œuvre ?

Au surplus, pour mieux faire saisir notre pensée au lecteur et lui fournir la meilleure idée d'un parallèle, nous avons choisi dans le livre de Charles Perrault, publié en 1688, une dissertation curieuse sur le palais de Versailles.

Après ce *Parallèle des anciens et modernes,* qui semblerait écrit d'hier, nous donnons un passage du livre de M. Thiers, écrit en 1862, à environ deux siècles de distance, dans ce livre qui a valu à l'illustre académicien, de la part d'un souverain, le titre désormais incontesté d'*historien national.*

A

DIALOGUES SUR VERSAILLES.

Charles Perrault fait précéder le chapitre « de la prévention en faveur des anciens, » par une préface où il dit, entre autres choses :

Je ne puis m'empescher de marquer icy l'estonnement où je suis de voir qu'on nous accuse, nous, les deffenseurs des modernes, de ne parler comme nous faisons des ouvrages des anciens que par envie, *Rumpantur licet invidiâ* (quoy qu'ils crèvent d'envie), dit, en parlant de nous, un homme célèbre, non moins bon poëte qu'excellent orateur ; ce que son traducteur a traduit en cette manière :

« Malgré les aveugles caprices
« D'un petit nombre d'envieux,
. . . .
« L'agréable dispute, où nous nous amusons
« Passera sans finir jusqu'aux races futures ;
« Nous dirons toujours des raisons,
« Ils diront toujours des injures. »

Puis, après avoir raconté comment un abbé, un chevalier et un président s'en allèrent, tous les trois, visiter le palais de Versailles, qu'on venait d'inaugurer, l'auteur des parallèles fait parler ainsi les trois promeneurs :

PREMIER DIALOGUE.

L'ABBÉ.

Je vous avouë, monsieur le président, que je ne puis m'empescher de vous envier le plaisir que vous allez avoir dans la veüe d'un palais où il y a pour vous tant de beautez toutes nouvelles.

LE PRÉSIDENT.

Vous me direz tout ce qu'il vous plaira, mais je doute que Versailles vaille jamais Tivoli ou Frascati (1).

L'ABBÉ.

J'admire votre prévention. Il y a plus de vingt ans que vous n'avez esté à Versailles et vous prononcez hardiment en faveur des belles maisons d'Italie; attendez que vous l'ayez vû. Mais j'ay tort. Quoyque Versailles renferme seul plus de beautez que cinquante Tivoli et autant de Frascati mis ensemble, il perdra toujours sa cause dans votre esprit.

LE PRÉSIDENT.

Pourquoy m'estimez-vous si injuste?

L'ABBÉ.

C'est que je connois votre passion démesurée pour tout ce qui est estranger et esloigné, car vous êtes parfaitement Français de ce costé-là.

LE PRÉSIDENT.

Il est vray que nostre nation a toujours esté accusée d'aimer les estrangers jusqu'à la manie.

L'ABBÉ.

Ce n'est pas encore tant l'amour des estrangers qui vous rend injuste, que l'amour des anciens.

LE PRÉSIDENT.

Comment, l'amour des anciens?

L'ABBÉ.

Ouy, l'amour des anciens. Quand vous avez vu Tivoli, ce n'a point esté la beauté de ses fontaines, de ses cascades, de ses statuës, et de ses peintures qui vous ont charmé, ç'a esté la seule pensée que Mecenas s'y estait

---

(1) Qu'on demande aujourd'hui au petit-fils de ce président ce qu'il pense du parc Monceaux? Il dira, comme son aïeul : « ce n'est pas mal. Mais comparez cela au parc de Versailles ! » — Je connais un ingénieur en chef des ponts et chaussées qui regrette l'ancien bois de Boulogne, et les Champs-Élysées, qu'on lui a gâtés! Et c'est un haut fonctionnaire public, mangeant du budget !

promené plusieurs fois avec Auguste; vous vous estes imaginé les voir ensemble dans les mesmes endroits où vous vous reposiez, vous y aviez joint Horace qui leur récitait quelqu'une de ses odes, et peut-estre avez-vous recité cette ode, pour vous représenter mieux ce que vous estiez bien aise de vous imaginer ; toutes ces idées agréables se sont jointes à celles des jardins et des fontaines, et comme elles se sont formées en mesme temps dans votre esprit, elles n'y reviennent jamais l'une sans l'autre, de sorte que c'est bien moins Tivoli que vous aimez, que le souvenir de Mecenas, d'Auguste et d'Horace. La mesme chose est arrivée à Frascati. Vous y avez vû Ciceron au millieu de ses amis, agitant ces questions sçavantes dont la lecture fait encore aujourd'huy nos délices, et je suis seur qu'à votre égard l'éloquence de Ciceron entre pour une plus grande part dans la beauté de Frascati que tous ses jets d'eau et toutes ses cascades.......... Voilà ce que pensait Horace sur ce sujet et de quelle sorte son indignation s'est expliquée.

LE CHEVALIER.

Cette indignation lui est commune avec bien des gens qui n'estoient point dupes non plus que luy. Martial (*Lib. V, Epig. X*) entre austres l'a exprimé agréablement en plusieurs de ses épigrammes. J'en ay traduit une qu'il faut que je vous dise.

> Pourquoy si peu souvent l'homme tant qu'il respire
> Trouve-t-il qui le louë ou qui daigne le lire ?
> C'est l'humeur de l'envie, ô mon cher Régulus,
> D'aimer moins les vivans que ceux qui ne sont plus.
> Ainsi du grand Pompée on vante le portique,
> Et des vieux bastimens la structure rustique.
> En face de Virgile, Ennius fut loüé ;
> Des rieurs de son temps Homère fut joüé ;
> Rarement le théâtre applaudit à Menandre ;
> A sa Corinne seule Ovide parut tendre.
> Qu'avez-vous donc, mon livre, à vous haster si fort,
> Si la gloire aux auteurs ne vient qu'après leur mort (1)..

---

(1) Après ces vers, toujours si frappants de vérité, et que tout écrivain, de nos jours, devrait méditer, peut-être, avant de prendre la plume, le chevalier raconte l'anecdote bien connue de Michel-Ange, qui, après avoir fait secrètement une figure de marbre, où il épuisa tout son art et tout son génie, lui cassa un bras qu'il cacha, et donnant au reste de la figure, par le moyen de certaines teintures roussâtres, la couleur vénérable des statues antiques, alla lui-même l'enfouir dans un endroit où l'on devait bientôt jeter les fondements d'un édifice. Le temps venu, et les ouvriers ayant trouvé le chef-d'œuvre en faisant des fouilles, chacun de s'écrier : « Elle est de Phidias ! Elle est de Policlète ! » — Michel-Ange offrit de lui faire le bras qui manquait, et. ...... Que ceux qui veulent la fin de cette histoire aillent à Rome admirer cette belle statue *raccommodée*.

DEUXIÈME DIALOGUE.

L'ABBÉ.

J'avoüe que je ne comprens point comment des gens d'esprit se donnent tant de peine pour sçavoir exactement de quelle manière le palais d'Auguste estoit construit, en quoy consistait la beauté des jardins de Lucullus et quelle estoit la magnificence de ceux de Sémiramis ; et que ces mesmes gens d'esprit n'ayent presque pas de curiosité pour Versailles.

LE PRÉSIDENT.

Je voy bien que ce reproche tombe sur moy. Mais les affaires que j'ay trouvées en arrivant de la province m'ont empesché d'avoir plustost le plaisir que je me donne aujourd'huy.

L'ABBÉ.

Point du tout. Versailles n'est ny ancien ny esloigné, pourquoy se presser de le voir ? Puisque vous estes donc un estranger en ce païs-cy, et qu'il y a vingt-deux ans que vous n'y estes venu, je vais faire le mestier de concierge, et vous dire le nom et l'usage de chaque pièce que nous verrons. Cette première cour est fort vaste, comme vous voyez. Cependant tous les bastimens qui sont aux deux costez ne sont que pour les secrétaires d'État. La seconde cour où nous allons entrer et que sépare cette grille dorée, dont le dessin et l'exécution méritent tant qu'on la regarde, n'est pas si grande, mais ces deux portiques de colonnes doriques, l'architecture du mesme ordre qui règne partout et la richesse des toits dorez la rendent beaucoup plus belle. Là sont les officiers principaux que leurs charges et la nature de leurs emplois obligent d'estre plus proches de la personne du Roy. Cette troisième cour où l'on monte par quatre ou cinq marches, et qui est toute pavée de marbre, est encore, comme vous voyez, moins grande et plus magnifique que les deux autres, les bastimens qui l'environnent ornez d'architecture et de bustes antiques comprennent une partie du petit appartement du Roy, d'où l'on passe à ces grands et superbes appartements dont vous avez tant oüy parler dans le monde.

LE CHEVALIER.

Puisqu'il nous est permis de commencer par où nous voudrons, commençons, je vous prie, par le grand escalier, aussi bien est-ce par là qu'on fait entrer les estrangers un peu considérables qui viennent la première fois à Versailles. Cet escalier est singulier en son espèce.

LE PRÉSIDENT.

Vous avez raison, cecy est très magnifique.

L'ABBÉ.

La richesse des marbres et l'éclat de cette balustre de bronze doré qui vous surprend ne sont rien en comparaison de la peinture du plafond.

LE PRÉSIDENT.

Ce plafond frappe agréablement la veüe et me fait souvenir de ces beaux morceaux de fresque que j'ay vus en Italie.

L'ABBÉ.

Je suis seur que vous n'avez rien vû de plus beau en ce genre-là. Vous voyez bien que ce sont là les neuf muses diversement occupées à consacrer à l'immortalité le nom du monarque qu'elles aiment et qui fait désormais l'unique objet de leur admiration.

LE CHEVALIER.

J'aime à voir dans ces galleries où l'œil est trompé, tant la perspective est si bien observée, les diverses nations des quatre parties du monde qui viennent contempler les merveilles de ce palais, et surtout y admirer la puissance et la grandeur du maistre. La fierté de cet Espagnol..... Entrons dans la première pièce du grand appartement, et, avant que de l'examiner, avançons un peu pour voir l'enfilade.

LE PRÉSIDENT.

Cecy est grand et surpasse ce que je m'en estois imaginé. Quelle profusion de marbres, et que ces planchers, ces lambris et ces revestemens de croisées sont magnifiques.

L'ABBÉ.

Il faut remarquer que les marbres de toutes les pièces de cet appartement sont différens les uns des autres......... Vous regardez cette figure avec grande attention, il est vray qu'elle est antique et fort belle, c'est Cincinnatus qu'on va prendre à la charrüe pour commander l'armée romaine. Je consens que vous l'admiriez, mais je vous demande, de grâce, que le plaisir de la voir ne vous dégouste pas entièrement du moderne, et que vous daigniez jetter les yeux sur les peintures de ce plafond.

LE PRÉSIDENT.

Ces peintures sont jolies. Cette Vénus au milieu des trois Grâces n'est pas mal dessignée. Les héros et les héroïnes de ces quatre coins qui, liez de chaisnes de fleurs, regardent la Déesse avec respect et en posture suppliante, font assez bien leur effet, et il y a quelque entente dans la composition de ce plafond.

L'ABBÉ.

Encore est-ce beaucoup que vous ne le trouviez pas détestable.....

LE CHEVALIER.

Voicy des vases d'orfévrerie qui méritent assurément d'estre regardez et qui le méritent encore plus par la beauté de l'ouvrage que par la richesse de la matière.

LE PRÉSIDENT.

Cœlatum divini opus Alcimedontis (1).

LE CHEVALIER.

Point du tout, ces vases sont d'un maistre orfèvre à Paris, et à Dieu ne plaise qu'on aille comparer les ouvrages du sieur Baslin avec ceux du divin Alcimédon.

LE PRÉSIDENT.

Je n'ay pas crû leur faire tort. Mais voilà un beau Paul Veronese, ce sont les pèlerins d'Emmaüs.

L'ABBÉ.

Ce tableau est très-bon et d'une grande réputation, mais je vous prie de ne regarder pas moins celuy qui lui est opposé en symmetrie; c'est la famille de Darius de M. Lebrun, car nous aurons à parler de ces deux tableaux.

LE PRÉSIDENT.

Je les connais tous deux; nous n'avons qu'à poursuivre. Voilà le saint Michel et la sainte Famille, qu'en dites-vous?

L'ABBÉ.

Ces deux pièces sont incomparables, et toute l'Italie n'a presque rien qu'elle puisse leur opposer....:.

---

(1) Ouvrage ciselé du divin Alcimédon. Virg. Eclog. 3.

L'ABBÉ.

Sortons, je vous prie, un moment sur le parterre pour vous faire voir la face des bastimens de ce côté-là.

LE PRÉSIDENT.

Voilà une grande étenduë de bastimens !

L'ABBÉ.

Elle est de deux cens toises et davantage.

LE PRÉSIDENT.

La sculpture qui orne ces bastimens me plaist aussi beaucoup.

L'ABBÉ.

Vous remarquez bien, sans doute, qu'on a eu soin que toutes les figures, tous les bas-reliefs, et tous les autres ornemens eussent rapport au soleil qui fait le corps de la devise de Sa Majesté ; jusques-là que, comme le cours du soleil qui fait l'année est une image de la vie de l'homme, on a observé que les masques qui sont dans les clefs des arcades en représentassent tous les âges.

LE CHEVALIER.

Je remarque bien tout cela ; mais je remarque encore mieux que le soleil est ardent, et que nous ferions bien de rentrer dans ce beau cabinet des bains, pour y attendre commodément l'heure de la promenade.

L'ABBÉ.

Entrons, nous ne saurions trouver un réduit plus agréable. Eh bien ! que vous semble de tout cecy.

LE PRÉSIDENT.

J'avouë que les beaux morceaux d'architecture que nous venons de voir font beaucoup d'honneur à nostre siècle, mais je soutiens qu'ils en font davantage aux siècles anciens ; parce que s'ils ont quelque chose de recommandable, ce n'est que pour avoir esté bien copiez sur les bastimens qui nous restent de l'antiquité, et que, quelque beaux qu'ils soient, ils le sont encore moins que ces beaux bastimens qui leur ont servi de modelle.

L'ABBÉ.

C'est de quoy je ne demeure nullement d'accord ; je soutiens que le véritable mérite de nos ouvrages d'architecture ne leur vient pas d'estre bien imitez sur l'antique, et je soutiens encore que bien loin d'estre inférieurs aux bastimens anciens, ils ont sur eux toutes sortes d'avantages.

LE PRÉSIDENT.

Cela se peut-il dire sans une effroyable ingratitude envers les inventeurs de l'architecture, si un bastiment n'avoit ny colonnes, ny pilastres, ny architrave, ny frises, ny corniches, et qu'il fust tout ùni, pourrait-on dire que ce fust un beau morceau d'architecture ?

L'ABBÉ.

Non, assurément.

LE PRÉSIDENT.

C'est donc à ceux qui ont inventé ces ornemens, qu'on est redevable de la beauté des édifices.

L'ABBÉ.

Cela ne conclud pas. Si dans un discours il n'y avait ny métaphores, ny apostrophes, ny hyperboles, ny aucune autre figure de rhétorique, ce discours ne pourrait pas estre regardé comme un ouvrage d'éloquence, s'ensuit-il que ceux qui ont donné des règles pour faire ces figures de rhétorique soient préférables aux grands orateurs, qui s'en sont servis dans leurs ouvrages. Car de mesme que les figures de rhétorique se présentent à tout le monde, et que c'est un ouvrage égal à tous ceux qui veulent parler, il en est de mesme des cinq ordres d'architecture qui sont également dans les mains de tous les architectes. Et comme le mérite des orateurs n'est pas de se servir de figures, mais de s'en bien servir, la loüange d'un architecte n'est pas aussi d'employer des colonnes, des pilastres et des corniches, mais de les placer avec jugement, et d'en composer de beaux édifices.

LE PRÉSIDENT.

Il n'en est pas des ornemens de l'architecture comme des ornemens du discours. Il est naturel à l'homme de faire des figures de rhétorique, les Iroquois en font, et plus abondamment que les meilleurs orateurs de l'Europe. Mais ces mesmes Iroquois n'employent pas des colonnes, des architraves et des corniches dans leurs bastimens.

L'ABBÉ.

Il est vray qu'ils n'employent pas des colonnes et des corniches d'ordre ionique ou corinthien, dans leurs habitations, mais ils y emploient des troncs d'arbre qui sont les premières colonnes dont les hommes se sont servis, et ils donnent à leurs toits une saillie au delà du mur qui forme une espèce de corniche semblable à celles qui dans les premiers temps ont servi de modelles à toutes les autres qu'on a depuis enjolivées. . . . .

Que direz-vous si je vous prouve démonstrativement que les anciens architectes n'ont jamais eu la moindre de ces belles pensées que vous leur attribuez. Ils devroient, suivant ces principes, avoir donné plus de diminutions aux petites colonnes qu'aux grandes, parce que ces dernières se diminuent davantage à l'œil par leur hauteur, cependant les colonnes du temple de Faustine et celles du temple de la Concorde, qui ont trente et quarante pieds de hauteur, sont plus diminuées à proportion que celles des arcs de Titus, de Septimius et de Constantin, qui n'ont que quinze ou vingt pieds tout au plus. Suivant ces mesmes règles d'optique, les soffites, ou, pour parler plus intelligiblement, les dessous des corniches, devroient estre relevez lorsque l'édifice se peut voir de loin, et ne l'estre pas lorsqu'il ne se peut voir que de fort près ; néantmoins au portique du Panthéon, dont l'aspect peut estre assez esloigné, le dessous des corniches n'est point relevé et il l'est dans le dedans du temple, où l'aspect est nécessairement fort proche. Les anciens estoient trop sages et trop habiles pour donner làdedans ; car si la saillie excessive d'une corniche fait un bon effet quand le bastiment est veu de loin, elle doit faire un effet désagréable quand il est veu de près. . . . . . (1).

---

(1) Après ce dialogue fort long, mais très-instructif, Charles Perrault donne son poëme sur le siècle de Louis le Grand, et résume ainsi tout ce qu'il vient de mettre dans la bouche de l'un de ses interlocuteurs.

> La belle antiquité fut toujours vénérable,
> Mais je ne crus jamais qu'elle fust adorable,
> Je voy les anciens, sans plier les genoux,
> Ils sont grands, il est vray, mais hommes comme nous :
> Et l'on peut comparer sans craindre d'estre injuste
> Le siècle de Louis au beau siècle d'Auguste. . . . .
> Si nous voulions oster le voile spécieux
> Que la prévention nous met devant les yeux,
> Et lassez d'applaudir à mille erreurs grossières,
> Nous servir quelquefois de nos propres lumières,
> Nous verrions clairement que sans témérité
> On peut n'adorer pas toute l'antiquité,
> Et qu'enfin dans nos jours, sans trop de confiance,
> On luy peut disputer le prix de la science.

Mais ce ne fut pas impunément que Charles Perrault prit ainsi la défense des modernes contre les anciens.

Un critique du temps lui décerna l'épigramme suivante :

Cui sœcli titulum dedit, Sabelle,
Peraltus tuus edidit poema,
Quo vir non malus asserit, putatque
Nostris cedere Bruniis Apellem,
Nostris cedere Tullium patronis,
Nostris cedere vatibus Maronem,
O sœclum insipiens et inficetum !.

En voicy la traduction :

Cher Sabellus, ton bon amy Perrault
A fait des vers que le siècle il appelle
Où ce bon homme asseure et dit tout haut
Que nos Le Brun en sçavent plus qu'Apelle,
Que nos brailleurs font mieux que Cicéron,
Que nos rimeurs l'emportent sur Maron,
O siècle fade et de peu de cervelle !

B

PARALLÈLE DE NAPOLÉON Ier ET DES GRANDS CAPITAINES ANCIENS ET MODERNES (1).

. . . . . . Ainsi, résumant ce que nous avons dit des progrès de la grande guerre, nous répéterons que deux hommes la portèrent au plus haut degré dans l'antiquité, Annibal et César ; que César, cependant, restreint par les habitudes du campement, y montra moins de hardiesse de mouvements, de fécondité de combinaisons, d'opiniâtreté dans toutes les fortunes qu'Annibal ; qu'au moyen âge Charlemagne, chef d'empire admirable, ne nous donne pas néanmoins l'idée vraie du grand capitaine, parce que l'art était trop grossier de son temps ; qu'alors l'homme de guerre fut presque toujours à cheval, et à peine aidé de quelques archers ; qu'avec le développement des classes moyennes au sein des villes, l'infanterie commença, qu'elle se montra d'abord dans les montagnes de la Suisse, puis dans les villes allemandes, italiennes, hollandaises ; que la poudre ayant renversé les murailles saillantes, les villes enfoncèrent leurs défenses en terre ; qu'alors un art subtil, celui de la fortification moderne, prit naissance ; qu'autour des villes à prendre ou à secourir, la guerre savante et hardie, la grande guerre, en un mot, reparut dans le monde ; que les Nassau en furent les premiers maîtres, qu'ils y déployèrent d'éminentes qualités et une constance demeurée célèbre ; que néanmoins, enchaînée autour des places, elle resta timide encore ; qu'une lutte sanglante s'étant engagée au nord entre les protestants et les catholiques, laquelle dura trente ans, Gustave-Adolphe, opposant un peuple brave et solide à la cavalerie polonaise, fit faire de nouveaux progrès à l'infanterie ; qu'entraîné en Allemagne, il rendit la guerre plus hardie et la laissa, moins que les Nassau, circonscrite autour des places ; qu'en France, Condé, heureux mélange d'esprit et d'audace, manifesta le premier le vrai génie des batailles, Turenne celui des grands mouvements ; que cependant l'infanterie partagée en mousquetaires et piquiers n'était pas manœuvrière ; que Vauban, en lui donnant le fusil à bayonnette, permit de la placer sur trois rangs ; que le prince d'Anhalt-Dessau, chargé de l'éducation de l'armée prussienne, constitua le bataillon moderne qui fournit beaucoup de feu en leur offrant peu de prise ; que Frédéric, prenant cet instrument en main et ayant à lutter aux frontières de la Silésie et de la Bohême, changea

---

(1) M. Thiers, *Histoire du Consulat et de l'Empire.* — Tome XX, livre 62.

l'ordre de bataille classique, et, le premier, adapta les armes au terrain ; qu'obligé de tenir tête tantôt aux Autrichiens, tantôt aux Russes, tantôt aux Français, il élargit le cercle des grandes opérations, et fut ainsi dans l'art de la guerre l'auteur de deux progrès considérables ; qu'après lui vint la Révolution française, laquelle, n'ayant que des masses populaires à opposer à l'Europe coalisée, résista par le nombre et l'élan aux vieilles armées ; que l'infanterie, expression du développement des peuples, prit définitivement sa place dans la tactique moderne, sans que les armes savantes perdissent la leur ; qu'enfin un homme extraordinaire, à l'esprit profond et vaste, au caractère audacieux comme la Révolution dont il sortait, porta l'art de la grande guerre à sa perfection en méditant profondément sur la configuration géographique des pays où il devait opérer, en choisissant toujours bien le point où il fallait se placer pour frapper des coups décisifs, en joignant à l'art des mouvements généraux celui de bien combattre sur chaque terrain, en cherchant toujours ou dans le sol ou dans la situation de l'ennemi l'occasion des grandes batailles, et n'hésitant jamais à les livrer, parce qu'elles étaient la conséquence de ses mouvements généraux ; en s'y prenant si bien, en un mot, que chacune d'elles renversait un empire, ce qui amena malheureusement chez lui la plus dangereuse des ivresses, celle de la victoire, le désir de la monarchie universelle, et sa chute, de manière que ce sage législateur, cet habile administrateur, ce grand capitaine, fut, à cause même de toutes ses supériorités, très-mauvais politique, parce que, perdant la raison au sein de la victoire, il alla de triomphe en triomphe finir dans un abîme.

Maintenant, si on le compare aux grands hommes ses émules, non plus sous le rapport spécial de la guerre, mais sous un rapport plus général, celui de l'ensemble des talents et de la destinée, le spectacle devient plus vaste, plus moral, plus instructif. Si, en effet, on s'attache au bruit, à l'importance des événements, à l'émotion produite chez les hommes, à l'influence exercée sur le monde, il faut, pour lui trouver des pareils, aller chercher encore Alexandre, Annibal, César, Charlemagne, Frédéric, et, en plaçant sa physionomie à côté de ces puissantes figures, on parvient à s'en faire une idée à la fois plus précise et plus complète.

Alexandre héritant de l'armée de son père, nourri du savoir des Grecs, passionné pour leurs applaudissements, se jette en Asie, ne trouve à combattre que la faiblesse persane, et marche devant lui jusqu'à ce qu'il rencontre les limites du monde alors inconnu. Si ses soldats ne l'arrêtaient pas, il irait jusqu'à l'océan Indien. Obligé de revenir, il n'a qu'un désir, c'est de recommencer ses courses aventureuses. Ce n'est pas à sa patrie qu'il songe, laquelle n'a que faire de tant de conquêtes ; c'est à la gloire d'avoir parcouru l'univers en vainqueur. Sa passion, c'est sa renommée reconnue, applaudie à

Athènes. Généreux et même bon, il tue son ami Clitus; ses meilleurs lieutenants, Philotas et Parménion, parce que leur langue imprudente a touché à sa gloire. La renommée, voilà son but, but le plus vain entre tous ceux qu'ont poursuivis les grands hommes, et tandis qu'après avoir laissé reposer son armée, il va de nouveau courir après ce but unique de ses travaux, enivré des délices de l'Asie, il meurt sur la pourpre et dans le vin. Il a séduit la postérité par sa grâce héroïque, mais il n'y a pas une vie plus inutilement bruyante que la sienne, car il n'a point porté la civilisation grecque au delà de l'Ionie et de la Syrie où elle régnait déjà, et a laissé le monde grec dans l'anarchie, et apte uniquement à recevoir la conquête romaine. Moralement, on aimerait mieux être le sage et habile Philopœmen, qui ne fit pas tout ce bruit, mais qui prolongea de quelques jours l'indépendance de la Grèce.

A côté de cette vie à la fois si pleine et si vide, voici la vie la plus vaste, la plus sérieuse, la plus énergique qui fut jamais : celle d'Annibal. Ce mortel à qui Dieu dispensa tous les dons de l'intelligence et du caractère, et le plus propre aux grandes choses qu'on eût jamais vu, était sorti d'une famille de vieux capitaines, tous morts les armes à la main pour défendre Carthage. Son âme était une espèce de métal forgé dans le foyer ardent des haines que Rome excitait autour d'elle. A neuf ans, il quitte Carthage avec son père, et va où allaient tous les siens, vivre et mourir en combattant contre les Romains. Ses jeux sont la guerre. Enfant, il couche sur les champs de bataille, se fait un corps insensible à la douleur, une âme inaccessible à la crainte, un esprit qui voit clair dans le tumulte des combats comme d'autres dans le plus parfait repos. Son père étant mort, son beau-frère aussi, l'un et l'autre les armes à la main, l'armée carthaginoise le demande pour chef à vingt-deux ans, et l'impose, pour ainsi dire, au sénat de Carthage, jaloux de la glorieuse famille des Barca. Il prend le commandement de cette armée, la fait à son image, c'est-à-dire pleine de force et d'audace, de constance, et surtout de haine contre les Romains, la mène à travers l'Europe, inconnue alors comme l'est aujourd'hui le centre de l'Afrique, ose franchir les Pyrénées, puis les Alpes, avec quatre-vingt mille hommes dont il perd les deux tiers dans ce trajet extraordinaire, et, dirigé par cette pensée profonde que c'est à Rome même qu'il faut combattre Rome, vient soulever contre elle ses sujets italiens mal soumis. Il fond sur les généraux romains, les force à sortir de leur camp en piquant la bravoure de l'un, la vanité de l'autre, les accable successivement, et triompherait de tous, s'il ne rencontrait enfin un adversaire digne de lui, Fabius, qui veut qu'on oppose à ce géant, non pas les batailles, où il est invincible, mais la vraie vertu de Rome, la persévérance.

.. Annibal, s'apercevant qu'il s'est trompé en comptant sur les Gaulois bouillants mais inconstants comme tous les barbares, sentant Rome imprenable, va au midi de l'Italie, où se trouvait une riche civilisation consistant en villes toutes gouvernées à l'image de Rome, c'est-à-dire par des sénats que le peuple jalousait. Il renverse partout le parti aristocratique, quoique aristocrate lui-même, donne le pouvoir au parti démocratique, fait de Capoue le centre de son empire, et ne s'endort point, comme on l'a dit, dans des délices qu'il ne sait pas goûter, mais repose, refait son armée amaigrie, amasse pour elle seule les richesses du pays, et, abandonné de sa lâche nation, appelant le monde entier à son aide, étendant la guerre à la Grèce, à l'Asie, il détruit sans cesse les forces envoyées contre lui, se maintient douze ans dans sa conquête, au point de faire considérer aux Romains sa présence en Italie comme un mal sans remède. Mais un jour arrive, où les Romains à leur tour portant la guerre sous les murs de Carthage, il est rappelé, lutte avec une armée détruite contre l'armée romaine reconstituée, et sa fortune déjà ancienne est vaincue par une fortune naissante, celle de Scipion, suivant l'ordinaire succession des choses humaines. Rentré dans sa patrie, il essaye de la réformer pour la rendre capable de recommencer la lutte contre les Romains. Dénoncé par ceux dont il attaquait les abus, il fuit en Orient, essaye d'y réveiller la faiblesse des Antiochus, y est suivi par la haine de Rome, et, quand il ne peut plus lutter, avale le poison, et meurt le dernier de son héroïque famille, car tous ont succombé comme lui à la même œuvre, œuvre sainte, celle de la résistance à la domination étrangère. En contemplant cet admirable mortel, doué de tous les génies, de tous les courages, on cherche une faiblesse, et on ne sait où la trouver. On cherche une passion personnelle, les plaisirs, le luxe, l'ambition, et on n'en trouve qu'une, la haine des ennemis de son pays. Le Romain Tite-Live l'accuse d'avarice et de cruauté. Annibal amassa en effet des richesses immenses, sans jamais jouir d'aucune, et les employa toutes à payer son armée, laquelle, composée de soldats stipendiés, est la seule armée mercenaire qui ne se soit jamais révoltée, contenue qu'elle était par son génie et par la sage distribution qu'il lui faisait des fruits de la victoire. Il envoya à Carthage, il est vrai, plusieurs boisseaux d'anneaux de chevaliers romains immolés par l'épée carthaginoise, mais on ne cite pas un seul acte de barbarie hors du champ de bataille. Les reproches de l'historien romain sont donc des louanges, et ce que la postérité a dit, ce que les générations les plus reculées répèteront, c'est qu'il offrit le plus noble spectacle que puissent donner les hommes : celui du génie exempt de tout égoïsme, et n'ayant qu'une passion, le patriotisme, dont il est le glorieux martyr.

Voici un autre martyr, non du patriotisme, mais de l'ambition, rare mortel, rempli de séduction, mais chargé de vices, et coupable d'affreux attentats contre la constitution de son pays : ce mortel est César, le troisième des hommes prodiges de l'antiquité. Né avec tous les talents, brave, fier, éloquent, élégant, prodigue et toujours simple, mais sans le moindre souci du bien et du mal, il n'a qu'une pensée, c'est de réussir là où Sylla et Marius ont échoué, c'est-à-dire de devenir le maître de son pays. Alexandre a voulu conquérir le monde connu ; Annibal a voulu empêcher la conquête de sa patrie ; César, dans cette Rome qui a presque conquis l'univers, ne veut conquérir qu'elle-même. Il y emploie tous les arts, même les plus vils, la cruauté exceptée, non par bonté de cœur, mais par profondeur de calcul et pour ne pas rappeler les proscriptions de Marius et de Sylla aux imaginations épouvantées.

Il veut être édile, préteur, pontife, et contracte des dettes immenses pour acheter les suffrages de ses concitoyens. Il corrompt les femmes, les maris, comme il a cherché à corrompre le peuple. À tous les moyens de corruption il veut ajouter les séductions les plus élevées de l'esprit, et devient le plus parfait des orateurs romains. Délice et scandale de Rome, bientôt il ne peut plus vivre. Il coalise alors l'avare Crassus, le vaniteux Pompée dont il gouverne la faiblesse, et se fait attribuer les Gaules, seule contrée où il reste quelque chose à conquérir dans les limites naturellement assignables à l'empire romain. Il conquiert non pour agrandir sa patrie, qui n'en a guère besoin, mais pour se créer des soldats dévoués, pour acquérir des richesses et payer ainsi ses dettes et celles de ses avides partisans. Guerroyant l'été, intriguant l'hiver, il mène de ses quartiers de Milan la vanité de Pompée, l'avarice de Crassus, domine dix ans de la sorte les affaires romaines, et enfin lorsque, Crassus mort en Asie, il n'y a plus personne entre lui et Pompée pour amortir le choc des ambitions, il essaye d'abord de la ruse pour retarder une lutte dont il sent le péril ; puis, ne pouvant plus l'éviter, franchit le Rubicon, marche contre Pompée dont les légions étaient en Espagne, le pousse d'Italie en Épire, abandonne alors, comme il l'a dit si grandement, *un général sans armée pour courir à une armée sans général,* va dissoudre en Espagne les légions de Pompée, que commandait Affranius, retourne ensuite en Épire, lutte contre Pompée lui-même, et termine à Pharsale la querelle de la suprême puissance. Il lui reste en Afrique, en Espagne, les débris de Pompée à détruire, il les détruit, vient triompher à Rome de tous ses ennemis, et y fonde cette grande chose qu'on appelle l'empire romain, mais se fait assassiner par les républicains pour avoir voulu trop tôt mettre le nom sur la chose. Dans cette vie, tous les moyens sont pervers, comme le but, et il faut cependant reconnaître à César un mérite, c'est d'avoir voulu à la république substituer l'empire, non par le sang comme Sylla et Marius, mais par la corruption qui allait aux mœurs de Rome, et par l'esprit qui allait à son génie ; et le trait particulier de ce personnage extraordinaire, grand politique, grand orateur, grand guerrier, grand débauché surtout, et clément enfin sans bonté, sera toujours d'avoir été le plus complet qui ait paru sur la terre (1).

Maintenant, pour trouver de tels hommes, il faut tourner bien des fois les feuillets du livre de l'histoire, il faut passer à travers bien des siècles, et arriver au neuvième, où, entre le monde ancien et le monde moderne, apparaît Charlemagne !

Certes, qu'au sein de la civilisation, de son savoir si varié, si attrayant, si fécond, où le goût du savoir naît du savoir même, on trouve des mortels épris des lettres et des sciences, les aimant pour elles-mêmes et pour leur utilité, comprenant que c'est par elles que tout marche, le vaisseau sur les mers, le char sur les routes, que c'est par elles que la justice règne, et que la force appuie la justice, que c'est par elles enfin que la société humaine est à la fois belle, attrayante, douce et sûre à habiter, c'est naturel et ce n'est pas miracle ! Quels yeux, après avoir vu la lumière, ne l'aimeraient pas? Mais qu'au sein d'une obscurité profonde, un œil qui n'a jamais connu la lumière, la pressente, l'aime, la cherche, la trouve, et tâche de la répandre, c'est un prodige digne de l'admiration et du respect des hommes. Ce prodige, c'est Charlemagne qui l'offrit à l'univers !

Barbare né au milieu des barbares qui avaient cependant reçu par le

---

(1) L'empereur Napoléon III, en écrivant l'histoire de César, a ainsi fait le parallèle de ce grand homme avec Napoléon Iᵉʳ:

César disparaît et son influence prédomine encore, plus encore que durant sa vie. Cicéron, son adversaire, est contraint de s'écrier : « Toutes les actions de › César, ses écrits, ses paroles, ses promesses, ses pensées ont plus de force › après sa mort que s'il vivait encore (*Epistolæ ad Atticum*, XIV, X). »

Pendant des siècles il a suffi de dire au monde que telle avait été la volonté de César pour que le monde obéît. Ce qui précède montre assez le but que je me propose en écrivant cette histoire. Ce but est de prouver que lorsque la Providence suscite des hommes tels que César, Charlemagne, Napoléon, c'est pour tracer une ère nouvelle et accomplir, en quelques années, le travail de plusieurs siècles.

. . . . . . En effet, ni le meurtre de César, ni la captivité de Sainte-Hélène n'ont pu détruire sans retour deux causes populaires renversées par une ligue se couvrant du masque de la liberté. Brutus en tuant César a plongé Rome dans les horreurs de la guerre civile, il n'a pas empêché le règne d'Auguste, mais il a rendu possibles ceux de Néron et de Caligula. L'ostracisme de Napoléon par l'Europe conjurée n'a pas non plus empêché l'Empire de ressusciter, et, cependant, que nous sommes loin des grandes questions résolues, des passions apaisées, des satisfactions légitimes données aux peuples par le premier Empire !

Aussi se vérifie-t-elle tous les jours depuis 1815, cette prophétie du captif de Sainte-Hélène : « Combien de luttes, de sang, d'années, ne faudra-t-il pas encore, › pour que le bien que j'ai voulu faire à l'humanité puisse se réaliser ! » — (Préface à l'*Histoire de Jules César*, de Napoléon III. — 20 mars 1862.)

clergé quelques parcelles de la science antique, il s'éprit avec la plus noble ardeur de ce que nous appelons la civilisation, de ce qu'il appelait d'un autre nom, mais de ce qu'il aimait autant que nous, et par les mêmes motifs. A cette époque, la civilisation c'était le christianisme. Être chrétien alors c'était être vraiment philosophe, ami du bien, de la justice, de la liberté des hommes. Par toutes ces raisons, Charlemagne devint un chrétien fervent et voulut faire prévaloir le christianisme dans le monde barbare, livré à la force brutale et au plus grossier sensualisme. A l'intérieur de cette France inculte et sans limites définies, le Nord-Est, ou Austrasie, était en lutte avec le Sud-Ouest, ou Neustrie, l'un et l'autre avec le Midi, ou Aquitaine. Au dehors, cette France était menacée de nouvelles invasions par les barbares du Nord appelés Saxons, par les barbares du Sud appelés Arabes, les uns et les autres païens ou à peu près. Si une main ferme ne venait opposer une digue, soit au nord, soit au midi, l'édifice des Francs à peine commencé pouvait s'écrouler, tous les peuples pouvaient être jetés encore une fois les uns sur les autres, le torrent des invasions pouvait déborder de nouveau, et emporter les semences de la civilisation à peine déposées en terre. Charlemagne, dont l'aïeul et le père avaient commencé cette œuvre de consolidation, la reprit et la termina. Grand capitaine, on ne saurait dire s'il le fut, s'il lui était possible de l'être dans ce siècle. Le capitaine de ce temps était celui qui, la hache d'armes à la main, comme Pépin, comme Charles Martel, se faisait suivre de ses gens de guerre en les conduisant plus loin que les autres à travers les rangs pressés de l'ennemi. Élevé par de tels parents, Charlemagne n'était sans doute pas moins vaillant qu'eux ; mais il fit mieux que de combattre en soldat à la tête de ses grossiers soldats, il dirigea pendant cinquante années, dans des vues fermes, sages, fortement arrêtées, leur bravoure aveugle. Il réunit sous sa main la Neustrie, l'Aquitaine, c'est-à-dire la France, puis refoulant les Saxons au nord, les poursuivant jusqu'à ce qu'il les eut faits chrétiens, seule manière alors de les civiliser et de désarmer leur férocité, refoulant au sud les Sarrasins sans prétention de les soumettre, car il aurait fallu pousser jusqu'en Afrique, s'arrêtant sagement à l'Èbre, il fonda, soutint, gouverna un empire immense, sans qu'on pût l'accuser d'ambition désordonnée, car en ce temps-là il n'y avait pas de frontières, et si cet empire, trop étendu pour le génie de ses successeurs, ne pouvait rester sous une seule main, il resta du moins sous les mêmes lois, sous la même civilisation, quoique sous des princes divers, et devint tout simplement l'Europe. Maintenant pendant près d'un demi-siècle ce vaste empire par la force appliquée avec une persévérance infatigable, il se consacra pendant le même temps à y faire régner l'ordre, la justice, l'humanité, comme on pouvait les entendre alors, en y employant tantôt les assemblées nationales qu'il appelait deux fois par an autour de lui, tantôt le clergé qui était son grand instrument de civilisation, et enfin ses représentants directs, ses fameux *missi dominici*, agents de son infatigable vigilance. Sachant que les bonnes lois sont nécessaires, mais que sans l'éducation les mœurs ne viennent pas appuyer les lois, il créa partout des écoles où il fit couler, non pas le savoir moderne, mais le savoir de cette époque, car de ces fontaines publiques il ne pouvait couler que les eaux dont il disposait. Joignant à ces laborieuses vertus quelques faiblesses qui tenaient pour ainsi dire à l'excellence de son cœur, entouré de nombreux enfants, établi dans ses palais qui étaient de riches fermes, y vivant en roi doux, aimable autant que sage et profond, il fut mieux qu'un conquérant, qu'un capitaine, il fut le modèle accompli du chef d'empire, aimant les hommes, méritant d'en être aimé, constamment appliqué à leur faire du bien et leur en ayant fait plus peut-être qu'aucun des souverains qui ont régné sur la terre. Après ces terribles figures des Alexandre, des César qui ont bouleversé le monde, beaucoup plus pour y répandre leur gloire que pour y répandre le bien, avec quel plaisir on contemple cette figure bienveillante, majestueuse et sereine, toujours appliquée ou à l'étude ou au bonheur des hommes, et où n'apparaît qu'un seul chagrin, mais à la fin de ses jours, celui d'entrevoir les redoutables esquifs des Normands, dont il prévoit les ravages sans avoir le temps de les réprimer. Tant il y a qu'aucune carrière ici-bas n'est complète, pas même la plus vaste, la plus remplie, qu'aucune vie n'est heureuse jusqu'à son déclin, celle même qui a le plus mérité de l'être !

En descendant vers les temps modernes, on ne rencontre plus de ces figures colossales, soit que la proximité diminue les prestiges, soit que le monde en se régularisant laisse moins de place aux existences extraordinaires ! Charles-Quint, avec sa profondeur et sa tristesse, Henri IV, avec sa séduction et sa fine politique, les Nassau, avec leur constance, Gustave-Adolphe, vainqueur avec si peu de soldats de l'empire germanique, Cromwell, assassin de son roi et dominateur de la révolution anglaise, Louis XIV, avec sa majesté et son bon sens, ne s'élèvent pas à la hauteur des glorieuses figures que nous avons essayé de peindre. Il faut arriver à deux hommes, Frédéric et Napoléon, que le double éclat de l'esprit et du génie militaire place, le premier assez près, le second tout à fait au niveau des grands hommes de l'antiquité.

Frédéric, sceptique, railleur, chef couronné des philosophes du dix-huitième siècle, contempteur de tout ce qu'il y a de plus respectable au monde, se moquant de ses amis mêmes, prédestiné en quelque sorte pour braver, insulter, humilier l'orgueil de la maison d'Autriche et du vieil ordre de choses qu'elle représentait, osant même, au sein de l'Europe bien assise, où les places étaient si difficiles à changer, osant, disons-nous, entreprendre de créer une puissance nouvelle, ayant eu l'honneur d'y réussir en luttant à lui seul contre tout le continent, grâce, il est vrai, à la frivolité des cours de France et de Russie, grâce aussi à l'esprit étroit de la cour d'Autriche, et après avoir fait vingt ans la guerre, maintenant par la politique la plus profonde la paix du continent, jusqu'à partager audacieusement la Pologne sans être obligé de tirer un coup de canon, Frédéric est une figure originale et saisissante, à laquelle cependant il manque la grandeur, bien que les grandes actions n'y manquent pas, soit parce que Frédéric, après tout, n'a fait que changer la proportion des forces dans l'intérieur de la Confédération germanique, soit parce que cette figure railleuse n'a point la dignité sérieuse qui impose aux hommes ! . . .

1er mai 1869.

JULES LAN.

FIN

TABLE DES MATIÈRES.

Paris. — Imprimerie de Paul Dupont, rue Jean-Jacques-Rousseau, 41. (998.4.9)

www.ingramcontent.com/pod-product-compliance
Lightning Source LLC
Chambersburg PA
CBHW051532060726
47597CB00001B/246